高校文科精品教材

向国敏 —— 编著

现代秘书学与秘书实务

【第五版】

XIANDAI MISHUXUE YU MISHU SHIWU

华东师范大学出版社
·上海·

图书在版编目(CIP)数据

现代秘书学与秘书实务/向国敏编著. —5版. —上海：华东师范大学出版社,2023
ISBN 978-7-5760-4055-5

Ⅰ.①现… Ⅱ.①向… Ⅲ.①秘书学-高等学校-教材 Ⅳ.①C931.46

中国国家版本馆CIP数据核字(2023)第160265号

现代秘书学与秘书实务(第五版)

编　　著	向国敏
责任编辑	张　婧
特约审读	王莲华
责任校对	庄玉玲　时东明
装帧设计	俞　越

出版发行	华东师范大学出版社
社　　址	上海市中山北路3663号　邮编 200062
网　　址	www.ecnupress.com.cn
电　　话	021-60821666　行政传真 021-62572105
客服电话	021-62865537　门市(邮购)电话 021-62869887
地　　址	上海市中山北路3663号华东师范大学校内先锋路口
网　　店	http://hdsdcbs.tmall.com
印 刷 者	昆山市亭林印刷有限责任公司
开　　本	787毫米×1092毫米　1/16
印　　张	26
字　　数	562千字
版　　次	2023年10月第5版
印　　次	2023年10月第1次
书　　号	ISBN 978-7-5760-4055-5
定　　价	59.00元

出版人　王　焰

(如发现本版图书有印订质量问题,请寄回本社客服中心调换或电话021-62865537联系)

第五版前言

从1996年的第一版到今天的第五版,本教材已经走过了27年的历程。27年来,众多读者对本教材予以了肯定和鼓励,许多秘书学专业的专家、教师和学生,也提出了宝贵的意见。在综合各方面意见的基础上,我之前已对本教材做了三次修订。本次修订的第五版进一步吸收了秘书学界一些新的研究成果和秘书工作者的经验,修改完善了一些概念和原理的阐述,重点调整、充实了下编"现代秘书实务"部分章节的内容。根据《党政机关公文处理工作条例》(中共中央办公厅、国务院办公厅2012年4月16日发布)、《党政机关公文格式》(GB/T 9704—2012,国家质量监督检验检疫总局、国家标准化管理委员会2012年6月29日发布)、《电子公文归档管理暂行办法》(国家档案局2018年修订发布),修订了第六章"文书写作"和第七章"文书处理";根据《信访工作条例》(2022年1月24日中共中央政治局会议审议批准,2022年2月25日中共中央、国务院发布)修订了第十一章第一节"信访工作"。根据《中华人民共和国保守国家秘密法实施条例》(中华人民共和国国务院令第646号2014年1月17日发布)、《国家秘密定密管理暂行规定》(国家保密局令2014年第1号,2014年3月9日公布)修订了第十二章第二节"保密工作"。希望这些修订能对我国的秘书学教学和秘书工作实践有所裨益。

再次真诚感谢广大读者的厚爱,欢迎在阅读和使用本教材过程中继续提出宝贵建议。

向国敏
2023年2月于上海

目录

上编　现代秘书学原理

第一章　绪论 ………………………………………………………… 3
第一节　秘书学的基本概念——秘书 …………………………………… 3
第二节　秘书活动的起源 ………………………………………………… 10
第三节　秘书学的学科对象、研究领域和理论体系 …………………… 13
第四节　秘书学的学科性质和研究方法 ………………………………… 16

第二章　秘书系统及其组织形态 …………………………………… 19
第一节　秘书系统的基本要素 …………………………………………… 19
第二节　秘书系统的运动过程、特征和原则 …………………………… 22
第三节　秘书机构的含义、称谓和类型 ………………………………… 30
第四节　秘书机构的设置 ………………………………………………… 35

第三章　秘书系统的职能 …………………………………………… 39
第一节　决策辅助 ………………………………………………………… 39
第二节　信息沟通 ………………………………………………………… 47
第三节　督查保证 ………………………………………………………… 55
第四节　关系协调 ………………………………………………………… 60
第五节　事务服务 ………………………………………………………… 67

第四章　秘书的人际关系 …………………………………………… 74
第一节　秘书人际关系概述 ……………………………………………… 74
第二节　秘书与领导者的关系 …………………………………………… 75
第三节　秘书与同事的关系 ……………………………………………… 91
第四节　秘书与社会公众的关系 ………………………………………… 92

第五章　秘书修养 …………………………………………………… 94
第一节　秘书修养概述 …………………………………………………… 94
第二节　秘书职业道德修养 ……………………………………………… 96
第三节　秘书知识和能力修养 …………………………………………… 100
第四节　秘书心理修养 …………………………………………………… 107

下编 现代秘书实务

第六章 文书写作 ········ 115
- 第一节 文书概述 ········ 115
- 第二节 公务文书写作的基本要求 ········ 122
- 第三节 公务文书的结构元素、体例和标印格式 ········ 129
- 第四节 常用公文写作 ········ 149
- 第五节 规范性文件写作 ········ 164
- 第六节 计划、总结、大事记、领导讲话稿写作 ········ 168

第七章 文书处理 ········ 176
- 第一节 文书处理概述 ········ 176
- 第二节 行文制度 ········ 177
- 第三节 文书办理 ········ 183
- 第四节 文书管理 ········ 198
- 第五节 文书立卷与归档 ········ 203
- 第六节 电子文书处理 ········ 212

第八章 会议筹办与服务 ········ 217
- 第一节 会议概述 ········ 217
- 第二节 会议管理系统与会务工作原则 ········ 222
- 第三节 会议筹划 ········ 226
- 第四节 会议邀请与接待 ········ 239
- 第五节 会场布置 ········ 251
- 第六节 会议信息和宣传工作 ········ 262
- 第七节 议案和提案处理工作 ········ 270
- 第八节 选举和表决工作 ········ 273
- 第九节 会议的主持 ········ 277

第九章 安排领导活动 ········ 280
- 第一节 安排领导活动概述 ········ 280
- 第二节 安排领导考察访问和慰问活动 ········ 283
- 第三节 安排领导会议活动 ········ 285
- 第四节 安排仪式与典礼活动 ········ 296
- 第五节 举办和参与展览 ········ 310

第十章　接待工作 … 316

- 第一节　接待工作概述 … 316
- 第二节　接待的准备 … 321
- 第三节　迎送、陪同与合影 … 326
- 第四节　安排会见与会谈 … 330
- 第五节　安排宴会 … 341
- 第六节　礼宾次序、国旗升挂与接待礼仪 … 354

第十一章　信访工作与危机管理 … 360

- 第一节　信访工作 … 360
- 第二节　危机管理 … 371

第十二章　秘书日常事务 … 378

- 第一节　秘书日常事务概述 … 378
- 第二节　保密工作 … 380
- 第三节　值班工作和日常接待事务 … 387
- 第四节　领导人交办事务和后勤事务 … 391
- 第五节　通信事务 … 394
- 第六节　印信管理事务 … 399

主要参考文献 … 406

上编 现代秘书学原理

第一章
绪　论

第一节　秘书学的基本概念——秘书

秘书是秘书活动的主体,秘书学则是一门研究秘书活动基本规律的学问。因此,要研究和把握秘书学的理论体系以及秘书活动的基本规律,就应当首先了解"秘书"这一基本概念的流变与内涵。

一、我国秘书概念的流变

(一) 我国秘书概念的古今异同

在我国,秘书活动源远流长,从事秘书活动的人员早在原始社会末期便已出现。在漫长的历史发展过程中,不同的时代,对秘书人员的称呼各不相同。如先秦多数称之为"史",秦代之后,有"尚书""中书舍人""长史""主簿""幕宾""师爷"等称呼。"秘书"一词最早出现于汉代。作为一个概念,"秘书"一词最初的含义同现代意义的"秘书"并不相同。今天,"秘书"一词是对在领导者身边工作,为领导者处理信息、协理事务的服务人员的统称。然而,根据史料记载,"秘书"一词最初却不是指人或者职务,而是指具有秘密性质或神秘色彩的文献。这些文献主要有三类:一类是指封建帝王宫禁内收藏的经籍。因为是宫禁秘藏之书,一般不予公开,故称为"秘书"。《晋书·荀勖传》记载:"及得汲郡冢中古文竹书,诏勖撰次之,以为中经,列在秘书。"[①]这里的"中经",就是指宫禁中的经籍,均为"秘书"之列。第二类是指朝廷中的机要文书。还有一类是指以隐语、咒语预决吉凶、占卦未来、推算气数,带有浓厚的迷信色彩的谶纬图箓。《后汉书·郑玄传》记载,郑玄在给其儿子的《戒子书》中说他自己青年时代在皇宫里曾经"粗览传记,时睹秘书纬术之奥",[②]这里的"秘书",即为谶纬图箓一类的图书。

由于"秘书"一词原意是指文献,故后来便将以掌典图书、著书立说为职责的官职称为

---

① 房玄龄等. 晋书[M]. 北京:中华书局,1974:1154.
② 范晔. 后汉书[M]. 北京:中华书局,1965:1209.

"秘书监""秘书丞""秘书郎""秘书令"。《文献通考》记载:"后汉图书在东观。桓帝延熹二年,始置秘书监一人,掌典图书,古今文字,考合异同,属太常。"①晋代设立了秘书寺,隋代改称秘书省。秘书寺和秘书省均属国家机构,内设秘书监、秘书郎等职,负责收集、校阅、编修、保管图书。由此可见,我国古代以"秘书"一词命名的官职或官署,并不真正从事现代意义上的秘书工作,故不能同现代秘书人员和秘书机构相提并论。但有一个例外:东汉末年,魏王曹操"挟天子以令诸侯"。为巩固和发展个人的权力,抑制当时重权在握的皇帝的秘书机构——尚书台,曹操将原先的秘书监一职改称为"秘书令",扩大其职责范围,令其"典尚书奏事,亦兼掌图书秘记之事"(载《初学记》)。也就是说,曹操手下的秘书令,不仅掌管国家的图书典籍,延续了原来秘书监的职能,同时还负责收发处理奏章文书,拟制、传发帝王的命令,具有秘书长的工作职能,是我国古代历史上唯一"名副其实"的秘书官员。

通过以上考察可以得出下面的结论:一是古今"秘书"一词所代表的概念具有明显的区别,古代"秘书"一词指物,即秘密收藏的图书文献,现代"秘书"一词则指人,即为领导者提供特定服务的人员;二是古今"秘书"概念之间存在内在的联系。"秘书"一词由"秘"和"书"二字组成。"秘"即秘密、神秘的意思。无论是指文献还是指职务或机构,古代"秘书"一词总是同秘密、机密的性质密切相关。我国古代"书"一字的外延相当宽泛,除一般图书外,还包括国家的版图、律令、户籍、族谱等文书和档案。从秘书监、秘书郎、秘书令、秘书丞的职掌来看,除了负责校点一般图书外,还要收集、整理、编修、保管文书和档案,这同现代意义上的秘书职能具有一定的相通之处。看不到古今"秘书"一词的这种内在的联系,就无法理解曹操时代出现"秘书令"这一偶然现象的背后所蕴含的必然性,更无法对当今我国秘书人员为何被称为"秘书"作出合乎历史和逻辑的解释。

(二) 我国现代秘书概念的确立

纯粹以"秘书"二字(不加"监""丞""郎""令"等后缀)来称呼秘书工作人员,是从清末开始的。光绪三十三年(1907),安徽巡抚冯煦上书朝廷,奏请设置辅助人员,经皇帝批准后,率先在衙门中设立命名为"秘书""助理秘书"的官职,负责掌管机要折电、函牍,处理不属于各职能部门职责范围的事务。接着,各省的总督、巡抚都纷纷效仿,在各自的衙门中设置了"秘书"一职。这些"秘书"同今天的秘书人员在工作性质和具体职能上已无多大区别。宣统三年(1911),清政府颁布了《内阁属官官制》,规定在弼德院、资政院分别设置秘书厅,内设秘书长一人,下隶一、二、三等秘书若干人;在陆军部的承政司设秘书科。这是第一次以朝廷法规性文件的方式规范了"秘书"这一职务名称,确立了以"秘书"二字定冠的机构名称的合法性。以上这些以"秘书"命名的官职和机构,是我国近代最早的名实相副的从事秘书活动的工作人员和机构。尽管具有这种名称的人员和机构在当时全国所有从事秘书活动的人员和机构

---

① 马端临. 传世藏书·史库·文献通考[M]. 上海师范大学古籍研究所,华东师范大学古籍研究所,点校. 海口:海南国际新闻出版中心,1999:747.

中为数不多,但毕竟是现代秘书概念的发端。

秘书概念真正具有现代意义的开宗,是以孙中山领导的中华民国临时政府的建立为标志的。当时的中华民国临时政府实行总统制,下设秘书处,设秘书长一人,秘书若干人。政府各局、部也下设秘书室或秘书科,内有秘书官若干。各省都督府也设立了秘书员一职。这时,"秘书"一词的含义发生了以下变化:首先,它彻底摆脱了与"图书"这一含义的联系,从指物转变为专指某种特定的职务;第二,秘书作为一种特定的职务,不再以掌管一般意义上的图书典籍为主要职责,而真正具有了现代意义的秘书职能。从此,从中央政府机构到各级地方行政部门,所有从事秘书活动的人员,都开始普遍以"秘书"一词来命名或称呼,对秘书工作人员的一切旧式称呼逐渐退出了历史舞台。

二、国外对秘书概念的解释

与中文的"秘书"一词一样,英语的"secretary",俄语的"секретарь",法语的"secrétaire"等,都具有"秘密"的含义。世界各国在秘书名称上的这一内在联系,并不是一种偶然的巧合,它体现了人类社会对秘书人员的基本特性和秘书活动的基本规律的普遍的历史共识,同时也说明秘书人员和秘书活动对于不同的民族、不同的国家乃至不同的社会组织,具有相同的重要性。

"Secretary"最早是指英王身边的辅臣,后沿用于英美和英联邦国家政府中一些部长的名称。如"the Secretary of State",在英国是指国务大臣,在美国即为国务卿。时至今日,"secretary"的含义已经泛化,一切辅助主管人员从事行政和业务管理的人员都可以称为"secretary"。上至国家机关、国际组织、政治党派,下至各种经济实体,民间团体,甚至家庭个人,都可以成为秘书活动的社会舞台。

在国外对秘书概念的众多解释中,国际职业秘书协会(Professional Secretaries International,简称 PSI)[①]的定义较为典型,也较为权威:"秘书应是主管人员一位特殊的助手,他掌握办公室工作技巧,能在没有上级过问的情况下,表现出自己的责任感,以实际行动显示其主动性和正确判断能力,并在所给予的权力范围内作出决定。"这一定义强调了秘书与其服务对象——领导的主从关系,突出了秘书的主体性。

美国《职称辞典》从秘书的工作责任和范围的角度解释了"秘书"一词的含义,认为秘书是指工作水平高超,能贯彻执行下列工作的人:

(1) 全面处理机关、公司的行政工作,为政府官员和公司负责人减轻较次要的行政事务及办公室工作的工作量;

---

① 国际职业秘书协会的前身是成立于 1942 年的美国全国秘书协会(National Secretaries Association,简称 NSA),1981 年改为国际职业秘书协会(PSI),1998 年改为国际行政专业人员协会(International Association of Administrative Professionals,简称 IAAP)。

(2) 能用速记记录口述；

(3) 能用翻译机将口述或复制的记录信息译成文字；

(4) 处理首长约会及提醒约会；

(5) 接见办公室来访人员；

(6) 接打电话；

(7) 处理首长私人的重要邮件，主动拟写日常函件；

(8) 对办公室其他工作人员进行工作监督；

(9) 整理人事档案。

美国著名的梅里姆—韦氏出版公司20世纪70年代出版的《韦氏秘书手册》则对秘书在管理中的作用作了高度概括："今天的秘书决不再是单纯的接待员兼打字员。因为越来越多的经理指望自己的秘书成为行政管理的助手，以便使自己有可能从烦琐的日常事务及专门工作中解脱出来。""随着经理作用的不断增强，现在一个精干而可靠的秘书，不仅是经理和工作人员之间的桥梁，而且还应当是协助经理的左右手。"[1]从以上的介绍中可以看出，国外对秘书的要求非常高，过去那种单纯的事务型秘书已经难以适应当今社会的激烈竞争，现代社会更需要智囊型和助手型的秘书。

三、秘书的定义

"秘书"是现代秘书学理论体系的基本概念，是秘书学理论大厦的基石。科学界定"秘书"这一概念，对于解决秘书活动的起源、秘书的分类、秘书的职能等秘书学研究的一系列重大问题具有关键性意义。

给"秘书"一词下定义，应当揭示秘书这一特定事物的基本特征。笔者综合国内外专家对秘书概念的各种解释，加之本人的研究，采用属加种差的方法提出如下定义：

秘书是以综合处理信息和事务的方式直接辅助领导者实施管理的人员。

上述定义，我们可以从以下四个方面来理解和把握：

（一）秘书活动的根本对象是领导活动

对象是主体活动的客体，也是主体赖以存在的前提。任何一种职业活动，都有明确的对象。那么秘书活动的对象是什么呢？由于秘书活动往往表现为接打电话、接待来宾、处理文件、安排会议等直观的现象，因此，人们很容易把秘书活动的对象理解为一项项具体的事务。但如果透过这些直观的表象，从更深的层次看，接打电话、接待来宾、处理文件、安排会议等事务，不过是秘书活动的具体方式和手段。秘书人员运用这些方式和手段的目的，在于为领导活动提供综合服务。这样，我们就可以把秘书活动的对象分解成两个相互联系的层次：第

---

[1] 安娜·埃克丝蕾,安娜·约翰逊.韦氏秘书手册[M].上海大学文学院中文系,译.北京：中国新闻出版社,1985：1.

一个层次是外围的、直接的对象,即秘书人员每一次具体的实务操作所直接作用的信息和事务;第二个层次是内核的,也是最根本的,对于秘书活动具有本源意义的对象——领导活动。秘书活动从它产生的一刻起,就是为领导活动而存在、围绕领导活动而开展、随着领导活动的发展而发展的。离开了领导活动,秘书活动就失去了核心和方向,因而也就丧失了其存在的必要性和可能性。因此,我们可以得出这样的结论:没有领导活动,就没有秘书活动。由于领导活动的主体是领导者,秘书活动的主体是秘书人员,因此我们可以进一步推断:秘书是为领导者提供特定服务的人员;没有领导活动便没有秘书活动。

秘书活动的根本对象是领导活动,这是秘书职业区别于其他任何职业的本质特点,这一本质特点决定了秘书活动必须以领导活动为核心,秘书人员必须为领导者提供服务。由于在一个特定的组织系统中,领导者不仅指秘书直接服务的本级领导者,同时还包括了更高层级的领导者。这样就产生了在秘书活动中如何处理好为本级领导者服务和为更高层级领导者服务的关系的问题。众所周知,一个特定岗位的秘书人员或特定的秘书机构,总是由本级领导者和领导机关根据需要而设立的,直接隶属于本级领导者和领导机关。因此,本级领导者和领导机关便构成了秘书人员的首要服务对象。秘书人员必须首先为本级领导者服务,秘书机构必须首先为本级领导机关服务,这是秘书活动中的一项重要原则。任何秘书人员和秘书机构都不得擅自抛开直接服务对象去搞越级服务。当然,秘书人员和秘书机构也应当为更高层级的领导者和领导机关服务。只为本级领导者和领导机关服务,不为更高层级的领导者和领导机关服务,不仅在理论上是错误的,而且在实践中也是行不通的。但是秘书人员的首要任务是为本级领导者和领导机关服务,只有把为本级领导者和领导机关的服务搞好了,才能真正达到为本级领导者及领导机关服务和为更高层级领导者及领导机关服务的一致性。同样,也只有在本级领导者和本级领导机关的直接领导和指导下,才能为更高层级的领导者和领导机关提供最好的服务。

我们强调秘书人员的直接服务对象是本级领导者和领导机关,会不会同秘书人员还必须为人民群众服务的精神相违背?答案是否定的。我国是社会主义国家,各行各业的基本宗旨都是为人民群众服务。各级领导者都是人民群众的公仆,是为人民服务的。正如邓小平同志所指出:"领导就是服务。"秘书人员作为领导者和领导机关的服务人员,其最终的服务对象也是人民群众。平时,秘书人员也要经常通过接待来访、处理来信来电、调查研究、督促检查等渠道和方式,直接了解人民群众的要求和愿望,为人民群众排忧解难。因此,为人民群众服务,是我们社会主义国家秘书活动的根本出发点和归宿点。但是,基于秘书的职业特征去理解为本级领导者服务与为人民群众服务的相互关系时,必须明确认识以下两点:第一,为人民群众服务是社会主义国家秘书活动的根本宗旨。实现这一根本宗旨的基本途径就是努力为本级领导者服务。秘书人员只有通过为本级领导者提供全面优质的服务,才能实现为人民群众服务的根本宗旨。离开了为本级领导者服务,为人民群众服务就是一句空话;第二,由于秘书人员首先是为本级领导者和领导机关服务的,因此,当秘书人员直接为人民群众服务时,必须受本级领导者和领导机关的职能和权限、方针和意图的制约。任何超越本级领导者和领导机关的职能和权限,违背本级领导者和领导机关的方针和意图的"服务",都是不允许的。

我们强调秘书人员的直接服务对象是本级领导者,是否意味着秘书人员可以不为下级机关及其工作人员提供服务?答案同样是否定的。一个特定的组织系统是由领导者和被领导者构成的。作为领导者与被领导者之间的"桥梁""纽带",秘书人员在为领导者提供服务的同时,自然而然要为被领导者提供服务。当然,这种服务同样必须受本级领导者和领导机关的方针、意图的制约。

最后还需要说明的是,秘书人员的直接服务对象——领导者,不仅是指在特定的社会组织(包括国际组织、国家机关、政党、企事业单位、社会团体)中担任领导职务的首长,还包括以私人名义雇聘秘书的特定个人。这些个人相对于他们所雇聘的秘书而言,也属于领导者范畴。

(二) 秘书活动的根本职能是辅助管理

如果说秘书活动的根本对象是领导者,那么秘书活动的根本职能就是辅助领导者实施管理。现代领导学告诉我们,领导者的职责是对自己所辖的系统进行正确有效的决策、计划、组织、指挥和协调,概言之,就是对所辖系统实施有效的管理和控制。领导管理过程是个动态控制系统,是由研究、决策、执行、监督、反馈五个相互关联的子系统构成的。(见下图1-1)

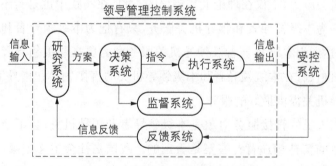

图1-1 领导管理控制系统示意图

上图中虚线框内是领导管理控制系统,从控制论的角度来看,属于施控系统,其核心是决策系统。现代管理理论告诉我们,决策的基础是信息,正确的决策,来源于正确、有效的信息。决策系统的信息来源主要有两个方面:一方面是从外界输入的有效信息,如上级的指令信息和其他相关系统的信息;另一方面是从受控系统反馈的信息。各种信息经过研究系统的收集、分析、加工后,以意见、方案、报告和简报等形式提供给决策系统。决策系统通过一定的程序作出决策,以命令、决定、决议、通知、批示等文书以及会议、口头言语等形式将指令传递到执行系统加以执行。监督系统的任务是对执行系统的执行过程加以指导和监督,以防止执行走样。当决策系统的指令得到执行后,受控系统会因此而产生受控效应,呈现某种信息波动。这种信息波动，是检验决策中心决策正确与否的指示器。在一个闭环控制系统①中，这种信息波动的结果，可以由反馈系统收集和检测，经过重新研究后，再回输到决策系统。决策系统将反馈的信息与既定决策目标进行比对，决定取舍，作出再决策：或强化原来的指令，或调整决策、改善执行，然后将再决策形成的指令性信息输出到执行系统加以执行。这样，经过如此多重信息循环，决策系统的决策一次比一次正确，一次比一次完善，最终实现决策目标。

由此可见，现代领导管理控制系统的健康运行，是建立在信息的有效循环基础之上的。一旦信息循环的过程中途阻塞、断路，或者受到其他的干扰，就会影响领导管理控制系统的正常运作，甚至导致整个组织的瘫痪。现在的问题在于，信息本身并不具备运动的能量，必须借助某种载体和外力，才可被传递、被感知、被利用。那么领导管理控制系统的信息是靠什么来负载，靠什么力量来推动其循环的呢？

现代领导管理控制系统的信息的载体形式和传递手段，主要有文书、会议、电话、电视、报刊、计算机网络、社交媒体，等等。而这一切正是秘书活动的直观对象。如果没有秘书人员收发文件、组织会议、安排接待、接打电话、操作电脑，那么，领导管理控制系统的信息一刻也无法运行。也许有人认为，没有秘书，领导者照样能够亲自传递、处理信息。殊不知，在现代信息社会，任何一个领导管理系统，一旦失去秘书系统的支持，没有秘书人员和秘书机构为其提供信息服务，便无法建立高效的决策、控制机制，难以在激烈的竞争中取得优势。一个现代的、科学的、健全的领导管理控制系统，必须依靠秘书系统（以下所称秘书系统包括秘书机构和秘书人员）的有效运作，来支持其内部的信息循环，从而达到推动整个组织系统不断完善和发展的目的。从这个意义上说，没有现代秘书活动，就没有现代的、科学的领导活动。秘书活动的所有职能归结到一点，就是辅助领导者实施管理。对秘书活动的一切评价，都必须以是否有助于领导者实施管理为根本的标准。

（三）秘书活动的根本方式是处理信息和事务

任何一种社会职业的活动，都有其独特的活动方式。秘书活动的根本方式是处理信息和事务。

由于信息是领导者实施管理的基础，因此，秘书人员辅助管理的首要方式便是处理信息。人们常常把秘书人员比作领导者的"耳目""外脑""智囊"，无非就是要求秘书人员能够为领导者提供准确、及时的信息。从现代秘书活动的具体方式来看，无论是调查研究、提供方案、督查检查、协调关系等与领导决策活动直接相关的工作，还是接打电话、安排会议、接待来宾、处理文书、操作电脑、保障物资等具体事务，无不是为领导者和领导机关实施管理提供信息支持。从这个意义上说，秘书活动的过程本质上就是处理信息的过程。

---

① "闭环控制"是指作为被控的输出以一定方式返回到作为控制的输入端，并对输入端施加控制影响的一种控制方式。

由于信息必须通过声音、文字、图像、数据等形式,以电话、文件、会议、计算机网络等为载体和手段才能显现、传递、接收,因此秘书活动中的信息处理过程,又必然表现为秘书处理事务的过程。秘书处理事务的过程就是通常所说的秘书实务,即秘书主体通过具体操作,直接作用于与领导活动相关的事和物的过程。秘书活动中的各种通信工具的使用,各类文件的拟写、收发、传递和立卷归档,各种人民群众来信来访的处理,各种公务活动的迎来送往,各类会议的组织、安排,各种办公资源的配置与调度,等等,都属于秘书事务的范畴。这些事务同信息处理相互交织、相互依存。离开了办理事务,信息处理便无从着手;同样,离开了处理信息,办理事务就会失去方向,显得毫无意义。

当然办理事务与处理信息也有区别。首先,办理事务只能为处理信息提供物质基础和技术保证,不能完全代替信息处理。信息处理不仅需要通过秘书办理事务来实现,同时也需要秘书主体的智慧和能力。知识贫乏、能力低弱、思想保守、观念陈旧的秘书,不可能向领导者提出有价值的意见、建议和方案。其次,秘书事务繁、多、杂、碎,并不是每一项具体的事务都同处理信息直接对应。比如为领导者改善工作环境、解除领导者生活上的后顾之忧等方面的事务,便与为领导者处理信息无直接联系。然而从总体上考察,处理信息与办理事务作为秘书活动的根本方式,都是辅助领导者实施管理的基本手段。

(四) 秘书活动的根本性质是辅助性

秘书活动的根本对象和根本职能,决定了秘书活动的根本性质是辅助性。辅助性包含"辅"和"助"这两个互相联系的方面。"辅",是相对"主"而言的,也就是说,秘书活动相对领导活动而言,本质上是从属的、被动的。秘书所作出的任何决定,都必须经领导者授权或授意;秘书的一言一行,必须以有利于领导活动为准绳。"助"是秘书人员的天职,但不同于副职领导相对正职领导的协助,而是指在从属性原则统率下积极发挥领导者的参谋和助手作用。于是,秘书活动就出现了这样一种特殊现象,作为秘书活动根本对象的领导者,同时又主导和制约着秘书活动的本身,形成了秘书活动区别于其他职业活动的又一显著特性。这一特性又衍生出秘书活动的一对基本矛盾:一方面秘书活动要被动服从领导活动,另一方面,又要主动服务于领导活动,用通俗的话来概括,就是"既不越权,又不失职",其他矛盾都由此派生。秘书活动的实践证明,谁能正确认识并处理好这对基本矛盾,谁就掌握了秘书活动的真谛,谁就能在秘书活动的舞台上大显身手。

第二节　秘书活动的起源

人类社会的秘书活动是怎样起源的?这既是秘书学研究的一个重要课题,也是秘书学理论中的一个基本问题。对此,秘书学界存在两种不同的观点,即"国家说"和"文字说"。

"国家说"认为,秘书活动起源于国家,其理论依据主要源于斯大林在《马克思主义和语言学问题》中的一句话:"生产的继续发展,阶级的出现,文字的出现,国家的产生,国家进行管理工作需要比较有条理的文书……"①"国家说"断定,由于文书工作是秘书活动的主要内容和方式,因此文书的出现是秘书活动起源的先决条件。既然斯大林说文书是在国家产生之后出现的,那么只有在国家产生之后,才可能出现掌管文书的秘书活动。

但是,历史研究却无可辩驳地证明,有条理的文书在国家产生之前就已出现并使用。据考古学家和历史学家研究,距今有 6 000 多年历史的我国西安半坡仰韶文化,已经出现了文字的雏形。到了距今约 5 000 年前的山东莒县大汶口文化和上海马桥良渚文化,已经出现了形状整齐规则的刻画符号,说明这一时期的人类已经开始使用简单的文字。黄帝时代的史官仓颉和沮诵把分散在各部落的刻画符号收集起来,加以整理和改造,创造出了系统划一的文字,并用这些文字记录帝王的言行以及当时的重大事件,可见这时已经有了比较有条理的文书。《后汉书·祭祀志》记载:"自五帝始有书契。"传说中三皇五帝的文书有"三坟""五典""八索""九丘",简称"坟典"。这些文书的制作、传递和保存已有了一定的要求。"国家说"既然把文书的出现作为秘书活动产生的一个标志,那么,在国家产生之前那些制作、传递和保管文书的秘书活动又该怎样解释呢?显然,"国家说"并不能正确解释秘书活动的起源。

持"文字说"的学者注意到文书的产生早于国家的出现这一历史事实,主张秘书活动的起源不依赖于国家的出现,这无疑是一个重大的进步。但是他们仍然坚持认为秘书活动的起源必须以文书的出现为先决条件,因为在他们看来,文书工作是秘书活动的核心,而文书必须用文字符号来书写和表达,没有文字便没有文书,因而也就不可能有秘书活动的存在。

不错,文书工作确实是秘书活动的重要内容。文书是一种用文字符号记录信息的书面材料,它的出现自然必须以文字的产生为必要前提。由于文书可记录和表达复杂的思想内容和事件,可以异地传递和长期保存,于是它便自然成为人们进行信息沟通和社会管理的重要工具,因而文书工作也就成了秘书活动的主要手段和直接对象。

然而,倘若我们从总体上考察秘书活动,就不难发现,文书工作不过是秘书处理信息和事务的手段之一。作为秘书活动直接对象之一的信息,除了以文字符号表达的书面形态外,还具有口头的言语形态和实物形态。《尚书·尧典》记载:"帝曰:龙!朕堲谗说殄行,震惊朕师,命汝作纳言,夙夜出纳朕命,惟允。"孔安国传曰:"纳言,喉舌之官,听下言纳于上,受上言宣于下。"可见尧帝时的纳言,主要是以口头的方式上传下达,沟通信息,为帝王服务,是当时典型的秘书人员。即便是现代社会,秘书活动也同样离不开运用口头言语的方式传递信息,为领导活动服务。

在远古社会,文字尚未产生或者尚未成熟之前,为了满足信息交往和社会管理的需要,人们除了运用言语形式的信息之外,还创造了结绳、刻契、堆物等方法,使信息可视化、实物化,以便于记录、传递、保存。尽管这些方法不能表达复杂的思想意图,不能记录复杂的历史事件,存在着先天不足,不能同现代的文书相比,但却在一定程度上起到了记录、凭证、备忘、

---

① 斯大林.斯大林文选:1934—1952[M].北京:人民出版社,1962.

沟通的作用,是当时社会管理和社会交往的重要手段。美国著名人类学家摩尔根曾在《古代社会》一书中详细描述了他考察美洲印第安人易洛魁部落联盟时的情景:易洛魁人没有文字,他们中有一位巫师,其职责是讲解贝珠带和贝珠绳所记录的事件。每当新的首领被推举出来时,巫师便手持贝珠带或贝珠绳,当众讲解部落联盟形成的历史以及联盟内各项章程、条规。用现代眼光看,摩尔根所描绘的场景其实就是美洲印第安人部落中的秘书活动,所描写的巫师实际上就是易洛魁印第安人部落中的秘书人员。由于受历史条件的制约,当时的秘书活动带有明显的宗教色彩。

以上分析说明,秘书活动不能全部归结为文书工作,秘书活动的起源也不能以文字的产生为必要条件。

那么秘书活动究竟是怎样起源的呢?根据现有的史料和秘书学理论研究的成果,我们提出如下假说,秘书活动作为以综合处理信息和事务为主要方式进行辅助管理的活动,它的起源,有两个基本的前提:第一,随着社会的发展,从社会管理活动中分化出辅助管理活动;第二,这种辅助管理活动必须以综合处理信息和日常事务为基本特征。

人类最早的社会组织是原始人群。原始人群的组织结构相当简单,其成员使用简单的工具,共同劳动,共同享用劳动成果以维持最低水平的生存,无发号施令的领导者,因此不具备产生秘书活动的条件。经过几十万年漫长岁月的发展,随着生产力的进步,人类社会出现了以血缘关系组成的氏族公社。氏族公社的组织结构要比原始人群复杂得多。为了保证社会劳动和生活的正常进行,氏族公社必须建立稳定的社会秩序。这种秩序是通过推选出来的首领实施管理而实现的。正如恩格斯指出的那样:"在每个这样的公社中,一开始就存在着一定的共同利益。维护这种利益的工作,虽然是在全社会的监督之下,却不能不由个别成员来担当。"[①]于是便出现了领导者和被领导者、管理者和被管理者的分离。随着氏族公社结成部落,部落又联合为部落联盟,社会公共事务日益繁多,社会组织内部的结构也日渐复杂。这时,"个别人"的管理已经不再适应社会发展的需要,于是就在"个别人"身边出现了辅助管理人员,把一部分具有专门性或日常性的事务分解给辅助管理人员去完成,以便"个别人"能够集中精力进行全局性的指挥和协调。例如,我国古代的黄帝就曾设置左右大监、三公、三少、四辅、四史、六相、九德等辅助性官职。新中国成立前,在一些少数民族的村落中我们可以找到这种例证。解放前,西双版纳山区的布朗族还处在没有文字的原始农村公社阶段,但村社的管理阶层中已经出现了较细的分工:村寨的头人称为"老干",总管寨内外事务,另设"达曼"主管生产和宗教事务,"朗板"主管公共财务,"达闷""达先""达乃"协助头人办事,"格朗"管男女关系,"布占"专管宗教事务,"哈西"管通信联络。[②]

辅助管理人员的出现,为秘书活动的产生提供了社会基础,但辅助管理活动并不等于秘

---

① 恩格斯. 反杜林论[M]. 北京:人民出版社,1970:176.
② 颜思久. 布朗族氏族公社和农村公社研究[M]. 北京:中国社会科学出版社,1986:75.

书活动。领导管理活动的分化有三种情形：一种是从"个别人"的管理分化为一个人"总管"，若干人"分管"。"分管"对于"总管"来说，是辅助与被辅助关系。但"分管"者仍是领导者，具有一定的领导管理权限，如我国古代的黄帝下设的左右大监、三公、六相、九德等官职。布朗族村寨中的"达曼""朗板"等职也具有这种"分管"的性质。另一种情形是"总管"将记录、传递、保存、提供利用信息以及日常事务交给另外专门的人员来完成，使他们成为综合处理信息和事务的辅助管理人员。毫无疑问，这类辅助管理人员便是我们今天所指的秘书。在文字产生以前，他们的主要工作是以口头或实物的方式记录、传递、存储信息并负责解释。例如黄帝手下的左史和右史，易洛魁部落中的巫师，布朗族中的"达闷""达先""达乃"以及专管通信联络的"哈西"等所从事的活动就具有秘书活动的性质。又如新中国成立前侗族村寨联盟中，在"款首"（即首领）之下有一专职"款脚"，平时负责鼓楼和公共场所的管理，有事便登楼击鼓，或巡回寨中通知寨民集会，传递情报，或以鸣炮方式发送信号，①尽管其工作方式原始落后，但却不得不承认他们是文字出现之前从事秘书活动的人员。

然而作为辅助管理活动之一的秘书活动，从领导管理活动中分化出来，并不是一下子完成的。有职有权的"分管"同有职无权的秘书之间的明确分工，也不是短时期内实现的。于是在领导管理活动的分化过程中就出现第三种情形：某些"分管"者，既具有某一方面的职权，又负责处理信息或日常事务。这也可以在摩尔根的《古代社会》一书中找到例证。摩尔根写道，美洲印第安鄂农达加部落推举了一位首领和两位副首领。副首领在公共场合下站在首领的身后，平时辅佐首领处理部落中的各种事务，需要时，根据首领的授权出任使者，与其他部落谈判，制订协议，被称为"长屋的柱子"。② 从摩尔根的考察的情况来看，这两位副首领的工作，既具有部分领导管理的职权，又具有秘书活动性质，类似于现代社会中秘书长的职能。这第三种情形很可能是秘书活动从领导活动中分化出来所经历的过渡形态。在这一形态中已经包含了秘书活动的萌芽。

以上仅仅是对秘书活动起源所提出的假说，根据这一假说，可以推断人类秘书活动的起源，早于国家和文字的出现。但由于秘书活动出现于史前时代，没有直接的文字记载，现存的神话传说又无法作为下定论的依据，虽然我们可以通过考察今天尚存的原始部落找到史前时代已经出现秘书活动的有力证据，但要确定秘书活动产生的具体年代就存在一定的困难，需要依靠今后考古的重大发现和秘书史研究的重大突破。

第三节 秘书学的学科对象、研究领域和理论体系

一、秘书学的学科对象

秘书学是一门以秘书活动为研究对象的学科。这里所谓的秘书活动，不是单纯意义

---

① 《侗族简史》编写组.侗族简史[M].贵阳：贵州民族出版社，1985：21.
② 摩尔根.古代社会[M].上海：商务印书馆，1977：140.

秘书工作,也不是秘书人员、秘书工作和秘书机构的简单叠加,而是秘书主体在辅助领导者实施管理的过程中的全部行为表现的总和,是秘书活动的主体与客体、职能与环境、内容与形式、目的与手段、心理与行为、个体与群体、历史与现实的辩证统一。

二、秘书学的学科领域

秘书学的学科对象决定了秘书学的研究领域包括以下方面。

(一)秘书活动主体研究

秘书人员是秘书活动的主体。研究秘书活动主体的目的在于阐释秘书人员的社会地位和特征、思想意识修养、知识能力结构、个性心理素质、职业道德和行为规范,尤其是要深刻阐释国际化背景下秘书人员全面提升素质修养的原则、方法和途径,为培养国际化秘书人才提供指导。

(二)秘书活动职能研究

秘书活动的职能包括秘书活动辅助领导者实施管理的根本职能以及围绕根本职能所承担的责任和发挥的效能。辅助领导者实施管理是秘书活动的根本职能,但这一根本职能具有高度的抽象性。秘书活动要实现辅助管理的根本职能还必须通过履行具体的职能发挥作用和效能。研究秘书活动职能的目的在于从理论上弄清秘书活动职能的定位和特点,以及实现秘书各项具体职能的原则和路径,从而为秘书活动指明方向。

(三)秘书活动方法研究

秘书活动的职能最终必须通过秘书活动具体方法来实现。研究秘书活动方法要解决两方面的问题:一是秘书人员的思维方法,只有采用科学的思维方法才能准确领会领导者的意图,分清工作的轻重缓急,制订切实可行的工作计划。二是要解决秘书工作怎么做的问题,包括秘书工作的具体手段、形式、途径、步骤、程序、技能等。

(四)秘书活动环境研究

秘书活动环境包括内部环境和外部环境。内部环境是指秘书所在组织的领导方式、工作制度、人际关系、物质条件和企业文化等;外部环境是指与秘书活动相关的法律法规和规章制度,以及社会的政治、经济、文化环境等。研究秘书活动环境,有利于协调秘书活动主体与环境的关系,使秘书主体更好地适应和改造环境,同时也使秘书活动的环境更能激发秘书主体的积极性和创造性。

(五)秘书活动源流研究

即研究秘书活动的起源、沿革和发展变革的一般规律。包括中国视角和国际视角两个研究维度。研究中外秘书活动历史的目的是"古为今用""洋为中用",继承和发扬秘书活动

(六) 秘书教育研究

秘书教育是秘书活动发展到一定阶段的产物。当秘书活动的经验积累到一定的程度，需要进行专门化的知识传授时，便产生了秘书教育现象。现代秘书活动与现代秘书教育密不可分。现代秘书教育促进了秘书活动的现代化与科学化，而现代秘书活动又迫切要求不断加强和改革秘书教育。因此，研究秘书学不能不研究秘书教育，特别是在当前，我国的社会主义现代化建设急需培养大批合格的秘书人才，加强秘书教育的研究，具有十分重要的现实意义。秘书教育研究的内容包括秘书教育的方向、目标、层次、规格，秘书教育的基本特点、方式、途径、手段，秘书专业的课程体系、教材建设、教学方法等方面。

三、秘书学的理论体系

我国秘书学诞生于20世纪80年代初。经过40多年的发展，秘书学已经初步形成比较完整的理论体系，具体如下。

(一) 理论秘书学

理论秘书学又称普通秘书学、秘书学概论、秘书学通论、秘书学原理、秘书学导论等，是秘书学理论体系中具有抽象性和普遍指导意义的基础理论体系，在整个秘书学科的理论体系中起着主导作用。它的成熟程度决定着秘书学各分支学科的发展。反过来，各分支学科的发展，又会促进理论秘书学的成熟。

(二) 行业秘书学

行业秘书学是秘书学理论体系针对性较强的分支学科。它将理论秘书学的基本原理运用于某一特定的行业，探索特定行业中秘书活动的特殊规律，因而具有一定的针对性和适用性。行业秘书学涉及领域广泛，内容范围可根据研究对象而定，如机关秘书学（又称公务秘书学，也有的具体分为党务秘书学、行政秘书学）、企业秘书学、金融秘书学、科技秘书学、教育秘书学、司法秘书学、军事秘书学、公安秘书学、涉外秘书学、私人秘书学，等等。随着秘书理论体系的不断发展和完善，行业秘书学下属的分支学科会越来越多，每一分支学科的研究对象也将越来越具体。

(三) 历史秘书学

历史秘书学的任务是研究秘书活动的起源、沿革及其发展规律，为今天的秘书活动提供历史借鉴。按研究历史跨度来分，历史秘书学可以分为通史和断代史。秘书通史系统连贯地记述自秘书活动产生以来各个时期发展演变的历史事实；秘书断代史则侧重于记述特定时期或者朝代秘书活动发展演变的历史事实。按研究的地域划分，历史秘书学可以划分为世界秘书史和国别秘书史。按研究的领域划分,历史秘书学可以划分成多个分支,如行政机关秘书史、企业秘书史、秘书制度史、公文发展史,等等。

(四) 技术秘书学

技术秘书学的任务是研究秘书工作的手段、形式、途径、步骤、程序和技能,具有较强的工具性和实践性。技术秘书学可以综合阐述介绍各项秘书实务,也可以分门别类地阐述介绍秘书写作、文书处理、信访接待、会议管理等具体实务,或者专门阐述介绍特定行业的秘书实务,如企业秘书实务。

(五) 比较秘书学

比较秘书学是运用比较的方法研究不同国度、不同社会、不同民族、不同历史时期秘书活动的相互联系与区别,批判地继承古代秘书活动的遗产,吸收、借鉴外国秘书活动有益的经验。比较秘书学作为一种研究方法,已开始在我国秘书学研究中广为运用。

(六) 秘书学边缘学科

这类学科是秘书学与其他学科相交叉而产生的新兴学科,如秘书人才学、秘书心理学、秘书礼仪学、秘书美学、秘书教育学等。这类学科的发展,极大地拓展了秘书学科的研究领域。

第四节　秘书学的学科性质和研究方法

一、秘书学的学科特点

(一) 应用性

秘书学具有相对独立和完整的理论体系,重视基础理论研究,但本质上属于应用学科或曰显学范畴。秘书学一旦脱离了应用性,便失去了它的全部价值。这就要求秘书学的理论抽象和概括,必须以生动的秘书活动实践以及由此产生的秘书活动经验为基础,为解决秘书活动中的实际问题提供理论指导和对策方案。另一方面,秘书学所提出的理论原则和对策方案必须在秘书活动的实践中接受检验,辨别正误或修正和完善。把秘书学仅仅当作秘书工作的经验加以描述是肤浅的,同样,脱离秘书活动的实践,单纯搞学院式的概念演绎,也是毫无生命力的。

(二) 综合性

秘书学是一门与众多学科交叉复合、有机融汇而形成的综合性学科。秘书学的综合性,首先是由秘书活动的综合性特征决定的。秘书活动是以综合处理信息和事务为方式的辅助管理活动,就其活动内容来看,涉及决策咨询、信息沟通、关系协调、督促检查、信访处理、来宾接待、会议组织、活动安排、调查研究、文档管理等诸多方面。研究秘书活动，就必须吸收管理学、领导学、决策学、信息学、协调学、公共关系学、社会学、写作学、接待学、档案学等诸多学科的研究成果。其次是由秘书学科的发展趋势决定的。现代秘书学的发展，已经突破了仅限于秘书工作研究的框架，越来越注重秘书主体和秘书环境的研究，因而越来越多地借鉴和移植心理学、人才学、伦理学、人际关系学、组织行为学等学科的研究成果，以拓宽秘书学研究的视野和领域。再次，是由现代思维科学和方法论对秘书学研究的影响决定的。如信息论、控制论和系统论已在秘书学研究中广泛运用，并且取得了可喜的成果。

二、秘书学的研究方法

（一）事实调查法

秘书学的应用性特点，决定了秘书学的研究应当建立在秘书活动的基本事实基础之上。只有充分占有秘书活动的事实材料，才能进行科学的研究，揭示秘书活动的规律。事实调查的具体方法按手段分有文献法、观察法、访问法、座谈法、问卷法、统计表法等，按调查范围分，有普遍调查法、重点调查法、抽样调查法、典型调查法等。

（二）经验总结法

经验是指在实践活动中取得的知识或技能。由于经验的获得带有偶然性和特殊性，因此，经验并非一定是科学的，需要进行总结、验证、提炼、归纳与分析，使之系统化、理论化。总结推广先进经验是秘书工作长期运用的行之有效的方法，也是秘书学研究的重要方法。经验总结法可分为专项经验总结法（即对某项具体的秘书工作的过程和经验加以研究，总结其规律）和综合经验总结法（即对某一段时期某个单位或地区秘书工作的经验加以全面总结，揭示其规律）。总结秘书工作的经验要有正确的理论指导，分清正确与错误、现象与本质、必然与偶然，使经验既有先进性、科学性，又有代表性和普遍意义。

（三）案例分析法

案例一般是指具体情境下发生的典型事件。所谓"具体情境"，指的是案例中的事件具备时间、地点、人物、起因和环境条件等要素。所谓"典型事件"，指的是在"具体情境"下发生的最具有代表性的、最能反映事物本质的有价值的实例。案例可以是正面的，也可以是反面的。案例分析往往能以小见大，以个别指导一般。一个典型的秘书活动案例也往往能从不同的角度总结其经验或者教训，证明或阐释秘书学的理论。

（四）抽象—具体法

抽象—具体法即对具体可感的秘书活动现象进行归纳演绎和深入的分析，揭示这些现象背后的本质，达到抽象的规定性，并建立秘书学的基本概念。然后运用综合的方法，把秘书活动各方面的本质规定在思维中联结起来,形成一个完整的体系,使从具体的秘书活动中抽象出来的每一个概念、判断、原理,在这一体系中占有恰当的位置,并且具体地、完整地再现出来。从抽象到具体的方法是建立秘书学理论体系的重要方法。

(五) 纵横比较法

纵横比较法是比较秘书学的基本研究方法。所谓纵向比较,就是比较不同时期秘书活动的异同,从而找出秘书活动发展的基本线索,揭示秘书活动发展的规律,批判地继承秘书活动的历史遗产。所谓横向比较,就是研究不同国家、不同社会制度和不同文化背景下的秘书活动的异同,以便正确借鉴秘书活动的先进经验。

(六) 移植借鉴法

秘书学综合性的特性,决定了秘书学的研究必然要吸收和移植其他相关学科的成果,借鉴相关学科的研究方法,以便多角度、全方位地透视秘书活动的现象,更加广泛而又深刻地揭示秘书活动的规律,同时促进秘书学的分支学科和边缘学科的发展,丰富秘书学科的理论体系。

第二章
秘书系统及其组织形态

第一节 秘书系统的基本要素

从系统论的角度考察秘书活动,可以将其视作一个系统。系统是由若干相互联系、相互制约的要素组合而成的,具有特定功能的、不断运动的有机整体。组成秘书系统的基本要素有三项:一是主体要素,即从事秘书活动的秘书人员;二是手段要素,即秘书活动的方法、技术、程序和以物化工具为主的物质手段;三是对象要素,即秘书主体通过一定的手段所作用的信息和事务。这三项要素相互关联,在秘书系统运动和发展过程中各自扮演特定的角色,发挥特定的作用,为任何一个秘书系统所必备。

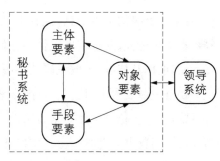

图 2-1 秘书系统示意图

一、主体要素

秘书主体是指具有秘书资格和秘书行为能力的人。秘书资格和秘书行为能力,这是构成秘书系统主体要素的两个必备条件。这里所说的秘书资格,并不是由某个考试机构认定的资格,而是指通过法定程序、行政任命或签订聘用合同,授予秘书岗位和职务。仅仅获得考试机构颁发的资格证书,并不能视为具备秘书主体资格。只有经过选举、任命或者考核录用担任秘书职务的人员,才具有秘书主体的资格。所谓秘书行为能力,即具备履行秘书职务的能力。秘书行为能力取决于秘书的身体素质、知识素养、能力结构和行为倾向等因素。只有当秘书资格和秘书行为能力相互统一时,才能构成秘书系统的主体要素。

在秘书系统诸要素中,主体要素起着主导性和决定性的作用,这是因为:第一,秘书主体是秘书活动的具体实践者。秘书活动从它诞生的第一天起,就是以秘书人员为实践主体的。秘书活动的过程,就是秘书主体实践的过程。秘书活动的规律、方法、技术、程序乃至物化的工具必须依靠秘书主体去把握、运用、操作并在实践中总结、提高或改进;秘书活动中的信息和事务需要通过秘书主体的分析、判断、处理进而对领导活动发挥作用。一句话,秘书系统的各项要素,只有通过秘书主体的具体实践,才会相互联结、相互作用,才能构成现实的秘书活动。第二,秘书主体本身的素质直接制约着秘书活动的质量和效率。秘书活动的实践表明,秘书活动的质量和效率同秘书主体的思想观念、知识水平、行为能力、心理品质等存在密切的相关性。毫无疑问,一个高效的秘书系统,必须具备优秀的秘书主体,才能发挥整体效能和优势。

但是,主体要素在起主导和决定作用的同时,也会受到其他要素的制约。首先,随着科学技术的发展,秘书系统的手段要素也日益现代化和科学化,而现代化、科学化的手段要靠用现代意识和现代科学技术知识武装起来的主体去运用。这就要求秘书主体不断提高自己的知识和能力水平,以适应秘书活动手段的现代化。其次,对象要素本身是一个复杂的动态系统。不同的信息和事务有不同的性质和特点。以信息为例,有真实的信息,也有虚假的信息;有来自上级的决策信息,也有来自下级的请求性信息,信息不同,处理的方法亦不同。对象要素的复杂性,要求秘书主体在任何时候、任何情况下,都要从对象的具体实际出发,抓住其本质,根据其特点,采取正确的手段进行处理。

秘书主体要素本身也是一个系统,它包括主体的观念意识系统、职业道德系统、知识能力系统,等等。秘书主体要素既可以是一个由若干秘书人员组成的群体,也可以是单个的秘书人员。当秘书活动必须由秘书群体分工协调、共同完成时,主体要素便表现为一种特定的组织形态,即秘书部门或称秘书机构。

充分认识主体要素在秘书系统中的作用和地位,对于搞好秘书系统的建设,有极为重要的意义。第一,有利于增强秘书人员的主体意识,充分发挥秘书人员在秘书活动中的主体能动性,化被动为主动,创造性地做好本职工作;第二,有利于加强秘书人员的自身修养,促使他们与时俱进,不断更新观念、知识,提升工作能力和技能,以适应秘书活动日新月异的发展;第三,有利于克服领导者对待秘书工作只见事、不见人,只下命令、不讲激励的倾向,把关心和培养秘书人员、提高秘书人员的素质、调动秘书人员的积极性,放到重要的位置上来。

二、手段要素

秘书系统的手段要素是指秘书主体用以影响和改变对象要素的方法、技术、程序以及物化工具的总和,是主体要素与对象要素之间的中介要素。在秘书活动中,秘书主体必须借助一定的手段作用于对象要素,才能实现秘书活动的目标。

手段要素本身也是一个系统,由"软件"手段要素和"硬件"手段要素组成。软件手段要素是指观念形态的手段,如秘书活动的方法、技术、程序、经验等。软件手段要素反映了秘书主体对秘书活动规律的认识和把握,是秘书活动实践的结晶。它的成熟过程也是秘书主体发挥能动作用的过程。但是,软件手段要素也具有相对独立性和稳定性,它一旦成熟,并以某种模式固定下来,便要求照此执行。比如秘书活动中的信访处理程序、公文处理程序等,都有一整套既定的模式和规范,必须严格执行。这就要求秘书主体以辩证的态度正确对待软件手段要素:一方面要高度重视软件手段要素,对实践证明是正确的、行之有效的方法、技术、程序和经验要采纳和执行;另一方面,要注意在实践中不断总结反思,不断革新和完善软件手段要素。在当前改革不断深入的形势下,传统的秘书活动的方法、技术、程序正在发生深刻的变革,而这场变革的实践者,便是秘书主体。

硬件手段要素是指物质形态的工具(包括器具和装备),主要有两大类:一类是用于信息记录、存储和传递的工具,如纸、笔、速录机、计算机、打印机、复印机、录音机、照相机、摄像机、电话机、文件柜、智能设备、网站等。从广义上说,邮政快递、机要交通等系统也是秘书系统可以利用的信息传递工具。另一类是为改善办公条件、提高工作效率而使用的工具,如订书机、打孔机、碎纸机、办公桌椅、电风扇、空调机等。

硬件手段要素是秘书主体劳动器官的延伸。它对于减轻秘书劳动的强度、提高秘书活动的质量和效率,有着极其重要的意义。硬件系统的改善和发展取决于整个社会科学技术的进步。比如造纸术和印刷术的发明和应用,使秘书人员从笨重的竹木文书和繁复的手工抄缮中解放出来,大大提高了秘书活动的效率。现代计算机技术、通信技术、智能设备的运用,更使秘书活动如虎添翼,效率成倍提高。随着科学技术的不断进步和秘书活动本身需求的不断增长,硬件手段要素在秘书活动中的地位和作用将越来越重要,秘书活动对硬件手段要素的依赖性也将越来越强。

三、对象要素

在前一章中,我们把秘书活动的对象分解为相互区别又相互联系的两个方面——根本对象和直接对象。作为秘书系统基本要素之一的对象要素是指后者,即秘书主体通过自己的行为,运用某种手段直接作用的信息和事务。信息和事务是秘书主体直接作用的对象,处理信息和事务则是秘书系统辅助领导系统(以下所称领导系统包括领导机关和领导者)实施管理的根本方式,古今中外,概莫能外。秘书系统是个不断运动的系统。在秘书系统运动的过程中,信息和事务通过秘书主体的作用,形成信息流和事务流。信息流的作用是通过搜集、分析、筛选、加工、传递信息,为领导系统的管理控制过程提供信息支持。事务流的作用有两个方面:一方面通过不断地输入、输出和存储信息保障信息的有效循环;另一方面直接为领导系统的活动提供全面服务,支持其正常运行。秘书系统就是通过信息流和事务流来实现辅助领导系统实施管理这一根本目的的。

秘书系统的对象要素本身,同样也是一个极为复杂的动态系统,无论是内容还是形式,都没有一成不变的模式。有时形式看似一致,但内容则迥然不同;有时内容基本相似,但形式却大不一样。同样一条信息,此时此地可以创造丰厚的利润,而彼时彼地则很可能一文不值。同样是接待工作,不同的对象需要采用不同的接待方式。这就要求秘书主体深入实际,充分了解对象、把握对象,从对象的实际出发,合理运用手段,有的放矢地进行处理。那种把秘书活动视为简单的重复劳动,不顾对象的实际变化,以不变应万变的做法,只会使秘书活动产生负面效应。

第二节 秘书系统的运动过程、特征和原则

一、秘书系统的运动过程

秘书系统是个信息流和事务流相互交织、连续运动的系统,其运动的过程及主要工作系统可用图2-2表示。

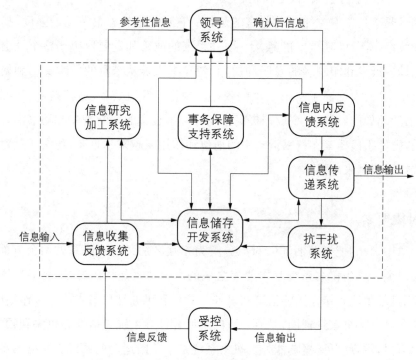

图2-2 秘书系统运动过程及工作系统示意图

上图清晰表现了领导系统、受控系统和秘书系统这三个系统之间的关系。虚线框内秘书活动的各个工作子系统(或称工作环节)显示秘书系统运动的基本方向和过程(箭头表示运动的方向,单向箭头表示运动的单向性,双向箭头表示运动的双向性)。这些工作子系统之间相互连接、相互作用,形成一个信息和事务循环的回路,为领导系统提供信息支持和事务保障,同时在领导系统和受控系统之间发挥桥梁和纽带作用。上图中的受控系统是指领导系统所管理控制的具体对象,可以是某个决策目标,也可以是某项具体工作或承担某项工作的个人和组织;可以是要求下级贯彻执行的某项政策或者措施,也可以是要求上级审批的

某项请示或者与外界沟通的事项。

下面对秘书系统运动的基本过程和主要工作系统作简要分析。

(一) 信息收集反馈系统

信息收集反馈系统是秘书系统处理信息的首道工作环节,负责收集和反馈来自各种渠道的、与本级领导系统职责相关的信息,如上一级领导系统下达的决策信息,本组织的执行系统、监督系统和受控系统的反馈性信息以及社会上相关系统(如公众、媒体、同行、消费者等)输入的信息,为下一道环节——信息研究加工做准备。

信息收集反馈系统获取信息的主要渠道有电话、电报、传真、信函、公文、简报、书刊、新闻媒体、社交媒体、互联网网站、电子邮件、内部电子公文传输系统、会议、展览、接待、现场调查和值班等。

(二) 信息研究加工系统

信息研究加工系统承担对所收集反馈的原始信息进行筛选、整理、加工的重任,使之成为系统、有效的信息(即确认后信息),为领导系统和其他相关系统制定决策和实施管理提供依据或参考。

信息研究加工系统的主要工作包括及时向领导系统和相关系统汇总编发各种简报、要闻、动态,根据领导系统和其他相关系统的需要编辑文件汇编,根据收集反馈的信息撰写数据分析报告和调研报告,根据领导系统的意图和要求起草工作计划和决策方案等。

(三) 事务保障支持系统

事务保障支持系统的任务是处理同领导系统本身活动有关的事务,为领导系统的活动提供事务性服务,确保领导系统的高效运行。

事务保障支持系统的工作主要包括安排和协调领导的各项活动,做好各种会议记录以及领导视察、考察时的讲话记录,为领导起草讲话稿,完成领导交办的各项事务,向领导系统提供后勤保障和安保服务等。

(四) 信息内反馈系统

领导决策系统形成的确认后信息(泛指经过领导系统确认的需要上报、下达、发送和公开发布的信息),一般情况下由秘书系统直接进行传递。但在某些情况下,领导系统发出的决策信息难免存在一些偏差,需要在对外传递之前,由秘书系统加以检测并及时回输到领导系统调整修正。这种回输由于是在信息输出之前进行的,我们称之为内反馈。内反馈的作用就在于提高传递和输出的决策信息的准确性和可靠性。关于信息内反馈的具体作用和方法,将在第三章第一节"决策辅助"中详细讨论。

(五) 信息传递系统

信息传递是秘书系统联系领导系统和其他相关系统的主要方式,存在于秘书系统运动的各个工作环节,如秘书人员把加工后的参考性信息以书面或口头的方式汇报的过程就属于信息传递。但图2-2中的信息传递系统专指秘书系统向特定的受控系统(包括本组织的职能系统和直线系统以及上级领导系统、其他相关组织、媒体和公众)传递本级领导系统确认后信息的工作环节。

信息传递系统所传递的确认后信息,既包括领导系统各种形式的决策性信息,如政策、规章、工作部署等,也包括经领导系统确认的需要上报、下达、发送或者向社会公开发布的非决策性信息,如请示和报告事项、情况通报等。信息传递的主要渠道包括电话、电报、传真、信函、公文、简报、新闻媒体、社交媒体、互联网网站、电子邮件、内部电子公文传输系统、会议、约见等。

(六) 抗干扰系统

任何一种信息在其传递的过程中都不可避免地会受到来自信道以及外界的干扰,领导决策系统的决策信息在传递和执行过程中也同样如此,也会受到来自多方面的干扰,或者被错误理解,或者执行走样,或者被耽搁。抗干扰系统的任务,一方面是提高领导决策信息输出的强度,增大信噪比,另一方面是找出干扰源并加以克服,保证领导决策系统的决策信息全面、准确、及时地传递到受控系统。

抗干扰系统的主要工作包括文书的催办、查办,领导系统决策事项以及领导者批示的督促检查,协调决策执行过程中的各种关系,等等。

(七) 信息存储开发系统

信息具有再次开发利用的价值。信息存储开发系统的任务就是把具备保存价值的信息按照一定的规律、运用一定的方法和技术保存起来,以便随时向领导系统和其他有关系统提供咨询服务和参考利用。

信息存储开发系统的主要工作包括及时妥善保存平时搜集、整理、加工的信息,做好文件的平时归卷、保管以及立卷归档工作,管理档案并为领导系统和有关方面查考利用提供支持,编写领导活动的大事记和本组织的年鉴,通过线上和线下的方式办好宣传本组织成长历史和公众形象的展示活动等。

以上只是从信息流和事务流的角度对秘书系统的运动过程及其主要工作系统作粗略的考察。尽管如此,我们还是可以通过以上考察,从总体上把握秘书系统运动的一般过程。当然,秘书系统的实际运作远比上述描述丰富得多,也复杂得多。

二、秘书系统的基本特征

在上一章中,我们已经分析了秘书活动的根本性质是辅助性,然而辅助性的活动并非秘书系统所独有。能够对领导系统发挥辅助作用的系统除了秘书系统外,还有与秘书系统隶属于同一个领导系统的职能系统(如企事业单位中主管营运、人事、财务、物资的部门),与秘书系统同属于一个领导管理系统的专门化的信息咨询系统(如我国各级党政机关中的政策研究室、各级政府机关中的发展研究中心和参事室),社会上以独立法人身份运营的各种信息咨询和评估机构。这些系统,都在不同程度上对特定的领导系统实施管理起辅助作用。所以,只有深入探究秘书系统与其他系统在辅助领导者实施管理的活动方面存在的区别,才能准确把握秘书系统的基本特征,进而更加深刻地理解秘书活动的根本性质。

与其他系统相比较,秘书系统的辅助管理活动有以下几方面的特征。

(一) 中介性

秘书系统就其在整个管理系统中的地位和作用来看,具有中介性特征。这种中介性表现在这样几个方面。

1. 在管理控制过程中的中介性

首先,从管理控制过程来看,秘书系统在领导与被领导、管理与被管理、联系与被联系、决策与执行、施控与受控的相互关系中,属于中介层次。管理系统一般是由下列子系统构成的。

(1) 领导系统。领导系统在整个组织中具有核心地位,负有决策、计划、指挥、协调、控制的职责,如政府中的行政首长、企业的董事会和总经理,等等。

(2) 职能系统。又称职能部门,负责具体执行领导系统特定的业务指令,如政府和企业中的人力资源管理部门、大学中的教务处,等等。

(3) 直线系统。即受本级领导系统垂直领导的、完成本组织的主要职能的下一级组织系统,比如各省、自治区和直辖市人民政府就属于国务院的直线系统,企业的分公司相对于总公司而言就是直线系统。

(4) 综合辅助系统。即以综合处理信息和事务的方式辅助领导系统实施管理的秘书系统。秘书系统在整个管理系统中的地位和作用如图 2-3 所示。

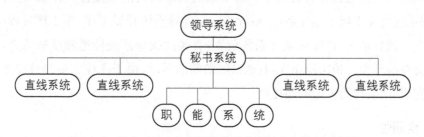

图 2-3 秘书系统在整个管理系统中的地位和作用示意图

2. 在信息运动过程中的中介性

其次,从信息运动的过程来看,秘书系统处于信息的输入与输出、传递与反馈的中介地位。也就是说,秘书系统本身并不是管理信息的最终享用者,而是通过发挥中介作用成为管理信息运动的推动者(图2-4)。

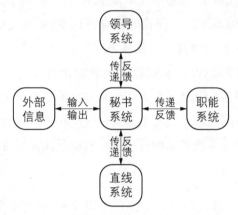

图2-4 秘书系统信息输入与输出、传递与反馈示意图(双向箭头代表信息的双向运动)

秘书系统中介性的特征,一方面决定了秘书系统本身是一个非独立的辅助管理系统。秘书系统既不能摆脱领导系统而存在,也不能离开受控系统而运作,只能围绕领导系统的目标和需求、根据领导系统的授权和意图开展活动,无独立的决定权和指挥权。秘书系统的中介性特征,同其他辅助系统在管理过程中具有一定的独立性、可在本系统的职权范围内进行决策、指挥或开展独立研究的特点有着鲜明的区别,是秘书系统区别于其他辅助系统的本质特征,秘书系统的其他特征都是由此而派生的。另一方面,中介性特征还决定了秘书系统在整个管理系统的运作过程中,必须扮演承上启下、协调内外、沟通左右的特殊角色,发挥"纽带"和"桥梁"的特殊作用。

(二)直接性

秘书系统辅助领导系统的活动具有直接性,这是由秘书系统的中介性特征决定的。秘书系统既然充当了领导系统联系其他系统的中介,那么与其他系统相比,秘书系统同领导系统相互联系的直接性也就毋庸置疑了。秘书系统辅助活动的直接性具体表现为:在岗位设置上,秘书系统直接隶属于领导系统,贴近并对应领导系统开展工作;在工作过程中,秘书系统直接听命于领导系统,直接对领导系统负责,直接向领导系统传递和反馈信息,直接处理领导系统交办的事项。相比较而言,其他系统的辅助活动,由于往往需要经过秘书系统这一中介才能完成,故表现为一定的间接性。

(三)全面性

全面性是指秘书系统的辅助活动渗透到领导系统活动的所有领域。也就是说,领导系统的各项活动,都在秘书系统的辅助范围之内。秘书系统活动的全面性特征主要体现在三个方面。

第一,体现在辅助职能的全面性上。在实行职能制结构形式的管理系统中,根据分工的原则,每个职能系统负责执行领导决策系统某一方面的业务指令,各司其职,各自从某一特定的职能上对领导决策系统进行辅助,不允许、也不可能作全面的辅助。秘书系统属综合辅助系统,虽然不具体执行领导决策系统特定的业务指令,但却在所有业务指令的形成、传递、执行、监督、协调、反馈等过程中扮演了特殊的角色,发挥了重要的作用。从这个意义上说,秘书系统的辅助活动具有职能上的全面性。如果以作用场的理论解释这一特征,就更为清楚了。请看图2-5。

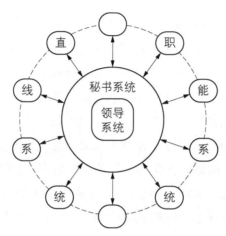

图2-5 秘书系统作用场示意图,虚线表示作用场的范围

从上图可以看出,秘书系统的一切辅助活动必须紧紧围绕领导系统,同时又在领导系统与所有的职能系统和直线系统之间发挥中介作用,秘书系统的中介作用不是单一的,而是辐射到领导系统职能和领导活动的方方面面。正因为如此,秘书系统在为领导系统这一根本对象提供全面服务的同时,还必须为所有的职能系统和直线系统提供服务,两者是有机统一的。

第二,体现在辅助过程的全面性上。领导系统的管理控制活动是一个连续不断的过程。以领导系统的决策活动为例,就是一个准备、决断、实施、反馈、修正、再实施的连续过程。一般的辅助系统只是在某一个阶段发挥一定的辅助作用,而秘书系统的辅助活动则贯穿于领导决策活动的全过程。

第三,体现在辅助事务的全面性上。辅助职能和辅助过程的全面性决定了秘书系统辅助事务的全面性。秘书系统的各项辅助职能都要通过具体而又全面的事务活动才能实现,而这种事务活动大至掌管核心机密,小至打字印刷、电话接听等,都包括在内。正因为如此,许多人把秘书工作的对象与范围比喻为"上管天文地理,下管鸡毛蒜皮",把秘书工作部门说成是"不管部"(意即样样工作都要管)。

(四) 潜隐性

秘书系统的活动,无论是同领导系统相比还是同其他辅助系统相比,都具有潜在和隐蔽的特点,其表现有三个方面。

一是活动名义的假借性。秘书系统作为一个开放的中介系统,需要不断地同外部系统发生交往和联系。但是这些交往和联系只有在领导系统的名义下进行,或者说只有在对外代表领导系统时,才具有法律或行政上的效力。秘书系统接待宾客、处理信访、制发文件、协调关系等活动,如果不假借领导系统的名义,则"名不正,言不顺"。

二是活动过程的幕后性。相对说来,领导系统和其他辅助系统的活动比较公开。尤其是重大活动,领导者总是在台前公开亮相,是公众及新闻舆论关注的焦点。而秘书系统的活动则在幕后进行,其工作的内容和过程很少为公众所了解,也不可能成为新闻追踪的对象。

三是劳动成果的潜在性。秘书系统是为领导系统服务的,秘书系统的活动是领导系统活动的基本保证。然而,秘书劳动的成果却最终都要转化为领导活动的成果,或者被领导活动的成果所包含。领导活动的成果凝聚着秘书人员的智慧和心血。事实正是如此,当领导系统的重大决策结出胜利果实时,当领导者的精彩演讲赢得全场热烈掌声时,当经济谈判达成双赢协议、人们举杯相庆时,往往也是秘书人员成功之时。但是,秘书系统的性质和地位决定了秘书劳动的全部成果最终只能以领导系统的名义而公之于世,秘书无个人署名权。

充分认识秘书系统活动的潜隐性特点,对于加强秘书人员的修养具有重要意义。它要求秘书人员时时处处摆正与领导者的关系,善于谦让,不计较个人的名利得失,甘为人梯,甘当幕后无名英雄。

(五) 机要性

随着社会政治文明的不断进步,领导活动越来越公开、透明,这是社会政治文明发展的必然趋势。但是,任何组织总是存在一定的秘密。秘书系统活动的中介性、直接性、全面性和潜隐性特征,决定了秘书系统在辅助领导系统实施管理的过程中必然要接触各种秘密,包括国家秘密、商业秘密以及组织内部不宜公开的信息。相对于其他辅助管理系统来说,秘书系统知密多、知密早、知密广、知密深,因而其活动过程具有突出的机要性特征。

秘书系统活动的机要性特征,要求秘书人员增强保密观念,严格遵守各项保密制度,确保各类秘密的安全。世界上有很多语种的"秘书"一词都不约而同地包含了"秘密"的含义,几乎所有的领导者都会对秘书人员提出保守秘密的要求,这充分说明了机要性是秘书系统的一项重要特征。

三、秘书系统运动的基本原则

(一) 整体性原则

秘书系统是一个由若干要素组成的整体。这个整体不是各个要素的简单相加,而是要素之间相互联系、相互渗透、相互作用的综合体。当秘书系统作为一个整体发挥功能时,其公式已经不是"部分+部分=整体",而是"部分+部分>整体"。

必须指出,有相当一部分领导者和秘书人员,至今还习惯于从某一个具体方面或角度去直观地认识秘书活动,很少考虑甚至根本不考虑秘书系统的整体作用和价值。在他们眼里,秘书工作就是处理一个个电话、一份份文件、一次次会议、一件件事务。在这种观念支配下的秘书活动,必然是一种单纯事务性的、重复机械式的劳动。领导者得不到秘书活动本身蕴藏的巨大的补偿功能,因而经常抱怨、责难秘书人员和秘书部门;秘书人员则因不能充分体现自己的价值,得不到领导者的理解和支持而感到困惑和苦恼,从而变得麻木、被动,处处逃避责任。这二者又相互作用,造成恶性循环。

整体性原则要求我们用整体性的眼光和价值标准,重新审视和评价秘书系统的全部活动及其功能,彻底转变现存的孤立、分散、零碎的作业方式,从整体联系中去策划、组织、推动秘书系统的运动,从而最大限度地发挥秘书系统的整体功能。

(二) 目的性原则

秘书系统的整体运动是朝着共同的目标方向发展的,这个目标方向,就是辅助领导者实施管理。偏离这一目标方向,秘书系统的性质和作用就会发生逆转,或者超越权限、反辅为主,或者假借权力、中饱私囊。在秘书系统运动的任何具体环节、任何具体时间上,任何秘书人员和任何秘书组织,都应当坚持目的性原则,反对任何离心倾向。唯有如此,秘书系统才能在处理内部关系以及处理与领导系统和其他相关系统的关系时,实现最高层次的和谐,发挥最大的整体功能。

(三) 有机关联性原则

有机关联性原则有两个方面的含义。

第一,是指秘书系统内部的关联性。秘书系统的整体性是通过内部诸要素之间的有机联系实现的,秘书系统的每一个要素之间、秘书系统运动过程的每一道环节之间、秘书事务的每一项程序之间,都是相互依存、相互连接的。从秘书系统运动过程及工作系统示意图(图2-2)中的箭头可以看出,每一个运动子系统相互之间都存在着一定的联系,这种联系一旦中断,整个系统的运动便就停止了。这就要求我们必须加强秘书系统内部的整体协调性,努力营造良好的组织氛围,不断改善内部人际关系,克服分工分家的分散主义和各自为政的独立倾向,形成整体的合力。

第二,是指秘书系统与外部环境的有机关联性。秘书系统不是一个封闭的系统,而是一个开放的系统。从秘书系统运动过程及工作系统示意图我们可以看出,秘书系统对上联系着领导决策系统,对下联系着执行和受控系统,对外联系着上级领导系统和其他各种相关的系统。这些系统是秘书系统本身赖以生存和发展的外部环境。只有与这些系统发生联系时,秘书系统才能发挥信息的输入与输出、传送与反馈的作用,才能推动信息的循环,实现辅助管理的根本职能,从而体现它的整体性价值。同时,秘书系统与外部环境发生联系的过程中,也不断地获得观念和物质手段乃至主体要素的更新机会。一个秘书系统,只有当它与外部环境相适应、相融合时,才可能从外界获得人力、动力和信息支持,进而推动自身的有效运动和健康发展。

(四)动态性原则

有机关联性原则强调的是秘书系统运动在内外空间上的联系,而动态性原则强调秘书系统的各个要素在时间上的连续运动发展。也就是说,秘书系统的有机关联性,只有通过时间上不间断的运动才能显现出来。这种连续的运动变化,包括秘书人员的优胜劣汰和新老交替、秘书组织的自我调整和制度完善、秘书信息的持续运动和不断更新、秘书观念的适时革新、物化工具的及时改善、秘书技能的不断提升,等等。在运动中,秘书系统自身不断吐故纳新,不断完善自我,不断保持活力,以适应领导系统不断运动和发展的需要。

第三节 秘书机构的含义、称谓和类型

一、秘书机构的含义

在管理学中,"机构"一词既可泛指独立的组织(如党政机关、社会团体和企事业单位),也可指组织的内设部门。秘书机构是指在一个组织系统中,根据领导系统的工作需要设计并配置的,由两个及以上的秘书人员组成的,具有共同目的和明确工作规范的综合性辅助部门,又称秘书部门。秘书机构是秘书活动发展到一定程度的产物,也是秘书系统在特定条件下的组织形态。我国早期的秘书机构,可以上溯到黄帝时代。那时已经出现了左史和右史的分工,可以看作是秘书机构的胚胎。商末,正式建立起中央秘书机构——太史寮,标志着秘书机构的成熟。随着生产的高度社会化、集约化,领导事务日趋复杂,个体的秘书活动越来越不能适应领导活动的需要,于是秘书机构大量涌现。在现代社会,一个组织内部是否设置秘书机构,或者说一个组织内部的秘书系统是实行个体工作的形式还是组成秘书机构,要视该组织秘书工作的实际需要而定。一些小型组织(如小型企业)只需在领导者身边配备一二名秘书人员即可,秘书系统并非一定要以机构形态出现。

秘书机构除了具备秘书系统的三项基本要素外,还应当符合以下几项条件。

(一)共同的目标

秘书机构的总目标是辅助领导实施管理,但这一总目标必须被每一成员所接受,并作为协调行动和相互关系的最高准则。当然,秘书机构的共同目标并非与每个秘书的个人目标完全一致。这就要求秘书人员自觉地把秘书机构的共同目标作为自己的奋斗目标,当个人的目标与秘书机构的目标发生冲突时,无条件地服从秘书机构的目标。

(二)复合的主体

秘书机构必须由两个及以上秘书人员组成。由此而产生了两个必须解决的问题:一是

秘书机构的群体优化组合问题，二是创造秘书机构内部和谐的人际关系问题。只有当这两个问题得到满意的解决，才能形成合力，有效发挥秘书群体的作用。反之，便可能造成摩擦，产生内耗，削弱秘书机构的整体力量。

（三）制度化的组织结构

任何一种组织系统都必须通过制度化的组织结构和完整的规则，来规范各种领导管理关系、权限和职责，明确管理层次、等级序列、指挥链条、沟通渠道，确保领导管理活动的稳定性和有效性。秘书机构作为特定组织的内设部门，也必须建立制度化的组织结构和领导管理体制，其内容包括秘书机构内部结构、管理层次和管理跨度、秘书机构各组成部门责任的划分和协调机制，等等。

（四）健全的工作制度和行为规范

秘书机构必须建立一套健全的工作制度和严格的行为规范，以保证秘书机构工作的有序性，其内容包括秘书人员的岗位职责和权益，秘书人员的行为准则，秘书工作的规程，秘书人员的录用、考核、晋升、辞退的程序，等等。

秘书机构是秘书活动的重要环境因素。当单个秘书人员成为秘书机构的一员时，便不可避免地受到秘书机构这一环境因素的制约和影响。秘书机构的任务之一，就是通过对秘书主体的优化组合、行为指导和规范以及科学合理的分工，为每个成员充分发挥作用创造良好的条件，从而形成群体合力，为领导系统提供优质服务。

二、秘书人员与秘书机构的称谓

（一）秘书人员的称谓

正确称谓秘书人员，便于准确地对秘书职业进行界定、分类和管理，也便于秘书人员能以职业的角色行为模式来勉励和要求自己。目前我国各种机关和企事业单位对秘书人员的称谓大致有以下几种。

1. 秘书

这一称谓见诸党和国家的各种正式文件，1997年12月，劳动和社会保障部制定的《秘书职业技能标准》第一次以公开发布官方文件的形式将"秘书"名称确定为职业称谓。因此，秘书这一称谓具有法定性。由于秘书机构内部的分工不同，秘书人员的具体岗位名称可根据其职责确定，如专门从事会议工作的秘书可以称为"会议秘书"，专门负责处理人民群众来信来访工作的秘书可以称为"信访秘书"，专门掌管机要的秘书可以称为"机要秘书"，专门负责领导者生活后勤的秘书可称为"生活秘书"，等等。

2. 文员

文员是基层企事业单位对职位较低的秘书人员的称谓，其职责主要是负责前台接待、打字印刷、电话接转、文书收发、办公室日常事务等。

3. 文书

文书一词过去在我国使用相当普遍。文书的本义是指用文字图表方式记录实用信息的书面材料,后来将专司文书工作的人员或级别较低的秘书人员称为文书。由于文书一词既指物又指人,如"文书与文书工作",这前一个"文书"既可以指文书人员,亦可指物的文书,这就容易造成歧义,因此不如以"文员"取代"文书"这一称谓。

4. 文秘

从字面上理解,文秘既可以是文书人员和秘书人员的合称,也可以指文字秘书。由于文书工作是秘书工作的重要内容,文员人员是秘书人员的组成部分,秘书名称实际上已经包含了文书或文员,因此,文秘一称实无必要。

5. 助理

助理的含义极其宽泛,可以指具有一定职权的辅助管理人员,如部长助理、助理国务卿,也可以指具有较高地位的秘书人员。称为助理的秘书可以助理的名义代表领导对外联络、协调、处理事务,这在商务性机构中较为普遍。

6. 行政

行政一词具有管理的含义,近年来有越来越多的企业把负责后勤总务的秘书人员称为行政,实际上就是行政秘书,属于秘书中的一类。

7. 内勤

内勤一词指专司一个机构(或部门)内部事务的人员,是相对于专门从事对外事务的"外勤"而言的。问题是内勤人员未必都从事秘书工作,而秘书工作中亦有不少属于外勤工作,因此,用内勤来称呼秘书人员并不可取。

通过以上分析可见,我国目前对秘书人员的称谓还存在一些不统一、不规范的问题,同样是做秘书工作,在一些单位中称作为秘书,而在另外一些单位中则称内勤;同样是掌管文书工作,在高级别的机关中称为机要秘书,而在较低层次的单位中则称作文书,企业中大都称为文员,这就给界定秘书的职务带来困难,给秘书职务的登记、分类、统计带来诸多不便,因而也不利于对秘书人员进行科学的管理。再者,由于称谓不统一、不规范,容易造成角色认知的误区。在有些单位的秘书部门中,把分配在领导者身边为其直接服务的人员称为秘书,而把专职处理文书的人员称为文书,把从事其他行政事务的人员称为行政,在这种称谓环境中容易给人一种秘书是相对非秘书而言的错觉,似乎除了具有秘书称谓的职务之外,其他称谓的职务即使从事秘书工作也不属于正宗秘书,这就容易使其他称谓的秘书人员产生角色认知偏差,不能以秘书的角色行为模式来要求自己。此外,由于秘书一词是秘书学科最基本的概念和术语,秘书称谓的不统一、不规范,不利于秘书学科基本术语的准确表述。因此从有利于对秘书人员的科学管理、有利于秘书人员确立主体的角色意识、有利于秘书学科建设的角度出发,应当把从事秘书工作的人员的职务名称统一确定为秘书,级别较低的可称为文员。

(二) 秘书机构的称谓

1. 秘书机构称谓的分类

在我国,各种秘书机构的称谓大体上可以分成四类。

(1) 办公厅(室)。如国务院的秘书机构称为国务院办公厅,省、市级领导机关的秘书机构称为"××省(市)人民政府办公厅"。

(2) 以"秘书"一词定冠,后缀"局""处""科""股"等机构级别名称。这类秘书机构的名称一般用于办公厅或办公室内设的部门机构。如国务院办公厅就内设秘书局,各省、市人民政府办公厅则下设秘书处。秘书处也常指一些国际组织的常设秘书机构,如联合国秘书处。会展节庆活动的临时性秘书机构也可称之为秘书处。

(3) 根据秘书机构内部业务分工的性质确定名称。如负责文件办理工作的部门称为办文科或文书科;负责调查研究,重要信息的采编、传递和反馈的部门称为信息科;负责领导系统决定事项执行落实情况督促检查的部门称为督查办或督办科。

(4) 行政部。这一称谓主要出现在企事业单位中。行政部的职能较为宽泛,以秘书职能为主,有的也兼管人事、后勤保障等事务。

2. 区分秘书机构与非秘书机构、秘书部门与非秘书部门

在了解秘书机构的称谓时,必须划清两条界线。

一是在以"办公室"称谓的机构中区分秘书机构和非秘书机构。在我国,各种领导机关根据工作需要往往下设名目繁多的"办公室"。目前,称为"办公室"的机构可分成三类:第一类是标准意义的秘书机构;第二类是非秘书性质的职能机构,如"外事办公室""侨务办公室""征兵办公室"等;第三类是综理型机构,即将秘书部门和其他职能部门集中在一起合署办公,比如秘书部门与组织人事、宣传等部门合署办公。

判断办公室是否属于秘书机构,主要是根据其活动的性质。另外,在机构的全称上也可以加以区别:凡是秘书机构,都在领导机关名称后直接写上"办公室",如"××市人民政府办公室"。如属于综理性办公室,还应当分清其中的秘书职能和非秘书职能。其他非秘书性质的办公室则在"办公室"前加体现其职能性质或执行的专项事务的限定词,如"外事""侨务""节能""征兵"等。

二是在秘书机构内部区分秘书性质部门和非秘书性质部门,换句话说,在秘书机构内部存在着非秘书性质的部门。产生这种情况的主要原因有两个方面:一方面是因为秘书机构是专门为领导活动提供全面服务而设计的功能齐全的机构,为了实现这些功能,需要配备一些专门化、技术性强的部门,如为领导出行提供用车服务的"车队"、专门负责领导者人身安全的保卫部门、专门缮印和装订文件的印刷厂或文印室,等等。这些部门虽然也从某些方面

给领导系统提供服务,但因不具有秘书系统活动的特征,故不能视作秘书部门。另一方面,由于秘书机构是个综合辅助机构,其活动特点具有全面性,故一些领导机关常常将一些暂时难以划归其他职能机构管辖或暂时难以独立建制的部门附设于秘书机构之中。比如有些地方将"社会信用监督管理办公室""地方志编纂办公室"等部门都划入政府办公室内,这样就造成了在秘书机构中存在非秘书性质部门和非秘书人员的特殊现象。

三、秘书和秘书机构的类型

(一) 按工作时间分

1. 常设性秘书和秘书机构

常设性秘书和秘书机构为领导系统提供常态化服务,秘书的岗位设置以及秘书机构组织形态都比较稳定。党政机关、社会团体、企事业单位都配备常设性的秘书和秘书机构。

2. 临时性秘书和秘书机构

临时性秘书和秘书机构是指围绕一项特定的工作或活动为领导系统提供短期性服务的秘书和秘书机构,其岗位设置和组织形态灵活性较大。大型会展节庆活动以及领导者重要的参观、考察、访问活动,或者重要文件的起草工作等,需要设立临时性秘书机构,如"××会议秘书处""××节组委会办公室""××报告起草小组"等,其工作人员可临时调配。

(二) 按社会性质分

1. 国家公务秘书和秘书机构

国家公务秘书和秘书机构是指依法履行公共管理职能、纳入国家行政编制、由国家财政负担工资福利的秘书和秘书机构。国家公务秘书属于国家公务员范畴,纳入国家公务员职务和等级序列,其录用、考核、奖惩、职务任免和升降、辞退有法律规定。各级国家公务秘书机构属于同级国家公共管理机关的综合辅助机构,一般称为办公厅或办公室。国际上政府间国际组织(如联合国、欧盟、上海合作组织等)的秘书机构亦属于此类。

2. 社会公务秘书和秘书机构

广义的公务包括国家公共管理机关、党派、民间组织、企事业单位的事务性工作。社会公务秘书和秘书机构是指,国家公共管理机关以及政府间国际组织的秘书和秘书机构以外的、在各种营利性和非营利性社会组织(如企事业单位、民间组织)中的秘书和秘书机构。社会公务秘书不属于国家公务员范畴,但称谓应当统一规范。社会公务秘书机构由隶属的组织设置并对其负责,名称一般称为办公室,也有的称为行政部、秘书处和干事处等。

3. 私人秘书和秘书机构

私人秘书和秘书机构由私人出资聘用、设置,直接为私人活动提供服务,其职责范围和职务名称由雇主确定。

（三）按服务对象分

1. 为领导集体服务的秘书和秘书机构

如党委办公室为党委领导班子集体服务，董事会办公室为董事会服务。

2. 为个人服务的秘书和秘书机构

为个人服务的秘书和秘书机构可以分为两类：一类是为担任一定领导职务的个人服务的秘书和秘书机构，如国家主席办公室、市长办公室就是专门为国家主席和市长服务的秘书机构，总经理秘书就是专门为总经理配备的秘书；另一类是为非领导职务的个人服务的秘书和秘书机构，如社会上私人秘书的服务对象大都属于非领导职务的个人。

第四节 秘书机构的设置

一、秘书机构设置的原则

秘书机构是为实现辅助领导系统实施管理这一根本目标而设置的。设置合理与否，在很大程度上决定着秘书机构的效率和达到目标的程度。设置秘书机构应遵循以下原则。

（一）适应性原则

秘书机构是一个内部诸要素相互作用并与环境交互运动的系统，不存在一成不变的模式。换言之，秘书机构应当具有适应性，其表现有以下几方面。

第一，秘书机构的设置应与秘书系统的目标相适应。任何目标都是由总目标和具体目标、长远目标和阶段性目标构成的。秘书机构的设置既要适应领导系统实施管理的总目标和长远目标，又要符合领导系统具体的、阶段性的工作目标。有时具体目标和阶段性目标发生变化，秘书机构的组织形式也应作出相应的改革。

第二，秘书机构的设置应与领导活动的特点相适应。不同的领导者或领导群体有着不同的工作思路、领导风格和领导方式，只有当秘书机构的结构配置与此相适应时，秘书机构才能最大限度地发挥功能。

第三，秘书机构的设置应与社会和时代大环境相适应。比如，随着办公自动化和管理信息化的不断发展，秘书机构不仅要在硬件和技术资源的配置上，而且必须在岗位设置上与之相适应。秘书机构唯有不断变革，适应社会的进步和时代的发展，才会充满活力。

（二）适度合理原则

适度合理原则表现在三个方面。

第一，秘书机构的规模（主要指秘书岗位配置数量）要适度合理，尽可能做到精简高效，避免人浮于事。

第二，成员之间的专业结构、能力特点和学历要求要适度合理。要根据岗位实际需要来确定对成员的任职要求对外招聘,避免一味追求每个岗位都必须是高学历者。同时要根据每个成员的专业背景、能力特点、性格倾向合理组合工作团队,做到人尽其才,以求最佳的组合效应。

第三,秘书机构内部的纵向管理层次和横向管理幅度(即直接管理的下属人员或机构的数目)要适度合理。在总体规模(岗位设置数量)不变的情况下,管理层次与管理幅度成反比例关系,即层次增加,幅度缩小;幅度加大,层次减少。从管理学的角度来看,任何一个组织内部,纵向管理层次越多,信息沟通就会越困难,决策执行就越容易受干扰,管理效率就越低。而横向管理幅度过宽,需要协调的关系就越复杂,领导者的负担就越重,管理就越容易出现混乱。秘书机构的设置也同样如此,一定要将内部的管理层次和管理幅度控制在适度合理范围内。

(三) 分工协调原则

设置秘书机构的目的是为领导系统提供综合服务,但这并不意味着秘书机构内设的每个部门、每个成员的职责都具有综合性。相反,科学合理的内部分工更能提高综合服务的效率,秘书机构的规模越大,就越需要科学分工。具体地说,就是要把秘书机构的目标和任务分解成每个部门、每个成员的具体目标和任务,明确干什么、怎么干,不允许出现名义上是共同负责,实际上职责不清、权限不明的混乱现象。秘书机构的内部分工应按专业化的要求合理设计和设置,这样既可以明确秘书机构的每个部门和每个成员的职责,有利于发挥每个部门和每个成员的专长,也有利于提高各项秘书业务活动的能力和效率。既然有分工就必然需要协调,否则就会出现分工分家、各自为政、相互推诿、内耗增加的情况。协调的目的是凝聚每个部门和每个成员的力量,从而形成合力,以实现秘书机构的共同目标。科学的、合理的分工,是协调的基础。分工不科学、不合理、不明确,就会造成人浮于事、政出多门,摩擦不断的消极现象,增加协调的难度。因此,当原有的分工不能适应形势变化和领导活动要求时,就必须重新分工,使分工更为合理。从这个意义上说,分工也是协调的一种手段。此外,秘书机构的协调还要强调各个部门和成员之间的合作,要具有团队精神和大局意识,尤其当面临一些突发的、重大的事件和工作任务时,往往需要各部门通力合作,或者临时从各部门抽调人员组成工作专班开展工作。这种情况下,协调与合作显得尤为重要。

(四) 动态优化原则

任何秘书机构的设置都要相对稳定,但不可能一劳永逸、一成不变,应当随着形势和任务的发展变化,实行动态优化。只有如此,才能确保秘书系统始终同领导系统保持高度一致,随时向领导系统提供高效优质服务,当好领导系统的参谋与助手。

二、秘书机构的隶属关系

秘书系统的直接性特征决定了秘书机构隶属于同级领导机关,受其直接领导,直接向其请示工作、汇报情况。因此,任何秘书机构与上一级机关的秘书机构的关系不是垂直领导关系,也非双重领导关系,而是工作上的指导与被指导关系。上一级机关中的秘书机构可以制定秘书工作的规范,下发下一级秘书机构并要求共同执行,也可以要求下一级秘书机构提供有关信息,但不能要求下一级秘书机构直接向自己请示重大问题。下一级秘书机构应当遵守上一级秘书机构制定的各项秘书工作规范,接受其工作指导,但不能绕过同级领导机关直接向其请示或汇报重大问题,必须请示或汇报的,应当征得同级领导机关的授权或同意。

三、秘书机构的结构

秘书机构的结构是指为了实现秘书系统辅助领导者实施管理的目标,经过组织设计形成的内部各个部门、各个层次、各个岗位、各个成员之间的组合方式。

(一)业务结构

业务结构是指把秘书机构的各项具体业务按专门化、部门化的要求分工组合后形成的结构。在高层次的秘书机构中,这种分工往往是划分内部工作部门的依据。确定秘书机构的业务结构要有利于发挥秘书系统的职能,有效服务领导。随着经济与社会的发展,信息公开、法律咨询、情况调研、舆情分析、公关管理、督查督办、网上办公等工作,在领导活动中的地位越来越重要,因而在秘书业务中的比重也越来越大。

(二)群体知识结构

秘书机构的群体知识结构指两个方面:一是指具有不同专业背景和知识特点的秘书个体的合理组合。事实上,如果秘书机构每个成员的专业背景和知识结构同质化,即使每个成员都非常优秀,也难以产生整体的优势效应。现代社会,知识如同浩瀚的海洋,每个人都不可能样样精通,而只能做到各有所长。一个合理的秘书群体知识结构,就是要把具有不同专业背景和知识结构的秘书个体组合起来,并根据他们的特点来分工。这样,既能充分发挥秘书个体专业背景和知识结构的作用,又能在个体之间实现知识互补,形成群体知识结构优势,能够对领导系统实施较为全面的知识补偿。二是指不同学历层次的秘书个体的比例构成。学历是知识水平的标志。一般说来,领导机关的层次越高,对秘书群体学历层次的要求也越高。但如果片面强调每一个秘书个体都要达到高学历,即使秘书机构人才济济,也未必能够做到人尽其才,很有可能造成人才资源的浪费。根据秘书活动的实际情况来看,即使在一些高层次的秘书机构中,也有相当一部分秘书工作并非一定要高学历的秘书人员去完成。因此要根据秘书业务结构的实际需要,合理搭配不同学历层次、不同知识水平的秘书人才组成秘书团队,最大限度地发挥人才资源的整体效益。

(三)群体智力结构

智力指人认识、理解客观事物并运用知识、经验等求解问题的能力,具体包括学习、理解、计划、思维、语言表达、处理事项等方面。秘书机构当然需要由智力优秀的人才组成。但是，人才学研究表明，人的智力呈现不同的特点，可分成再现型、发现型和创造型。每种"型"，都有各自的特点，无所谓高低之分。我们也可以把秘书人才的智力特点分成智囊型、秀才型、管理型、技能型、综合型，等等。不同"型"的秘书人才适合承担不同的秘书分工。把不同智力特点的秘书人才合理地组合起来，就能实现智力的群体优化，发挥秘书群体的智力优势。又比如在一个文字秘书班子中，最理想的智力结构是"快手""高手""智多星"三位一体。"快手"是指写作速度快、效率高，能应急、应变，保证突击写作任务的完成。"高手"是指文字功底深厚。"快手"的文稿经"高手"修饰，便"锦上添花"，质量大为提高。"智多星"是指足智善谋，即使在极其困难、复杂和紧张的情况下，也能沉着应对，理清思路，提出方案，深化主题，概括思想，使文稿的格局大为提升。这三种秘书人才的智力各有所长，也各有所短，但由于智力结构合理，相互取长补短，因而更能充分发挥群体优势。

（四）年龄结构

年龄结构是秘书机构结构中的一个重要的亚结构。不同年龄的人有不同的体力和智力，适合承担不同的分工。一般说来，"老秘书"实践经验较丰富，处理实际问题的能力较强，能在秘书群体中起"坐镇"作用，但是体力下降，智力上也相对不如中青年秘书。青年秘书无论在体力上还是智力上都具有优势，但缺乏实践经验和解决实际问题的能力。而中年秘书则既具有强壮的体力、充沛的精力、较高的智力，同时也具备较丰富的实践经验和较强的解决实际问题的能力，往往是秘书团队中的"中流砥柱"。

秘书组织的年龄结构是个动态平衡的系统，因此，要不断补充新鲜"血液"。秘书工作劳动强度和复杂程度极高是不争的事实，对年纪较大、在体力和智力上不能适应秘书工作的老秘书，应当采取合理分流的办法，根据他们的特点，妥善安排其岗位的工作，以解决秘书人员的"后顾之忧"，同时也可以让他们在新的岗位上更好地发挥作用。

（五）性格结构

合理的性格组合对于秘书机构来说也同样具有十分重要的意义。一方面，不同的秘书工作需要由不同性格的秘书人员来承担；另一方面，在一个秘书群体中，性格相同或类似，容易产生隔阂和冲突，不利于形成整体合力，提高工作效率。只有把内向与外向、稳健与敏捷等不同性格的秘书人员科学地组合在一起，才能避免性格冲突，形成性格互补，有助于秘书群体的内部和谐，使每个秘书人员都能够胜任本职工作。

第三章
秘书系统的职能

在讨论秘书系统的职能之前,应先厘清职能与职责的区别。"职能"一般指特定的组织或个人所承担的职权和发挥的功能;"职责"是指特定的组织或个人为实现职能而必须承担的具体工作任务。秘书系统的职能是指秘书机构和秘书人员一切工作活动所发挥的整体功能,是对秘书系统各项具体职责(如收发文件、接打电话、接待客人等)的抽象概括。秘书系统的职能是由辅助领导系统实施管理这一秘书系统的根本职能派生并展开的,具体包括决策辅助、信息沟通、督查保证、关系协调和事务服务这五大职能。

第一节 决策辅助

一、决策辅助概述

(一) 决策辅助的含义和作用

现代管理学对决策有广义和狭义两种解释。广义的解释把决策理解为一个过程。一个科学的决策过程包括提出问题、搜集信息、确定目标、拟订方案、分析评估、方案选择、试验证实、普遍实施、监督检查、反馈修正等一系列环节和整套流程。狭义的解释则把决策理解为仅仅是行动方案的最后选择,即平时所说的"拍板"。实际上,方案的最后选择仅仅是决策全过程中的一个环节(当然是一个关键环节)。但如果没有"拍板"之前的前期铺垫,方案的选择往往成为领导者个人主观盲目甚至是武断的行为,容易导致决策失误。同样,如果没有"拍板"后的实施、监督、反馈、修正等后续环节,任何决策实施方案都无法证明它的正确性,也难以实现既定的决策目标。因此,下面所说的决策和决策辅助都是广义上的决策。

众所周知,决策是领导者的职能和权力,也就是说,领导者是决策的主体。然而现代管理中的决策,一刻也离不开辅助力量的支持。一旦失去这种支持,就非常可能导致管理系统信息失灵、决策失误、执行走样、目标失控。那么,什么是现代管理中的决策辅助呢?所谓决策辅助,就是在决策的全过程中,给予决策主体全面的信息支持和经验、能力和精力等方面的补偿,以提高决策的科学性和时效性。

(二) 决策辅助的特征

秘书系统作为综合辅助管理系统，在职业活动过程中，必然要发挥辅助领导系统进行决策的职能。但是，现代决策活动日趋智囊化和社会化，越来越依靠组织内专设的或社会上独立的智囊机构进行科学决策。这些智囊机构在调查情况、诊断问题、分析预测、拟制方案、评估论证等决策环节上发挥了极其重要的作用，成为现代决策的一支不可忽视的辅助力量。此外，在决策的制定、执行和监督过程中，职能部门也具有不可替代的决策辅助作用。于是，我们必须厘清秘书系统的决策辅助活动与其他决策辅助系统的区别，搞清楚秘书系统的决策辅助活动的特征。

1. 经常性

领导系统的决策活动按其性质可分为程序性决策和非程序性决策两种。程序性决策是对重复出现的问题，依据现成的经验、规范和办法所进行的决策。这类决策是大量的、经常性的。非程序性决策是对当前出现的新问题、新情况，无法依据现成的经验、规范和办法来解决，必须作大量的、深入细致的调查和科学的研究，依靠复杂的决策技术来进行的决策。这类决策关系到组织的生存与发展，是领导系统决策活动的重点。秘书系统的决策辅助活动，不仅体现在程序性决策的过程中，而且贯穿于所有的非程序性决策之中，因此其决策辅助的经常性特征十分显著。而其他智囊系统则仅仅围绕一部分重大的非程序性决策而展开辅助活动。

2. 多功能性

决策本身也是一个大系统，它由决策系统、智囊系统（或称研究系统）、执行系统、监督系统、信息系统等子系统组成。每个子系统都具有特定的功能。秘书系统的决策辅助活动不仅具有综合处理信息、推动信息环流的信息系统功能，而且还具有智囊系统、执行系统和监督系统的某些功能，如根据领导系统的决策目标进行调查研究、撰写研究报告、拟制决策方案、执行领导授权的特殊使命、督促检查领导系统各项决策的落实情况，等等。而其他辅助系统只是在某一特定的功能上辅助领导系统进行决策。

3. 全过程性

决策的过程大致可以分为准备阶段、决断阶段、实施阶段、反馈阶段，每个阶段又分成若干环节，阶段之间、环节之间前后相连、循环往复。秘书系统的决策辅助活动贯穿于领导系统决策过程的始终，并且随着各个决策阶段和环节的循环而呈现动态连续性。一旦秘书系统的决策辅助活动中断，就会直接影响领导系统决策活动的进程和效率。而其他辅助系统则在决策的某一特定的阶段和环节发挥自身的作用。比如智囊机构主要在决策的准备阶段发挥作用，执行和监督系统则主要是在领导系统"拍板"之后开展工作。

4. 综合性

综合性是指秘书系统的决策辅助活动范围和涉及领域十分广泛，涵盖领导活动的方方面面。决策程序中的每一个环节，都会产生多方面的事务工作和协调工作，需要秘书系统协助领导系统去处理,去实施。比如,在决策前期的方案论证咨询环节,秘书系统就要做好收集相关信息、准备决策方案草案、联系和邀请专家、安排论证咨询会议、形成论证和咨询报告等工作。相比之下,其他决策辅助系统的工作活动范围则较为单一。

(三) 决策辅助的原则

1. 定位原则

秘书活动的根本性质决定了秘书系统在领导系统的决策过程中,只能发挥参谋、智囊和助手作用,做到只"谋"不"断"。作为秘书人员来说,要十分清醒地认识到决策的主体是领导者,只有领导者才有权对方案作最后的选择;在领导者的决策过程中,要始终摆正自己的位置,切不可反辅为主,左右领导。

2. 超前原则

由于决策都是对未来行动的抉择,因此决策本身就存在两个需要解决的问题:一是决策滞后性问题。一般说来,总是问题在先,决策在后。加上决策本身需要一个时间过程,因此决策往往落后于问题的发生和变化。二是决策执行的不确定性问题。情况和问题总是不断发生并且变化的,即使在论证和决断时看来是正确的决策,到执行时也会因情况发生变化而使决策目标失去意义,决策的执行遇到风险。因此,为了实现决策的科学化,提高决策的可靠性,必须坚持超前原则。

超前原则要求秘书系统做好三方面的工作:一是在数据收集汇总分析的基础上,做好信息的研判和预测工作,既要及时发现当前的问题,还要预见未来可能发生的问题;二是在科学预测的前提下,积极向领导系统提供超前性、防范性决策课题和预案,促使领导者提前采取防范措施,避免问题的发生,防患于未然,或将问题解决在萌芽状态;三是提前做好领导系统决策活动的各项事务性准备工作,以保证领导决策活动高效顺利地进行。

3. 信息原则

信息是决策的基础和依据,科学决策的过程就是信息环流的过程。信息环流一旦中断,任何决策都将成为无源之水、无本之木,整个管理系统的活动也就陷于停顿甚至瘫痪。秘书系统要高度重视信息,在领导决策的每个阶段、各道环节中,及时、准确地提供有效、适用的信息,起到领导系统的"耳目"和"喉舌"的作用。

4. 协调原则

现代决策活动既是一项复杂的系统工程,又是一个多变的动态过程。随着决策的科学化、民主化程度的不断提高,决策活动中所涉及的工作、组织和人员越来越多,牵涉的关系也越来越复杂。因此一项成功的决策,往往要依靠有效的协调才能圆满完成。秘书系统在决策辅助活动中的协调主要包括决策程序安排、决策过程中的事务处理以及决策目标所涉及的各种工作关系、组织关系、利益关系的协调,其目的是整合各种力量、调节各种关系、理顺各项程序,为领导系统的决策提供保障。当然,秘书系统的协调并非运用决策手段,而是体现在向领导系统提供信息、建言献策、沟通联络、督促检查、执行反馈的过程中。

5. 谏诤原则

管理活动的核心是决策,决策的失误是最大的失误,其后果是造成整个系统的不稳定甚至瓦解。然而,任何一项决策活动总是会受到决策对象和决策环境的影响,也总是会受到现行的决策体制和决策程序的制约,加上决策主体在知识、能力、经验等方面或多或少会存在某些不足,因此,决策中的偏差乃至失误在所难免。一项正确的决策,往往需要经过决策——执行——反馈——修正的多次循环往复才能实现。为了使领导系统的决策更加科学、更加正确,秘书系统要善于及时发现领导系统决策中的偏差或失误,实事求是地反馈、谏诤,积极提出完善或修正原来决策的意见和建议,供领导系统参考。

二、决策辅助的主要环节

(一) 发现问题,提供决策课题,协助领导系统确定决策对象和目标

确定决策目标是决策过程的第一个阶段,也是选择决策方案的前提。决策目标无非是两个方面:一是解决已经存在的问题,或者防范可能发生的问题;二是把握机遇,制定对策,寻求新的突破和发展。决策目标就是根据所要解决的问题和应当把握的机遇而确定的。把需要解决的问题的症结及其产生的原因和后果分析清楚了,把将要面临的机遇和风险认识透了,决策目标也就容易确定下来。因此,及时发现、准确分析把握问题和机遇,是确定决策目标的先行步骤。秘书系统在决策辅助的过程中,首要任务便是发现、分析本组织面临的问题和发展机遇,主动地向领导系统提供决策课题,帮助领导系统解决"决策什么"和"为什么决策"的问题。

1. 秘书系统平时应当经常关注和分析的重点问题

(1) 外部环境的变化对组织发展构成的潜在影响。如国际、国内市场的供需、价格变化情况,与本组织相关的法律、法规以及行业规范的制定、修改、废除情况,同行的经营战略和策略、吸纳人才的政策与措施、技术研发的动向,等等。对本组织而言,这些情况的发展与变化,既可能是难得的发展机遇,也可能是面临的挑战,与本组织的利益乃至命运密切相关,应引起足够的重视。

(2) 本组织在发展过程中所暴露的问题与不足。如人力资源结构不合理,技术与生产手段的老化,经营理念的固化,机构设置与实际情况的脱节,等等。这些情况在一开始并不突出,但随着竞争的加剧和环境的发展变化,问题就会逐渐显现,如不加以重视并及时解决,就会严重束缚组织的正常运转,甚至被淘汰出局。

(3) 领导系统的既定决策目标以及执行过程中存在的问题。如领导系统的既定决策与上级有关精神不一致甚至相互背离的问题,领导系统的既定决策与实际情况脱节的问题,领导决策在执行中走样的问题,领导决策反馈信息不通畅或者反馈信息虚假的问题,等等。这

些问题是一个组织内部比较敏感的问题,但如视而不见,麻木不仁,久而久之,会造成内部管理的混乱。

(4) 组织内部氛围和工作效率问题。如领导与员工之间有无隔阂,组织内部是否具有凝聚力,各项管理制度是否健全,岗位设置和人员分工是否合理明确,各项工作流程是否可以进一步优化,工作效率是否还能进一步提高。这些问题关系到组织的社会形象和竞争力,应当及早发现,及时解决。

2. 秘书系统向领导系统提供决策课题要掌握的时机

(1) 问题和机遇可能出现但尚未出现,或者刚刚出现,但领导系统尚未认识,或者虽有预感但仍处于模糊状态。这时,秘书系统应当分析研究情况、预测发展趋势,及时提出决策课题,帮助领导系统认清形势,把握未来。

(2) 问题已经出现并迫切需要解决,或者机遇已经到来,领导系统由于种种原因尚未顾及。这时,秘书系统应当及时了解情况,主动提出课题,以引起领导系统对问题的重视,及时把握机遇。

(3) 决策之后,形势发生了变化,或遇到了新的问题,需要调整和修正原来的决策目标和执行方案。这时,秘书系统应当及时提出新的决策课题,或对原来的决策提出调整和修正的意见和建议,以供领导系统重新决策。

(二) 搜集并提供信息,为领导系统的决策提供科学依据

信息是决策的依据。在整个决策过程中,秘书系统要紧紧围绕领导系统的决策意图、决策对象和决策目标,系统而又全面地搜集和提供决策信息。这些信息主要包括以下几种。

1. 知识性信息

知识是人们通过接受教育、自学和亲身实践获得的对客观世界的规律性认识。现代决策的成功往往取决于决策者本身对知识性信息的把握程度。由于决策事项的涉及面广,且决策机构层次越高,所面临决策事项的专业就越复杂,而决策者又往往受个人知识面的局限,不可能掌握有关决策事项的专业知识。因此秘书系统在决策辅助的过程中,要注意事先掌握与领导决策相关的专业知识,及时提供相关的知识性信息,帮助领导系统加深对决策对象的认识,克服决策的盲目性,变"外行"决策为"内行"决策,确保决策的可靠性和有效性。

2. 法律政策性信息

在一个法治社会中,任何决策都必须符合法律、法规和政策,同时,法律、法规和政策也是合法管理和合法经营的保护神。秘书系统虽然不是专门的法律咨询系统,但可以通过准确提供法律政策性信息,一方面保证领导系统决策的合法合规,另一方面充分运用法律、法规和政策等武器维护本组织的权益。

3. 事实性信息

所谓事实性信息,即决策对象及其环境所具有的一切性质、特点、属性、原因、现状、趋势

等方面的信息,它是一切决策的基本出发点。搜集提供事实性信息一定要客观、真实、全面,既要反映正面情况(即有利条件),又要反映反面情况(即不利条件);既要有质的描述,又要有量的说明。

4. 经验性信息

经验性信息对于提高决策水平有极其重要的意义。在领导系统决策过程中,秘书系统提供的经验性信息既可以是本组织以往的决策案例,也可以是其他组织的决策经验;既要借鉴成功的经验,也要吸取失败的教训。

(三) 拟写和预审备择方案

1. 拟审决策方案

决策中的方案分为备择方案和实施方案。实施方案是从两个以上的备择方案中优选出来的。备择方案的质量与数量,关系到决策的质量和效率。备择方案可以由秘书系统根据领导系统的授权或意图拟制,也可以由其他的决策辅助系统提交。在决策的这一阶段,秘书系统的任务是:或者对其他的决策辅助系统提供的备择方案进行初步审核、修改,保证备择方案的质量,控制备择方案的数量;或者依据领导系统的决策意图和目标,代拟备择方案。备择方案无论是其他决策辅助系统提交的,还是秘书系统直接拟写的,都应当满足以下几个基本条件。

(1) 目的性。即每一个备择方案都必须服务于和服从于决策目标,有利于决策目标的实现。不符合决策目标的方案,应当在预审时剔除或退回修改。

(2) 可选性。决策的过程就是对备择方案进行比较、鉴别和选择的过程。没有选择就没有决策。方案在两个以上才能进行相互比较、鉴别、选优。当然也要适当控制数量,数量过多会分散和消耗领导系统的精力。

(3) 差异性。各个备择方案在服从于共同的决策目标的前提下,应当在实现目标的方式、方法、途径、经济和社会效益以及成本和风险等方面有显著的区别。这样的备择方案才能够使领导系统思路开阔,通过比较和判断,从中选优,或者从各个备择方案中取长补短,形成一个新的实施方案。

备择方案的预审既可以由秘书系统自审,也可组织有关部门或人员会审。无论是自审还是会审,事先都要吃透领导的决策意图,摸清决策对象的情况,熟悉每个备择方案的基本内容和特点。

2. 拟审公文

公文是领导系统决策意志和决策权威的体现,许多决策事项都是以命令、决定、决议、通知、意见等公文发布和下达的。秘书系统拟写和审核公文既是一项事务性工作,也是辅助领导系统决策的重要体现。

(四）组织专家和有关方面对决策文件进行咨询、评估、论证、听证

1. 组织专家对备择方案进行咨询、评估、论证

组织专家对备择方案进行分析、评估、论证，这是现代决策的一个重要特点。在这一方面，秘书系统的任务一是要全面掌握有关智囊机构或有关专家的情况。秘书系统应当收集了解与本单位业务活动的智囊机构和专家的基本情况，对智囊机构要收集咨询范围、研究优势、主要成果、社会影响、代表人物、群体结构、分布状况等信息；对有关专家要掌握姓名、单位、专业背景、学术成果、联系地址等情况。收集后的信息要整理、分类，建立档案，以备需要时利用。二是要协助领导系统选择适当的论证形式和方法。组织专家咨询论证的方法主要有以下几种。

（1）头脑风暴法。在会议活动中，与会者由于相互之间的影响，以及地位上的差异，往往会产生一种遵从压力，从而阻碍创造性思维。头脑风暴法就是克服遵从压力的一种有效方法，其宗旨是鼓励对方案提出任何建设性意见，同时禁止对各种方案的任何批评。

（2）反向头脑风暴法。头脑风暴法虽然能够发挥与会者个人的想象力，有利于各种设想和方案的提出、修改、补充和完善，能在较快的时间内获得较高质量的决策方案，但由于受到专家的经验、知识和思维能力诸方面的局限，加上方案本身的问题和缺陷不能在会上加以指出，无法作进一步深入的分析，因此也存在一定的不足。为了克服其不足，可以在头脑风暴法的基础上，再运用反向头脑风暴法。反向头脑风暴法应当遵循质疑性原则，即要求与会者对前一次会议（头脑风暴法）提出的各种设想和方案进行质疑和批评，而不允许作确认性评价。头脑风暴法和反向头脑风暴法的交替使用，相互补充，能极大地提高决策咨询论证的效果。

（3）德尔菲法。德尔菲法是一种以反复多轮反馈的书面函询方式向专家进行匿名咨询，最后形成集中的群体意见的咨询方法。此法有两个特点：一是函询（包括通过电子邮件或社交媒体），二是反馈。使用时注意两点：一是要保持匿名性，反馈时只能将统计结果反馈给专家，不能透露受咨询专家的姓名和个人意见；二是允许专家修正自己的前一次意见。由于采取函询方式而且需要多轮汇总和反馈，德尔菲法所花时间较长。

（4）名义群体法。名义群体法是在决策制定、论证过程中召集全体成员会议，每个成员向大家介绍自己对方案的看法，然后要求每个成员独立地对会上介绍的各种看法表达意见，展开讨论，最后要求每个成员对会上提出的每一种看法打分排出次序，排序最高的看法被采纳。

2. 组织有关方面对决策文件进行听证

对一些重大问题的决策，除组织专家咨询和论证外，还应当举行听证会，广泛听取各方面的意见。

(五）反馈信息，检出偏差，提高决策的正确性

在决策过程中，把领导系统的决策指令的输出和执行结果返送给领导系统的过程，叫做

信息反馈。信息反馈是现代决策的重要原则和重要方法,也是秘书系统决策辅助的重要环节。在反馈信息过程中,秘书系统要处理好外反馈与内反馈、正反馈与负反馈的关系。

1. 外反馈与内反馈

外反馈是指将某一系统输出的结果,再通过系统外的渠道返回该系统。我们通常所说的信息反馈,由于领导系统的决策指令已经由秘书系统输出管理控制系统之外,经过执行,已经在受控系统中产生了效应,然后把这种效应信息回输给领导系统,因此它属于外反馈。内反馈则是指信息在尚未输出系统之前、或在传输过程中,由内部子系统先行检测、反馈、调节,然后再输出。在无内反馈机制的管理系统中,决策正确与否,只能通过执行之后的外反馈来检验。但是,作为决策管理的受控体,是一个十分复杂的社会系统,有的对指令信息的输出响应较明显,信息波动较大,容易通过外反馈测出并回输;有的则呈隐性波动,即问题并不立即反映出来,而是积累到一定程度,在一定的条件下,受到某种因素的激发才会显现出来,有时甚至会引起爆发性后果。这种隐性波动在短时间不易被外反馈测出。一旦测出,则已造成难以挽回的损失。加上管理系统的信息反馈常常运用人工方式,层次、环节较多,人为因素复杂,因而加剧了外反馈的滞后性。可见,在管理系统中,单纯依靠信息的外反馈,往往不能实现最优控制。

把内反馈机制引入管理系统,有助于弥补外反馈的不足。领导决策系统的指令在正式输出之前,可以通过内反馈回路,把其中对既定目标将会造成不利影响的显性的或潜在的偏差预先检测出来,并回输给领导决策系统加以调整,然后再输出。这等于在传输指令的线路上设置了一个滤波反馈器,通过内部过滤和反馈,去除杂质和干扰,从而提高决策指令输出的准确性和清晰度。当然,内反馈系统并非万无一失,由于漏检、误检或受外界的干扰,输出的结果同目标仍会有偏差,但可以再通过外反馈系统进行修正。这样。内反馈和外反馈串联耦合,组成了信息内反馈—外反馈复合系统,二者联动互补,大大增强了管理控制的稳定性和有效性。

秘书系统的信息内反馈主要有以下三方面的工作。

(1) 决策执行预测。由于决策指令尚未付诸实施,还不能根据实施的结果判断其正确与否。这时要把决策指令中可能存在的偏差检测出来,就必须进行决策执行的预测,即在决策指令的传递过程中,考察决策指令与已知的受控系统的信息之间的相互关系,预测受控系统在指令的作用下,可能产生的行为和结果。预测的结果如与决策目标一致,则可将决策指令直接输出,不作反馈;但如果与决策目标不一致,就应当把执行决策后产生负面效应的可能性的大小,问题的程度及其原因及时反馈给领导决策系统。从这个意义上说,秘书系统的信息内反馈,是决策防范分析的积极延伸。

(2) 决策信息比较。决策指令信息中较为明显的偏差,可以运用比较的方法来检测。其一,将同级领导系统的指令信息与上级领导系统的指令信息相比较,找出决策指令中与党和国家的政策、法律、法规以及上级系统有关精神不一致的地方。其二，将现时态决策指令与历时态决策指令相比较。历时态的指令信息体现了领导系统的一贯思想和既定方针，一般情况下，现时态的指令信息应当与之保持一定的连续性和稳定性。诚然，对实践证明是过时了的某些指令加以调整或者改革是必要的，但如果朝令夕改、前后矛盾频出，受控系统便无所适从。因此，秘书系统一旦发现领导系统的决策前后矛盾，应当及时反馈，避免决策的失误。其三，比较横向系统之间的指令信息，以协调条与条、块与块、条与块之间的关系，防止"政出多门"。对于企业组织来说，只有及时全面地掌握横向系统的指令信息并加以比较分析，做到知己知彼，才能在激烈的竞争中获得主动权。其四，将决策指令同受控系统的实际情况作比较，如果发现领导系统的决策偏离了实际，应当及时反馈。

（3）谏诤。秘书系统的信息内反馈的性质和作用，决定了秘书系统在决策辅助过程中扮演同领导系统"唱反调"的角色。所谓"反调"，就是通过预测分析和比较判断而检出的决策指令中的偏差；所谓"唱"，就是向领导系统反馈检出的偏差，也就是向领导系统谏诤。只有把"反调"唱准、唱好、唱成功了，才能最终实现信息内反馈回路与整个管理决策系统的有效耦合，发挥信息内反馈系统应有的功能。

2. 正反馈与负反馈

正反馈与负反馈也是管理过程中两种互补的反馈控制方式。所谓正反馈，是指反馈的信息加强了原来的决策指令，使总输出量增大；所谓负反馈，是指反馈的信息使原来的决策得到修正或调节，使总输出量减少。

正确运用正反馈与负反馈并处理好两者的关系，对于提高决策控制的有效性，有着重要意义。作为秘书系统来说，正反馈的主要任务就是把经过实践证明决策是正确的，需要坚持执行下去；或者发现决策本身是正确的，但执行的力度不够或执行有偏差，需要加大执行的力度或指导监督执行；或者决策本身需要强化、需要补充等方面的信息反馈给领导系统。负反馈的主要任务就是检出决策本身同目标之间、决策目标与实际情况之间的偏差，并反馈给领导系统，以供修正决策之参考。

第二节 信息沟通

一、信息沟通概述

（一）信息沟通的含义和作用

信息一般是指通过声音、图像、语言、文字、数据所表达的、反映特定主题或意义的消息、情报和知识。由此可见，信息是由一定的内容、形式和物质载体组成的。信息是对客观事物的反映，因此它总是具有一定的内容。内容越真实、越丰富、越新颖，其信息量和其利用的价值就越大。信息的内容只有通过声音、图像、语言、文字、数据等形式并借助声波、光波、电波等无形载体和纸张、胶卷、胶片、磁带、磁盘、计算机网络等有形载体才能反映、记录、传递和存储。

秘书系统的信息沟通职能是指秘书系统根据领导系统和其他相关系统的需要，运用传统的信息手段和现代信息与网络技术，对信息进行搜集、加工、传递、贮存和检索利用，推动管理系统信息循环的过程。秘书系统信息沟通职能主要表现为三个方面的作用：一是为领导系统的决策、计划、组织、指挥和协调提供准确、全面、及时的信息支持，确保领导系统管理活动的有效开展；二是在领导系统和其他相关系统之间建立信息沟通的渠道，确保信息的畅通；三是扩大秘书系统的视野，为秘书系统自身建设和发展提供信息支撑。

(二) 信息的特征

关于信息的特征，人们可以从不同的角度加以揭示。从秘书系统职业活动的角度对信息加以考察，其特征主要表现为以下几方面。

1. 客观性

信息是一切物质的普遍属性。物质运动产生信息。任何信息都是对客观事物的反映。没有客观存在的事物，便没有信息。因此，信息具有客观性。客观性特征要求信息必须真实地、正确地反映客观事物。真实的信息能够帮助人们正确认识世界、改造世界，而失实的、虚假的信息则会使人们对客观事物判断失误甚至违背事物发展的客观规律。秘书系统信息沟通的基本要求之一就是在大量提取信息的基础上，通过鉴别判断、去伪存真，确保提供给领导系统和其他系统信息的真实性和可靠性。

2. 传感性

信息是可以传递和感知的。只有通过传递、感知并利用，才能充分发挥信息的社会价值。信息的传递和感知是相互联系、互为前提的两个方面。管理系统的信息主要是通过人——人或人——机——人的模式传递的，人是信息传递的初始发送者和最终接受者。因此，任何信息的传递都必须以人的感知为基础。感知不到的信息，是无法传递的，感知错误的信息传递后则会误导接受者。同样，传递不及时或者传递出错，也会导致管理系统的混乱。因此，秘书人员一方面应当对信息具有较强的感知能力和正确判断能力，能在浩瀚的信息海洋中敏锐地发现和捕捉有价值的信息，另一方面还应当学习和掌握信息传递沟通的各种知识和技能，在正确感知的基础上做好信息的传递工作。

3. 易变性

秘书系统接受和传递的信息具有易变性，这是由以下因素造成的：一是客观事物是不断运动发展的，反映特定事物内容的信息自然也随之不断变化。事物发展得越快，信息的变化也就越快，它所发挥作用的时限就越短。现代社会的工作节奏和生活节奏日益加快，信息瞬息万变，这就要求秘书系统在信息沟通时，既要迅速及时，又要连续不断，以适应信息本身的动态变化。二是信息在沟通过程中容易受到自然因素、技术因素和人为因素的干扰，产生变异,导致沟通不畅甚至信息误导,因此必须采取有效的抗干扰措施。

4. 共享性

信息能够为人们提供服务,人们能够通过利用信息创造一定的社会价值和经济效益。然而,信息的这种价值和效益却是社会共享的。也就是说,信息对于全社会是一视同仁的。谁掌握了信息,谁就可以利用它。同样的道理,谁首先占有了信息,并且首先开发它、利用它,谁就能在激烈的信息竞争中获得主动权,从而立于不败之地。

(三) 信息沟通的原则

1. 保真性原则

所谓保真,即保证信息的真实、可靠和准确。保真性原则有两方面的要求:一是秘书系统向领导系统和其他系统提供信息时,必须做到客观真实、准确可靠,避免出现偏差,更不能弄虚作假;二是秘书系统在沟通信息时,要采取有效措施,保证信道的畅通无阻,使信息免受或少受干扰,最大限度地提高信息沟通的保真度。

2. 适用性原则

秘书系统向领导系统和其他系统提供的信息必须真实可靠、准确无误,这是毋庸置疑的。但仅仅做到这一点是不够的,因为真实的信息未必都适用对路。不适用、不对路的信息客观上增加了信息的冗余度,不仅造成秘书系统的无效劳动,而且浪费领导系统和其他服务对象的时间,分散其精力,干扰其工作。因此,秘书系统提供的信息一定要适用于不同的对象和不同的需要,加强针对性,减少盲目性。

3. 及时性原则

信息的易变性和共享性特征决定了秘书系统沟通信息必须坚持及时性原则。在信息社会,信息竞争在国力竞争、市场竞争中的重要性日益凸显。无论是党政机关的秘书系统还是企业秘书系统,都必须确立现代时间观念和效率意识,以高度的责任感迅速及时收集、加工、传递信息,克服人为的耽搁、拖延,保证信息在第一时间传递给领导系统和相关系统;还要主动学习和掌握现代信息技术和网络技术,及时更新设备,不断提高信息沟通的时效性。

4. 系统性原则

系统性原则有三方面的要求:一是要求秘书系统信息沟通必须具有全局观念,即从全局的和整体的高度去把握信息,而不是仅仅看到某个局部;二是要求提供的信息必须准确全面地反映事物的现象和本质,避免表面化和片面化;三是要求秘书系统所提供的信息具有连续性,能够反映事物发展变化的全过程,满足领导系统和其他系统对信息的动态需求。

5. 预测性原则

现代决策要求秘书系统提供的信息具有超前性和预测性,不仅要反映已经发生了什么,而且还要预判将要发生什么,以便领导系统在决策中制定相应的预案,防患于未然。

6. 浓缩性原则

秘书系统信息沟通的实践证明,管理系统的信息可以通过汇总、归纳、综合、提炼而加以浓缩,形成摘要、简报等信息形态。浓缩后的信息内容更加集中,主题更加突出,文字更加简要,篇幅更加短小,更有利于信息的传递和贮存,有利于减少文山会海,有利于阅读和记忆,同时也可以节省信息沟通所消耗的资源。

二、信息沟通的主要环节

(一)信息搜集

在信息沟通过程中,信息收集和信息搜集含义有所不同。前者是指将现有的信息集中起来,而信息搜集则指搜寻聚集,更强调信息处理工作的主动性和目的性。信息搜集是秘书系统信息沟通的首道环节,其具体要求包括以下几个方面。

1. 明确搜集的目的性,增强搜集的主动性

秘书系统要主动围绕领导系统的长远规划和近期工作目标,制定信息搜集的计划,提高针对性,减少盲目性和被动性。

2. 完善体制和机制

要通过建立和健全信息报告制度、明确信息报告责任、建设信息交换平台,实现信息来源多样化、信息报告制度化、信息交换常态化。

3. 注意搜集的广度和丰度

秘书系统搜集的信息既要有上级的,也要有下级的;既要有内部的,也要有外部的;既要有国内的,也要有国际的;既要有报喜的,也要有报忧的;既要有实时的,也要有历史的;既要被动地"照单全收"外来信息,又要"主动出击",有目的地搜集反馈性信息(即管理系统输出的信息与受控系统相互作用后再回输的信息)。

4. 通过多种渠道搜集信息

秘书系统搜集信息的渠道主要有以下几种。

(1)日常工作渠道。如日常接收的公文、信函、简报、报表、电报、传真、电子邮件、电子文书、电话,以及通过参加会议和访问、接待等机会搜集信息。

(2)信息交换渠道。即通过建立纵向和横向的信息交换机制搜集信息。纵向信息交换是指上下级秘书机构之间建立的信息交换机制。通过这一机制可以定期或不定期获得相关信息。横向信息网络是指与本组织存在业务关系或者相互合作的机构之间建立的信息交换机制,这些机构包括合作伙伴、客户、智囊机构等。

(3)媒体和网络渠道。如广播、电视、报纸、杂志、书籍、门户网站、官网、社交媒体等。

(4)信息调研渠道。信息调研是一种获取高质量、系统性信息的渠道,要求秘书人员围绕特定目的确立调研课题和计划,科学确定调研样本,以会议座谈、个别访谈、问卷填写、电话访问、现场观察等方法有目的地搜集相关信息。

（5）非正式渠道。上述四种渠道均在秘书系统的职权范围之内,而非正式渠道则属于秘书人员在职权范围之外利用人际关系和人际交往的机会（包括各种社交媒体的交流）搜集相关信息的渠道,虽具有非正式性,但也能发挥重要的参考作用。

（二）信息加工

信息加工就是把搜集到的原始的、分散的、混杂的信息,通过汇总、筛选、研究和编写,加工成系统的、适用对路的"成品"信息。

1. 信息筛选

信息筛选是信息加工的一个关键环节,它的作用是认定信息的性质,辨别信息的真伪,判断信息的价值,分清信息的缓急,决定信息的取舍。所有的信息都要在这一环节中过滤、筛选。这一关把得好不好,直接关系到信息的质量高低。因此必须高度重视,认真把好这一关。

秘书系统筛选信息的方法通常有以下几种。

（1）联系法。即将搜集到的信息同本单位、本系统的工作活动相联系,凡有一定联系的信息,尽可能予以选留。

（2）查重法。即将查出重复多余的信息予以剔除。

（3）比较法。即比较相同类型的信息,选留其中信息量大、更能反映事物本质、与本单位相同工作活动联系更为紧密的信息。有些信息量并不大但对本组织工作仍有一定参考作用的信息,也应予选留。

（4）时序法。即按时间顺序对信息进行取舍。在同一类信息中,选留较新的,剔除过时的。但新旧信息之间存在内在联系、反映事物发展脉络的,应予保留。

（5）补全法。对于有价值但不够齐全完整的信息,作补充完善或修正。

经过筛选并确定具有价值的信息可以作为下一步加工的原料,如果情况紧急且重要,也可直接向领导系统和其他相关系统传递。

2. 信息研究

信息的研究即对经过筛选的信息进行进一步分析和综合,揭示事物的普遍联系和内在本质,提高信息的层次和利用价值。

信息的研究有如下要求。

（1）既要注意反映面上带有普遍意义的信息,又要重视反映个别的、特殊情况的信息。尤其是要围绕领导系统的中心工作,把握重点信息和典型信息。

（2）加强信息的预测,尤其是对倾向性、苗头性的问题及其预后要及时分析研判。

（3）搞好信息的综合研究,从信息的相互关联中发现规律,提炼经验和可复制可借鉴的思路和方法,努力提高信息的层次和利用价值。

(4) 分清主流和支流,既不能把支流的当成主流,也不能把主流说成是支流。

(5) 运用科学的研究方法。要根据研究的目的和研究对象的实际情况确定研究方法。信息研究的方法可分为定性研究和定量研究。定性研究是运用非量化的手段对信息进行分析,考察研究对象的属性、特征以及相互关系的研究方法,具体方法包括归纳法、矛盾法、综合法、比较法、因素法和抽象法等。定量研究是指主要搜集用数量表示的信息资料,并对数据进行量化处理、检验和分析,从而测量并确定事物某方面量的规定性的研究方法,具体方法有统计分析法、社会计量法和数学分析法等。有些问题的研究需要将定性研究和定量研究这两种方法有机结合起来。

3. 信息编写

书面形态的信息与口头形态的信息相比,具有权威性强、容量大、传递范围广、传播距离远、便于推敲、便于理解和记忆等优点,因而是秘书系统信息"成品"中的主要"品种"。信息编写的过程,也就是把经过筛选、研究的信息转换成语言文字形态(包括符号、图表、数字)的信息的过程。

信息编写分成写和编两个方面。

(1) 写的方式主要有:

① 改写。即对原来的信息内容进行修改或将一种信息的文体改换成另一种文体,比如把下级系统提交的工作总结改换成以本级系统名义发出的简报;

② 缩写。即对原来的信息内容加以提炼和浓缩,写成提纲或摘要等;

③ 撰写。即在分析或综合有关信息的基础上确立主题、组织材料,撰写总结、简报、调查报告、决策方案、领导讲话等。

(2) 编的方式主要有:

① 单篇编发。即根据一事一报的原则编发信息,如工作简报、会议简报等文种一般都采取一事一报的方式;

② 多条汇编。即在一份载体上同时编发多条信息,相当于内部的刊物。如"每日市情""信访动态"等内刊;

③ 文件汇集。即定期或不定期地把需要学习、使用的各种文件集中加以汇编,如《国务院公报》《上海工作》等就是定期的文件集。文件集也可以按不同的主题分类汇编,以满足分管不同业务的领导或部门学习、查阅。

(三) 信息传递

在管理系统中,秘书系统属于中介系统。秘书系统搜集、加工信息的最终目的是向领导系统和其他相关系统提供信息支持,因此,传递信息,是秘书系统履行信息沟通职能的"临门一脚"。秘书系统传递信息的要求如下。

1. 根据接收者的不同需求和信息本身的性质、特征，控制信息的投向和传递范围

不同层次、不同性质的系统具有不同的工作职责和目标，因而对信息的需求亦不同。有的信息适用于所有的系统，而有的信息则适用于某些系统。有的信息本身对传递的方向和范围有明确的要求，如秘密信息。因此，秘书系统一方面要了解每个接收者的信息需求，做到有的放矢，另一方面要掌握信息本身的性质和特征，避免该传递的没有传递，而不该传递的却传递了。

2. 正确运用信息传递的方式

信息传递的方式很多，不同的方式具有不同的特点，适合不同的信息内容和传递需要。

（1）按信息传递的方向分，可分为上行传递（如上呈请示、报告）、下行传递（如发布命令、通知）、平行传递（如以发函的方式与不相隶属的组织相互商洽工作）和多向传递（如以发布公告、通告或召开发布会的方式向社会各界发布信息）。

（2）按信息的表现形式分，可分为音频传递、文字传递、图像传递、视频传递和实物传递。

（3）按信息传递的手段分，可分为电信传递（如电话、电报、传真、官方网站以及在微信、微博、QQ等社交媒体平台上注册的官方账号等）、邮寄传递（如通过邮政、机要交通和快递公司等机构传递文件和物品）、专人传递（即委派专人直接送交文件、当面传达或听取意见）、会议传递（即以会议、会见和会谈等方法沟通交流）。

（4）按信息传递的渠道分，可分为组织渠道传递（即以组织的名义相互之间传递文件、举行会议会谈等）、新闻网络渠道传递（如举行新闻发布会、在媒体上或网络上发布启事、声明、广告、新闻稿等）、非正式渠道传递（即通过人际关系和人际交往的机会传递相关信息，作为正式渠道的补充）。

（5）按保密要求分，可分为公开传递、半公开传递（即只公开部分内容）、秘密传递。

3. 加强抗干扰措施，确保信息传递的有效性

根据现代通信理论，信号在传递过程中，难免会受到各种干扰，从而产生噪声，造成信噪比下降或信号变形、失真，甚至无法接收。秘书系统传递信息也同样如此。为了保证信息能够及时、准确、有效地传递给接收者，应采取有效措施，努力提高信号和噪声的比例，减少乃至最终克服干扰。具体要求如下。

（1）提高信息输出的强度和有效度。比如借助形式新颖的活动和媒介发布信息，以加深接受者的印象；由主要领导发表讲话或邀请专家讲解辅导、发表文章，帮助有关方面提高认识、统一思想，形成有利于组织发展的舆论氛围；如发现信息传递出现延缓、出错或者接受者理解有偏差，要立即采取措施予以解释、纠正。

（2）加强督促检查。平时，秘书系统要加强文件的催办，认真细致地做好领导系统重大决策事项、领导者批示和领导者交办事项的督办督查工作，防止决策执行过程中的延误与走样，提高领导系统决策的权威性和决策执行的高效性。

(3) 强化责任意识,提高自身素质,防止干扰源出自秘书系统本身。由于秘书系统在传递信息的过程中处于中介的地位,因此在技术上,秘书系统兼有编码、发送、接收和信道传输的综合功能,其中任何一个环节发生疏忽和差错都会对信息本身产生干扰。因此强化责任意识,提高自身素质,严格执行工作规范和规程,对于秘书系统做好信息抗干扰工作具有十分重要的意义。

(四) 信息存储

秘书系统处理的信息,许多都具有再次利用和开发的价值,因此应当将这些信息按一定的方法和技术加以保存,以备日后随时检索和开发利用。

1. 秘书系统信息存储的主要步骤

(1) 登记。各种信息资料搜集和产生后,首先要进行登记,以建立存储的信息资料的完整记录。如电话登记、文件登记、接待登记、数据库登记,等等。登记的内容主要是来源、主题、收到时间、处理情况等方面。信息的类型不同,登记的方式和具体要求也有所不同。

(2) 编码。信息编码是为方便信息的存储、检索和使用,在进行信息处理时,用不同的代码与各种信息中的基本单位组成部分建立一一对应关系。信息编码必须标准、系统化。信息代码由字符构成,可以是字母,也可以是阿拉伯数字。

(3) 存储。信息资料存储的目的是便于查找利用。存储的形式有:①原物存储。这里的原物即具有视觉上的直观性的信息资料,如搜集到的各种文件、手稿、剪报、卡片、报刊、书籍、画册、照片的原物。信息资料的原物要按一定的规律组合并根据每一种原物的性质、特点分类存放和保管,如档案馆、图书馆、博物馆都是实物存储和保管的机构。②介质存储。即把各种信息数字转换存储在软盘、硬盘、光盘、优盘、云盘等介质中,需要通过计算机或者其他智能设备查阅。③数据库存储。数据库是一个长期存储在计算机(包括服务器、云服务器)内、按照数据结构来组织和统一管理的、可共享的、海量数据的集合。用数据库存储信息,可极大地提高信息处理的效率和成本。

2. 信息存储的要求

(1) 系统。即按一定的要求加以搜集、整理、存储,使存储的信息能全面、系统地反映一个单位工作活动的面貌,或者能够体现各种信息之间的内在联系。

(2) 安全。存储信息的过程,也是管理和保护信息的过程。保证信息的安全,是信息存储的基本前提。信息的安全包括两大方面:一是内容上的安全,通过防泄密、防篡改,确保信息的保密性、完整性和真实性;二是物理上的安全,通过防损毁、防被盗、防假冒伪造、防计算机病毒,确保信息载体以及存储系统的安全性和有效性。

(五) 信息的后续利用和检索

信息的后续利用是指秘书系统根据领导系统及相关系统的需要,运用各种适当的方式将存储的信息重新提取或者进行二次加工,提供给领导系统和其他相关系统,发挥信息的后续效用。

1. 编制检索工具

信息利用离不开信息检索。信息检索是指从信息库中找出所需要的信息的过程。信息检索的效率同信息存储的质量关系密切。信息存储越系统、越科学,信息检索就越方便、越迅速。信息检索分智能检索和手工检索两种。智能检索是运用计算机或其他智能设备,使用特定的检索指令、检索词和检索策略,从本机、云盘乃至大数据库中检索出需要的信息。手工检索工具主要有目录、文摘、索引、指南等。

2. 搞好开发利用

秘书系统可以将存储在档案馆和数据库中的信息复制后提供给需要利用的对象,也可对信息进行再次编辑、加工、制作,如按专题汇编文件、编写大事记或年鉴,等等。

第三节 督查保证

一、督查保证概述

(一)督查保证的含义和作用

督查保证是指秘书系统对领导系统的各项决策、批示和交办事项的贯彻落实情况展开督促检查,保证全面正确贯彻落实的过程。在秘书系统的具体实践中,督查保证常称作督查、督办、查办。

在领导系统实施管理控制的过程中,决策与执行是两个相互联系而又相互区别的运作环节。任何决策只有得到全面贯彻执行,才能最终实现目标。执行不力、执行走样或者不执行,再好的决策方案也不过是一纸空文。但是,由于决策和执行往往是两个相对独立的系统,特别是当执行系统的纵向管理层次较多、横向管理跨度较大以及执行环节较复杂时,决策与执行之间难免会出现脱节现象。产生这种脱节现象的原因是多方面的,但归纳起来主要有以下几方面:一是执行系统对决策指令的理解能力和执行能力存在不足,导致执行不力或执行偏差;二是执行系统不能顾全大局,为维护本系统的局部利益,对决策指令或各取所需,合则用,不合则弃,或消极抵触、拖延执行,甚至搞"上有政策,下有对策",严重干扰决策指令的执行;三是执行系统分工不明,职责不清,或者造成责任缺失、管理真空,出现相互推诿、相互扯皮的情况,或者造成事权交叉,出现争权夺利、互不相让、内耗增加的情况,这两种情况的出现都会迫使决策指令无法落实到位。因此,为了使领导机关的决策和领导者的指示得到全面正确的贯彻落实,必须加强执行过程的督促检查,切实保证政令通畅,从而有效地维护领导决策的权威性和严肃性,保障管理控制系统的健康运行和组织目标的顺利实现。

秘书系统的督查保证职能有两个方面：一是决策督查，即秘书系统围绕领导系统以文件、会议等形式做出的集体决策开展督促检查，保证决策得到正确执行。决策督查的范围包括上级领导机关制定的重要决策事项和本级机关制定的重要决策事项。二是专项督查。专项督查是相对于决策督查而言的，是秘书系统围绕上级和本级机关的领导者针对某一特定事项所作的批示、口头指示或以其他方式交办的重要事项展开督促检查，保证这些事项得到及时落实。相对于决策督查来说，专项督查事项单一，面广量大，时限要求高，是一项经常性的秘书工作。

(二) 督查保证的特征

对领导系统决策的执行过程和结果实行有效的督促检查，是现代领导科学和管理科学的重要原则，是提高领导系统决策力、公信力的重要保证。在一个管理系统中，秘书系统和其他职能系统都要担负督促检查的责任，但是，秘书系统的督查检查与其他职能系统和领导系统直接组建的临时性督查团队实施的专项督查或检查以及社会上其他具有监督作用的组织(如人大、纪委、监察委、民主党派、群众组织、新闻机构等)不同，具有自身的特征。

1. 权威性

秘书系统实施督促检查的事项涉及本级或上级领导系统的决策、批示和交办事项，而非秘书系统本身的业务，常常事关重大，绝大部分都是由领导机关或领导者直接批给或口头交代秘书部门或秘书人员办理，因此秘书系统的督促检查都是借领导系统的名义，代表领导机关和领导者的意志，本质上是一种领导行为，具有较强的权威性和严肃性。

2. 常态性

领导系统的决策和领导人的批示、交办事项是经常性的，有些重大决策和重要批示还具有连续性，一旦作出，秘书系统就必须立即响应，第一时间启动督促检查机制，并且持续跟踪。因此常态性自然成为秘书系统督查检查的显著特征，有些秘书系统内部还需要设置专门的督查部门承担各项督查工作。而领导系统根据需要也会临时组建一些专项督促检查团队，秘书系统必须参与其中，发挥重要作用。

3. 时限性

秘书系统实施的每一项督查任务一般都有很强的时限性，尤其是专项督查。这种时限性往往是领导系统的决策或者批示中明确规定的。即使是一些完成时限较宽的督查事项，也应当按计划实施督查，以保证领导系统的决策和批示事项按时完成。

(三) 督查保证的原则

1. 督促与检查相结合原则

督促与检查是督查工作相互联系的两个方面，其目的都是使领导的决策和各项指示、批示得到落实。二者也有所偏重：督促偏重于决策执行的及时性方面，防止拖延误事；而检查不仅要了解决策的事项"是否办""何时办",而且还要了解"如何办"和"办得如何"等情况。可见检查是对督促的深化。因此,在督查的具体过程中,既要督促,又要检查,把二者结合起来。

2. 指导协调原则

决策的执行是一个极其复杂的过程。执行系统在执行决策指令、落实决策方案时,常常会碰到一些困难和问题,执行系统之间也会出现意见不一、相互扯皮和推诿的情况。因此,在督查过程中,要对执行系统进行必要的指导和协调,提高认识、消除分歧、统一步调、相互协作,使决策事项真正落到实处。

3. 调查反馈原则

督查的过程,同时也是调查研究、掌握决策执行的进展情况及其结果的过程。在督查过程中有针对性地开展调查研究、发现问题、分析原因、总结规律、提出办法,并主动向领导系统反馈,有利于领导系统做好再决策。

4. 注重实效原则

决策成功与否关键看执行效果。推动决策事项的及时准确落实到位,这既是秘书系统开展督促检查工作的目的,也是检验督查工作效果的标准。因此,秘书系统的督促检查工作一定要在实效性上狠下功夫,要紧扣上级领导和本级领导的重要决策事项和指示、批示的精神,一查到底,有查必果。

5. 以点带面原则

秘书系统的督查工作面广量大且经常不断,如何提高督查工作的效率是一项重要课题。以点带面原则一是要求秘书系统在开展督查工作时要善于抓重点、抓主要矛盾,以重点带动面上的工作;二是要善于抓住督查事项办理过程中具有典型性、代表性的经验和问题,以典型指导和推动面上的决策执行,提高督查工作的效率。

二、督查保证的主要环节

(一) 立项登记

领导系统的立项环节首先是确定是否需要督查,然后对需要督查的事项登记造册。领导系统以文件、会议作出的决策毫无例外应当列入调查范围。而文字批示、口头指示则比较复杂。一般情况下,批示或者口头指示中明确要求有关部门办理、报告并提出时限要求的事项应当列入督查范围,而一些只要求有关部门学习参考的批示和口头指示,则可不予列入。督查事项一旦确定,就要立项登记。立项登记要做到以下几点。

1. 责任清晰

要指定督查事项的承办落实单位或部门以及具体责任人,同时明确秘书系统负责督查的责任人。涉及几个单位或部门的问题,要分解立项,并确定主办单位或主办部门。由上级机关交办并由本机关承办落实的重大事项,应当由本级机关的领导者亲自负责,同时落实具体执行的部门和责任人。

2. 要求明确

要明确提出承办落实督查事项的具体要求和时限。

3. 一事一项、详细清楚

督查立项登记必须一事一项,登记的内容应当详细、清楚,以备查考。登记的项目主要包括收文日期、来文单位、来文标题或事由、领导批示摘要、承办单位、办理时限、办理情况等。

(二)制定督查方案

对重大决策事项的督查和上一级机关交办的重要事项,立项后要尽快制定督查方案,亦称拟办,交本级领导批准后执行。督查方案一般应包括以下内容。

(1) 督查事项的项目名称或具体事由。
(2) 制定决策的机关。
(3) 承办落实该决策事项的主办单位与协办单位。
(4) 本督查事项的交办方式。
(5) 督查方法与程序。
(6) 协调方法。如需要多方共同办理的事项,应写明协调的方法和步骤。
(7) 承办落实单位报告的时限。
(8) 督查部门及督查责任人。
(9) 其他需要说明的事项。

(三)送批和交办

对于上级机关的重要决策事项或上级机关领导者批示交办的事项,秘书部门在往下交办之前,应将拟办意见或督查方案先行呈送本级领导批示。领导系统对督查方案提出完善、修改意见的,要及时对方案进行相应的修改并严格执行。

交办是指将登记立项和经本级领导批准同意的督查事项向承办执行机关或部门作正式交代。交办方式主要有书面交办(督查通知或督查函)、会议交办和线上交办等方式。

(四)督促协调

督查事项交办后,要及时了解办理情况,针对问题提出督查意见,保证督查事项的落实。对于承办单位逾期未办结的事项,要填发《督查催办单》,限期办结。对于涉及两个以上部门办理落实的事项,一般情况下由主办部门负责协调。如问题较复杂,也可由督查部门会同主办部门进行协调。

督促的主要方法有以下几种。

1. 电话督促

即通过电话向承办督查事项的机关或部门了解情况,催促办理落实并要求报告办理落实的情况。电话督促方便易行,能实时了解有关信息。每次电话督促要作好记录。

2. 书面督查

即采取下发督查通知函的形式(纸质或电子文书)要求承办督查事项的机关或部门抓紧落实并限期报告情况。督查通知函要加盖督查部门的公章,以体现庄重性和权威性。

3. 现场督促

即督查人员深入承办督查事项的机关或部门,现场实地了解落实情况,发现问题,及时与有关方面会同协商,共同研究解决的办法。与电话和书面督促的方法相比,现场督促最直观,因而是督查工作的主要方法。

4. 会议督促

即由督查机构出面召集各承办机关或部门开会,了解情况,分析问题,交流经验,协调立场,共同研究加快办理时效和提高办理质量的办法。会议督促可以采取请进来举行会议,也可以在当地举行现场会议,还可以通过网络电话和视频会议等方式。在督查重大而且比较复杂的决策事项时,由于需要协调的问题和方面较多,常常需要运用会议督促的方法。

(五) 审核验收

由督查机构或秘书人员对承办机关或部门上报的办理工作答复报告进行审核,检验承办决策事项的质量与效果。对不符合要求的,可填发《督查退办单》或者电话通知退回限期重办。

(六) 反馈督查结果

督查事项办理落实并经验收合格后,督查部门要及时写出督查报告,向制定决策的领导机关或批示、交办的领导者作出反馈。上级机关或上级机关领导者交办的督查事项办理完成后,不仅要向本级领导反馈督查情况,而且还要经本级领导审查同意后,向上级机关和上级机关领导者作出反馈。提交督查报告时应当附上承办落实机关或部门的答复报告。一时难以按时办理完毕的,要向上级交办部门说明理由以及采取进一步的措施。

督查报告和办理答复报告要按照正式公文的形式和要求撰写。内容要写明督查事项、调查情况、办理过程、采取的措施和效果、问题和建议等。

督查情况反馈后,领导者如有新的批示,要求重新办理或补办的,秘书要再交办、再督查、再反馈。

(七) 开展督查调研

督查调研是督查机构或秘书人员深入实际,有计划、有目的了解、分析、研究督查过程中出现的情况、经验和问题的过程,是督查工作的深化,也是督查工作的内在要求。

1. 督查调研的作用

督查调研的作用主要表现以下几方面。

（1）反馈督查信息。通过督查调研，督查机构或秘书人员能深入了解领导机关决策和领导者指示以及交办事项在具体执行和承办落实过程中出现的新情况、遇到的新问题，在准确分析原因的基础上提出相应的对策建议，为领导修正决策和再决策提供参考依据。

（2）提高督查水平。通过对督查对象、督查工作的过程和结果的调查、分析、比较，总结和掌握督查工作的科学规律，不断改进督查工作的方法，提高督查工作的水平，更好地为领导工作服务。

2. 督查调研的步骤

督查调研包括以下几个步骤。

（1）明确目的，选好课题。督查调研是一项有目的的活动，实施调研前，首先要明确"为什么调研"和"调研什么"，也就是要明确调研的目的，选定调研的课题，界定调研的对象。

（2）进行预研究。督查调研的课题确定后，要先进行预研究。调研人员要学习阅读有关文件，领会领导机关的决策意图和领导指示的精神，了解开展此次督查调研活动的背景和意义，初步了解调研对象的基本情况，做到心中有数，为开展实地调查做好充分的准备。

（3）制定调查计划。督查调研计划的内容包括督查调研的目的、依据、指导思想、提纲、范围、样本、方法、工具、人员组成、时间安排等。

（4）收集督查信息。具体方法一是按调查提纲和调查问卷向列入样本范围的受访者逐一进行电话访问并作好记录；二是收集承办落实督查事项的机关或单位提交的各种形式的报告和数据；三是以现场填写或线上发放并收集的方式开展问卷调查；四是通过邀请部分有代表性的调查对象召开调查会了解情况；五是对重点受访者或经抽样确定的受访者采取当面访谈的形式收集信息；六是调查人员深入调查现场进行观察，然后把观察和体验的结果记录下来。

（5）汇总、分析和反映督查调研信息。首先要汇总调查中所获得的所有材料，逐一确认每条信息的准确性；然后对材料进行统计分析和理论分析，解释现象，说明原因，找出规律，提出对策和建议；最后形成督查调研报告，呈报领导者审阅和参考。经领导者同意，可以简报或内部参考的形式在一定范围内散发传阅。

第四节 关系协调

一、关系协调概述

（一）关系协调的含义和作用

关系协调是指在尊重客观规律、把握系统相互关系原理的基础上，为实现系统演进的总体目标,通过有效的运行机制、手段、方法和力量,使系统的内部关系和外部关系达到理想状态的过程。

协调是现代管理的一项重要职能,属于各级领导系统的职责范围。但由于现代管理事务繁多,协调对象之间的关系日益复杂,协调的任务不断增加,领导系统不可能,也没有必要直接、亲自协调一切关系,于是将一部分关系委托秘书系统去协调,以便自己集中精力协调重大关系,或者将关系协调过程中的某些环节以及事务交由秘书系统完成,以提高关系协调的效率。这样就产生了秘书系统辅助领导系统协调关系的职能。

秘书系统关系协调的作用主要表现为三个方面:一是协助领导系统开展协调,作为领导系统管理职能的延伸和补充;二是为领导系统实施有效管理协调好上下、左右、内外的各种关系,创造良好的组织内部氛围和外部环境;三是为秘书系统本身开展工作搞好与各职能部门以及内部的协调,提高秘书系统的亲和力和秘书工作的效率。

(二) 关系协调的特征

秘书系统的协调是一种特殊的协调活动,它既不同于领导系统亲自进行的协调,也有别于其他职能系统在自己职权范围内的协调。秘书系统的协调有以下特征。

1. 从属性

秘书系统的协调活动一般是由两个方面构成:一方面是由领导系统临时授权的协调,另一方面是秘书系统的职责范围之内的协调。所谓从属性,是指秘书系统的协调活动无论属于哪一方面,都要符合领导系统的决策目标,都要以领导系统的指示、要求和意图为依据,协调的结果必须有利于领导系统实施管理。

2. 广泛性

秘书系统的协调活动涉及领导活动和秘书活动的方方面面,按协调的关系性质分,有工作关系协调、组织关系协调、利益关系协调和人际关系协调;按协调的方向分,有纵向协调,包括对上关系协调(即协调本级领导系统与上级领导系统的关系)、对下关系协调(即协调本级领导系统与下级领导系统和群众的关系)、上下关系协调(即协调上级领导系统同下级领导系统的关系),还有横向协调(即协调同兄弟单位及左邻右舍的关系)、内部协调(即协调本系统内部各子系统的关系);按协调的内容分,有政策规章协调、领导活动协调、组织冲突协调、工作安排协调、社会协调和公共关系协调,等等。

3. 间接性

秘书系统的非独立性,决定了秘书系统没有任何决策拍板定案的权力,亦不具有人、财、物方面的管理分配权限。因此,秘书系统的协调不能直接运用行政手段,而只能在协调过程中发挥沟通、协商、疏导、调节的作用,所协调的实际问题往往通过协调对象之间的互谅互让或者需要具体掌管人、财、物的职能系统的支持才能解决。

(三) 关系协调的原则

1. 客观公正原则

客观公正是秘书系统协调各种关系的基本前提。作为协调活动的主体,秘书人员在协调过程中应当始终坚持实事求是,认真调查研究,耐心听取协调对象的意见,全面掌握情况,反对感情用事,力戒先入为主和偏听偏信偏袒。只有这样,秘书人员才能取得协调对象各方的信赖与合作,从而为发挥协调主体的作用奠定基础。

2. 沟通协商原则

所谓沟通,就是沟通协调对象各方的信息。通过沟通,使各方相互了解对方的立场、态度和意见。所谓协商,就是在沟通的基础上充分磋商,相互谅解,从而达到更高层次的沟通。协调的过程就是沟通——协商——再沟通——再协商,最终达成一致的过程。在沟通协商过程中,秘书系统要发挥中介作用,当好"二传手",既不可凌驾于协调各方之上,把自己的意志强加于人,亦要善于巧妙地运用协调的方法和策略,努力提高沟通协商的效果。

3. 化解矛盾原则

协调的根本任务就是解决矛盾,消除分歧。但是,矛盾的解决和分歧的消除往往不是一蹴而就的。在关系协调的实际过程中,矛盾的解决一般表现为三个层次:一是矛盾的淡化,即通过协调,各方均采取克制的态度,避免矛盾升级,或者搁置矛盾和分歧,随着时间的推移或通过其他方面的合作而使原有的矛盾逐渐淡化、分歧逐步弥合;二是矛盾的调和,即通过协调,各方接受折中方案,使矛盾得到暂时的缓解;三是矛盾的消除,即通过协调,各方在新的起点上达成共识,消除隔阂,携手合作,使矛盾得到根本的解决。在协调时,秘书系统应当对具体的协调对象作具体分析,适当确定化解矛盾的目标层次。既不能回避矛盾,也不能操之过急。否则,反而会激化矛盾甚至引发新的矛盾,偏离协调的既定目标。

4. 思想领先原则

秘书系统的协调活动往往需要解决一些涉及协调对象的局部利益或眼前利益的矛盾。这些矛盾不及时解决,会严重影响全局的发展。在这种情况下,就必须在协调过程中坚持思想领先的原则,讲大局、讲政策、讲纪律、讲团结、讲风格。对顾全大局、主动牺牲局部利益的,应当鼓励表扬;对一时认识不清、患得患失的,应当耐心地说服,引导他们以大局为重;对那些在局部利益上固执己见、纠缠不休的,应当旗帜鲜明,在充分说理的基础上,予以严肃的批评和教育,促使其转变态度、服从大局。

5. 分级归口原则

按照现代管理学中的能级原理和分工原理,问题和矛盾出现在哪一级,就应由哪一级负责协调解决;问题和矛盾出现在哪个职能系统的管辖范围内,就应当由哪个职能系统负责协调解决。任何机关和部门都不得随便下推或者上交矛盾,也不得相互之间扯皮、推诿。分级归口的原则要求秘书系统在受理协调事项之时,严格把关;对于明明应该由下级机关或职能部门协调但却上交、推卸的协调事项,应退回原下级机关或职能部门进行协调;只有当矛盾比较复杂,涉及面较广,下级机关和职能部门无力协调时,才应由秘书系统请示领导系统后或根据自己的职责范围立项协调。对于那些事关重大、必须由领导系统亲自出面协调的事项,秘书系统不能擅作主张,轻易表态,而应该主动汇报、请示,做好配合协调工作。

6. 灵活适度原则

协调是个复杂而又多变的过程。协调过程中难免会发生一些事先预想不到的情况,这就要求秘书系统在不违背总原则的前提下,做到灵活、适度。所谓灵活,即善于根据协调过程中出现的新情况,及时调整协调计划和协调策略:或抓住时机,一鼓作气,速战速决;或发现难点,分割包围,迂回前进;或转攻为守,适当让步,变通执行。所谓适度,就是通过对协调事项量的控制,以达到最满意的协调效果,具体要求包括以下几点。

(1) 协调的目标和要求应适度。目标和要求过高,会使协调对象各方难以接受,而目标和要求过低,则会使协调留有尾巴,埋下隐患。

(2) 协调的事项和范围要适度。协调的事项过多,范围太广,反而会掩盖或冲淡主要矛盾,而且容易使问题复杂化,增加协调的难度;反之,协调的事项太少,范围过窄,则解决不了问题。有些协调事项涉及面广,不可能一次性协调解决,可以适当分批协调解决。

(3) 协调的节奏和时机要适度。要根据协调对象的具体情况和协调的任务、要求,合理控制协调活动的频率和节奏,因为有的问题的协调时间紧、任务重,需要高频率、快节奏地予以协调解决,而有的问题却需要细水长流,通过慢慢的疏导或者一段时间的静默冷却才能解决;同时还要掌握好协调的时机,看准"火候",既不能操之过急,亦不可贻误时机。

灵活与适度是相互联系的两个方面,任何灵活都不能超越一定的度,而任何度都是根据具体情况具体确定的。

二、关系协调的主要环节

(一) 吃透领导意图,明确协调目标

领导意图是秘书系统开展协调活动的主要依据。凡是涉及重大问题的协调或领导系统交办的协调事项,秘书系统都要主动请示,并且准确地、完整地理解领导系统的意图和要求。一般情况下,领导系统的协调意图包含了协调的目标。但由于协调对象的复杂性和多变性,领导系统的协调意图和协调目标并不是一下子就十分明确的,也不可能是一成不变的。这就要求秘书系统多汇报、多请示、多提建议,促使领导系统的协调意图和协调目标不断明确化,但不可自作主张或者曲解领导系统的意图。当然,领导系统的协调意图的详略,也往往同领导者个人的风格相关。有的领导者考虑问题周到细致,协调意图详细具体,这时,秘书人员应当不折不扣地贯彻实施;有的领导者工作比较放手,只交代总原则和总目标,具体的协调目标和计划由秘书系统去策划和实施。在后一种情况下,虽然秘书系统担负的责任更

大,但同时也为施展秘书人员的才华提供了机会。

(二) 全面掌握信息,正确分析判断

成功的协调需要有效的沟通,而沟通的基础在于全面掌握信息。

1. 秘书系统协调需要掌握的信息

(1) 协调对象之间矛盾和冲突的焦点,矛盾和冲突的性质、原因和背景。

(2) 协调对象各方目前的立场、态度,有无相互沟通或调解的愿望。

(3) 过去对这些问题的协调情况。

(4) 有关的法律和政策规定。

2. 分析矛盾和冲突的方法

秘书系统分析判断协调对象之间的矛盾和冲突常用以下方法。

(1) 差异分析法。协调是基于矛盾和冲突的存在,协调过程是消除矛盾、化解冲突的过程,而矛盾和冲突往往起源于协调对象之间的差异,只有深入分析这种差异,才能把握矛盾和冲突的本质,找到解决问题的钥匙。运用差异分析法可以从以下几方面入手:一是分析协调对象之间存在的利益差异;二是分析协调对象之间在责权划分方面的差异;三是分析形势和任务的客观要求与协调对象各方的实际状况之间的差异;四是协调对象各方在信息、感情和人际关系等方面存在的沟通差异;五是分析协调对象之间在个性特征与行为表现方面的差异。

(2) 求同分析法。协调过程既是消除矛盾、化解冲突的过程,同时又是通过沟通和协商寻求共同利益、创造双赢或者共赢的过程。因此,找到协调对象之间的共同利益所在,是协调成功的关键。运用求同分析法,能帮助秘书系统以及协调对象各方充分认识矛盾和冲突双方存在的共同之处,从而为解决矛盾和冲突找到突破口。运用求同分析法,可从以下几方面入手:一是从协调对象之间的长远目标和根本利益方面寻求共同之处;二是从协调对象之间相互合作和依存的必要性方面寻求共同之处;三是从矛盾和冲突发生前后的变化中寻求尚未变化的共同之处;四是从矛盾和冲突已给各方带来的损害以及可能造成的更大损失方面寻求共同之处;五是从矛盾和冲突的结合部寻求各方可能接受的共同之处。

(3) 因素分析法。因素分析的目的是在上述差异分析和求同分析的基础上,进一步分析产生各项矛盾和冲突的原因,以寻找协调的最佳办法。运用因素分析法首先是要找出造成协调对象之间矛盾和冲突以及得以协调化解的各项具体因素。这些因素可以分为内部因素和外部因素、有利因素和不利因素、重要因素和次要因素、直接因素和间接因素、主观因素和客观因素、历史因素和现实因素、一般因素和根本因素、可以改变的因素和无法改变的因素等。其次是要根据上述因素分析的结果提出消除矛盾、化解冲突的具体方案。

(三) 灵活运用手段,开展协调活动

秘书系统开展协调活动不仅要吃透两头(即既要了解协调对象的情况,又要领会领导系

统的意图），同时，又要运用正确的协调手段。协调的手段包括协调的方式、方法和策略。不同的方式、方法和策略适用于不同的情况。

1. 协调的方式

（1）当面协调与背面协调。当面协调即协调主体通过会议、会谈的方式使协调对象各方面对面地直接交换意见，如召开协调会、联席会、谈心会等。当面协调最大的优点就在于直接沟通，把问题摆到桌面上来解决，有利于统一思想认识。背面协调即协调主体以分别同协调对象个别转达信息、交换意见的方式进行协调。由于是背靠背，另外一方不在场，避免了当面协调可能出现的不便与尴尬，更能够畅所欲言，深入探讨。但由于协调对象之间的立场和具体意见需要通过协调主体转达和沟通，所以背面协调比较费时，各方需要有一定的耐心。

当面协调和背面协调这两种协调方式，既可以分别单独运用，也可以组合运用，相辅相成。有些矛盾和冲突采用当面协调难度较大，或者时机不够成熟，可先进行背面的个别协调，等双方有了一定的基础，再采取当面协调的方式，效果更好。

（2）专题协调与综合协调。专题协调是就协调问题的某一方面进行磋商。由于协调涉及面较小，问题单一，比较容易突破，从而为全面协调创造条件，铺平道路。综合协调即全面协调。当各方面问题盘根错节、相互交织，不可能分别进行专题协调时，就需要"一揽子"综合协调，加以全面解决。综合协调比较费时费力，但一旦成功，效果显著。

（3）正面协调与侧面协调。正面协调即在协调中不回避主要矛盾或矛盾的主要方面，抓住问题的实质和矛盾的焦点，单刀直入，正面交锋。一旦协调成功，其他矛盾和问题便迎刃而解。侧面协调是指当正面协调比较敏感、难以突破时，采取迂回包抄的策略，从侧面寻找突破口，进行协调。侧面协调的成功，往往是正面协调的良好开端。

（4）正式协调与非正式协调。正式协调是指通过法定的渠道、运用法定的手段进行的协调。如召开正式会议、签署正式文件等。正式协调的结果具有合法性和约束性。非正式协调是指通过非法定的渠道、运用非法定的手段进行的协调。比如，协调主体以个人的身份在协调对象之间穿梭、斡旋，发挥非权力、非职务影响力，或者借助其他力量进行中介性活动。非正式协调一般是在正式协调难以奏效的情况下，或者是为正式协调创造条件而进行的一种特殊的协调方式，具有一定的试探性和间接性，是对正式协调的一种补充，它所产生的结果不具有法律约束性。

2. 协调的方法

（1）分工法。有些工作上的矛盾是因分工不明、职责不清造成的。对这类矛盾，可以通过分工法来协调。分工法即通过科学合理的再分工，进一步理顺各方的职责，而优化各部门之间的工作关系和工作环境。

（2）统筹法。统筹法又叫计划安排法。即以计划的方式统筹安排各项工作活动，使各项工作活动有机结合、有序发展。组织大型活动和安排日常事务都需要运用统筹法。

（3）会议法。会议法即采取召开联席会、协调会的方法，召集有关协调对象进行当面、实时协商，或者以视频会议的方式进行线上多方协商。

（4）书面法。书面法包含两种运用场景：一是运用书面（包括电子邮件、传真、信函）联系的方式进行沟通协商；二是把协调的结果用会议记录、会议纪要、意向书、协议书等法定形式加以确定，并由协调对象各方签字盖章，作为正式协调的成果和制约各方的依据。

（5）谈话法。谈话法即采取个别谈话（包括当面谈话和电话交谈）的方式了解情况、征求意见、劝说疏导。谈话法可以是正式的，也可以是非正式的。

（6）宣传法。宣传法即通过一定的传播媒介围绕特定的协调事项进行宣传，创造一种舆论氛围，形成正面导向，以达到协调的目的。宣传法既可以用于协调内部关系，也常常用于处理公共关系。

（7）专家法。专家法即特邀某些具有丰富协调经验和较大社会影响力的人士或在某一些方面造诣较深的专家参与协调，借助他们的力量影响协调对象的态度和立场。

3. 协调的策略

（1）假借策略。即假借领导系统的权威。由于秘书系统是根据领导系统的授权并代表领导系统出面协调，因而在协调过程中，秘书系统适度假借领导系统的权威，能对协调对象产生一定的影响，从而促成协调。

（2）求同策略。求同即通过沟通，寻找各方的共同点。共同点往往是协调的突破口，双方一旦找到了共同点，协调也就成功在望。共同点有大有小，有多有少。协调过程中，既要求大同存小异，也要善于求小同存大异。协调的经验证明，小同常常是大同的良好开端。因此，求小同存大异也不失为协调的一个策略。

（3）折中策略。有时，协调对象各执己见，相持不下。这时，秘书系统应当善于折中，提出能为各方接受的协调方案，并积极劝说各方妥协让步，以失换得。

（4）迂回策略。协调过程中往往会遇到一时难以解决的问题而使协调出现僵局。这时，如果急于求成，强行"闯关"，反而欲速则不达。不如采取避重就轻、迂回包抄的策略，将难题暂时搁置，先解决其他容易达成一致的问题，待时机成熟时，再集中力量进行其他问题的协调。

（5）模糊策略。即运用模糊性语言和模棱两可的态度，处理非原则性的问题，避免在枝节问题上纠缠不清，以便集中解决主要矛盾。尤其是在协调双方情绪对立、意气用事、针锋相对、"乱箭齐发"的时候，采用模糊策略，能使秘书人员避免卷入非原则性的矛盾之中。

（6）幽默策略。语言幽默是调节紧张沉闷气氛、消除对立情绪、打破协调僵局的有效手段。如一语双关、趣闻轶事、格言警句、夸张比喻等，只要运用得当，都会起到风趣幽默、化解紧张气氛的效果。

（7）暗示策略。有时，直截了当的沟通反而会使双方感到尴尬，这时可采取暗示的方法传递信息,如语言暗示、情境暗示和身势(手势、眼神、表情等)暗示等。

(8) 情感策略。即适当地、巧妙地利用心理学的原理进行感情交流,以情感人、以情动人,在协调对象之间建立友谊,相互信任,通过创造良好的人际关系推动协调目标的实现。

(四) 督促各方守约,落实协调结果

协调的结果不能仅仅停留在纸面上或口头上,而应当落到实处。这就要求秘书系统对协调中形成的共识、达成的协议的落实情况进行督促检查。在督促检查中,如果出现新的矛盾,应当进行再协调,直到协调目标彻底实现为止。

第五节 事 务 服 务

一、事务服务概述

(一) 秘书事务的含义和作用

事务是指所要做的事情,任何组织、任何工作人员都有职责规定的事务。秘书事务是相对领导事务而言的。所谓领导事务,是指领导系统为实施决策、计划、组织、指挥和协调而开展的具体工作。而秘书事务则是指秘书系统在辅助领导者实施管理的过程中直接作用于具体事和物的操作过程,如电话事务、接待事务、信访事务、会议事务、文书事务等,又称秘书实务。领导事务是秘书事务的核心和灵魂,离开了领导事务,秘书事务便会迷失方向、失去意义。秘书事务是领导事务的基础和保证,没有秘书系统具体操作各项事务,领导事务就难以开展。领导系统的事务与秘书系统的事务主辅相成,共同构成管理系统公务活动的有机整体。

秘书系统的事务活动,也是实现决策辅助、信息沟通、督查保证和关系协调这四项职能的必要前提。也就是说,秘书系统的其他职能只有通过具体的事务活动才能实现。

(二) 事务服务的特征

1. 服务性

秘书办理事务的根本目的是辅助领导实施管理。因此,为领导系统服务,这是秘书事务的根本出发点和落脚点,是秘书事务的首要任务。领导系统是整个组织系统的核心,其管理和服务的对象涵盖整个组织,所以秘书系统在为领导系统提供事务服务的同时,还应当为整个组织(包括各个职能部门、下级机关或单位以及全体群众或员工)提供服务。秘书事务的服务性要求秘书人员树立强烈的服务意识,化被动为主动,积极地、创造性地做好各项事务工作。

2. 繁复性

秘书事务涉及范围广、工作头绪多,具有繁杂、琐碎和重复的特点,有些事务看似简单微

小,却经常出现、反复处理,很容易使人产生厌倦和烦躁情绪。秘书人员在事务服务时应当做到耐心、细致、周到,善于计划统筹、总结经验、摸索规律,不断提高秘书事务的效率。

3. 程序性

秘书事务虽然繁杂、琐碎,但在处理过程中,却有较强的程序性。这些程序的种类包括以下几种。

(1) 自然性程序。即按工作活动的自然进展程序处理事务。一般工作的自然程序表现为:准备、计划、布置、执行、检查、总结、评比、表彰等。

(2) 理论性程序。即用科学的方法总结秘书事务的经验和教训,探索秘书事务的规律,并上升为科学理论,制定出合理的工作程序,反过来指导秘书事务。秘书事务一旦有了科学理论的指导,方向就会更加明确,效率就会显著提高。

(3) 指令性程序。这里所说的指令是指领导系统对办理某项事务的具体指示和要求。

(4) 法定性程序。即根据法律、法规和规章所规定的程序办理事务。公文写作、文书处理、信访工作、保密工作、印章管理等秘书事务,都要严格按照相关的法定程序处理。

(5) 技术性程序。有些依赖于技术支持的秘书事务,如电话、传真、电脑的操作,网络会议的组织等,都有一套技术操作的程序,必须遵循。

(6) 经验性程序。在事务服务的实践中,秘书人员会积累和创造大量的经验,形成符合本单位实际的工作程序,这些经验性程序往往具有宝贵的价值。

以上程序是相互联系的,一项具体的秘书事务往往会同时存在几种程序性要求。程序性特征要求秘书人员精通业务知识,熟悉有关规定,掌握操作技能,勇于实践探索,善于总结规律,不断提高事务服务的科学性和有效性。

4. 突击性

秘书系统会经常遇到一些事先无法预料、无法作出计划安排的事务,如领导临时交办的事项,突发性事件,等等。这些事务一旦出现和发生,秘书人员必须立即行动,临时放下手中的工作,集中时间和精力应对处置,以最快的速度完成任务。

(三) 事务服务的原则

1. 主动性原则

秘书部门是领导机关的综合辅助部门,秘书事务从总体上讲具有被动性。但是,秘书事务要实现为领导事务服务的职能,就必须化被动为主动。贯彻主动性原则要做到以下三点。

(1) 随时掌握领导工作的目标、思路和发展脉络,在思想上与领导保持高度一致,不断增强做好秘书事务的自觉性,提高秘书事务的针对性。

(2) 加强工作的预见性,掌握工作的主动权。首先,要对紧紧围绕领导系统近期计划和远期规划,对可能需要提供的事务服务作出预估、制订计划。其次是对过去曾经发生、将来可能还会发生或者外部已经发生、内部也可能发生的突发性事件,摸清规律,作出预测,制定预案,在思想上、人员上、物资上和工作安排上早做准备,主动防范。

(3) 善于总结事务服务的经验和规律,不断改进秘书事务的方法,努力提高事务服务的水平,不断满足形势的发展和领导系统的新要求。

2. 计划性原则

秘书事务繁杂而且重复、面广且又量大,如果事先没有一定的计划,不分主次、轻重、缓急,东一榔头西一棒槌,眉毛胡子一把抓,势必精力分散、效率低下。因此,对于有时间性规律的事务一定要事先订出工作计划,统筹安排,做到目标和任务明确、个人职责明确、完成时限明确,使繁杂琐碎的日常事务变得井井有条。即便是临时性、突发性的事务,也应当有所计划安排,以免手忙脚乱、忙中出错。

3. 规范性原则

秘书事务必须规范化和制度化。在长期的秘书工作实践中,我国已经建立了一整套行之有效的秘书事务规范。根据效力程度不同,这些规范可以分为两类:一类属于法定性规范,即以党内法规、国家法律、行政法规、地方性法规、部门规章以及地方政府规章的形式确定的秘书事务规范,比如在文书、会议、信访、保密、采购、信息公开、印章管理等工作方面,法定性规范已经相当完备,必须严格遵守。另一类属于社会约定性和组织内部规范,比如在秘书礼仪、秘书接待等方面应当遵守社会上约定俗成的规范。有些法定性规范未涉及或者规定比较原则的秘书事务,各个单位都可以制定适合本单位特点的内部规范,或者制定实施法定性规范的内部细则。约定性规范和内部规范必须服从法定性规范,同时也是对法定性规范的必要补充。

4. 创新性原则

规范原则要求秘书事务必须严格遵守工作规范和工作流程,这是无可非议的。然而,工作规范和工作流程并不是固定僵化、一成不变的,秘书系统应当以科学的态度加以审视,勇于创新,及时革除实践证明与现代秘书工作和领导工作不相适应的旧规范和旧程序,以新的规范和程序取而代之。当然,秘书事务的改革创新要争取领导系统的支持,涉及重大制度的创新应当得到领导系统的首肯。没有规范和程序,会导致秘书事务的混乱无序,而墨守成规,按部就班,不善于在工作实践中总结新经验、创造新方法,也会造成服务滞后,影响领导活动的顺利开展。

5. 协调性原则

秘书系统中介性和全面性的特征,决定了秘书系统与其他相关部门、秘书事务与其他相关工作之间存在广泛的联系。作为领导系统的综合辅助机构,秘书系统经常处在这种联系的枢纽地位,需要通过具体的秘书事务协助领导推进整体协调,同时又必须通过协调与各方面的关系来完成各项秘书事务。在某种意义上,秘书办事的过程就是协调各种关系的过程。"七分办事、三分协调",这是秘书事务的基本要领。

6. 公关性原则

公共关系活动是一种运用传播手段,使一个组织与它的公众之间相互了解和适应的管理活动。秘书系统的事务活动也具有一定的公共关系的性质,主要表现在以下几方面。

(1) 通过与新闻媒体的沟通,向公众介绍本单位的情况,宣传本单位的形象。在设有公关部门的单位,秘书系统则应当协助做好公共关系工作。

(2) 通过处理公众的来信来访来电,了解公众的意见,回答公众提出的问题,为公众排忧解难。

(3) 在对外联系时以个人的诚实、信用、文明礼貌,为整个组织赢得声誉。

由于秘书人员往往是领导活动的"先行官",公众最初是通过秘书人员来感知组织形象的。因此,秘书人员在事务活动中应当树立公关意识,掌握公关技巧,通过办理事务展示个人的公关才能,为树立本组织良好的社会形象作出贡献。

二、事务服务的方法

(一) 时间管理的方法

秘书事务面广量大,需要投入大量的时间和精力,而秘书的时间资源是有限的,这样就会出现繁重的工作和有限的时间资源之间的矛盾,以致许多秘书再怎么拼命工作也还是觉得时间不够用。以下时间管理的方法会对提高秘书的时间利用效率有所帮助。

1. 制订时间计划

秘书时间既然宝贵,就要倍加珍惜,做到计划使用和定量使用。秘书的时间计划应当按天、按周、按月、按年制订,在实践中逐步积累经验,经常调整和更新,使其不断适应秘书事务的需要。制订秘书时间计划要注意以下几个问题。

(1) 要与领导的时间计划相呼应,如有冲突,应服从于领导的时间安排。

(2) 经常根据事务的复杂程度和重要程度以及以往的工作经验,预测完成各项事务所需的时间,并作大体分配。

(3) 根据事务的轻重缓急程度,确定时间安排的顺序。重要且紧急事务优先安排,重要但非紧急事务其次安排,非重要或非紧急事务最后安排。除非遇到特别紧急并重要的事务,一般情况下不要打断原来的工作时间安排。

(4) 接待性和外联性事务,要与对方协商后确定时间,再列入秘书的时间计划。

(5) 将各项事务的时间计划按日、按周、按月、按年制成时间表,并注意收集保存,作为今后查考和编写有关文书依据。

(6) 尽可能在计划的时间内完成事务。

(7) 每项事务完成后,详细记录实际所花的时间,为今后制订同类事务的时间计划提供依据。

(8) 对超过预期时间的工作进行分析，找出超期的原因，以便改进计划。

(9) 制订时间计划要留有余地，并随时根据领导工作的安排作出调整。

2. 合理使用空余时间

空余时间有两种：一种是无法预见的，如火车误点、客人迟到等原因造成的空余时间；另一种是可以预计的，如等待代表团到来之前的时间，转乘飞机或火车的间隔时间等。秘书应当善于见缝插针，充分利用这些时间来思考问题、阅读报刊、整理文件、处理琐事等。这样可以腾出整块的时间集中精力处理较大的事务。

（二）提高效率的方法

1. 项目统筹法

项目统筹法是一种集目标管理、分工协调、进度控制、质量监督等方法于一体的综合性管理方法。组织重大会议、开展大型调研、筹备大型活动等，是秘书事务的重要内容。这类事务参与人数多，涉及范围广，整体协调配合要求高，需要采用项目统筹法进行管理控制。具体做法如下。

(1) 将需要实施的项目合理分解成相互联系的若干任务。

(2) 制定完成每项任务的质量标准和完成的时间进度要求。

(3) 在通盘考虑、合理分工的基础上，把任务落实到每一部门和每一个人，并确定督促检查每项任务完成情况的责任人。

(4) 将整体项目和每项任务的目标、质量标准、实施环节、进度节点、责任人等指标制成项目统筹计划表、计划任务书或计划网络图呈报领导审核批准。经批准后下发，使每一个工作成员都明确自己的工作职责和要求，以及自己的工作与其他工作的关系，增强整体协调的意识。

(5) 在实施过程中，实行动态控制，及时收集有关数据制成条形图，或运用计划网络管理的计算机软件进行系统计算和分析，找出关键问题，加以综合协调，最终完成各项任务。

2. 总分衔接法

秘书事务中，常常会出现这样的情况：一项事务尚未完成，后面的工作已经迫在眉睫，于是秘书不得不暂时放下手中的事务，去应付更为紧急的事务。但如果这种情况反复出现，一旦安排不当，就会使有些事务半途而废，或者前后脱节，影响工作效率。此外，有些秘书事务简单重复量大，长时间连续工作容易使人产生疲倦，导致效率下降。采用总分衔接法，能够有效防止工作中途脱节，确保工作的连续性和完整性，提高工作的效率。总分衔接法的要点如下。

(1) 当新的事务压上来时，尽可能一鼓作气、一气呵成地先完成手头的事务。

(2) 如新的事务更为紧迫，且无法很快完成手头事务，必须中途暂停，应记下未完成事务的衔接点，留下备忘录，以便新的事务处理完毕后，可以迅速衔接原来的事务。

(3) 如需完成一些简单重复量大的事务,如非限时完成,不妨拆分成若干目标,分阶段完成,有利于提高工作效率。

3. 备忘法

秘书事务看似繁杂琐碎,却事关重大,一不小心忘了哪一件,就会影响大局。因此,秘书人员必须具有强健的记忆力。但是俗话说,"好记性不如烂笔头",秘书人员记性再好,也难免一失,使用备忘法能保证秘书人员万无一失。常用的备忘方法有以下几种。

(1) 手册备忘法。专门准备一本手册,随身携带,记载各项需要办理的事项和完成的期限以及备注要点,每完成一项便立即注销,并记录完成的时间,留作日后查考。

(2) 台历备忘法。秘书人员在台历上记上当天或计划的日期需要办理的具体事项。

(3) 黑(白)板备忘法。将需要办理的事项写在黑(白)板上,悬挂于醒目处,具有较强的提醒作用,也适用于办公室内集体备忘。

(4) 电子备忘法。即利用智能手机、电脑等电子设备来提醒、备忘。

(三) 请示报告的方法

对领导系统负责,这是秘书事务的基本点,请示报告是这一基本点的重要体现。强调请示,就是要求以领导的决定、指示为秘书事务的指针;强调报告,就是要让领导及时了解情况、掌握信息,准确分析问题、判断形势。

1. 请示法

(1) 请示的范围。秘书人员并非应当事事请示,请示的范围必须是秘书人员自己难以处理或无权处理的事项,常规性工作或在秘书职责范围内的事项无需请示,否则反而会给领导增添麻烦,并且给领导留下遇事不敢负责的负面印象。因此,秘书人员一定要分清哪些问题可以自己处理,哪些问题必须先请示后处理,防止出现越权行事和矛盾上交的两种倾向。遇到下列情况秘书必须请示汇报:一是领导活动的安排;二是重要信访案件的处理;三是领导客人的接待;四是上级机关领导者批示的办理;五是领导者关心和交办的事项;六是其他无法按照常规处理的新情况、新问题。

(2) 请示的形式。秘书人员请示的形式有口头请示(包括当面请示、电话请示)、书面请示(包括纸质文书、传真、电子邮件、微信等)。情况紧急必须立即请示并办理的,可用当面请示或电话、微信请示;重要事项应当使用"请示"这一公文。电话或当面请示,秘书人员应当作好记录,重要事项事后还应补写书面请示。凡书面请示都要一文一事,并请领导批示或正式批复。

(3) 请示的要求。一是事前请示。请示事项必须事前提交领导系统,经批准同意方可办理。二是对口请示。秘书人员一定要按照领导者的职能分工进行对口请示,也就是要向分管领导请示相关的工作。如分管领导作出了明确指示,就应当按其指示精神办理,不要再请示其他领导者。除涉及多位领导者的职权,同一项事务不能分头请示或交叉请示多位领导,以免引起领导者之间的矛盾。三是协调请示。当一项工作涉及多位领导者的职权,需要同时由各相关领导者作出批示,而领导者的意见不一致时,秘书人员应主动促请领导者进行相互沟通,共同商讨解决的办法,有时秘书人员也可以提出一些两全的建议,供领导者协商时参考。如仍未达成一致,秘书人员可提请主要领导批示。四是逐级请示。一般情况下,秘书人员应当向自己的直接领导或者分管领导请示工作,不得越级请示。只有当出现十万火急的情况,而直接领导由于出差、休假、健康等原因无法正常履行职责时,方可向上一级领导者请示工作。五是书面请示必须一文一事。

2. 报告法

(1) 报告的范围。秘书人员报告的范围应当适度,范围太小,不利于领导掌握信息,影响领导作出准确判断,范围太宽,也会浪费领导的时间和精力,干扰领导的工作。下列情况秘书人员必须报告:一是秘书部门整体的工作情况,一般定期报告;二是本组织内部发生的或在外部发生但与本组织有关联、有影响的事件;三是群众来信来访中反映的重要意见、建议和举报申诉事项;四是领导决策和批示的办理结果;五是领导临时交办的重要事项的完成情况;六是秘书人员对改进领导工作的建议;七是领导者要求秘书人员报告的其他信息。

(2) 报告的形式。报告也可以分为口头报告和书面报告。书面报告的具体种类较多,如调查报告、研究报告、情况报告、工作报告、建议报告、答复报告、简报、信息等,不同的种类具有不同的特点和适用范围。

(3) 报告的要求。一是报告的内容必须真实可靠、准确清楚;二是报告要及时,规定答复或反馈时限的,应当按时报告;三是报告要做到主旨鲜明,条理清楚,书面报告应当文字简要,不夹带请示事项。

由于秘书系统的事务活动就是秘书实务,因此,有关事务活动的具体程序和环节将在下编"现代秘书实务"中分章叙述。

第四章
秘书的人际关系

第一节 秘书人际关系概述

一、秘书人际关系的含义

人际关系是人们在社会活动中建立的,借助思想和感情、语言和行为所表现的吸引与排斥、合作与竞争、领导与遵从等互动关系。人与人之间只要有交往,就会产生一定的人际关系。不同性质的交往构成不同性质的人际关系,如亲缘关系、地缘关系、业缘关系,等等。秘书人员在职业活动范围内建立的人际关系,其性质属于业缘关系。

二、秘书人际关系的构成

秘书活动的性质、内容及其特点决定了秘书人际关系由以下几方面关系构成。

(一) 秘书与领导者的关系

对于一位普通秘书人员来说,领导者包括直接服务的本级机关的领导者、间接服务的上级和下级机关(或其他部门)的领导者以及秘书部门的首长(如秘书长、办公室主任等)。由于秘书活动的直接对象是本级机关的领导者,因此与本级机关的领导者的关系是秘书人际关系的核心。有时秘书也会同上级或下级机关的领导者进行交往,但这些交往都是由于为本级机关的领导者服务的需要而发生的,所形成的人际关系具有间接性和从属性。在设置秘书部门的情况下,秘书还与秘书部门的首长构成上下级关系。

(二) 秘书与同事的关系

同事一词广义上是指同一单位的工作人员,因此上下级关系的工作人员之间也可以称为同事。但这里所称的秘书与同事的关系,专指秘书与领导者以外同一单位工作人员的关系,包括与秘书部门和其他部门的工作人员的关系,也包括与同一单位中普通员工的关系。

(三) 秘书与社会公众的关系

这里所说的社会公众指的是社会上与秘书存在工作交往的个人,如与本组织具有业务或工作关系的代表、来访的媒体记者、接待的信访对象以及信息发布的受众,等等。

三、秘书人际关系的意义

建立良好的人际关系对于秘书自身、秘书工作乃至整个组织都具有重要意义。

第一,有利于秘书人员广泛获取信息、有效协调各种关系。秘书人员身居枢纽地位,担负上传下达、内外联络、左右沟通的重要角色,经常面对各种矛盾和问题,需要协调各种复杂的关系。良好的人际关系能使秘书人员与沟通对象之间建立信任和友谊并且把分散的个体资源整合起来,更有利于多方获取信息、更加有效地协调组织内部关系以及外部公共关系,从而提高秘书系统乃至整个组织的工作效率,对外树立良好的组织形象。

第二,良好的人际关系有助于满足秘书人员进行人际交往的心理需求,更好地发挥工作热情和聪明才智。人际交往是人的一种社会性需要。实践证明,秘书人员建立良好的人际关系,特别是同领导者之间建立信任、和谐、合作的关系,既是秘书人员人际交往的心理需求和期望目标,同时也是激发秘书人员工作热情和创造力的巨大精神动力。对一个秘书来说,没有什么能比得到领导者的信赖、同事的理解和支持更令人鼓舞的了。

第二节 秘书与领导者的关系

秘书与领导者的关系是一对极其复杂的人际关系。其中不仅存在领导与被领导、服务与被服务的工作关系,同时也交织着人与人之间的思想、感情关系。有时,秘书人员面对的不仅仅是单个的领导者,而且还是一个复杂的领导群体,需要学会与众多领导者相处交往的艺术。因此,正确把握并处理与领导者的关系,对每一个秘书人员来说都是十分重要的。

一、秘书与领导者的对立统一关系

秘书与领导者之间的关系是同一性和差异性相互联结、相互依存的辩证关系。

(一)同一性

秘书与领导者关系的同一性包含两层意思:第一,秘书与领导者双方作为矛盾着的对立面,必须相互依存,互为条件。秘书活动必须以领导活动作为自己存在和发展的前提条件,脱离了领导活动,秘书活动就失去了存在和发展的根本。同样,领导活动也离不开秘书活动,尤其是现代社会,没有秘书和秘书工作,领导者就会"耳目"不灵,行动不便,无法摆脱大量事务的干扰而集中精力进行有效的决策和控制。正因为秘书与领导者之间存在这种相互合作的共同需要,才组成了一个矛盾的统一体。第二,秘书与领导者之间可以相互补充和相互渗透。作为矛盾主导方面的领导者,运用个人的威望、品行、学识、才能会对秘书产生亲和力和吸引力，提升秘书的感情忠诚度和工作积极性；同样，秘书也可以通过自己的出色表现给予领导者知识、能力甚至感情等多方面的补偿，对领导者产生一定的积极影响。

秘书与领导者关系的同一性具体表现为以下几方面。

1. 目标一致性

秘书活动和领导活动的目标是一致的，都是对本组织实施有效的管理和控制。目标的一致性要求秘书活动应当与领导活动步调一致，配合协调。

2. 智能互补性

智能包括人的思维、知识和行动能力。秘书和领导者的思维都是紧紧围绕同一工作目标而展开的。秘书要善于从领导者的言行和神情中领会其思想意图并加以发展、完善、实施；领导者也应当信任秘书，经常让秘书了解自己的思路和计划，启发秘书的积极思维。但是，秘书与领导者之间在思维方式、思维取向和思维重点上，总是存在一定的差异。比如，有的领导者的思维从大处着眼，高瞻远瞩，敢于取舍，敢担风险，而秘书的思维则缜密、细致、周到；当领导者采取顺向思维时，秘书则应当采取逆向思维予以补偿；当领导者全神贯注于一种倾向时，秘书应当善于发现并思考被掩盖着或被忽视的另一种倾向。总之，二者的思维在总体目标一致的基础上凝聚统一，互相碰撞、砥砺，取长补短。此外，秘书与领导者在知识和能力结构方面也存在互补性。一方面，秘书对领导者具有知识和能力上的补偿作用，另一方面，秘书又不断地从领导者那里汲取知识，学到本领，形成双向互补的良性循环。

3. 人格的平等性

秘书与领导者虽然法定地位不同，但都是社会的一分子。同为社会的人，秘书与领导者在人格上应该是，也必须是平等的、相互尊重的。在这方面，领导者应当平等对待秘书，秘书本身也应当自尊自重。人格的平等性为秘书与领导者进行正常的人际交往，建立健康的友谊和感情提供了基础。

（二）差异性

秘书与领导者的差异性表现在以下几方面。

1. 地位差异

秘书与领导者虽然同属于一个组织系统的管理层，然而地位截然不同。领导者是根据一定的法律、法规或者组织内部的规章，通过民主选举或者上级任命产生的。领导者一旦产生，便具有法定的权力和权威。对外，代表整个组织的利益，行使组织职权；对内，运用权力和权威实施管理。而作为辅助管理人员的秘书，只需经过组织人事部门的考核并征得同级领导者的同意即可录用，获得秘书资格。秘书非经领导者的特别授权，对外不能代表一级组织，更不能行使组织的职权。法定地位不同是秘书与领导者关系中最本质的差异，其他差异或由此派生，或受其制约。

2. 职能差异

领导者是组织的最高管理者，其根本职能是决策，并通过计划、指挥、组织、协调、控制等手段将决策付诸实施，从而推动组织的发展。秘书的地位决定了秘书的根本职能是辅助领导者实施管理，为领导者全面处理信息和事务。

3. 个性差异

由于个体素质以及所处的环境和所受的教育不同，秘书与领导者之间在思维方式、知识、能力以及个性心理特征等方面都会不同程度地存在差异。这些差异在一定条件下，可能会发展为二者之间的矛盾和冲突。

秘书与领导者的差异性决定了二者的关系本质上是主从关系，即领导者总是处于主导和支配的地位，秘书总是处于从属和被支配的地位，这是秘书与领导者之间一切关系的基本点。对此，秘书应有正确的认识。

正确认识和把握秘书与领导者之间的对立统一关系，对于秘书人员来说，具有十分重要的意义。首先，能从同一性的高度充分认识秘书活动对于领导活动的重要性，激发自己的职业荣誉感和责任感，提高为领导者服务的自觉性，积极从各方面给予领导者应有的补偿。同时，努力学习领导者的长处，充实和完善自我，提高工作水平，使自己成为领导者的好参谋、好助手。其次，可以清醒地认识与领导者之间客观存在的差异，以正确的态度对待并处理好与领导者之间在工作、思想、观念、作风以及情感等各方面的矛盾甚至冲突，时时处处摆正同领导者的位置。

二、秘书与领导者关系的特征

（一）强制性

秘书与领导者在法定地位方面的差异性，决定了他们之间在人际关系上具有强制性特征。这一特征表现为：无论在情感上是否愿意，也无论与领导者关系的满意程度如何，作为秘书，都必须强制自己同领导者进行正常的交往，为领导者提供服务，并且自觉地为实现和完善这种交往调节自己的言行。有时，即使领导者在个人素质和情感各方面都不足以对秘书产生人际吸引力，甚至给秘书留下负面的印象，但秘书仍必须与其保持交往，以维持正常的工作关系。

强制性是秘书与领导者人际关系的本质特征，同时也是解决秘书与领导者之间矛盾和冲突的基本原则和最终办法。

（二）首属性

在秘书的业缘关系中，秘书与领导者的关系是首要的，最重要的。因此秘书与领导者之间的关系便具有首属性特征。首属性特征决定了秘书与领导者交往的频率最高、深度更深，为秘书提供了同领导者积极沟通思想和情感的有利条件,秘书人员完全可以充分地、合理地运用首属性特征,在同领导者沟通交流中弱化与领导者关系中的强制性因素,努力创造和谐的人际关系,进而使相互之间关系更加融洽,更为默契。

三、秘书与领导者关系的类型

秘书与领导者之间关系的复杂性,决定了二者关系类型的多样性。关系类型不同,其组合方式和表现特点亦不同。秘书与领导者相互关系的类型主要有以下几种。

(一) 良好的关系类型

1. 互补型

秘书与领导者的互补型关系是建立在高度自觉意识基础上的相互尊重、相互理解、相互补偿和相互激励的关系。在这种关系下,秘书与领导者有着共同的理想和追求,具有高度的理智和健康的心理品质,能够正确对待和处理双方的差异和矛盾。领导者把秘书当作不可缺少的"外脑""耳目"和"左右手"加以信任和重用,能从秘书那里得到有益的补偿;秘书也把领导者看作自己的良师益友,不断从领导者那里学到管理知识和经验,得到支持和理解,获得巨大的精神动力。这是一种最完美、最理想的关系,它的实现需要秘书与领导双方付出极大努力,作为秘书应当孜孜以求。

2. 诤友型

秘书与领导者的诤友型关系是一种建立在牢固友谊基础上的相互信赖、相互帮助、相互劝谏的关系。在这种关系下,秘书与领导者双方具有共同的心理交往需求,各自把对方看作知己,能够善意地坦言相陈,直言相谏,即使言辞过激、批评失当,最终也能在友谊的基础上相互谅解。建立这种关系,要求领导者在秘书面前淡化权力影响力,充分尊重和信任秘书,认真听取秘书的意见或批评;秘书人员应当对领导者忠诚老实,以出色工作取得领导者的高度信任,逐步建立和发展同领导者的友谊,为实现诤友型关系创造坚实的基础。

(二) 不良关系类型

1. 服从型

服从型关系是一种秘书对领导者仅仅在组织上服从、行动上执行的纯工作关系。在这种关系下,秘书与领导者之间缺少共同的思想和语言,更缺少人际情感交流。领导者对秘书信任不够,也听不得不同意见;秘书对领导者的言行有自己的看法,对工作也有一定的建议,但却因领导者心胸狭窄、不容异己,或因秘书人员明哲保身而不愿提出,或者曾经提出,却因领导者固执己见而放弃努力。这种关系的存在较为普遍。由于秘书与领导者之间缺乏思想上和情感上深层次的沟通,秘书人员仅仅凭着职业良心和工作责任心维持与领导者正常的工作关系,积极性、创造性受到一定程度的压抑,不能充分发挥,因而工作很难有重大建树。

2. 依赖型

依赖型关系的特征是：领导者事必躬亲，包揽一切，事事要求秘书人员请示汇报，动辄批评指责；秘书则麻木不仁或谨小慎微，凡事不作独立思考，一味依赖领导者出主意、拿办法，工作缺乏热情，不求做得好，只求过得去。这种关系下的秘书工作，势必处处被动，毫无生气和活力。

3. 抵触型

抵触型关系是一种秘书与领导者之间不仅思想上对立，而且感情上抵触的紧张关系。在这种关系下，领导者不关心秘书的合理需求，不善于运用激励的方法调动秘书的工作积极性，单纯地用命令的方法和惩罚的手段对待秘书人员；秘书则完全失去了工作热情，凡事能推则推、能拖则拖，消极抵制。这种关系如不及时改变，发展下去必将导致秘书与领导者相互合作的破裂，最终以秘书"跳槽"或被解职为结局。

4. 奴仆型

奴仆型关系是一种具有浓厚的封建色彩的人身依附关系。在这种关系下，领导者成了拥有一切、主宰一切的主人，秘书人员不过是他的驯服工具，绝对效忠是领导者选用秘书的根本标准；秘书人员则心甘情愿成为领导者的奴仆，唯领导者是听，盲目服从，只要领导者需要和满意，他可以牺牲一切，包括他的人格。这种关系一旦形成，就没有什么原则、是非、良心和觉悟可言。这种关系虽然并不多见，但在某些非正常时期，或在一些内部环境极不健康的组织中仍然存在。

5. 交换型

交换型关系是建立在秘书与领导者相互利用、互谋私利基础上的关系。其特征是：秘书与领导者为满足私利，置法律、党性、道德、良心于不顾，相互勾结、狼狈为奸，利用手中的权力，从事有损于国家、集体和群众利益的勾当，完全把秘书与领导者关系演变成利益上的交换关系。在这种关系下，领导者为实现不可告人的目的，纵容和包庇秘书人员的胡作非为；秘书则到处假借领导者的权力谋取私利。这种关系一旦形成，具有极大的腐蚀性和危害性，应当高度警惕。

四、秘书对领导者的补偿作用

秘书在与领导者的交往中，在精力、知识、能力、思维、心理诸方面给予领导者一定的补偿，不仅是秘书的职责，同时也是秘书与领导者之间建立良好人际关系的必然要求。秘书活动的实践证明，一个善于给予领导者及时而又全面补偿的秘书，才能同领导者建立起相互信任、相互理解和相互补偿的人际关系。

秘书对领导者的补偿作用主要体现在以下几方面。

(一) 精力补偿

精力补偿是秘书对于领导者最基本的补偿作用。秘书活动作为辅助管理活动,之所以从领导管理活动中分化出来,其重要原因之一,便是领导者在精力上难以应付日趋繁重复杂的管理事务。从这个意义上说,秘书活动起源于领导管理者精力补偿的需要。在今天,领导者之所以需要配备秘书人员,其目的也无非是使自己能从烦琐的日常事务及专门工作中解脱出来,从而腾出时间,集中精力进行重大决策和宏观控制。

秘书实现对领导者的精力补偿,应当从以下几方面入手。

1. 科学管理领导者时间,合理安排领导者活动

领导者的工作面广量大,科学管理领导者时间,合理安排领导者活动,有助提高领导工作的效率。做好这项工作要求秘书人员平时多注意观察领导者工作活动的习惯、特点和规律,分清各项活动的轻重缓急、主次先后,做到因人因事、有张有弛、劳逸结合,使领导者既有旺盛的精力参加各项重要活动,又有足够的时间思考问题、阅读文件和休息。

2. 做好挡驾工作

这里的所谓挡驾,是指由秘书人员出面对不必由领导者亲自处理的事务进行分流或者婉拒,最大限度地减少对领导者的精力干扰,保证领导者的工作正常顺利地进行。秘书为领导者挡驾的主要方式有以下几种。

(1) 来电挡驾。除了领导者专设的电话外,凡打给领导者的电话,秘书人员应当主动接听,问清对方身份和事由,然后酌情处理。如对方系重要人物或者事关重大,应当及时将电话转接给领导者,转接前要先通报领导,使其做好思想准备;一般的电话,或者先询问领导是否愿意接听或是否方便,可由秘书做好记录、适时转告。秘书能够直接答复、处理的电话不应转给领导。

(2) 访客挡驾。求见领导者的访客,如事先与领导有约或身份特殊,可直接通报领导者,安排会见;如前来联系一般事项,可由秘书人员亲自接待处理,属于业务问题的,则可转至职能部门接待处理;对临时求见领导者的一般来访者,如领导者暂时无法会见,可请其留下姓名、地址、电话,待领导者同意后另行安排、通知;对少数领导者不愿会见的来访者,应委婉而又巧妙地予以拒绝。平时如有来访者围着领导者纠缠不清,秘书人员应主动上前为领导者解围。

(3) 会议和活动挡驾。对一些没有必要由领导者亲自参加的会议、活动和其他应酬,经请示领导者后,予以谢绝。

3. 为领导活动作好铺垫

秘书系统的大量事务都是为领导活动作铺垫的。在领导者开展工作之前,秘书人员做好各项事务准备,一方面可以补偿领导者的精力,另一方面能大大提高领导活动效率。秘书人员为领导活动作铺垫涉及方方面面,主要有以下几种。

(1) 文件准备。秘书收到文件后,除领导者亲启件外,秘书应当事先阅读,对需要报批、报阅并且篇幅较长的,要写出摘要,拟出初步办理的参考意见,然后报请领导者阅批。对拟发出的文件以及领导者的讲话稿,应根据领导者的意图,准确及时地拟写、誊清,呈交领导者签发、定稿。由职能部门拟稿的文件,秘书部门要统一审核,然后报领导者签批。

(2) 会议准备。在会议之前,秘书人员要围绕会议目标收集会议议题,准备会议预案,布置会场、通知与会人员,为会议活动提供一切必需的服务。

(3) 接待准备。无论是大型代表团的接待还是领导者的个别约见,秘书事先都要准备接待材料,落实接待事项,根据领导者的委托迎送和陪同来宾,等等。

(4) 旅行准备。领导者需要外出视察、调研、开会、访问、谈判时,秘书要为其安排好旅行计划和具体日程,预订车船机票,准备有关证件(如护照、签证)、文件、礼品以及领导者必备的旅行用品。如果必要,秘书还应随行并提供一切随行服务。

4. 完成交办事项

领导者在实施管理的过程中,经常需要处理一些特定的或临时性的事项,这些事项往往交给秘书去办理。如秘书根据领导者的授权协调某些工作关系,督促检查下级的工作,查办由领导者批示交办的事项,代表领导者处理突发性事件,等等。

5. 为领导活动提供后勤保障

领导者的工作、学习、生活需要一个良好的环境。在这一方面,秘书人员可以发挥很多的作用。如科学配置领导者办公设备和用品,优化其工作条件;合理布置领导者的办公场所,美化其工作环境;为领导者的生活提供必要的帮助,解除其后顾之忧;关心领导者的身体健康,制订保健计划,改善保健条件,等等。

(二) 知识补偿

现代管理要求领导者具备广博的知识。尽管大多数领导者接受了较高层次的教育和培训,知识面较广,但其知识结构总会有欠缺之处,"万宝全书"式的领导者是不存在的,这就需要秘书给予领导者一定的知识补偿。

对领导者进行知识补偿,首先要求秘书有目的、有系统地学习新知识,不断扩大自己的知识面,更新自己的知识结构。在学习的过程中,要集中精力专攻与领导工作密切相关、领导者确实需要、但领导者本身却偏偏知之甚少的知识,以创造自己的知识优势,为知识补偿奠定基础。

其次要强化信息搜集意识。秘书人员平时要做有心人,无论是阅读处理书报文件,还是收看收听广播电视,抑或平时的与人交往,一旦发现有价值的信息,都要随时记录,并加以系统整理,妥善保管,以备在领导者有需要时及时提供信息服务。

(三) 能力补偿

一般说来,领导者的能力总比秘书要强。但领导者也非全能者,不可能"十八般武艺"样样都会。在有些方面,领导者也会存在能力短板,需要秘书人员予以补偿。秘书人员给领导者的能力补偿表现在多个方面,其内容与形式也因双方各自能力结构不同而呈现多样化的特点。作为一个称职的秘书,至少应当在以下几方面给予领导者一定的能力补偿。

第一,是写作能力补偿。写作,特别是应用文写作,是秘书的看家本领。秀才型秘书往往能在写作方面给予领导者极大的帮助,以弥补某些领导者写作能力的欠缺。

第二,是办事能力补偿。办事干练,井井有条,这是秘书必备的能力素质,也是秘书取得领导者赏识的重要因素。秘书给予领导者的精力补偿大都是通过办事能力的补偿而实现的。

第三,是协调能力补偿。现代管理需要具备较高的协调能力。由于领导者的协调往往偏重于宏观关系,有些领导者可能在微观协调方面容易忽视或者不太擅长,因此秘书人员便可在微观协调方面,予以能力补偿。

(四) 思维补偿

思维补偿是一种特殊的能力补偿。秘书人员对领导者的思维补偿有以下几种类型。

1. 按思维方向分,有同向思维补偿和反向思维补偿

(1) 同向思维补偿。即秘书人员沿着领导者的思维方向和轨迹,将领导者的思想、意图加以充实、发展、完善。这在秘书给领导者拟写讲话稿的过程中表现得最为典型。一般情况下,领导者对于讲话稿只向秘书交代一些原则性的意见或思路,或者确定一个基调和框架,而具体的观点和材料则需要秘书去收集、组织、推理、论证,使之成为一篇主题鲜明、材料翔实、语言准确而又生动形象、富有逻辑力量的讲话稿。

(2) 反向思维补偿。即在目标一致的基础上,秘书人员从不同的思维角度、思维取向、思维重点和思维方法,同领导者的思维相互碰撞、相互砥砺,从而实现互启互补。只要秘书的反向思维有助于推进领导工作,领导者也明事达理,尊重秘书的意见,其补偿作用是不可低估的。

2. 按思维补偿的时间分,有前馈性思维补偿、同步性思维补偿和后续性思维补偿

(1) 前馈性思维补偿。即指秘书人员在领导者决策尚未作出或者决策虽已形成但尚未付诸实施之前,就主动地向领导者提出自己的意见和建议,帮助领导者开拓思路,拾遗补阙,或者纠正某些失误,避免决策偏差和工作被动。前馈性思维补偿要求秘书人员善于超前思维,主动发现问题,而不是消极地等到领导者已经作出决定、工作发生了偏差再放"马后炮"。总之,要做"事前诸葛亮",不做"事后诸葛亮"。

(2) 同步性思维补偿。秘书人员应当随时了解和掌握领导者的决策意图,围绕领导者的决策目标进行同步思考,一俟自己的想法成熟便不失时机地向领导者提出。

(3) 后续性思维补偿。当实践证明领导者的决策错误时,秘书人员应当积极帮助领导者分析原因、寻找对策,及时予以补救。

(五) 心理补偿

作为秘书活动根本服务对象的领导者,首先是作为普通人而存在的。普通人的个体心理规律,都会在领导者身上得到具体的展现。普通人的七情六欲,领导者亦皆有之。但是,由于领导者在社会活动中扮演了特殊的角色,承担了较大的社会责任及风险,同时又处在各种矛盾的焦点,这就要求领导者具有比普通人更为健全的心理素质。然而"人无完人",领导者心理上的某些弱点也会在一定的条件下暴露出来。比如,当事业的成功伴随着赞誉、奉承一起涌来时,往往容易使一些领导者沾沾自喜,故步自封;当受到挫折而得不到支持和理解时,往往容易使一些领导者灰心丧气,缺乏自信。这就需要秘书给予适时适当的心理补偿,满足领导者的正常心理需求,帮助领导者尽快调整好心态。

秘书人员由于同领导者的关系最直接、最密切,因而最容易了解和把握领导者心理的细微变化和需求,也最具备给领导者提供心理补偿的条件。同时,心理补偿的过程也是秘书人员与领导者相互沟通的过程。秘书在给予领导者心理补偿的同时往往会得到领导者的积极回应,从而促进了相互关系的和谐化。

秘书对领导者的心理补偿主要有以下几方面。

1. 权威心理补偿

权威是任何组织开展有效活动的必备条件。领导者的法定地位,决定了领导在组织中具有法定权威。这种权威,是组织内部的凝聚力,是组织有序发展的基本保证。一个没有权威的组织,如同一盘散沙,无序而混乱,其结果必然导致组织的瓦解。因此,以辅助领导为己任的秘书,应当像爱护自己的眼睛那样去维护领导者的权威。

秘书对领导者的权威心理补偿具体应当做到以下几个方面。

(1) 在公开的场合要突出领导者的地位,维护领导者的形象。如在安排主席台座位时,应当让领导者居中而坐;与领导者同行,要让领导者走在前面,秘书则紧随其后;当记者采访领导者并摄影摄像时,秘书应当主动避让,不要挡镜头、抢话题;在任何公开场合下,秘书都不应当发表与领导者相左的意见,即使领导者的言行确有过错,秘书也不宜当众非议,而应另择时机,善言劝谏。

(2) 在客人和群众面前,要尊重领导者。比如向客人和群众作介绍时,应当按身份高低次序介绍每位领导,然后再介绍其他人员。介绍领导者时,态度要恭敬。领导者与客人会见会谈时,秘书不宜轻易打扰。如遇紧急情况必须报告,可用送字条或上前轻轻耳语的方法,切不可大声嚷嚷。

(3) 当领导工作发生困难和矛盾时,秘书应当冲在前面,主动承担责任,努力克服困难,避免直接把领导者推到矛盾的焦点上。特别是当领导者因坚持原则而受到某些人的干扰甚至攻击时,秘书应当挺身而出,巧妙地为领导者解围。

(4) 与领导者平时交往,方式要得体。对领导者不能直呼其名,而应称其职务。即使双方关系非常融洽,也不应随便称兄道弟、搂肩搭背,以免有损领导者的形象。

(5) 当工作取得成绩时,要谦虚谨慎,把荣誉让给领导者。秘书人员不能在领导者面前炫耀自己的知识、能力和功劳,更不能在背后贬低领导者,抬高自己。

(6) 领导者工作出现失误、产生不良影响时,秘书要帮助及时总结加以纠正,并在适当场合作些解释,必要时主动揽过,以维护领导者的形象。

2. 自信心理补偿

自信是人的一种健康心理品质。自信能使人正确认识自己和周围环境,敢于正视现实,面对困难,勇于攀登,因而是领导者必备的心理品质。然而,人的自信心理在一定的条件下,也会走向两个极端:当一个人获得巨大成功而不能正确对待时,自信往往容易转变为自负;而当面临重大挫折和困难,得不到支持和理解时,自信又会被沮丧所替代,甚至产生自卑。秘书人员对于领导者的自信心理补偿的目的,就在于帮助领导者正确对待成功与失败,使领导者成功时不骄傲、不自负,失败时不灰心、不沮丧,始终乐观、自信、执着、顽强。

(1) 当领导者工作上取得成绩、事业上获得成功时,秘书人员要善于分享领导者的喜悦,由衷地表示祝贺,并且适时地提出下一步工作的建议,使领导者化喜悦为动力,再接再厉。那种在领导者成功时一味赞誉、迎奉、谄媚,只会促使领导者忘乎所以、故步自封。

(2) 当领导者工作遇到困难、事业遭受挫折、情绪低落、精神萎靡不振时,秘书不可麻木不仁、袖手旁观,更不能乘机落井下石、冷嘲热讽、幸灾乐祸,而应当好言慰勉,鼓励领导者振奋精神,并且积极出主意、想办法,帮助领导者吸取教训,制定对策,努力扭转局面,挽回损失,使领导者重新扬起自信的风帆。

3. 情感心理补偿

如同普通人一样,领导者也有人际情感交往的正常心理需求。由于领导者对于秘书而言,也同样具有人际关系的首属性特征,因此,这种情感交往的心理需求也会在与秘书的交往中表现出来,这就为秘书给予领导者情感心理补偿创造了契机。行为科学研究充分证明了这样一个道理:一旦上下级之间建立起情感和友谊,整个组织的效率将成倍提高。因此,对于秘书人员和领导者来说,实现情感互补,不仅仅是双方的心理需求,更重要的是工作和事业的需要。

秘书人员给予领导者情感心理补偿,要扫除两种自我束缚的心理障碍:其一是担心发展同领导者之间的友谊会被人说成"拍马屁""别有用心",因而除了工作上的交往之外,对领导者总是敬而远之。其实友谊与势利是两回事。投人所好、曲意逢迎的拍马屁,恰恰建筑在人格扭曲和不平等的基础上;而寻觅真诚友谊的努力,正是人格平等和人格解放的表现。在具体行为上,秘书人员与领导者之间光明磊落的情感交往,同别有用心的阿谀奉承以及低级庸俗的相互利用也是泾渭分明,两者的界限完全可以把握。其二是不敢平等交往。有的秘书不敢主动大胆地同领导者交往,或虽有交往,却总是自觉或不自觉地用地位和职权上的差异来制约这种交往。比如在业余兴趣活动中，仍然把领导者当作自己的上级，而不是游戏的伙伴，不敢放开手脚较量。这样的心理状态会成为友谊萌生的障碍。要记住，真正的友谊是建筑在人格完全平等的基础上的。

秘书对于领导者的情感心理补偿，应当努力做到以下两方面。

（1）尽心尽职，善于体贴领导者。秘书对领导者情感心理补偿成功与否，首先取决于领导者对秘书是否具有好感。秘书要得到领导者的好感，最根本的就是尽心尽职，努力工作，善解人意，体贴领导，做一个细心、周到、称职的秘书。只有这样，才能使领导者从秘书那里得到愉快的情绪体验，进而产生感情共鸣，升华秘书与领导者的相互关系，实现情感心理的互补。

（2）积极寻找与领导者的共同兴趣，拓宽情感交往的有效渠道。兴趣共鸣是友谊和感情萌生的通衢。无论是秘书人员还是领导者，除了工作，都会有自己的业余兴趣爱好，有的兴趣还可以通过相互影响而激发、提高。作为秘书，应当细心观察、了解领导者具有哪些方面的兴趣爱好，善于抓住机会，创造条件，与领导者进行兴趣交往，在共同的兴趣活动中，缩短彼此之间的感情距离，增进相互了解。有时，秘书人员也可以有意识地策划一些领导者与群众之间的兴趣活动，使领导者的某些兴趣、擅长得以在群众面前充分展示，以提高领导者的非权力影响力，同时也可以加强领导者与群众之间的情感联系，营造团结和谐的组织氛围。

五、秘书与领导者人际交往的原则

（一）正位

所谓正位，就是要求秘书人员在工作中时时刻刻摆正自己与领导者的位置，尊重并自觉服从领导者，凡事以领导者的意图、指示为准绳，不擅作主张，不自行其是，不反辅为主。这是秘书人员处理与领导者关系最基本的原则，同时也是解决与领导者之间的矛盾和冲突（不管这种矛盾和冲突的程度和方式如何）的最根本的强制性方法。

（二）适人

在实际工作中，每个具体的领导者在思想观念、知识能力、品行风格、兴趣爱好和气质性格各方面都会表现出不同的个性特征，秘书同领导者沟通和交往的具体内容和方式也应因人而异。比如，对于心胸开阔，善于倾听群众意见，注意同下级保持密切联系的民主型领导者，秘书应当大胆主动地与其交往，积极献计献策，同时合理地安排好领导者的时间，适当地为其"挡驾"，使其既有充分时间与群众接触，又能集中时间和精力学习、思考、决策。对于勇于进取，敢于破除陈规陋习，工作有魄力，但缺乏协调艺术的开拓型领导者，秘书要不断学习新知识，提高创造性思维能力，多从思维补偿方面下功夫，既能与领导者同步思维，又善于唱"反调"，帮助领导者协调好各种关系，为其改革创新创造良好的环境，协助领导者各项改革创新以最小的风险获得最大的成功。对于事无巨细，事必躬亲，缺乏宏观决策和指挥能力的事务型领导者，秘书要主动分担领导者的日常事务，积极提供决策建议，当好决策执行的助手,处处维护领导者的权威;对于从专家、学者中直接提拔上来、具有专业才能但缺乏管理知识和管理经验的领导者,秘书人员一方面要多学习与领导者的专业背景有关的知识,以克服同领导者交往中的知识障碍;另一方面要多向领导者提供管理方面的知识补偿和能力补偿。对于那些心胸狭窄、刚愎自用、听不得不同意见、一切以自我为中心的领导者,秘书要善于察言观色,多请示,勤汇报。向这类领导者进言,必须精心谋划,小心谨慎,讲究策略。

领导者的个性是个极其复杂的多面组合体,对任何一位领导者成功的辅助和补偿、沟通和交往,都不是一蹴而就的,需要秘书人员平时耐心细致地观察,不断摸索和总结经验。对领导者了解得越深刻,秘书成功的把握就越大。对领导者一无所知或者知之甚少,绝对不会成为一个成功的秘书。

(三) 合时

合时即指秘书与领导者沟通与交往应当选择合适的时机。具体包含三个方面。

一是指选择最能产生良好沟通效果的时机。这种时机往往出现在领导者工作间歇,或者领导者成功之后。这时,领导者情绪比较轻松、愉快,比较容易接受秘书人员发出的各种信息,而且还常常会显示出交往的主动性。秘书人员应当尽量避免在领导者集中精力思考问题、阅读文件或者会见重要客人时,与领导者进行一般的沟通。特别是当领导者心情烦躁时,秘书即使动机再纯,所言极是,也往往难以奏效,有时反而会增加领导者情绪中的非理性成分,效果适得其反。

二是指必需的沟通要及时。凡是重要的情况应当及时报告,重要的建议应当及时提出。领导者表示出需要补偿的意愿时,秘书人员应当及时给予应有的补偿,任何迟缓和拖延,不仅耽误工作,而且会使领导者感到失望和不快,从而给双方关系投下阴影。

三是指掌握好每一次沟通的度。领导者工作忙,节奏快,时间非常宝贵。秘书人员每一次汇报、请示、建议,都应当事先做好充分准备,做到长话短说,简明扼要,以最短的时间达到最高的沟通效率。滔滔不绝,口若悬河,不仅浪费领导者宝贵的时间,而且会使领导者听得不耐烦,从而产生讨厌情绪。

(四) 择地

择地即指秘书人员与领导者进行沟通和交往应当选择合适的地点和场合。在不同的地点和场合,人们往往扮演不同的角色,表现出不同的角色心理。根据沟通和交往的内容选择合适的地点和场合,能够使双方找到最佳的心理切入点,有助于提高相互沟通和交往的效果。比如,正式严肃的上下级交谈,可在工作场所进行。此时,双方是以法定的身份进行沟通和交往,容易强化双方的角色意识;平时工作之外的思想、情感交往,则可以充分利用娱乐、进餐、乘车、散步、家访等场合进行。此时,双方是以平等的地位进行沟通和交往,强制性特征弱化,心理负担较轻,气氛较为轻松、活泼,容易取得良好的沟通效果。此外,秘书人员还必须懂得某些内容的沟通和交往,不宜在某些场合下进行。比如,公开的场合秘书人员不宜直接向领导者进谏；即使与领导者关系甚密，在正式场合下也不宜表现得亲热和随便，以维护领导者的形象和威信。

（五）善言

语言是人际沟通和交往的工具。能否正确运用语言这个工具，常常是秘书与领导者沟通成功的关键。同样的沟通对象、同样的时间和场合，善言的秘书往往能够取得满意的沟通效果，不善言的秘书则词不达意，甚至事与愿违。

秘书在与领导者沟通和交往的过程中，如何正确运用语言呢？

第一，语言得体。即秘书的语言运用要适合双方的地位和身份。一般情况下，领导者在秘书面前都会表现出一定的权威心理和自尊心理。从维护领导者的权威和自尊出发，秘书同领导者进行沟通，无论是采用口头方式还是书面方式，语言必须非常得体。

第二，言之有理。无论是请示汇报工作还是交流沟通思想，秘书都要实事求是，言之有物，言之有理。夸夸其谈，空洞说教，弄虚作假，褒贬过分，等等，都会引起领导者的反感。

第三，掌握策略。语言表达的策略是多种多样的，必须因人、因事、因时、因地，灵活运用。比如，一般的工作情况汇报可以正面切入，直截了当，开门见山；而向领导者进谏进言，则应当因人而异，或旁敲侧击、委婉含蓄，或先褒后贬、逐步深入。

第四，正确运用辅助手段。语言表达的辅助手段包括语气、语调、节奏、手势、身势、表情、情境，等等。同样一句话，由于运用的辅助手段不同，其表达的意思和产生的效果也不同。比如向领导进言，高嗓门、快节奏、动作幅度过大，令人难以接受，而语调轻婉、语速适中、心平气和，则使人感到亲切和蔼，易于接受。

（六）渐进

秘书与领导者的沟通和交往，必须坚持渐进的原则，这是因为领导者对于秘书发出的信息或多或少存在心理距离。从信息接受的意义上说，心理距离是指个体对外界信息，特别是负面信息的心理承受度。心理距离与对外界信息的心理承受度成反比例关系，即个体对外界信息的心理承受度越大，心理距离就越小，反之亦然。影响领导者心理距离的因素主要有以下几方面。

第一，期望因素。期望目标越高，就越不容易接受关于目标的负面信息。一般情况下，领导者具有比常人更高的期望目标，因此领导者对负面信息的心理距离也要比常人大得多。

第二，品质因素。品质不同的领导者，心理距离也不同。作风民主、善于倾听不同意见、敢于正视问题、勇于承担责任的领导者，往往能够正确对待负面信息，具有较强的心理承受能力，因而心理距离较小；而骄傲自负、专断蛮横、心胸狭窄的领导者，往往好大喜功，听不得不同意见，对负面信息的心理距离较大。

第三，情感因素。这是制约秘书人员与领导者之间心理距离的重要因素。秘书人员与领导者之间的感情越是密切，友谊越是深厚，领导者与之的心理距离就越小，越容易接受秘书人员发出的负面信息。

第四,信息因素。对于不同性质和内容的信息,领导者的心理距离是不同的。一般说来,人们总是喜欢接受赞扬、庆贺、报喜、安慰、勉励,而不喜欢批评、指责、报忧、讽刺、挖苦。领导者也同样如此。所谓"忠言逆耳",正是这种心理距离的具体效应。

由于领导者对于外界的信息总是存在着一定的心理距离,加上秘书与领导者之间强制性特征的影响,容易强化领导者的权威角色心理定势,往往不自觉地在秘书面前表现出居高临下的姿态,给秘书寻求相互之间的沟通造成一定的障碍。因此,秘书与领导者之间关系的发展,必然是一个渐进的过程。秘书人员应当正确掌握并充分运用心理距离的原理以及与领导者的隶属关系特征,循序渐进,扎扎实实,逐步缩短与领导者在工作、思想、情感等方面的距离,为实现双方关系质的飞跃打好坚实的基础。

渐进原则在秘书向领导者进言,特别是在领导者出现重大失误并造成严重后果而进言时,显得尤为重要。这时,领导者的心理距离比任何时候都要大得多。秘书人员如果急于求成,贸然进言,常常归于失败,有时还会损害双方的关系。此时,秘书人员应当根据心理距离的原理,运用下列方法和策略:

其一,先安慰和肯定,后分析和否定。即领导者一旦失误,秘书人员应当首先安慰领导者,肯定领导者主观动机的某些合理性。这样做,比较容易缩小领导者的心理距离,使领导者对秘书产生一种"难得知己"的信任感,提高领导者对来自秘书的信息的承受能力,为下一步分析、批评、进言创造条件。

其二,先历史、外部和客观原因,后现实、内部和主观原因。即秘书人员在分析、否定领导者错误时,应当先从造成错误的历史原因、外部原因和客观原因入手。这样做,可以为领导者开脱几分责任,减轻其心理上的压力,为秘书向领导者进谏进言创造条件。在此基础上,秘书再有理有据地分析造成领导者错误的现实根源、内部根源和主观根源,并提出改进和补救的意见和办法。

(七) 谦让

谦让是秘书的美德,也是秘书人员处理与领导者关系的重要原则。具体要求如下。

第一,与领导者同时出现在公开场合时,应当注意保持低调,不可喧宾夺主。

第二,在成绩和荣誉面前善于谦让,即使决策建议是自己提出的,决策文件和领导讲话稿是自己起草的,所有的工作都是自己做的,也不应当自我标榜、自我吹嘘。

第三,当领导者处于非理性状态时,要克制、忍让。一般说来,领导者都具有良好的心理素质。然而在某些特殊情况下,领导者难免也会失去理智,情绪失控,甚至行为失检。这种时刻,秘书人员往往首当其冲,成为领导者情绪宣泄的对象。一旦出现这种情况,能否理性对待,是对秘书人员心理素质以及对领导忠诚程度的严峻考验。当领导者因秘书人员某个小小的过失而大光其火时,秘书人员应当及时承认错误,诚恳接受批评,切不可用"小题大作"之类的话"回敬"领导者;当领导者明知是自己的过错却反怪秘书时,只要不是重大原则问题,秘书人员不应与其计较是非,硬要讨个"说法";当领导者把在别处受到的批评和挫折迁怒于秘书时,秘书要善于保持沉默和克制,切不可反唇相讥,挖苦嘲弄领导者,更不应当以非理性对抗非理性,以致造成不可收拾的局面。由于非理性状态是人的一种暂时心理和生理现象,因此一般情况下,领导者的情绪宣泄之后会逐渐平息,也会对自己的失检行为以某种方式向秘书致歉。作为秘书,一定要虚怀若谷,以大局为重,而不应耿耿于怀。

六、秘书正确处理与领导群体的关系

秘书与领导群体的关系远比与单个领导者的关系复杂。领导群体在根本利益、根本目标和根本原则上都是一致的,但由于每个领导者的分工不同,在思想观念、领导风格和个性特征等方面存在差异,因此,他们之间也会产生一些矛盾和分歧。一般说来,这些矛盾和分歧,并不影响秘书活动的正常进行。但是当分歧扩大、矛盾激化,或者处理不当时,也会使秘书人员处于难以两全的困境。正确处理与领导群体的关系,不论对于做好秘书本职工作,还是对于增进领导者之间的团结,维护组织的整体利益,都有着极为重要的意义。

(一) 领导者之间矛盾的类型

领导者之间矛盾和分歧,按其产生的原因,大致分为以下几种。

1. 思想分歧

由于每个领导者所受的教育不同、所处的地位和环境不同以及思维方法不同,对问题的立场、看法就可能产生差异。这种差异一般说来并不影响领导群体的团结与合作,但在一定条件下与其他因素叠加,可能会成为矛盾和分歧的导火索。

2. 事权冲突

领导者之间一般都有明确的分工,但有时遇到一些具体事项,可能会出现事权交叉的情况。如果缺乏协调意识和协调机制,也会造成矛盾和冲突。

3. 利益对抗

一个组织总是由若干部门组成的,而每个部门或多或少有部门的利益诉求。分管这些部门的领导者往往自觉或不自觉地成为部门利益的代言人。这样就产生了组织的整体利益与部门的局部利益之间、部门利益与部门利益的相互对抗,相互之间难免会发生利益之争,在某些不正常的情况下,还会表现为领导者之间的明争暗斗。

4. 个性差异

领导者的工作方法、领导风格、心理特征往往因人而异。比如,有的领导者工作雷厉风行、坚决果断、豪放超脱、不拘小节,有的则稳重谨慎、细致周到、三思而行,有的领导者工作瞻前顾后、犹豫不决、事必躬亲……这些个性和风格上的差异,也会造成领导者之间的一些矛盾与不和。

5. 感情不和

感情上的不和往往是因为前几类矛盾得不到及时化解，或者相互交织、日积月累而造成的。某些领导者素质上的缺陷，如心胸狭窄，过分计较局部的和个人的利益，也会加剧这些矛盾。感情上的矛盾，是最为复杂的矛盾，一旦形成，轻则影响工作协调和工作效率，重则使领导群体产生情绪对抗、感情对立，进而损害领导群体的团结，妨碍领导群体的正常工作。

(二) 秘书处理与领导群体关系的要求

1. 正确认识

矛盾具有普遍性。领导者之间的相互矛盾和分歧，是矛盾普遍性的体现。绝对和谐、绝对一致、绝对团结的领导者群体，事实上是不存在的。秘书，特别是刚刚跨入社会门槛的年轻秘书，要正确对待领导者之间的矛盾和分歧，决不能一遇到这些矛盾和分歧便灰心丧气、意志消沉。

2. 一视同仁

秘书人员往往要同时面对多位领导者，在服务态度上要一视同仁，给予每一位领导者同样的尊重，不能在领导者之间分亲疏、搞关系。

3. 巧妙化解

当领导群体出现矛盾和分歧时，秘书要想方设法化解矛盾、弥合分歧，具体可采取以下方法。

(1) 灵活沟通。秘书不仅是领导者与员工之间的"桥梁"，而且还经常充当领导者之间的"信使"，在领导者之间传递信息，尤其当领导者之间产生隔阂、缺乏当面交流时更是如此。秘书人员的沟通按照其运作态势可以分为积极沟通和消极沟通。所谓积极沟通，即秘书通过主动疏通渠道、传递正面信息的方法，促使矛盾向积极方面转化。所谓消极沟通，是指秘书采取适当缩小领导者之间的信息渠道，减少乃至终止信息传递的方法，防止矛盾扩大和激化。当领导者的矛盾升级，发展为利益上或感情上的对立时，常常会产生一些不利于团结的信息。这时秘书应当采取消极沟通的方法。比如在双方之间沟通时，软化语气或者两头隐瞒，必要时中止沟通，以避免矛盾扩大。

(2) 折中调和。当领导者之间在工作安排上发生冲突时，秘书可提出双方都乐意接受的折中方案，使矛盾得以化解。

(3) 淡化处理。即秘书采取"冷处理"的办法，将领导者之间的矛盾暂时搁置起来，尽量避免触及。有时过分热心，反而容易激化矛盾。

4. 保持中立

当领导者之间出现利益冲突和感情对立时，秘书应当尽量回避，避免陷入其中。无法回避时，必须严守中立，不偏不倚。在任何场合下，都不要议论领导者之间的矛盾。如领导者之间当着秘书的面发生无谓的争执，秘书应暂时回避，或借故离开，避免直接面对冲突。有时不得已必须在发生冲突的领导者之间转达意见，一定要全面、准确、实事求是，绝对不能以个人的情感和好恶取舍,掺入个人的意思,更不能在领导者之间搬弄是非、挑拨离间,或者以势取人,采用捧一个、压一个的错误做法。个别领导者可能会通过秘书了解冲突对方的情况,秘书可采取消极沟通的方法,或者干脆佯装不知。

第三节　秘书与同事的关系

一、秘书与同事关系的特点

(一) 合作性

秘书人员与其他同事之间的人际关系属于同一组织内部横向的业缘关系,工作上分工合作,目标一致,联系密切,职位级别相近或相等。秘书系统的中介性特征决定了秘书人员与同事之间存在广泛的工作联系,而且必须紧密合作才能实现秘书系统辅助领导系统实施管理的根本职能。这种工作上的联系同人际关系密不可分。因此,合作性是秘书人员与同事之间人际关系的基本特征。

(二) 竞争性

不可否认,秘书人员与其他同事之间在合作关系之外还存在着职场上的竞争关系。适度的竞争是组织发展的动力,秘书人员如想在事业上有所成就,就必须树立竞争意识,与其他同事展开良性竞争。但是竞争性也容易受不良组织文化和个人品质等因素的影响,导致竞争恶性化,形成相互排斥和对抗的人际关系,阻碍工作的正常开展和组织的和谐发展。

(三) 两难性

秘书人员身处领导者与其他同事(包括普通员工)之间,一方面要向同事们传达、贯彻领导者的意图,对领导者负责;另一方面又要向领导者反映同事们的意见和要求,有时还要维护他们的合法权益,这就容易造成秘书人员处理与领导者关系和处理同事关系的两难性。当领导者的意图与其他同事的意见和要求一致时,秘书人员比较容易处理好两头关系,而当领导者的意图与其他同事的意见、要求发生矛盾时,或者上下两头关系紧张时,秘书人员往往会被推向矛盾的焦点,左右为难。平时秘书人员接近领导者较多,而与其他同事特别是基层员工接触相对较少,客观上容易受到误解甚至妒忌,使得秘书人员处理好同事关系要比处理好与领导者的关系更为困难。

二、秘书处理同事关系的原则

(一) 真诚友善

秘书人员对待同事一定要真心实意、坦诚友善。真诚友善能从心底感动他人并最终获得信任与友谊、支持与合作,因而是秘书处理同事关系的首要原则。真诚友善既要表现在工作、学习上的相互帮助和支持,也要体现于平时生活中的彼此照顾和关爱。当相互关系出现矛盾和误解时,更要以真诚和友善去打动对方,化解矛盾,消除误解。切记:任何虚伪狡诈和阳奉阴违都是秘书人员处理人际关系的大忌。

(二) 豁达合作

秘书人员对待同事要有豁达气度和合作精神。所谓豁达,就是心胸开阔,能够尊重他人的意见并容忍他人的批评,能够平静地接受竞争对手的成功并真诚地祝福他们。所谓合作,就是要有团队精神,能够在明确责任的前提下积极配合、协助他人开展工作;当遇到矛盾时,能够换位思考、体谅他人;能主动团结他人,为实现共同目标而奋斗。

(三) 低调谦逊

秘书人员地位特殊,一言一行容易引起同事的关注甚至成为众矢之的,因此一定要行事低调、态度谦逊,这是处理好与同事关系的重要原则。具体而言,要做到工作上少说多做,说则必简,不夸夸其谈;取得成绩不吹嘘、不张扬;不足之处要虚心向同事求教,得到同事的帮助要感恩回报。

第四节 秘书与社会公众的关系

一、秘书与社会公众关系的特点

(一) 对象广泛

由于秘书活动具有综合性,秘书人员在履行职务的过程中必然会与社会上各方面的人士发生交往,形成广泛的人际关系。以公司为例,秘书接触交往的对象不仅包括股东、金融机构、经销商、用户以及以各种方式开展业务合作单位的代表,还包括政府主管部门、所在社区、新闻媒体甚至人大、政协、社会团体等方面的人士,可谓"三教九流"。总之,凡与公司的创建、经营、管理稍有联系的机构及其工作人员,秘书都有可能与之沟通交往,建立一定的关系。

(二) 渠道多样

秘书与社会公众建立人际关系的渠道多样,登门拜访、来访接待、电话联系、会议交流、信函来往、短信电邮、微信聊天等皆可成为沟通交流的手段和渠道。

(三) 事关组织形象

秘书人员同社会公众的沟通交往,虽然是通过秘书个人的行为,但对外代表的却是整个组织。秘书人员的语言表达和行为表现关乎组织的形象和声誉,秘书人员与社会公众关系的状况关乎组织的利益和发展目标。正因为如此,秘书人员必须高度重视与社会公众建立良好的人际关系。

二、秘书处理与社会公众关系的原则

(一) 文明礼貌

秘书与社会公众的关系往往是通过一次次电话沟通、一场场拜访和接待逐步建立起来的。秘书人员态度热情、语言文明、举止文雅、仪表得体,能使社会公众产生亲切感和信任感,从而拉近彼此沟通的心理距离。

(二) 恪守信用

恪守信用是秘书的职业道德,同时也是秘书处理与社会公众关系的基本原则。恪守信用要求秘书人员"言必行、行必果",凡是对公众作出的承诺,一定要实践、兑现,不能信口开河,更不能言而无信。

(三) 注重细节

注重沟通的细节是建立良好人际关系的法宝。以下几点细节非常重要。

1. 倾听

倾听是借助听觉器官接受对方的言语信息,进而通过思维活动达到认知、理解的过程,是有效沟通的必要条件。倾听一定要全神贯注,使对方感受到你非常尊重他。

2. 微笑

微笑是人类独特的体态语言。真诚的微笑会传递友好、理解、宽恕的信息,从而化解尴尬和紧张气氛,融洽彼此的感情。

3. 得体地称呼对方

首先要记住对方的姓名。在交往频率不高的对象中,能准确地叫出对方的姓名,说明你对他的印象深刻,会给对方一个惊喜。称呼对方一定要事先了解对方的身份、职务,切不可张冠李戴造成难堪。还要了解不同民族和不同地域的称呼习俗,入乡随俗,给人以亲近感。

第五章
秘书修养

第一节 秘书修养概述

一、秘书修养的含义

秘书修养是指秘书人员在德、才、学、识、情、胆等方面经过学习和锻炼所达到的水准。"德"即秘书的思想和道德;"才"即秘书的才干,包括能力和技能;"学"即秘书的知识、学养;"识"即秘书的分析、判断和预见的能力;"情"主要是指人在情绪、情感、意志、耐受挫折等方面的心理品质;"胆"即秘书的勇气和魄力以及在逆境中的成长能力。

从本质上说,人的修养是个体对环境的积极适应。修养水平越高,对环境的适应和改造能力就越强。从这个意义上说,人人都需要修养,都需要随着环境的发展而不断提高自身的修养水平。一个人的生存和发展离不开特定的职业环境,因此,个体的修养首先要与他的职业环境相适应。也就是说,只有根据正在从事或者将要从事的职业的要求来确立修养模式,提高修养水平,个体的修养才具有本质的意义和社会价值。秘书的修养同样如此。

二、秘书修养的重要性

既然个体修养是对其所处的社会环境特别是职业环境的积极适应,那么如果要认识秘书修养的重要性,就必须考察秘书主体在其职业环境中所扮演的角色、所发挥的作用以及秘书岗位的特殊性与秘书修养的相互关系,才能真正从思想上把握秘书修养的深刻意义。

(一) 从秘书职业角色看秘书修养的重要性

什么是角色呢?角色是指某一个体在社会关系中所处的地位及这种地位要求的行为模式。任何人都以一定的角色存在于社会。秘书这个特定的角色,是由秘书活动的内容与方式、性质和特点所规定的。秘书是为领导者而存在的,秘书活动的根本目的是辅助领导者实施管理,秘书的直接服务对象是领导者,这一切决定了秘书在社会活动中主要是扮演配角。但是,秘书又是秘书活动的主体,在辅助领导活动的过程中,可以对领导者产生一定的影响。从这一意义上说,秘书在特定的条件下扮演的又是主角。

正确认识秘书角色的双重性特征,对于规范秘书主体的修养模式,提高修养水平,具有双重意义。首先,秘书人员必须清醒地意识到自身角色的实质是配角,并且以此作为规范自身修养模式的基点。其次,秘书角色的主角潜在性特征说明,秘书的职业活动绝不是消极被动的,秘书人员在受制于领导者、给领导者以补偿的同时,也通过自己的努力,对领导者的思想和行为施加一定的影响,有时甚至是非常重要的影响。一个对领导者没有影响力的秘书,肯定不是称职的秘书。

那么,秘书对于领导者的影响力究竟表现在哪些方面呢?秘书对于领导者的影响力是多方面的,根据这种影响力的性质,我们把它分为秘书的职务影响力和非职务影响力这两种:

1. 职务影响力

职务影响力是秘书主体在自己的职责范围内对领导者所产生的影响力,这是秘书影响力的主要方面。就拿处理信息来说,秘书给领导者提供的信息正确及时与否,直接关系领导决策的成败。同样是文件拟写,政策水平高、理解能力强、文字功底扎实的秘书,就能既快又好地完成任务;而写作水平低、分析能力差的秘书则不得要领,词不达意,常常耽误工作。同样是反映情况,作风正派的秘书,实事求是,有喜报喜,有忧报忧;心术不正的秘书,则见风使舵,投领导者所好,甚至弄虚作假,误导领导者。可见,秘书人员对领导者的职务影响力有正负和强弱之分,因此,加强秘书修养首先应当加强秘书的职业素养。

2. 非职务影响力

非职务影响力是指秘书主体在职业活动以外通过自身素质和行为能力对领导者形成的影响力,又称自然影响力,它由三种因素组成:

(1) 品格因素。品格因素由秘书主体的道德品行、价值观念、人格精神、思想境界等方面组成。高尚的品格因素包括大公无私、先人后己、守信诚实、正直公道、言行一致、以身作则、严于律己、平易近人、团结同志等。具有高尚品格的秘书,必定能赢得领导者的信赖和同事们的敬重。反之,言行不一、作风败坏的秘书,则是"害群之马",必将被人唾弃。

(2) 智能因素。智能因素即指秘书主体在职业技能以外所具有的知识、特长、才干,等等。尽管平时这些智能因素对秘书活动并无直接影响,却能树立秘书的良好形象,并在必要时给领导者以补偿。

(3) 心理因素。心理因素是指秘书主体在职业活动和平时的人际交往中所表现出来的个性心理特征。良好的心理素质是秘书成功的保证。一个既能控制情绪、又善于情感交往,既具有坚定的意志又胸襟开阔、诙谐幽默的秘书,一定极富于性格魅力,能与不同类型的领导者密切相处、默契配合、结为良友。

非职务影响力是对职务影响力的重要补充。修养全面的秘书,能在职务和非职务两个方面同时对领导者产生影响。

(二) 从秘书岗位的特殊性看秘书修养的重要性

秘书是直接辅助领导实施管理的人员,同其他职能系统的工作人员相比,秘书人员更贴近领导者。秘书岗位的这种特殊性,既给秘书为领导者提供直接服务创造了条件,但也带来了这样几方面问题。

第一,由于秘书贴近领导,掌管机要,为领导者传递信息、发布命令,因此,在普通群众心目中,秘书往往是领导的化身和影子,有时,还会把秘书捧为"二首长"。这就很容易使一些秘书产生一种优越感。当一个秘书缺乏修养时,这种优越感便会膨胀为骄傲自负,自以为是,盛气凌人,处处摆大架子,事事脱离群众。这样的秘书不可能在领导者与群众之间起"桥梁"和"纽带"的作用,相反,只会在领导者与群众之间筑起了一堵"高墙"。

第二,由于秘书地位和岗位的特殊性,秘书人员必然要接触大量机密。这些机密,大至党和国家的核心机密,小至本单位的内部事项。秘书人员在修养方面的不足,很容易在金钱、物质、美色的引诱下陷进泄密犯罪的泥坑。此外,领导者之间的意见分歧、还在酝酿尚未决定的事项等,一旦从秘书的渠道外泄,也会在一定程度上影响领导者之间的团结,损害领导团队的威信,造成领导工作的被动。

第三,秘书岗位的特殊性,客观上给秘书假借领导者名义谋取私利提供了可能。在法制尚不健全情况下,权力腐败难以避免。秘书人员如果经不起考验,就会以权谋私,走上违纪违法的道路。这种情况一旦发生,必然对领导工作带来恶劣的影响。

通过上述两方面的考察可以看出,加强和提高秘书人员的修养,不仅有助于秘书自身的发展,而且对于保障领导活动顺利开展、实现组织目标具有极其重要的意义。

第二节 秘书职业道德修养

道德是处于一定社会环境的人在情感意识支配下形成的共同工作、生活的行为的准则和规范。道德分为社会公德和职业道德。社会公德是全民性的道德,为社会全体成员所承认,也是全体成员应当遵守的。任何人一旦违反了社会公德,就会遭到社会舆论的谴责。职业道德是在一定的职业活动中所应遵循的行为规范,是社会公德在一定职业范围内的具体表现。作为一个秘书,不仅需要具有高尚的社会公德,而且应当加强职业道德修养,自觉地用秘书职业的道德规范来塑造自己的人格,以适应秘书的职业要求。党的二十大报告中指出:"培养造就大批德才兼备的高素质人才,是国家和民族长远发展大计。"加强秘书职业道德建设,有助于培养秘书崇高的人格和优良的职业素养,造就高素质秘书人才。

一、秘书职业道德的范畴

秘书职业道德范畴是秘书职业活动中普遍的、本质的道德关系和调节行为方向的体现,它包括以下内容。

(一) 秘书职业理想

秘书职业理想亦即秘书在职业活动中的奋斗目标。具体来说,秘书的职业理想就是辅助领导者实施管理、为领导者提供综合服务,是推动秘书职业活动发展的原动力。在一个秘书组织中,共同的职业理想把每个秘书紧紧地团结在一起,形成一个强有力的整体。

(二)秘书职业态度

秘书职业态度是秘书职业理想在秘书职业活动中通过情态、语言和行为等外在方式的具体表现。职业理想决定职业态度。一个秘书具有什么样的职业理想,就会有什么样的职业态度。只有具有崇高职业理想的秘书,才会热爱秘书岗位,才会以认真、勤奋、积极、热情的态度投身于秘书事业,愿为秘书事业献出自己全部的才华和心血。

(三)秘书职业责任

秘书的具体责任是多方面的,但就其总的方面而言,就是对领导者和领导活动负责,这是秘书职业责任的一个重要特点。在我国,秘书对领导者和领导活动负责,归根到底是对国家对人民负责。当然,在某些特殊情况下,领导者的思想和行为也会背离国家和人民的利益,这时如果片面强调对领导者负责,就会损害国家和人民的利益。因此,秘书的职业责任是对领导者和领导活动负责同对国家和人民负责的统一。当二者发生矛盾时,秘书应当以国家和人民的利益为重,坚持原则。

(四)秘书职业义务

秘书的职业义务是指秘书职业责任之外,为领导者、公众以及其他相关部门或人员所从事的不计功利的自觉自愿的劳动。它同法律上所说的义务的区别在于,它不但不是为了获得某种个人的权利或报偿,而且总是要牺牲一些个人利益。秘书职业义务的实质就是任劳任怨,甘为人梯,"为他人做嫁衣裳",一句话,就是奉献。

(五)秘书职业纪律

秘书职业纪律是对秘书职业行为的约束。它要求秘书在职业活动中严格按照一定的规范去履行自己的职责。一旦违反,就要受到纪律的惩处。然而,对于一个具有职业理想和正确的职业态度的秘书来说,职业纪律的遵守是自觉的行为。秘书职业纪律可以分为核心纪律和具体工作纪律。秘书职业的核心纪律是不准越权、不违规,秘书职业的具体工作纪律贯穿于各项秘书工作之中,如信访工作纪律,接待工作纪律,保密工作纪律,等等。

(六)秘书职业良心

良心是人们内心深处对善与恶、是与非进行体验和判断的一种意识活动。秘书的职业良心是秘书在履行职业责任和职业义务过程中形成的自觉意识和行为准则。比如,当领导者出现失误时,秘书的职业良心就表现为一种责任感,使秘书鼓起勇气向领导者提出意见和建议,帮助领导者改正错误,挽回损失。又如,当领导者制定的某些政策、规定同人民群众的利益相违背时,职业良心会促使秘书人员去认真地分析和研究这些政策、规定的不合理之处,如实而又积极地向有关领导者反映情况、提出修改建议。秘书的职业良心也是秘书人员反思和评价自己职业行为的标准,一旦发现差错或过失,便会深刻反省,及时纠正。

(七) 秘书职业荣誉

秘书的职业荣誉包含两个方面:一方面是指社会对秘书职业行为和劳动成果所进行的社会价值评价,另一方面是指秘书个人对自己的职业行为和劳动成果所具有的社会价值的认同。秘书的职业荣誉要求秘书人员有以下认知。

1. 应当正确认识秘书职业

秘书人员在思想上应当充分认识秘书职业的社会价值,把秘书工作看作是一项光荣而又神圣的事业,以饱满的热情投入秘书工作。

2. 应当正确对待荣誉

由于秘书活动具有潜在隐蔽的特点,秘书劳动的最终成果总是以领导者或领导机关的名义公诸于世,秘书应得的荣誉,社会却归在领导者名下,这就容易形成社会评价与秘书自我评价的反差。因此,秘书人员应当把自己的荣誉融于领导者的荣誉之中,把领导者的荣誉看作是自己的荣誉,从中分享喜悦,而不应当计较名利得失,与领导者"黄魏争功"。

3. 应当正确处理个人荣誉与集体荣誉的关系

一个秘书,无论是单独为某位领导者服务,还是作为秘书组织中的成员,他总是集体的一分子,其获得的荣誉自然是他个人努力的结果,但如果没有领导者的正确决策,没有同事们的协助和群众的支持,肯定一事无成。从这个角度说,秘书的个人荣誉离不开集体的贡献,是集体荣誉的组成部分。因此,秘书人员应当正确处理个人荣誉与集体荣誉的关系,在任何时候都不应当为个人的荣誉损害集体荣誉,或者揽功推过,把功劳都归于自己。

二、秘书职业道德的规范

(一) 尽职尽守

尽职尽守是秘书最基本的职业道德规范,它要求秘书树立崇高的职业理想,热爱秘书工作,忠诚秘书事业,刻苦钻研秘书业务,努力掌握为领导者服务的各项本领,特别是当领导者出现失误时,要出以公心,敢于和善于谏诤,做一个称职的秘书。

(二) 实事求是

实事求是既是秘书人员应当坚持的基本思想路线,也是秘书职业道德的重要规范。坚持实事求是就要在思想上确立实践第一的观点,工作中一切从实际出发,深入调查研究,光明磊落,敢说真话、实话,反对弄虚作假、瞒上欺下,做一个诚实的秘书。

(三) 廉洁奉公

廉洁奉公是秘书的立身之本。秘书的特殊地位,使秘书可以轻而易举地假借领导者的名义而谋取私利。这就要求秘书严于律己,在任何情况下都不为金钱、物质和人情关系所引诱,不以国家、集体的利益以及原则作交易,不用领导者的名义谋取任何私利,遵纪守法,坚持原则,秉公办事。

(四) 任劳任怨

秘书为领导者服务,事务杂,头绪多,突击性强,经常需要无偿加班加点;秘书处在领导者与群众之间、领导者与职能部门之间、领导者与领导者之间,工作稍有不慎,就会两头受气,甚至多头受气;有时辛辛苦苦工作,还会受到误解和埋怨;即使取得一些成绩,也常常记在领导者的功劳簿上……这一切要求秘书人员具有宽广的胸怀,豁达的气度,忍辱负重的精神,委曲求全的美德,不计较个人的恩怨得失,任劳任怨,无私奉献。

(五) 谦虚谨慎

谦虚谨慎是秘书待人处事应有的风范。具体要做到如下几方面。

第一,在领导者面前谦虚谨慎。凡事不可自作主张,不能因为自己在某些知识方面比领导者懂得多一些,或者因为自己对情况了解比较具体而领导者经常要向自己询问,就自以为是、自我炫耀。

第二,在同事和群众面前要稳重谦和、平易近人,虚心听取他人的意见,不能动辄以"二首长"自居,盛气凌人,态度粗暴,或者吹嘘自己的功劳,夸大个人的作用。

第三,在成绩和荣誉面前,不骄傲、不自满,而应当把成绩和荣誉作为新的起点和动力,再接再厉。

(六) 保守秘密

保守秘密是秘书职业纪律的重要方面。秘书要在职业活动中牢固树立保密观念,严格执行有关保密法律、法规和规章制度,养成保密习惯。秘书人员担负着管理组织内部保密工作的职责,应当成为保密工作的模范。

(七) 文明守信

文明礼貌,恪守信用,这是秘书与人交往的重要准则,也是秘书的道德情操和文化素养的综合表现。一个讲文明、守信用的秘书,不仅能给人良好的印象,而且有助于树立良好的组织形象。具体要求秘书做到以下几点。

第一,重诺。秘书在对别人作出承诺之前一定要慎重考虑,三思而行。一旦承诺,就要兑现。如情况有变,不能及时或者无法兑现自己的承诺,一定要向对方说明理由,取得谅解。信口开河,随便承诺,言而无信,这样的秘书不可能得到他人的尊重、支持与合作。

第二,守时。遵守时间是现代社会文明的重要方面。秘书的职业特点更强调这一点。

第三,言谈举止文雅。包括语言文明、举止文雅、仪表服饰整洁大方等方面。

第三节 秘书知识和能力修养

一、秘书知识和秘书能力的含义及其相互关系

秘书知识和秘书能力是秘书人员履行职业责任和义务，实现辅助领导者实施管理这一根本职能的两个基本条件。这里所说的秘书知识和能力，是指秘书人员通过学习和实践所获得的同秘书职业活动有关的知识和能力。

秘书知识是形成和发展秘书能力的基础。秘书能力的强弱首先取决于秘书知识的多寡、深浅和结构的完善程度。秘书的知识越丰富越专业，就越能促进秘书能力的发展。知识贫乏、结构残缺，秘书能力就成了无源之水。秘书人员要想增强自己的能力，就必须刻苦学习知识，拓展自己的知识面，提高自己的知识层次，完善自己的知识结构。秘书能力是秘书学习掌握知识的前提，能力越强，学习和掌握知识的效率就高。但是知识并不等于能力，知识只有通过实践才能转化为能力。

二、秘书知识和秘书能力修养的原则

（一）适应需要

秘书人员的知识和能力修养必须符合秘书职业活动的需要。换句话说，就是要以是否有利于实现秘书活动的根本目标为标准来评价和选择秘书知识和能力修养的模式。由于秘书人员总是处于具体的职业环境之中，因此，适应性原则又具体表现为以下三个方面的要求。

第一，秘书的知识和能力修养模式应当同秘书的岗位职责相适应。一个秘书在什么岗位上工作，就应当按这一岗位的实际要求建立自己的知识和能力修养模式。比如，文字秘书必须具备系统的写作知识，掌握较强的写作能力；信访秘书应当全面了解有关信访工作的法律、法规以及相关知识，具有较强的信访工作能力。

第二，秘书的知识和能力修养模式应当同秘书服务单位的业务活动特点相适应，每个秘书的服务单位都有一定的业务范围，表现出一定的业务活动特点。秘书人员虽然不是这一单位中的业务人员，不从事具体的业务活动，但在上传下达、综合信息的过程中必然要涉及这些业务知识，协助处理有关业务问题。如果对自己服务单位的业务知识一无所知，亦不具备协助处理业务问题的能力，则难以胜任秘书工作。因此，秘书人员除掌握本职业的业务知识和业务能力外，还应当学习和掌握所在单位的业务知识以及相应的能力。比如，司法系统的秘书要系统地掌握法律知识并具备一定的办案能力；教育系统的秘书应当具有一定的教育管理的知识和能力，等等。

第三，秘书的知识和能力修养模式应当同社会的政治、经济、文化环境相适应。社会和时代环境不同，对秘书的知识和能力修养的要求亦不同。过去不懂法律和经济，不具备外语

能力和计算机操作技能,照样可以当好秘书。而在今天,如果不具备这些知识和能力、技能,只能是"滥竽充数",很快就会被淘汰。

(二) 结构合理

秘书的知识和能力修养模式应当是一个比例协调平衡的结构体系。秘书所掌握的各种知识和能力,其使用频率和程度是各不相同的。有的知识和能力经常运用,有的则偶尔为之。强调结构合理就是要根据各种知识和能力的使用频率和程度来确定其在知识和能力结构体系中的合理地位和恰当比例。首先,同实现秘书活动目标直接相关、在实际工作中经常运用的知识和能力,应占据结构体系的核心和主导地位。这部分知识和能力使用频率和程度最高,所占比例最大,秘书人员应花较大的精力去学习和掌握。其次,同实现秘书活动目标有联系,但使用频率和程度较低的知识和能力,应处于结构体系的中间层次,占适当的比例。再次,那些同实现秘书活动目标无直接联系,但偶尔应用却能解决特殊问题、发挥特殊作用的知识和能力,则处于结构体系的边缘。这部分知识和能力尽管使用频率和程度很低,所占比例很小,但涉及面很宽,平时往往作为秘书个人的兴趣爱好或因估计其未来会有实用价值而去学习积累。平时所说的秘书人员要"知识面较宽""兴趣较广",主要就是指这部分知识和能力。在这个结构体系中,所有的知识和能力都围绕着秘书活动的目标合理组合,从而发挥最佳的整体效应。

秘书知识和能力结构比例的设计应当从实际出发。秘书所处的具体岗位及其环境不同,他的知识和能力结构的比例也相应的不同。这种比例一旦确定,便应当成为学习知识、提高能力过程中合理分配时间和精力的依据。那种忽视结构合理,平均使用力量,全面出击,或漫无目标,东一榔头西一棒槌的学习方式,反而会加剧知识和能力结构的失调,无助于秘书活动。

(三) 突出个性

突出个性原则要求在适应需要和结构合理二者相互统一的基础上,秘书人员的知识和能力修养模式还应当具有鲜明的个性,也就是说在知识和能力的内容组合以及相应的结构比例上应当具有与众不同的特点。强调秘书知识和能力修养的突出个性原则具有重要意义:

1. 有利于秘书人员在激烈的竞争中发挥个体的知识和能力优势

由于现代社会秘书职业的分工越来越细,秘书活动所辅助的领域越来越广,门类也越来越多,因而对秘书的知识和能力结构的要求也出现多样化的趋势,传统的通用型的秘书知识和能力结构正面临着巨大的挑战,基础扎实而又具有某些个人专长的秘书正日益受到欢迎。

2. 有利于秘书群体知识和能力结构的优化

秘书个体知识和能力结构具有不同的长处和特点,可以促进秘书个体之间的知识和能力的互补,避免因秘书个体知识和能力的同质化而导致群体结构的不平衡,从而更全面更有效地给领导系统提供知识和能力补偿。

3. 有利于提高秘书人员自我设计的能力

秘书的知识和能力修养模式不是僵化的、一成不变的,需要在实践中不断地调整和完善。这就需要秘书对自己的知识和能力修养模式进行认真的反思,并在反思的基础上重新设计、重新学习、重新建构。这样,秘书对自己的知识和能力修养模式的设计能力就得到了提高,从而使秘书对环境的适应能力大大增强。

怎样才能达到知识和能力修养的个性化呢?

首先,要在客观评价自我的基础上扬长避短,寻找社会需要同个人长处的最佳结合点。每个人都有自己的长处和弱点,个性原则就是要克服个人的弱点,使个人的长处得到充分的发挥。当个人的长处与社会需要相吻合时,秘书的知识和能力修养就达到了个性的完美。

其次,要努力追求"人无我有、人有我优、人优我强"的目标。知识和能力结构的同质化是造成人才竞争力下降的重要原因。一个秘书要想在事业上有所发展,就一定要在知识和能力的某些方面不断超越别人,以形成独特的个性优势,增强自己的竞争力。

(四) 不断更新

秘书的知识和能力修养是个动态平衡的系统,需要在实践中不断地调节、更新和完善。动态性原则要求秘书人员有以下几种能力。

1. 要有强烈的竞争意识和危机意识

现代社会的人才竞争在某种意义上就是个人的知识和能力的竞争。骄傲自满、故步自封的直接后果就是个人优势的丧失,就会在激烈的竞争中被淘汰。只有在强烈的竞争意识和危机意识的支配下,才会不断激发自己学习的动机、热情和意志。

2. 要善于反思

现代秘书应当善于用发展的观点来评价自己的知识和能力修养模式,从而找出与自己正在从事的职业及其环境发展的需要之间的差距,主动地、有计划地加以更新和完善。

三、秘书知识结构

秘书的知识结构包括基础知识、专业知识和辅助知识三部分。

(一) 基础知识

秘书的知识结构如同高楼大厦,必须建立在坚实的基础之上。秘书的基础知识是秘书人员通过学习,建立专业知识和辅助知识的大厦的基石,也是掌握业务能力和业务技能的前提条件。具体包括以下几类。

1. 政治哲学类

政治哲学类知识主要包括哲学、政治学、经济学以及现代科学方法论知识。学习这部分知识,可以帮助秘书人员树立正确的世界观和方法论,能运用正确的立场、观点和科学的方法分析问题、解决问题。

2. 文化基础类

文化基础类知识包括语文、数学、物理、化学、生物、历史、地理等学科知识。这类知识是从事秘书工作最起码的知识。一般要求达到高中或中专毕业的文化程度。

3. 外语类

外语类知识是现代秘书人才所必须掌握的基础知识。在全球化的今天,无论是党政机关的秘书还是企事业单位的秘书,都需要经常同国外机构和人员交流信息,处理事务,这就需要运用外语这个工具。特别是在涉外单位服务的秘书,更需要掌握至少一门外语。

4. 法律政策类

法律政策类知识包括法律、法规、规章和政策。秘书工作政策性很强,在全面建设法治社会的今天,秘书人员如果没有一定的法律政策方面的知识修养,就无法为领导系统依法管理提供必要的辅助,甚至会给领导工作帮倒忙、捅娄子,严重的还会造成法律后果。由于我国的法律政策体系规模庞大,秘书人员应当根据工作需要,在掌握一般的法律政策知识基础上,有针对性地学习与所在单位业务活动相关的法律政策知识。

(二) 专业知识

秘书专业知识包括秘书业务知识和秘书服务单位的专业知识两部分。

1. 秘书业务知识

秘书业务知识是秘书知识结构体系中的核心部分,也是区别于其他专业人才知识结构的标志。这部分知识主要有秘书学、文书学、写作学、信访学、会议学、接待学、档案学以及办公室自动化知识,等等。

2. 服务单位的专业知识

秘书人员服务的单位都有其特定的业务活动范围。了解和掌握与自己所服务的单位的相关专业知识,能使秘书人员写材料不说外行话、提建议不当门外汉,使自己的工作更切合所在单位的实际,更具有针对性和实效性。

(三) 辅助知识

辅助知识既不像基础知识具有"根基"作用,也不同于秘书业务知识那样起"标志"作用,其对秘书人员的作用是丰富头脑、开阔视野、修身养性、增强个人气场、提高工作效率。秘书人员的辅助知识也有两个组成部分。一是与辅助管理相关的知识,如领导学、管理学、公共关系学、心理学、经济学、人才学、传播学、社会学等方面的知识。二是属于个人兴趣爱好方面的知识,如文学艺术、体育健康、投资理财、烹饪美食,等等。这部分知识虽然不直接参与辅助管理,但可以彰显秘书人员的趣味,提高个人魅力。在合适的情况下,巧妙运用这些知识,也许会对秘书工作产生意想不到的作用。

四、秘书能力和技能结构

能力是指顺利完成某一活动所必需的、直接影响活动效率并使活动顺利完成的个性心理特征,包括观察力、记忆力、注意力、想象力、思维能力,等等。秘书能力是指秘书人员完成秘书活动所必须具备的特殊能力,是人的一般能力在秘书活动中的特殊表现。秘书技能是秘书人员运用已有的知识和经验,通过练习而形成的运用秘书技术的能力。能力属于心理特征范畴,而技能则具有技术性质,这两个方面是相互联系的,有的甚至是相互交叉的。比如,秘书写作能力要依靠思维和语言、判断和观察,属于秘书业务能力范畴,但又必须通过一定的技巧来实现,因此也可以说是一种秘书技能。

(一) 秘书业务能力

1. 写作编辑能力

写作编辑能力是秘书人员尤其是文字秘书的必备条件和"看家本领",也是秘书人员的文字表达能力和思维能力的综合体现。秘书写作的过程实际上就是运用语言文字把自己的思维过程及其结果纸面化、视觉化的过程。没有扎实的文字功底,就无法准确地表达思想,而没有科学的思维方法,也不可能写就一篇结构完整、脉络畅通、主题鲜明、措施有力的文章。因此,秘书人员一方面要掌握并且熟练地运用文章写作的有关知识和技巧,另一方面应当学会思辨,善于运用科学的思维方法分析问题、解决问题。扎实的文字功底只有同科学的思辨相统一,才能形成完整的秘书写作编辑能力。秘书的写作编辑能力主要包括以下四个方面。

(1) 命题写作能力。即秘书根据领导者确定观点、框架以及领导者的思维习惯和表达风格进行写作。领导者讲话稿的写作就是典型的命题写作。命题写作要求秘书人员准确领会领导者的思想意图,符合领导者的表达习惯与风格,并且在此基础上充实材料、演绎观点、修饰语言。

(2) 主题提炼写作能力。即秘书通过深入调查获得丰富的第一手材料,在此基础上进行综合与分析,提炼出文章的主题。如调查报告和总结的写作就属于这类写作。主题提炼写作要求秘书人员具备较强的调查研究能力,能够透过复杂的表面现象看到事物的本质,总结出事物发展的规律。

(3) 缩写能力。即在保持原文主要内容和观点的前提下将文章压缩成提要、摘报、简讯等。秘书人员在向领导者提供信息时常常需要对篇幅较长的文件加以浓缩,或者在提交文件的同时附上内容提要。缩写能力要求秘书人员具备较强的概括信息、厘清重点和简化文字的能力。

(4) 编辑修改能力。广义上说,编辑是指运用各种设施和手段,组织、采录、收集、整理、纂修、审定各种文件、书籍、报纸、期刊、图画、声频、视频、图像等精神产品，使之得以传播的过程。秘书人员审核公文、编发简报、汇编文件、发布网文等需要掌握一定的编辑能力。文章修改是编辑工作的内容之一，也是秘书写作的必要程序，具体分成两种情况：一种是对文件进行局部修改，修正观点，充实材料，调整结构，润色语言，提高文章的质量。秘书人员平时审核公文，就必须具备这种能力。另一种是将一种文体在保持内容不变的前提下改换成另一种文体。如将总结、调查报告等文体套改成简报、工作报告等。

2. 口头表达能力

与书面形态的信息相比，口头形态的信息具有直接、迅速、简便的特点。在秘书活动中，大量的信息都要通过秘书的口头表达来传递。秘书向领导者汇报情况、请示问题、提出建议，向下级有关部门传达领导者的指示、沟通情况、协调关系，接待来访、调查研究，等等，都要求秘书人员具备较强的口头表达能力。秘书口头表达能力的基本要求是主题集中、概念准确、逻辑严密、条理清楚、言简意赅、用语得体、口齿清晰、语音规范，并且能够正确运用手势、身势、表情、语调等副语言手段提高表达效果。

3. 听知能力

即口语理解能力。比如秘书人员在接受领导的口头指示、接听电话、记录会议发言和倾听来访者陈述时，都需要较强的听知能力。口头语言信息的表达往往同一定的情境有关，也常常因不同的表达风格而使同样的话语具有不同的含义，秘书人员要善于从对方冗长的发言中抓住要点，从拐弯抹角或模棱两可的话语中判断其真实用意，从嬉笑怒骂或者诙谐幽默中把握言外之意，从双方唇枪舌剑的激烈交锋中迅速准确地抓住矛盾的焦点和问题的症结，还要善于通过对方的语气、语调、停顿、手势、身势、眼神、表情和姿势以及对话时的位置和距离等副语言手段，综合理解对方发出的语言信息。

4. 阅读能力

即书面语理解能力。阅读是秘书人员获取文字信息的关键步骤，也是秘书进行写作的必要的准备，还是秘书人员学习知识、提高自我修养的重要手段。阅读能力包括理解概括能力和快速阅读能力，要求秘书人员一方面能够准确概括文章的中心思想和基本观点，理清脉络，抓住要害，发现其中有价值的知识和信息，另一方面要运用科学的阅读方法，提高阅读的效率。

5. 协调能力

秘书系统的协调职能要求秘书人员应当具备相应的协调能力，具体包括两个方面：一是能够及时洞察周围的各种矛盾和冲突，准确判断性质，抓住问题关键；二是能够根据领导者的意图和授权，正确、灵活、有效地运用协调方法，沟通信息，化解矛盾，缓解冲突，理顺纵向、横向和外向的各种工作关系。

6. 策划组织能力

秘书的策划组织能力体现在两个方面：一是对秘书工作的日常性事务作出周密的计划

和安排并能够组织实施,保证秘书工作有序高效;二是能够策划、组织、实施重大的领导活动,如重大的会议、展览、仪式、典礼、接待、调研等。

7. 信息咨询能力

秘书人员是领导系统决策的重要参谋和助手,同时也是上下、内外信息沟通的纽带,而要当好这一特殊角色,信息咨询能力必不可少。所谓咨询就是通过人头脑中所储备的知识经验和通过对各种信息资料的综合加工,为决策者和有关部门提供意见、建议和方案,发挥顾问、参谋和外脑的作用。秘书的信息咨询能力包括信息的获取、分析、预测、提供等多个方面,其中信息的分析、预测能力是重点。此外,秘书人员知识面宽、见多识广,也可以提高对领导者的信息咨询能力。

8. 应变能力

秘书工作经常会遇到各种突发性、意外性的情况和事件,具备较强的应变能力,能使秘书人员处变不惊,灵活果断,确保突发性、意外性的情况和事件得到有效控制。

9. 观察能力

观察能力是一种通过有目的有计划察看事物现象、从中捕捉信息的能力。人们往往要求秘书人员"眼观六路,耳听八方",就是指秘书人员对客观事物要具有一定的观察能力。观察能力有助于秘书深入地了解领导者、了解自己的工作环境以及工作对象。由于客观事物是极其复杂、不断运动变化的,秘书人员在观察时应当做到全面、客观、机智、敏锐,能够透过现象抓住本质。

10. 交际能力

交际能力是现代秘书必备的能力。健康的社会交往,不仅能够满足秘书个人的心理需求,而且能够使秘书扩大社会交际面,拓展信息渠道,开阔视野思路,提高办事效率。

以上十大能力是秘书人员完成一般秘书工作所必须具备的基本能力。能力之间的划分是相对的,常常相互交叉、相互渗透的。

(二) 秘书业务技能

秘书的技能是多方面的,主要由两方面组成。

1. 专业技能

专业技能是秘书业务技能的核心部分,也是秘书岗位技能要求区别于其他岗位技能要求的标志,这些技能包括文书处理、档案管理、会务组织、活动安排、联络接待、日常事务管理等。

2. 相关技能

(1) 速记。速记是一种用简单的符号或者代码和缩写规则把口语快速转换成视觉形式的技术。速记分为手写速记和电脑速录两种。手写速记有汉字速记和拼音速记两种方法。

汉字速记是运用汉字及其简化写法,加上一些适合汉语特点的缩略规则,综合编制而成的速记方法;拼音速记即运用声符和音符两种速记符号组成音节符号加上合理的省略进行记录的方法。电脑速录是通过键盘输入将口语直接快速转换成文字的记录方式。秘书人员记录各种会议、会见、会谈、视察活动中的讲话、发言时,必须掌握熟练的速记技能。随着语音转文字技术的不断成熟和完善,只要在电脑、手机等智能设备上安装相应的软件,秘书人员就可以借助这一技术实现全自动速记,大大提高速记的效率。

(2)翻译。要求秘书人员能够运用外语做好涉外接待时的口译和涉外书信的笔译。

(3)校对。校对是按照原稿审查订正排印或缮写错误的过程。秘书人员应当掌握校对的方法和要求,熟练掌握校对符号国家标准,快速准确地校对各种文件。秘书人员平时审核、修改文稿运用校对符号也应当符合国家标准。

(4)文件复制。要求秘书人员能够熟练使用复印机、誊印机、扫描仪复制各种文件。

(5)音像制作和播放。要求秘书人员能够熟练使用摄影机、摄像机、录音机、编辑机、计算机、幻灯机、投影仪、播放机等设备进行音像的录制、编辑合成和播放。

(6)电脑操作。要求秘书人员能熟练操作电脑,熟练运用办公软件进行信息处理、数据分析和线上办公。

(7)通信设备使用。要求秘书人员熟悉各种电话机、传真机、对讲机、智能手机等通信设备的功能并且能够熟练操作。

第四节 秘书心理修养

良好的心理素质,是秘书人员愉快而又顺利完成职业活动的基本条件之一。一个优秀的秘书,不仅应当具有高尚的职业道德和合理的知识与能力结构,而且还必须加强心理修养,提升心理素质,使自己能够在困难和机遇、成功与失败、荣誉与屈辱面前,跨越心理障碍,保持心理平衡,顺利完成各项工作任务。

秘书心理修养涉及心理现象和心理过程的各个方面,但概括起来,主要是两大方面:一是秘书心理健康的基本品质,二是秘书心理的调适。

一、秘书心理健康的基本品质

秘书的心理健康是指秘书个体能以良好的心理状态适应职业活动的环境,它包括以下几方面的基本品质。

(一)忠诚

忠诚既是秘书的职业活动对秘书人员提出的最基本的职业操守,也是秘书人员必备的心理品质。它要求秘书人员不仅在利益上,而且在情感上把自己与自己所服务的组织以及领导者维系在一起,以诚实、负责的态度对待自己的组织和领导者。秘书人员在领导者面前不应当隐瞒自己的观点,除非自己的观点会引起领导者之间的矛盾,更不应当弄虚作假,欺骗领导者。特别是当领导者出现失误,或者整个组织面临困难时,秘书应当从爱护领导者、关心组织的整体利益出发,进谏进言。那种曲意吹捧逢迎,或许能赢得领导者的一时欢心,但一旦为领导者所察觉,便会失去根本的信任。同样,明知领导者出现失误,秘书却麻木不仁,采取"事不关己,高高挂起"的态度,或者幸灾乐祸,等着看好戏,也会造成与领导者之间的信任危机。

(二)机敏

秘书工作面广量大,具体繁杂,突击性强,这要求秘书人员比其他工作人员具有更机智、更敏捷的心理品质。秘书的机敏心理品质包括以下两点。

第一,思维机敏。善于接受新事物、新知识、新思想,能够及时捕捉信息并透过现象抓住本质,能根据过去、现在预见未来。

第二,动作机敏。工作时,既要深思熟虑,有条不紊,又要雷厉风行,干净利落。特别是处理突发性事件时,更要做到机智、敏捷、果敢、干练。

(三)稳重

稳重与机敏相辅相成。秘书人员既要做到事事机敏,又要做到处处稳重,给人以可信任感。

第一,处世稳健。即秘书人员待人接物要文雅得体,既不浮滑轻佻,也不矜持冷漠。

第二,办事稳当。秘书人员每办一事,都要做到考虑周详,不贸然行事;认真负责,不敷衍推诿;善始善终,不虎头蛇尾。

第三,应急稳妥。秘书人员遇到紧急情况,要沉着冷静,指挥若定。

(四)坚毅

秘书活动的特点决定了秘书人员往往处于各种矛盾的汇合点,经常要直接面对各种矛盾和困难,要承受较大的心理压力;有时,枯燥乏味、简单重复的事务性工作和高度紧张的工作节奏,也容易使秘书产生厌倦心理,从而失去工作热情。因此,一个优秀的秘书,必须具有顽强的意志和坚韧不拔的毅力,敢于直面矛盾和困难,百折不挠,始终保持充沛的精力和旺盛的斗志,即使在受到挫折、曲解甚至屈辱时,依然能够乐观、自信、执着。

(五)随和

处于各种矛盾汇合点的秘书,不仅需要坚定的意志和毅力,而且还应当具备随和的心理品质。随和心理品格要求秘书人员乐于助人,宽以待人,善解人意,善于同各种各样的人进行交往,善于随时协调各种关系,在有形无形中化解各种矛盾和冲突,为自己开展工作营造和谐宽松的人际环境,为领导活动创造良好的组织氛围。

(六) 幽默

幽默是智慧、学识、机敏和风趣的综合体现。秘书的幽默能够以自我解嘲的方式排遣在领导、同事和群众面前难以表露的情绪,使自己变得机智、乐观和豁达;秘书的幽默可以给别人带来轻松和愉快,有利于调节紧张气氛,使自己或帮助别人从尴尬的境地中获得解脱;幽默也可以作为秘书向别人提出批评和建议的婉转方式,使其更易于接受。一个具有幽默感的秘书,往往极具亲和力,也必能博得他人的尊重和喜爱。

(七) 自制

自制是高度理智的表现,它要求秘书人员善于运用理智来控制自己的情绪、情感和行为。秘书人员的自制心理品质表现在四个方面。

(1) 在成功面前要自制,不要喜形于色,溢于言表。
(2) 在挫折面前要自制,不要垂头丧气,萎靡不振。
(3) 在屈辱面前要自制,不要勃然大怒,暴跳如雷。
(4) 在权力和欲望面前要自制,任何时候都不能假借领导者的权力,谋取私利。

二、秘书的心理调适

秘书心理修养的过程,是秘书的心理状态不断适应环境的过程。由于秘书个体与环境之间的差异和矛盾总是客观存在的,因此,秘书个体的心理状况或多或少会与环境产生某种不协调。当这种不协调发展成为一种稳定的心理效应并给秘书的行为带来消极影响时,便形成了心理障碍,需要加以必要的调适,以便同环境相适应。

(一) 压抑心理调适

压抑是人的心理需求受到环境限制而得不到满足时的一种心理感受。秘书人员压抑心理的产生主要有两方面的原因:一是内部原因,即秘书人员自我实现的期望目标过高,超越了秘书职业活动的许可范围,表现为不切实际的幻想,一旦目标受挫,就会感到压抑;二是外部原因,即由于组织环境的因素,使秘书人员的才华得不到应有的施展,比如领导者作风专制,组织内部人际关系紧张,等等。秘书人员的压抑心理一旦形成,轻则情绪低落,行动迟缓,工作缺乏主动和热情,重则情绪沮丧,牢骚满腹,工作处处被动,甚至消极抵触。

秘书压抑心理的调适,首先要端正对秘书职业活动性质和特点的认识,并且以此来确定自己的期望目标,规范自己的行为,丢掉好高骛远的幻想。其次要正确认识和把握周围的环境,提高自己适应和改造环境的能力。比如学会与领导者交往,争取领导者的理解和支持;积极处理好人际关系,改善自己的工作环境,为发挥自己的聪明才智创造条件。再次要采取恰当的方式表现自己的才华。秘书人员以适当的方式展示自己的才华能得到周围环境的认同,塑造个人的正面形象,提振自信力,摆脱压抑的心理阴影。还有一点必须注意,展示个人才华的方式一定要合适恰当,否则会有"故意卖弄"之嫌,遭人唾弃。

(二) 焦虑心理调适

焦虑是心理紧张的一种表现状态。正常的焦虑能引起适度的紧张,使人集中注意力,增强觉醒的强度,促进工作活动的完成。但如果过于焦虑,或者长期焦虑不能及时恢复正常状态,就会造成紧张不安,急躁忧郁和行为反常。秘书产生焦虑心理的原因有两个方面:一是客观原因,如秘书的工作负担过重,工作节奏紧张,相互竞争激烈,秘书人员难以适应;二是主观原因,如秘书缺乏自信,工作缺少计划性和条理性,或者虽有计划但缺少弹性和余地,在计划执行中不善于灵活应变,当工作进展不大或目标受挫后,焦虑心理便会自然产生。

秘书焦虑心理的调适,第一,要增强自信心,树立坚定顽强的意志,正视困难,敢于竞争;第二,安排工作要科学合理,订计划要留有充分的余地,工作时既要有条不紊,又要灵活应变,努力提高工作效率;第三,凡事既要尽最大的努力,又要作好最坏的打算,使自己一旦遭受挫折时,能够有足够的思想准备。

(三) 厌烦心理调适

厌烦是心理疲劳的一种情绪表现。厌烦心理会使秘书人员的注意力分散,记忆力衰退,精神疲惫,工作频频出错。产生秘书人员厌烦心理的客观原因是秘书事务活动的烦琐性、单调性和重复性;主观原因是秘书人员缺乏崇高的职业理想,不能正确对待秘书工作,把秘书工作当作权宜之计,或者从根本上轻视秘书工作。

秘书厌烦心理的调适,第一,要确立崇高的职业理想和正确的职业态度,热爱秘书岗位,愿为秘书事业贡献自己的才智和年华;第二,科学安排工作时间,注意劳逸结合,努力减轻心理疲劳;第三,善于总结工作经验,不断改进工作方法,给枯燥乏味的事务性工作注入生气和活力。

(四) 依赖心理调适

依赖心理是一种缺乏自信和自主意识,凡事依赖他人的消极心理状态。秘书人员的依赖心理主要是对领导者的依赖,具体表现为:①思想依赖,即凡事不作独立思考,唯上是从。②工作依赖,即凡事都要领导者亲自布置和交代,拨一拨、动一动,毫无主动性可言。

造成秘书人员的依赖心理,既有秘书方面的原因,也有领导者方面的原因。对秘书工作被动性和主动性的辩证关系缺乏正确认识,思想上存在着惰性,这是秘书方面的原因,也是主要原因;事必躬亲,包揽一切,忽视秘书人员的主观能动性,则是领导者方面的原因。

秘书依赖心理的调适,应当从秘书人员自身做起。第一,要正确把握秘书工作被动性和主动性的辩证关系,提高主动服务的自觉性;第二,要克服思想上的惰性,养成独立思考的习惯;第三,以认真负责、积极主动的态度对待每一项工作,提高自己独立办事的能力,充分发挥自己的主观能动性。

（五）羞怯心理调适

羞怯心理是交往过程中的一种正常的情绪情感反应。但是羞怯往往导致记忆衰退、思维混乱、语无伦次，在行为上则表现为退缩、回避、离群和依赖，从而也会影响秘书人员的正常交往和工作。产生秘书羞怯心理的客观原因，是缺乏交往的实践锻炼；而主观原因则是对交往的矛盾心态，即既希望交往，又对进行交往缺乏信心和勇气，甚至存在着惧怕心理。这种矛盾心态会直接影响秘书的交往行为，并且反过来加剧心理上的矛盾状态，形成恶性循环。

秘书羞怯心理的调适，首先，应对交往持正确的态度，要把交往作为完善自己人格和实现职业活动目标的重要手段，提高交往的自觉性和主动性；其次，要有意识地培养自己的交往能力，对每一次的交往都要有充分的信心和勇气，在交往过程中力求镇定自若，努力克服自己的弱点。

（六）自负和自卑心理调适

自负是过高地评价自我而造成的一种心理失调。造成秘书自负心理的原因主要有两方面。一是秘书工作的特殊地位。由于秘书人员直接辅助领导者，经常接触机要，传达领导者的指示，经授权代表领导者处理问题，因而客观上容易使一些秘书人员以"二首长"自居，自以为了不起，脱离群众。二是一些秘书人员的成长道路较为顺利。特别是初涉秘书岗位的年轻秘书，有较高的学历，成长道路一帆风顺，未经历摔打磨炼，再加上取得了一些成绩，如果不能正确对待，就容易滋长自傲自负的情绪，轻视他人，甚至轻视领导者，工作中常常自以为是，自行其是，听不进他人的批评和劝导。秘书的自负心理如不及时加以纠正，不仅会妨碍自己聪明才智的发挥，而且会严重危害与领导者以及同事和群众的关系。

自卑是过低地评价自我而造成的一种心理失调。产生秘书自卑心理的原因，主要是秘书人员不能正确对待自己的弱点，尤其是一些学历层次较低、缺乏秘书工作经验的年轻秘书人员，在遇到困难和挫折时，如果不能正确对待，往往容易丧失信心，甚至从此一蹶不振，看不到自己的潜能和优势，总觉得不如别人，内心变得过于敏感、紧张，遇到问题往往束手无策。一些原来自傲自负的秘书人员，一旦面临重大挫折，也往往会从一个极端走向另一个极端，情绪一落千丈，由自负变为自卑。

秘书的自负和自卑心理都是由于不能正确认识和评价自我而造成的心理障碍。调适的方法是：第一，应当客观辩证地评价自我，既不能过高，也不能过低，既要看到自己的长处，也要看到自己的短处；第二，要尊重他人，虚心诚恳地听取他人的批评和意见，努力克服自身的缺点；第三，要正确对待成功与挫折，做到胜不骄，败不馁；第四，要充分发挥自己的潜能，扎扎实实地提高自己的实际工作能力，以出色的工作表现证明自我的价值，重塑自己的形象。

下编 现代秘书实务

第六章 文书写作

第一节 文书概述

一、文书的含义

文书是以文字符号为主要形式在一定介质上记录信息的材料。就社会性质而言,文书包括公务文书和私务文书两大类。公务文书简称公文,是法定组织在公务活动中形成的。公文有广义和狭义两种解释。凡是法定组织(即依法登记成立的社会组织,如国家机关、政党、企事业单位、社会团体等)在其公务活动中所形成的文书都属于广义公文。广义公文包括狭义公文和一般公务文书两部分。狭义公文专指以法定组织名义制作并对外发出的,具有法律行政效力、法定文种和规范体式的公务文书。一般公务文书则相对于狭义公文而言。凡具有公务性质,但或不具有法定效力,或无规范体式,或不对外发出,仅供单位内部使用、留存的文书,均属于一般公文文书。例如调查报告、简报虽具有公务属性,但并不具有法定效力,因而不能划入狭义公文范围。又如会议记录和大事记也是公务文书,但由于一般不对外发出,故也不能视作狭义公文。当然,狭义公文和一般公务文书的划分不是绝对的。计划、总结、方案等一般公务文书,有时可以根据实际需要,作为狭义公文的附件一起发出,成为狭义公文的有机组成部分,并具有一定的法定效力。

图6-1 狭义公文和广义公文关系示意图

二、文书的构成要素

(一) 信息要素

文书是记录和传递信息的载体,信息是文书的内容。文书的信息包括主题信息和附加信息两部分。

1. 主题信息

主题信息是文书所记载和传递的主要信息,体现文书制发的目的。公务文书的主题信息通过标题、主送机关(或称呼)、正文、署名(或发文机关)和成文日期等结构元素来表达。

2. 辅助信息

辅助信息是指因文书管理的需要,根据不同的主题信息而附加的标识。如公务文书的发文机关、发文字号、秘密等级、紧急程度、签发人、抄送、印发机关、印发时间等结构元素,一方面补充说明文书主题信息,另一方面也是文书管理的重要依据。

(二) 符号要素

文书的信息必须通过一定的符号系统才能记载、表达、传递、感知。文书所使用的符号有以下形式。

1. 文字符号

文字是记录语言的书写符号系统(包括数码符号和辅助记录语言的标点符号),是文书记载和表达信息的主要工具和主要形式,也是文书区别于其他信息记录形式(如音频、图像和视频等)的重要特点。音频、图像和视频也可以作为文字信息的辅助记录形式,必须与文书的主题信息相关联。

2. 图形符号

图形符号包括各种表达特定含义的图形、图像、图表和特殊符号。图形符号的作用主要有三个方面:一是辅助说明文字符号所表达的信息,如企业文书中,常常需要运用图形、图像和图表来说明某些指标数据及其相互关系;二是用于展示特定的形象,如组织概览、产品介绍、CI手册等文书的写作,就需要配有实物实景图像、标志等,做到形象具体、图文并茂;三是表达文书管理的特定要求,如"★"这一符号表示该文书属于国家秘密。

3. 格式符号

格式符号包含两个方面:一是文书主题信息的内部结构元素(如标题、称呼、正文、署名、成文日期等)的组合方式以及结构体例,如大小标题、层次序号、章条款项等,这种格式符号的功能在于体现作者的写作思路、文书的主题信息和内在逻辑;二是组成文书的各项书面视觉要素的形体样式,包括各种文字、图形、结构元素、段落的字体、字号、颜色、位置和标注方式等,又称体式、标印格式,既可以起到突出显示文书辅助信息的作用,又可以增强文书或庄重或美观的视觉效果。

(三) 物质要素

物质要素是文书赖以记录、传递信息的介质。文书的物质要素是随着时代的发展和科技的进步而变化的。目前通行的文书物质要素有两类:一类是纸质文书,一类是电子文书。

纸质文书的物质要素由书面载体和显字材料组成。

1. 书面载体

书面载体是文书符号要素赖以附着的物质。纸质公务文书用纸要求质地良好、能永久保存，纸幅尺寸、颜色应符合国家标准。

2. 显字材料

显字材料是附着于书面载体之上组成文字字形的物质，如油墨、墨水等。公务文书显字材料必须在书面载体上附着牢固，不褪色，能永久保留文字字形，在颜色和亮度上与书面载体形成明显反差，以便于阅读和确保扫描、复制和传送的清晰度。

电子文书的含义详见第七章第六节"电子文书处理"。

三、公务文书的特点

(一) 工具性

公务文书是法定组织对内实施管理、对外进行公务联系的工具。各级各类的法定组织运用文书这一工具，传达贯彻党和国家的方针、政策以及上级的精神，发布规章制度，落实行政措施，请示和答复问题，指导、布置和商洽工作，报告情况、提出意见和建议，交流经验，从而实现对内管理和对外交流的目标。

(二) 法定性

公务文书的法定性表现在三个方面。

1. 具有法定的作者

公务文书必须以法定组织或其合法代表人的名义制发，要求实际撰稿人（往往是秘书人员）必须忠于法定作者的制文意图。

2. 具有法定的效力

公务文书（尤其是狭义公文）一旦发出，便具有法定的效力，发文单位必须承担相应的法律的和行政的责任。下行的公文还具有法定的权威性，收文机关必须贯彻执行。

3. 形成和发布公务文书必须符合法定的职权范围和法定的程序

任何组织只能在自己的职权范围内制发公务文书，如涉及事项超越自己的权限，必须报经上级机关或有关部门批准或批转。在发文程序上，公务文书须经领导人的审批签发，或经法定性会议审议通过。

(三) 规范性

规范性是指公文应当在名称、种类、适用范围、标印格式、处理程序等方面实行统一的标准和规范。公文的标准化和规范化，有利于不同的组织之间相互准确无误地传递信息、认知信息、处理信息,同时也有利于公文的管理的信息化、网络化。

公文的标准化和规范化对于实现公务文书的标准化和规范化具有关键性作用。《党政机关公文处理工作条例》(中共中央办公厅、国务院办公厅 2012 年 4 月 16 日发布)、《党政机关公文格式》(GB/T 9704—2012,国家质量监督检验检疫总局、国家标准化管理委员会 2012 年 6 月 19 日发布,2012 年 7 月 1 日实施)对我国现行公文的名称、种类、适用范围、标印格式和处理程序作出了明确的规定,秘书人员应当认真学习并准确掌握和运用,努力提高本机关文书工作的标准化水平。

(四) 时效性

公务文书是为反映和解决公务活动中的现实问题而制发的,因此公务文书的时效性显得尤为重要。延误时间,错过机会,不仅会使公务文书失去应有的效用,成为一纸空文,而且会给实际工作带来一定的损害。同样,随着形势的发展变化,有些不合时宜的文书应当及时修订甚至废止。

四、公务文书的作用

(一) 规范行为

公务文书具有令行禁止、规范行为的作用,它告诉人们什么可以做,什么不该做,可以做的应该如何做,如果做了不该做的应当怎样处理,等等。公务文书的行为规范作用是通过颁布命令、决定、决议、通告、通知等要求执行的公文以及条例、办法、规定等规范性文件来体现的,并依靠法律行政强制力或组织内部纪律得以保障。

(二) 实施管理

公务文书作为公务信息的载体,是法定组织实施管理的重要工具。领导系统的决策、计划、组织、指挥、协调等各项管理职能都需要通过制发一系列的公务文书来实现。在决策的准备阶段,各种方案、意见、咨询报告、请示、信息汇编等文书为决策提供信息支持;在决策实施阶段,命令、决定、决议、通知、纪要、函等文书能发挥组织、指挥、协调的作用;在决策反馈阶段,通过工作报告、情况报告、工作总结、评估报告、简报、动态等文书反馈信息、发现问题、分析趋势、找出规律,为领导系统再决策提供科学依据。

(三) 宣传教育

任何一个组织的有效管理运行,都必须建立在对内统一思想、凝聚人心,对外树立良好形象、创造有利环境的基础之上。倡议书、公开信、承诺书、简报、通报、决定、信息、经验介绍、消息等公务文书具有宣传教育作用,是法定组织对外宣传政策、树立形象,对内褒奖先进、批评错误、教育干部员工的重要工具。

(四) 沟通交流

在现代社会中,法定组织之间上下、左右、内外的相互沟通、交流、合作日趋频繁,函、纪要、意向书、合同、联合声明、共同宣言等公务文书在沟通立场、交流情况、联系工作、商洽业务、确立合作关系等方面能发挥巨大作用。

(五) 凭证依据

公务文书所记载的信息具有法定的权威性和法定的效力,因而是执行公务的凭证和依据,执行重要公务时尤为如此。即使在现实使命完成之后,文书仍然可以发挥历史凭证作用(即档案作用),继续供后人查考、研究和利用。

五、公务文书的分类

(一) 按行文方向分

1. 上行文

上行文是向具有隶属关系的上级机关或虽无隶属关系但具有业务指导或行政管理关系的高级别机关发出的文书。报告、请示、意见等文种属于上行文。

2. 平行文

平行文是平行机关之间,或者既不隶属又无职权上管理与被管理关系的、级别不相等的机关之间,以及高级别机关与受对方职权管理的低级别机关的相互行文。平行文有议案、意见、通知、函、纪要等。

3. 下行文

下行文是向具有隶属关系的下级机关或虽无隶属关系但具有业务指导或行政管理关系的次级机关发出的文书。下行文包括命令、决定、决议、意见、通知、通报、批复、纪要等。

4. 多向行文

多向行文指特定机关根据工作需要,在自己的职权内同时向社会多个方面告知或要求办理某个事项的文书。公告、通告、公报等文种属于多向行文。

5. 内向行文

内向行文指形成后不对外行文,仅限于组织内部传阅或者直接归档保存备供查考的文书。如会议和会谈记录、计划、总结、简报以及各种文件的讨论稿、草案,等等。

(二) 按保密要求分

1. 保密性文书

保密性文书指在内容上涉及国家秘密、商业秘密或者组织内部秘密,需要采取保密措施的文书。

2. 普通性文书

普通性文书指在内容上不涉及任何国家秘密、商业秘密或者组织内部秘密,无需保密也不需要公开的文书。

3. 公开性文书

公开性文书指根据工作需要公开发布或者按照法律法规必须公开发布的文书。

(三) 按办理时限分

1. 平件

平件指办理时限不超过 7 天的文书。

2. 急件

急件指需要优先办理的文书,办理时限不超过 3 天。

3. 特急件

特急件指事关重大、必须以最快速度和非常程序运转的文书,办理时限不得超过 24 小时。

六、公务文书的稿本

公务文书的形成和运转过程大致可以分成草本、标准本、复制本三个阶段,每个阶段又生成若干具体形态的稿本。稿本不同,其功能、价值和效力也不相同。

(一) 草本

草本产生于公务文书作者的意志形成阶段,文字内容尚未最后确定,故不具备法律行政效力。具体稿本有以下几种。

1. 讨论稿

讨论稿指提交特定的会议讨论研究的文书。讨论稿一般适用于不需要表决或谈判的会议文书,征得的意见供制文机关或有签发权的领导参考。主持会议的领导人如具有签发权,可以在讨论研究后当场决定是否将讨论稿转化为定稿。

2. 草案

草案特指某一组织的正式成员提交给特定会议审议、表决或参与会谈的某一方提交各方磋商、共同签署的文书。决定、决议、法律、法规、规章、条约、声明、合同、纪要、协议书、备忘录等会议文书,在提交时都应当称为草案。草案同讨论稿的区别在于:凡是提交审议、表决、谈判、共同签署的文书称为草案;经讨论后还需提交上级机关审批或领导人签发的文书称为讨论稿。较为成熟的草案,可直接提交会议表决。对原有的规范性文书提出修正意见并提交特定会议审议、表决的文书,称作"修正草案"。

3. 征求意见稿

征求意见稿指公开或在一定范围内散发征求意见的文书。征求意见稿可以公开发布，广泛征求意见，也可以有重点地个别征求意见，或者以会议的形式集体征求意见。有时重要文书的草案也可以先采用征求意见稿的形式，称作"草案征求意见稿"。

4. 修改稿

修改稿指在讨论稿、草案或征求意见稿的基础上，综合各方面的意见加以修改后提交进一步讨论的稿本。修改稿可以有多次稿本。

5. 送审稿

讨论稿、修改稿经过修改完善，文字内容基本成熟之后，提交上级机关审批或领导签发的稿本称为送审稿。

6. 表决稿

表决稿特指经过多轮审议修改，文字内容不再更动，正式提交会议表决的最终草案。表决稿同送审稿的区别在于：前者适用于必须经过会议表决才能通过的文书，后者适用于提交给上级机关或领导人签发的文书。

（二）标准本

标准本产生于公务文书法定作者意志确立阶段，具体又可以分为初始标准本和正式标准本。此时，文书或经领导人签发，或经会议表决通过，或经与会各方协商或共同签署，文字内容已经完全确定，并具有法律或行政效力。标准本有以下几种具体稿本。

1. 定稿

送审稿一旦经过领导人的签发，草案、修正草案、表决稿一旦在会议上获得通过或共同签署，便转化为定稿，具有法律行政效力。领导人签发的定稿不直接外发，是印制正本的依据，应当由发文机关归档保存备查。国际会议最后通过或共同签署的文件又称为最后文件或者共同文件。

2. 正本

正本具有以下特征：一是文字内容必须同定稿完全一致；二是发送给主送机关（即主要办理机关），也就是说，发给抄送机关的文件不属于正本；三是狭义公文排版印制必须格式规范，有的还必须加盖公章或由领导人签署。在规范性文件中，有的正本称为暂行本或试行本，需要在实施后根据实践及时修订，同样具有法定效力。暂行本和试行本在颁布时必须在标题中加以注明。

3. 存本

存本是文字内容和外观格式同正本完全一致，并且代表正本、留存发文机关备查的稿本，通常与正本一起缮印制作。存本的作用在于沟通定稿与已经发出的正本之间的联系，便于核查产生定稿与正本之间误差的原因。

(三) 复制本

复制本产生于公务文书推动实际事务阶段。为了方便学习、传阅和使用,或为了满足特定的需要,发文机关和收文机关往往要对正本进行复制,于是产生了各种复制的稿本。复制本是否具有法律和行政效力,应视具体稿本的性质而定。

1. 副本

副本是相对于正本而言的,是经法定作者同意或受其委托,根据正本的内容与格式原样复制,具有与正本同等法律和行政效力的稿本。谈判或协商达成的文书的副本应当在条款中确认其法律效力,并规定副本的数量和保存方式,但一般不签字、盖章,或只盖章、不签字。

2. 翻抄本

翻抄本是指未经法定作者同意,根据正本或副本自行翻印、复制、抄写、节录的稿本,不具有凭证依据作用和法律行政效力,只供阅读参考之用。

第二节 公务文书写作的基本要求

一、主题方面的要求

主题即公务文书所表达的中心思想和行文意图,具体要求如下。

(一) 正确

公务文书主题的正确性首先要求秘书人员实事求是、全面科学地反映客观现实和发展规律,帮助领导系统以及相关系统全面掌握信息、客观总结得失、准确分析形势、科学作出决策。其次,公务文书中提出的意见、建议、措施和办法要切合实际、切实可行。公务文书往往是围绕一项具体的工作而制发的。能否正确有效地指导工作、解决问题、化解矛盾、预防危机,是衡量公务文书写作成败的最终标准。一切脱离实际的设想、无法操作的办法、难以兑现的承诺和哗众取宠的口号,要坚决反对。第三,要准确体现领导机关和领导人的制文意图。脱离了领导机关和领导人的制文意图,公务文书主题便无正确性可言。

(二) 集中

公务文书的主题要做到集中、简明、单一,具体要求就是"一文一事",即一篇文书集中说明一个方面的问题,布置一个方面的工作。"一文多事",会使主题分散。以请示为例,请示事项过多,往往会因其中一个事项批复的耽搁,造成其他事项的延误。此外,"一文多事"还会给公务文书的立卷归档带来麻烦。

(三) 鲜明

公务文书主题鲜明就是指文书中所表达的立场、观点、态度、原则,必须旗帜鲜明,是非、善恶、褒贬、奖惩都应当泾渭分明,不可似是而非、含糊笼统、模棱两可、回避要害;公务文书中提出的任务、要求、措施、办法应当清楚、明白,有鲜明的针对性。

二、材料方面的要求

凡是在公务文书中用来说明主题的引文、数字、事件、人物、时间、地点等,都可称为材料,具体要求如下。

(一) 确凿

材料确凿是公务文书具有说服力和感染力的保证。具体应当做到:一要以事实为本。无论是汇报工作、反映情况,还是介绍经验、公开信息,都要坚持实事求是的科学态度,做到客观、真实,坚决反对弄虚作假、夸大事实、隐瞒真相。二要坚持调查研究,加强材料的核算和检验,提高材料的准确性和可靠性。要重点收集第一手材料,对转手材料要认真分析、研究,确认其可靠性和准确性。三要严格把好公务文书的起草、修改、审核、校对四个关,避免因手工书写、电脑输入和印刷排版错误造成的材料上的差错。

(二) 切题

主题和材料是相互联系的,主题必须统帅材料,反过来,材料是为表现主题服务的。因此,是否围绕主题,能否体现主题,这是选择材料的首要原则,也是决定材料取舍的主要标准。材料的好坏不能孤立地看,只有当材料和主题放在一起时,才能衡量其价值。凡是能够有力地说明或突出主题的材料,就要决意入选;一切与主题无关或与主题相抵触的材料,应当坚决舍去。

(三) 典型

典型材料是指既具有独特个性又能体现同类事物的本质特征和普遍意义的材料。在表扬性通报、经验介绍、先进事迹、调研报告等写作中,典型材料能发挥以一当十的作用,大大深化公务文书的主题,具有很强的说服力和感染力。

三、结构方面的要求

结构是指公务文书的部分与部分、部分与整体之间的内在联系和外部形式的统一,具体要求如下。

(一) 完整

结构完整首先要求公务文书的各项结构元素相对齐备,不可无故残缺。公务文书的结构一般由标题、主送机关或者称呼、正文、署名、成文日期等元素构成,有的还需要增加稿本、题注、印章等结构元素。各项结构元素之间相互联系,共同组成公务文书的整体,为表达主题服务。其次，正文的各个组成部分应比例合适、详略得当、首尾相应。

(二) 规范

结构规范是公务文书写作的重要特点，其表现如下。

1. 结构的每一部分具有特定的功能

公务文书的结构一般包括开头、主体和结尾三部分。开头一般说明制发公务文书的目的、依据和原因；主体一般说明情况、经过、任务、要求、办法、意见等；结尾一般发出号召，提出希望、请求，或予以强调。内容简单的公务文书，可掐头去尾，不分段落，一气呵成。

2. 结构的每一部分有特定的写作模式

如标题的模式一般为：发文机关＋事由＋文种；开头常常用"根据""为了""遵照"等词语；公务文书的结尾用语在同一文种中具有相同性或类似性，如请示的结尾用语一般为"以上请示请批复""特此请示"等。

3. 结构的每一个部分都有相对固定的位置，不可随意更动

比如标题应当置于公务文书的首部并居中，主送机关或称呼应当在正文的上方顶格书写，等等。

(三) 连贯

结构的连贯性包含两方面具体要求。

第一，正文的各部分要做到意脉相通，逻辑严密。比如，为了阐释政策、说明任务和工作要求，公务文书中必然会出现关于政策、任务、要求的提法。这些提法必须前后一致。不能一方面强调要严格执行，另一方面却说可以灵活掌握；前面指出某种现象的危害性，后面却又解释这种现象的合理性。

第二，语言形式上要有必要的过渡和照应。过渡是把相邻的层次或段落之间的关系加以提示，承上启下，使上下文之间能自然地衔接起来，引导读者的思路从上文过渡到下文。照应是使公务文书的内容前后呼应。前面说过的后面要有着落，后面准备提到的前面要有伏笔或者暗示。

(四) 合理

所谓结构要合理，是指安排、组合观点和材料的方式必须适应主题表达的需要。通常有以下三种方式。

第一种是并列式结构，又称横式结构。它的特点是，将所要表达的主题划分为若干并列而又相互关联的层次，分别从不同角度、不同侧面来叙述、说明或证明主题，使正文呈现出一种多管齐下、齐头并进的格局。通知、计划、总结、合同等公务文书，大多采用这类结构形式。

第二种是递进式结构，又称推进式结构或纵式结构。它对需要表达的主题，采取一层深于一层的形式安排、组合观点和材料，使层次之间呈现一种层层展开、步步深入的逻辑关系，

从而使主题得到深刻透彻的叙述、说明或者论证。从表现的内容来看，递进式结构又分为时序递进、主从递进、因果递进、表里递进（即从现象分析递进到本质分析）等。通报、报告、请示、纪要、调查报告等公务文书，常常采用这类结构形式。

第三种是混合式结构，又称纵横交错式结构。有些公务文书需要表述的内容比较复杂，相对应的层次关系也比较复杂，不能只用单一的结构形式，需要把并列式和递进式结合起来，形成一种混合的结构形式。

（五）清晰

为了便于人们阅读、记忆、引用和执行，公务文书的结构可以采用章条款项法、层次编码法、大小标题法、撮要倒悬法等方法，达到层次分明、条理清晰的效果。

四、语言方面的要求

语言是公务文书表达的工具，具体要求如下。

（一）朴实

朴实、通晓，这是公务文书语言最起码的要求。具体而言，一要做到语言通俗，不生造词语，不使用生僻字；二要语言质朴，不刻意雕琢，不玩弄辞藻；三要语言自然，不装腔作势，不说空话套话。

（二）简要

公务文书的语言应当精要概括，言简意赅。具体方法有以下几种：

1. 避免重复

当一层意思包含另一层意思时，应舍去被包含的意思。如："重复建设给国家造成了不必要的浪费"中的"浪费"一词具有贬义，本身就包含"没有必要"意思，因此"不必要"应当去掉。

2. 使用约定语

当有些概念、术语已经成为社会约定的基本常识时，可省略多余的解释。尤其是专业对口的往来性公务文书，只要双方有约定，适当使用代号和行业俗语，可使语言显得十分简要。

3. 运用数概

把若干并列的事项用数字概括后简称，既可以节约文字、便于引述，又能够帮助记忆和掌握。如"四个自信""两个一百年"。

4. 用规范性、通用性简称代替全称

如以"冬奥会"代替"冬季奥林匹克运动会"等。第一次使用非规范性、非通用性简称时，应当先写全称，然后注明："（以下简称××××）"，以免产生误解。

5. 共用共同中心语

若干词语的中心语相同时，可共用一个中心语。如"工业、农业"可简写为"工、农业"；"进口、出口"可简写为"进、出口"。

6. 将双音节词改为单音节词

有些双音节词可以简写为单音节词而意思不变，如"希望"可改为"希"或"望"。

7. 适当使用地名简称

在不引起歧义的情况下可使用规范的地名简称，如"京、津、沪"。

8. 力戒浮文

公务文书的开头部分要"开门见山"，主体部分应"要言不烦"，结尾部分应"当断即断"。必要时，可以掐头去尾。

（三）准确

准确是公务文书语言的生命。语言表达不准确、不清楚，会直接影响信息的沟通，甚至会造成严重后果。具体要求做到以下几个方面。

1. 用词贴切、概念明确

概念是判断、推理、论证的基础，是依靠词语表达的。但是，同一个概念有时可以用不同的词语来表达，同一个词语也可以表达不同的概念。在汉语系统中，一词多义的情况非常普遍。因此，在运用词语表达概念时，要准确把握概念的内涵与外延，做到用词贴切。具体要求如下。

（1）词义单一、避免歧义。如："×××博览会于今天上午在××中心隆重开幕，省委书记×××、省长×××和其他省领导出席了开幕式。"这一句中的"其他省领导"到底是指本省的其他领导人还是指其他省的省级领导？由于其他省的省领导和本省的其他省级领导都有可能应邀出席，这样一来，这一句就不可避免地产生了歧义。

（2）区别词语的感情色彩。有些词语的意义相同或相近，但感情色彩却不同。如："成果""结果""后果"，都表示事物发展到最后所产生的情况。其中"成果"是褒义词，只指好的结果；"结果"是中性词，可指好的结果，也可指坏的结果；"后果"仅指坏的结果，是贬义词。

（3）辨析词语的性质差别。有些近义词之间存在性质上的差别，要仔细辨析，不可混淆。如"会见"与"会谈"、"话题"与"议题"、"罚金"与"罚款"、"定金"与"订金"、"保修"与"包修"等近义词，含义并不相同，必须准确使用。

（4）正确划分概念。划分概念是将一个属概念分为若干个种概念的逻辑方法，必须是对同一层次的概念并按同一标准进行划分。划分后所得子项的外延必须相互排斥，其外延总和必须等于母项的外延，不能出现"子项相容""划分不全"或"多出子项"的情况。如："本届××洽谈会的宣传工作要充分发挥电视、广播、消息、行业刊物的作用。"一句中存在两个问题：一是电视、广播、消息这三个并列的概念的上位概念不一致。文章中并列使用的概念一般应当有一个共同的上位概念。上位概念不一定要出现，但必须是公认的。电视、广播公认的上位概念是"媒体"，而消息则是一种新闻文体，其上位概念是"文体"。"媒体"和"文体"是两个不同的上位概念，因此电视、广播、消息不宜并列使用；二是电视、广播、刊物划分标准的层次不一致。电视、广播是对"媒体"这一概念的划分，能够与电视、广播并列的概念是刊物，而行业刊物则是对刊物这一概念进一步划分得出的子概念。因此，电视、广播、行业刊物三者也不能同时并列使用。

（5）概念概括与限制要恰当。概括与限制是明确概念的方法。但概括和限制要恰当，否则会造成概念的混乱。如"要加强工商、税务、纪检、监察等行政管理部门的队伍建设"一句中的"纪检"属于党务部门而非行政管理部门，这是犯了概括不当的错误。又如"进入会议现场的人员一律佩戴证件，严禁不佩戴证件的非工作人员进入现场"一句中的前半句话意思很清楚，是从正面明确规定所有进入布展现场的人员都要佩戴证件，但后半句话偏偏多了"非工作"这个限制词，使人误解为工作人员可以不受此限，由此造成前后矛盾。

（6）正确使用数量关系词。在表述数量增、减时，常常将"为""到""了""是"等词同"倍""成""百分之×""百分点""增长率"等配合使用，一旦使用不当，就会造成巨大误差。如："该公司今年实际上缴利税九百万元，比去年的三百万元增长了三倍。"此句中"三倍"应改为"两倍"，或改为"是去年三百万元的三倍"。又如："今年的参展费从去年的 1400 元减少到 700元，整整下降 2 倍。"这句话的错误在没有正确把握"倍"字只能用于数量增长关系，而不能用于下降关系，这里应当用百分点（数）。另外，使用百分点（数）表述下降关系时，不能超出"100％"。

（7）明确界定"以上""以下""以前""以后"的含义。在公务文书写作中，常常会用"以上""以下""以前""以后"来划分数量和时间区域，由于这些词语在是否包括本身指称的数量和时间方面具有不确定性，因此使用时如不加说明，就会出现漏洞。如："凡超产百分之二十以上者，可得一等奖；凡超产百分之十以上、二十以下者，可得二等奖；凡超产百分之十以下者，可得三等奖。"这句中的"以上""以下"是否包括本数，意思不明确。如果遇到超产正好是百分之二十或百分之十的情况，就会产生奖励等级如何划分的问题。因此应当明确写明"'以上'包含本数"或"'以下'包含本数"，或者采用"及以上"或"及以下"的方法加以明确。

（8）正确使用日期代称。公务文书用到"今年（天）""明年（天）""去年""上月（旬）""本年度（月、旬、周）""即日"等时间代称时，必须在上下文中有明确而具体的指称时间。重要的时间概念，必须使用全称，即年、月、日都必须写全，不得省略，也不得用代称或简称。

（9）合理使用模糊语言。模糊语言是指外延不确定、内涵无定指的特定语言。公务文书中适当使用模糊语言，可以使语言简洁明了、委婉含蓄，也具有更大的概括性和灵活性。但是，如果使用不当则反而会给理解和执行公务文书带来困难。因此，模糊性较大的词语不能用于表达基本的和重要的概念。尤其是"大概""也许""可能""基本上""原则上"等模糊词语，使用时必须非常慎重。

(10) 释义要完整、明确。公务文书特别是规范性文书,在对概念术语进行解释或者对某项政策加以界定时,一定要完整、明确,避免出现前后矛盾和漏洞。如"晚婚假应在法定婚假后连续使用"一句究竟是指两种婚假必须连续使用、不能中断,还是指晚婚假可以在法定婚假后单独一次性使用?表述很不明确,存在明显漏洞。

2. 句子通顺,合乎语法

(1) 句子成分完整。如"通过这些事实,充分说明了大力发展循环经济的必要性"一句中"通过这些事实"是个介词结构,不能充当主语,因此造成主语残缺。应当去掉"通过"一词,以"这些事实"作主语。

(2) 词语搭配恰当。词语的搭配要有意义上的关联,并且恰当、合理。如"促进管理水平",其中"促进"一词不能与"水平"一词搭配,可改为"提高"。又如:"要善于发现和总结管理中的经验和问题。"一句中的"发现和总结"同"经验和问题"在搭配顺序上不合理,应当将"经验和问题"改为"问题和经验"。

(3) 避免句式杂糅。所谓句式杂糅,是指把两个句子表达的意思,杂糅成一个句子来表达,造成表达混乱,意思不清。如:"发生观众投诉的主要原因仍然是主办单位有章不循造成的。"此例其实是由"发生观众投诉的主要原因仍然是主办单位有章不循"和"观众投诉仍然是主办单位有章不循造成的"这两句话杂糅而成,导致语法成分的赘余。

(4) 标点符号正确。标点符号是文书符号要素的重要组成部分,对文书的主题信息起着辅助说明的作用。该标不标,或者标点符号使用混乱,会使文书的语言表意不清,造成理解和执行上的障碍。如:"1 000名大学生志愿者由省教育厅负责安排500名中学生志愿者由团市委统一调配。"此句由于该逗不逗,造成"500名"这一词组的归属出现歧义。

3. 简称规范,合乎习惯

适当使用简称,可以使语言简洁明了,但滥用简称,则会影响表义。如"华交会"这一简称就存在一称数指的情况,因为它可以指"华东地区家禽交易会""华东地区糖酒商品交易会""中国华东进出口商品交易会"等展会。遇到这种情况,应当使用全称,或先写全称,用括号说明简称,以下再用简称。简称还不得同已有固定词或词组的含义相混淆,防止产生误解,如不能把"遇到困难"简称"遇难",不能把"会议周期"简称为"会期"。

(四) 庄重

公务文书具有法定的权威性。与之相适应,公务文书的语言应当十分庄重,具体方法有下列几种。

1. 正确使用公文专用词语

公务文书中有很多源自文言文的公文专用词语,使用频率高,实用性强,不仅简洁明快、具有特定的表达功能,而且体现公务文书语言的庄重性,具体有以下几类。

(1) 开头词。如:为了、为使、根据、遵照、兹因、由于、鉴于、据查、近查等。

(2) 称谓词。如：我、本、你、贵、该等。

(3) 引叙词。如：收悉、电悉、获悉、欣悉、惊悉、痛悉、前接等。

(4) 综合过渡词。如：为此、因此、对此、据此、有鉴于此、总之、综上所述、以上各条等。

(5) 期请词。如：请、拟请、提请、恳请、特请、切盼、希、望等。

(6) 表态词。如：同意、不得、照办、速办、迅即办理、准予、遵照执行、贯彻执行、参照执行、研究办理、供参考等。

(7) 询问词。如：当否、妥否、可否、是否可行、是否同意、意见如何等。

(8) 程序词。如：报批、报经、报送、报请、呈报、呈请、出具、非经……不得、核准、核定、核拨、审查、审定、审核、审批、审议等。

(9) 结尾词。不同类型的公务文书使用不同的结尾用语。①执行类的文书结尾词有：此令；特令；现予发布实施；现予公布，自××××年×月×日起施行；以上通知(告)，望遵照执行。②报请类文书的结尾词有：特此报告；特此请示；以上请示当否，请批复；以上意见如无不妥(当)，请批转各地执行。③批复类文书的结尾词有：特此批复；此复。④周知类文书的结尾词有：现予公告；特此通告；特此通报；特此通知。⑤商洽类文书的结尾词有：特此函复；即盼函复；为荷；为盼；为要；为感；为宜。

2. 以陈述句和祈使句为主

公务文书中的句型以陈述句和祈使句为主，少用或不用感叹句和疑问句。陈述句便于直接明确地表明立场，解释概念，陈述事务；祈使句能明确要求人们应该做什么，不该做什么，这正符合体现公务文书语言庄重性的需要。

3. 主要运用消极修辞

公务文书语言的庄重性，决定了在修辞方面，除了部分宣传演讲类文书外，绝大多数公务文书的写作主要运用消极修辞，适当运用积极修辞。所谓积极修辞，就是运用比喻、拟人、借代、象征、夸张等修辞手段。所谓消极修辞，是相对积极修辞而言的，即不用任何修辞手段而使语言明白、通畅、平匀、稳妥、庄重。公务文书写作在主要运用消极修辞的同时，又要体现语言的生动性和形象性，这就要处理好积极修辞和消极修辞的关系。

第三节 公务文书的结构元素、体例和标印格式

一、公务文书的结构元素及其表述方法

公务文书结构元素是指表现公务文书主题信息的各个组成部分，包括标题、稿本性质、题注、作者名称或姓名、称呼或主送机关、正文、署名或签署、盖章、成文日期等。这些结构元素并非每份公务文书都必须具备，可根据文种的性质、特点和行文目的加以选择，合理组合，以确保信息表达的完整性。

(一) 标题

标题是对公务文书内容的高度概括与提炼。

1. 公务文书标题组成方式

(1) 发文机关或会议名称＋事由＋文种。主要用于以机关或会议的名义发出公文,如:《××市人民政府办公厅关于切实做好政府突发公共事件预案编制工作的通知》《中国共产党××市第九届委员会第五次全体会议关于市委常委会工作报告的决议》。

(2) 发文机关或会议名称＋文种。如:《××机械有限公司声明》《第六届全国公共关系论坛邀请函》。

(3) 事由(主题)＋文种。如:《中华人民共和国加入世界贸易组织议定书》《信访工作条例》等。

(4) 适用范围＋适用对象＋文种。如:《××街道突发公共卫生事件应急处置预案》《×××咨询有限公司员工守则》。

(5) 适用范围＋适用时限＋主题＋文种。如:《上海××有限公司20××年度公关工作总结》。

(6) 仅标明文种。一般用于少数约定俗成的文种,如邀请函、联合声明、感谢信等。

(7) 复合式标题。一般由主题和副题组成。主题(又称正题)揭示文书的主题,副题(又称子题)补充说明作者、文种和适用范围等信息,常常用破折号引出。如:《找准定位,加强规划,创建品牌——××市20××年××工作总结》。

2. 标题制作要注意的问题

(1) 发文机关要用全称或规范化简称。

(2) 标题中的事由部分应当准确、简要地概括公务文书的主要内容,并注意语法的规范性和语义的准确性。

(3) 为了便于公文的引用、转发、汇编和归档,提高公文检索的效率,除纪要、章程、条例、办法等少数文种外,公文标题应当由发文机关、事由和文种三部分组成,不应省略发文机关。

(二) 稿本性质

文书写作和印制时,除了正本和副本外,其他的稿本形态都应当在标题之后或下方注明,以区别于正本和副本的法定效力。规范性文件中的暂行本和试行本也必须标注,以免同普通正本相混淆。稿本性质有两种标注方式。

(1) 提交会议讨论或审议表决、尚未产生法定效力的文书,需在标题之后或下方居中用圆括号标明"草案""修正草案""讨论稿""征求意见稿"。如:《第十二届全国人民代表大会第一次会议议程(草案)》。

(2) 暂行本和试行本的"暂行"和"试行"既可作为定语置于文种之前,限定文种,也可置于文种之后用圆括号括入。如:《社会保险费征缴暂行条例》《车辆识别代号管理办法(试行)》。

(三) 题注

题注是位于标题下方,说明该文书通过、签署、发布、修订、生效等有关信息的结构元素。会议通过的决定、决议、章程、条例、规定、办法、细则、宣言、倡议书等,应当标注题注。题注一般由通过(发布)日期、会议名称(发布机关、发布文号)和"通过(发布)"组成,如修订后重新发布,标明修订日期;如需上级机关批准,标明批准机关、批准日期。标注题注的文书,一般不再标注主送机关和成文日期。题注应当置于标题之下、正文之上,居中,用圆括号括入。题注中的日期可用阿拉伯数字表述。如:

××市第十三届人民代表大会第四次会议关于设立法制委员会的决定

(20××年2月10日××市十三届人大四次会议通过)

采用题注的文件,无需在文末标注主送机关、成文日期。

(四) 作者名称或姓名

会议报告、讲话稿、调查报告、经验介绍材料等文书,由于在标题中不显示作者的名称或姓名,因此要在标题下方标明法定作者名称或报告人姓名。标明作者名称或姓名的文书,无需再在正文下方署名。

(五) 称呼

称呼主要用于信函、讲话、报告、致辞一类的公务文书,表明致送和聆听对象。称呼的写法要根据文书的性质和称呼对象的身份、范围等情况确定,一般要把握这样几点原则:一是身份从高到低;二是先特称后全称;三是性别先女后男;四是尽可能覆盖全体参加对象。比如,提请代表大会审议的报告,应当称呼"各位代表";欢迎会上的致辞,应当首先称呼主宾,再称呼其他来宾,如"尊敬的×××先生,各位来宾、各位同志、女士们、先生们";介绍经验等一般性发言,应当先称呼领导,再称呼来宾,最后称呼代表,如"各位领导,各位来宾,各位代表"。

称呼要在标题之下空一行顶格书写,后标冒号。

(六) 主送机关

主送机关即文书的主要受理机关。主送机关的写法有下列几种。

1. 特称或单称

特称用于向一个特定的机关行文。使用特称要注意区域限制。在本地区、本单位可称上级为"市委""市政府""董事会""总经理",但跨地区、跨单位行文时,必须写明地区或单位全称。

2. 并称

并称用于同时向两个以上的机关行文。向两个以上的上级机关行文时,要将主要的机关写在前面,如"党中央、国务院"。如果采取并报的形式,则在主要的机关后面写"并报×××"。

3. 转称

转称用于主送某一机关,同时要求转送(报)另一机关的公文。如"市委并转报省委"。

4. 统称

统称又叫泛称,即将同一类型的机关名称或称呼对象的共同中心语抽出,前面加"各"字,如"各省、自治区、直辖市""各区县局"。无共同中心语的机关,可按其性质统称,如"各直属机构""各人民团体"。统称写作应当清楚明确,不应写成"各有关单位",以免造成责任不清、相互推诿的情况。统称如不能涵盖全部受文机关,可以采用统称加单称或并称的方法,如"各全国性学会、协会、研究会,各省、自治区、直辖市科协,各计划单列市、副省级城市科协,新疆生产建设兵团科协"。

5. 递降称

递降称用于多级下行文,如"各地、市、县委"。

主送机关应顶格书写,末尾标冒号。公布性文书(如命令、通告、公告)和会议通过的文书(如决定、决议),可不标主送机关。

(七) 正文

正文是完整表达公务文书主题信息的核心载体,一般分为开头、主体、结尾三部分。内容简单的公务文书,可掐头去尾,不分段落,一气呵成。

(八) 署名

署名又称落款。文书的署名有以下几种情况。

1. 署发文机关的名称

党政机关的公文一律要求在正文的下方署发文机关的名称全称或者规范化简称。无固定标印格式,标题中又无发文机关名称的文书,如邀请函、工作计划和总结等,也应当署发文机关名称。

2. 署领导人姓名

以领导人名义发出的文书,由签发人在正文末尾处亲笔署名,用以证实其法定效力或体现礼节,又称签署。如公布法规和规章的命令、向法定性会议提出议案、对重要贵宾发出的请柬或邀请函、任免性通知以及重要的证书、聘书等文书,应当由领导人署名。领导人署名的文书一般不再署发文机关名称,也不需加盖公章(特殊文书除外)。需要署名的文书批量印发时,也可盖领导人手书体签名章。联合发文需要署名的,应当由发文各方的领导人共同署名或盖签名章。

3. 代表人共同签字

具有协议性质的文书,如合同、纪要、联合公报、共同宣言等,由有关各方派代表在文书的末尾共同签署姓名，不能用签名章代替。签字人必须是法定代表人或者是由法定代表人授权的代表。

（九）成文日期

如果正文中没有特别说明，公务文书都是以成文日期作为法定的生效日期。成文日期也是日后检索和考证文书的重要途径。确定成文日期应当遵循以下几条规则。

（1）由领导人签发的文书，以签发日期为准。

（2）经会议讨论通过的文书，以通过日期为准。

（3）谈判协商达成的文书以各方共同签字的日期为准。

（4）需会签才能生效或者联合制发的文书，如各方签字的日期不同，则以最后一个单位的领导人签发的日期为准。

（5）以电报形式发出的文书，以发报日期为准。

二、公务文书的结构体例

结构体例是文章结构外部形式的表现模式。公务文书正文的结构体例丰富多样，但总体上可以分为非标志性体例和标志性体例两种。

（一）非标志性结构体例

有的公务文书内容简单或者全篇一气呵成，其结构形式主要是通过自然段落之间的内在的有机联系加以表现，无需任何特殊标志。

（二）标志性结构体例

公务文书内容如果较为复杂，则必须借助一定的标志性结构体例，将全文分为若干有机联系的组成部分，以突出层次性和条理性。目前，公务文书通常使用的标志性结构体例主要有以下四种：

1. 序数式

序数式即用汉字或阿拉伯数字标注层次和段落，有两种表述方法。

（1）开头、主体、结尾各层次均用序数标注层次。

（2）开头和结尾不标序数，主体部分用序数标注层次。

2. 小标题式

小标题式即把小标题置于较大的层次和段落之前。小标题具有划分层次、概括段落中心观点或主要内容、体现结构之间逻辑关系的功能，具体的表述方法有以下两种。

（1）序号＋标题，即在每个小标题前标注序号，以便于查阅。

（2）单设小标题。即在较大的层次之前仅标写小标题，不加序号。这种方法的查阅功能不如前一种。

序数式和小标题式可以结合使用,即先用小标题概括每个较大层次的主要内容,每个层次中再用序数标注较小层次的主要内容。

3. 段旨式

段旨式即把精辟的短语置于自然段落的开头,以概括这一段落的主旨,给人以鲜明的印象,然后再具体展开说明、议论。段旨前可以加序数,也可以不加序数。

4. 章条式

章条式即用编、章、节、条、款、项、目统一命名和表述各个结构层次。章条式结构体例具有名称统一、表述规范,容易辨识,便于查阅以及便于书面和口头引用等优点,适用于章程、条例、规定、办法、细则、合同、协议书等需要依照执行并经常引用、解释的文书的写作。章条式结构体例分为三个层次。

(1) 宏观结构层次——编、章、节。主要功能是对条文较多、结构较为复杂的文书划分较大的层次。章是宏观结构层次中的基本层次。当文书的内容表述需要设置宏观结构层次时,应当首先设章。章下面设条。如果章下所设的条较多,章与条之间可分节。节是一种辅助性结构层次。在同一文本中,有的章下面可以分节,有的章下面也可以不分节而直接设条。编属于最高的结构层次,只有当设立了章后还不能满足结构表达的需要时,才考虑使用编。编、章、节应当在名称前冠以汉字的序数词,后空1—2字缀以标题,并以较醒目的字体字号居中标识于该层次的上方,如"第一章　总则"。章和节一律依各自的上位层次从头开始编码。

(2) 中观结构层次——条。条是对某一个具体问题的完整规定,是文书结构表达的基本单位。在确定文书结构框架时,应当首先考虑设条,然后根据结构表达的需要适当增设其他的层次。采用章条式结构体例的文书,除序言外,全文从头至尾都必须按条的先后顺序依次连续编码,而且不受编、章、节的制约。条可用两种表述方法:一种是单纯用序号表述,即在条的名称前面冠以汉字的序数词,如"第一条",后面不加标题,左空二字置于条的开头,后空一字直接书写条文。另一种是序号加条名(即该条的名称),主要用于条文较多且不设章的规章文书,以便于按照条的序号和条名查找有关条文。具体方法是在条的序号后面空一字,写明该条的名称,下一行左空二字书写条文。条名也可用圆括号括入,如"第一条(目的和依据)"。

(3) 微观结构层次——款、项、目。微观结构层次的主要功能是对各自的上位层次进行细化,因而它们相对于各自的上位层次都具有较强的隶属性,不能单独设立。款是直接设于条下的、意义完整的自然段或逻辑段,是直条的组成单位。条下面可以只设一款,也可以设若干款。款与款之间既可以是意义上平行并列或程序上先后承接的关系,也可以是内容上补充完善的关系,但不是总分关系。条下面如果只设一款,可直接读作"第×条",而无需读出"第一款"。条下面如果设若干款,每一款前面无需标注"第×款",引用时则按自然段落的顺序读(写)作"第×条第×款"。款在写作上必须遵循完整性和单一性原则。所谓完整性,是指一款应当完整表达一个主题或说明一个问题。所谓单一性，即在一个款内只能表达一个主题或说明一个问题，如果需要对前一个主题作进一步说明或补充完善，或者需要表达另一个与之相关但又并列的主题，则应当另设下一款。

项和目都是以列举的形式对上一层次内容的说明。款下设项或者项下设目，第一自然段必须设总领句，后加冒号。由于项、目同上位层次的关系都是总分关系，因此项与项之间、目与目之间都是并列的分句。每一项、每一目均应另起一行左空二字书写。项用汉字的基数词外加圆括号依次表述，如"（一）"；目用阿拉伯数字加点号依次表述，如"1."。序号后面不用标出"项"和"目"，也不用空格，直接书写该项或该目的内容。项与项、目与目之间用分号隔开，最后一项或最后一目标句号并一律依各自的上位层次按顺序重新编码。

三、公文标印格式

为提高我国党政机关公文的规范化和标准化水平，2012年6月，国家质量监督检验检疫总局和国家标准化管理委员会联合发布了《党政机关公文格式》(GB/T 9704—2012)，现介绍如下。

（一）版头

版头即标识于公文首页红色分隔线以上的各要素的统称。

1. 份号

份号是公文印刷份数的顺序号，其作用是便于登记、分发、核查和统计文书。带有密级的公文必须标明份号；如果发文机关认为有必要，也可对不带密级的公文编制份号。份号用6位3号仿宋体阿拉伯数字顶格编排在版心左上角第一行（一行指一个汉字的高度加3号汉字高度的7/8的距离）。

2. 密级和保密期限

如需标注密级和保密期限，一般用3号黑体字，顶格编排在版心左上角第二行；保密期限中的数字用阿拉伯数字标注。国家秘密必须标识"★"符号，"★"的前面用汉字标注密级，"★"后面标注保密期限。保密期限在年以上的，注明多少"年"，年以下的用"月"表示。如"绝密★25年""秘密★1个月"。特殊情况下，保密期限为长期的，标为"绝密★长期"。公文的保密期限与密级的最长保密期限一致时，可免标保密期限，如"绝密★"，并按该密级的最长保密期限处理。

3. 紧急程度

如需标注紧急程度，一般用3号黑体字，顶格编排在版心左上角；如需同时标注份号、密级和保密期限、紧急程度，则按照份号、密级和保密期限、紧急程度的顺序自上而下分行排列。

4. 发文机关标志

发文机关标志表明公文的法定身份，由发文机关全称或者规范化简称加"文件"二字组成，也可使用发文机关全称或者规范化简称，不标"文件"二字。发文机关标志居中排布，上边缘至版心上边缘为35mm，推荐使用小标宋体字，颜色为红色，以醒目、美观、庄重为原则。字号以不大于上级机关字号为原则，根据本机关名称字数多少而定。联合行文时，如需同时标注联署发文机关名称，一般应当将主办机关名称排列在前；如有"文件"二字，应当置于发文机关名称右侧，以联署发文机关名称为准上下居中排布。

因发文机关过多造成首页不能显示正文，可采取只使用主办机关标志、缩小发文机关标志字号和行距等办法，确保首页显示正文。

5. 发文字号

发文字号即一份公文特定的代号，其作用是便于公文的登记、分办、查询、引用和归档。发文字号必须按机关代字、年份、发文序号的次序标注，如"沪府发〔20××〕2号"。年份要写全称，不应简化，用阿拉伯数字书写，外加六角括号，不能用方括号或者圆括号。序号是发文的流水号，按年度统一编制，用阿拉伯数码标识，不必前置"第"和虚位"00"。

发文字号位于发文机关标识下空两行，用3号仿宋体字，居中排列。联合行文时，只标注主办机关的发文字号。上行文的发文字号居左空一字编排，与最后一个签发人姓名处在同一行。

6. 签发人

上报的公文应当标注签发人姓名，以示对公文内容的郑重负责。签发人由"签发人"三字加全角冒号和签发人姓名组成，居右空一字，编排在发文机关标志下空二行位置，平行排列于发文字号的右侧。"签发人"三字用3号仿宋体字，签发人的姓名用3号楷体字。

如有多个签发人，签发人姓名按照发文机关的排列顺序从左到右、自上而下依次均匀编排，一般每行排两个姓名，回行时与上一行第一个签发人姓名对齐。签发人过多可能将正文挤出首页时，可适当增加每行签发人的数量。

7. 版头中的分隔线

发文字号之下4mm处印一条与版心等宽（156mm）的红色分隔线，其作用是将版头部分与主体部分隔开，增强公文页面的层次感。分隔线的高度推荐使用0.35mm—0.5mm，具体高度可根据发文机关标志字体字号酌定。

（二）主体

首页红色分隔线（不含）以下、末页首条分隔线（不含）以上的各要素统称为主体。

1. 标题

公文标题位于红色分隔线下方空两行，居中排列，字号小于版头，大于正文，一般用2号小标宋体字。排列时，要做到排列对称、间距恰当、醒目美观。字数多的标题应当使用梯形或菱形排成若干行。回行时,要做到词意完整,排列对称,长短适宜,间距恰当,如不应将双音节词或固定词组拆开置于不同行的首尾,"的"字不排在行首。如果标题所占行数较多,将出现把正文挤出首页的情况时,可将标题上移一至两行,即减少与红色分隔线之间的空行或不空行。

2. 主送机关

主送机关位于标题之下空一行,左侧顶格,使用 3 号仿宋体字,回行顶格。各主送机关中间根据机关的类型用顿号或逗号,末尾标全角冒号。如主送机关名称过多而使公文首页不能显示正文时,可将主送机关移至版记中的抄送机关之上。

3. 正文

公文首页必须显示正文。正文位置在主送机关名称下一行,每个自然段开头左空二字,回行顶格。正文中的数字、年份不能回行。正文使用 3 号仿宋体字,一般每面排 22 行,每行排 28 字,并撑满版心,特定情况可以作适当调整。文中结构层次序数依次可以用"一、""(一)""1.""(1)"标注;一般第一层用黑体字、第二层用楷体字、第三层和第四层用仿宋体字标注。

4. 附件说明

公文如有附件,但应在正文之下空一行左空二字用 3 号仿宋体字标识"附件"两字,后标全角冒号和附件名称。附件有两份或两份以上时,应当用阿拉伯数字标明序号,如"附件:1.××××××××××";附件名称不用加书名号,后面也不加句号。附件名称较长需回行时,应当与上一行附件名称的首字对齐。

有的公文已经在正文中明确提到被发布、印发、批转、转发的文件名称,就不必再在正文之下标注附件,更不必标注"附件如文"的字样。

5. 发文机关署名、成文日期和印章

(1) 加盖印章的公文。成文日期一般右空四字编排,印章用红色,不得出现空白印章。单一机关行文时,一般在成文日期之上、以成文日期为准居中编排发文机关署名,印章端正、居中下压发文机关署名和成文日期,使发文机关署名和成文日期居印章中心偏下位置,印章顶端应当上距正文(或附件说明)一行之内。联合行文时,一般将各发文机关署名按照发文机关顺序整齐排列在相应位置,并将印章一一对应、端正、居中下压发文机关署名,最后一个印章端正、居中下压发文机关署名和成文日期,印章之间排列整齐、互不相交或相切,每排印章两端不得超出版心,首排印章顶端应当上距正文(或附件说明)一行之内。

(2) 不加盖印章的公文。单一机关行文时,在正文(或附件说明)下空一行右空二字编排发文机关署名,在发文机关署名下一行编排成文日期,首字比发文机关署名首字右移二字,如成文日期长于发文机关署名,应当使成文日期右空二字编排,并相应增加发文机关署名右空字数。联合行文时,应当先编排主办机关署名,其余发文机关署名依次向下编排。

（3）加盖签发人签名章的公文。单一机关制发的公文加盖签发人签名章时，在正文（或附件说明）下空二行右空四字加盖签发人签名章，签名章左空二字标注签发人职务，以签名章为准上下居中排布。在签发人签名章下空一行右空四字编排成文日期。联合行文时，应当先编排主办机关签发人职务、签名章，其余机关签发人职务、签名章依次向下编排，与主办机关签发人职务、签名章上下对齐；每行只编排一个机关的签发人职务、签名章；签发人职务应当标注全称。签名章一般用红色。

（4）成文日期用阿拉伯数字将年、月、日标全，年份应标全称，月、日不编虚位（即1不编为01）。经会议表决通过的公文和法规、规章的成文日期应加括号标注于标题下方居中的位置，又称题注。

（5）为防止私加文字，变造公文，印章、成文日期不得同正文分离成两页。当公文排版后所剩空白处不能容下印章或签发人签名章、成文日期时，可以采取调整行距、字距的措施解决。

6. 附注

附注一般是用来说明公文的阅读和传达范围、是否可以登报、翻印等注意事项。如"此件发至县团级""此件可登报""此件不得翻印"等。"请示"应当在附注处注明联系人的姓名和电话。附注不是对公文内容作出解释或注释。如需对公文的内容或术语作出解释或注释，一般应当在被解释项或注释项之后采用句内括号或句外括号的方式解决。附注用3号仿宋体字标识于成文日期的下一行，左空二字，用圆括号括入。

7. 附件

附件应当另面编排，并在版记之前，与公文正文一起装订。"附件"二字及附件顺序号用3号黑体字顶格编排在版心左上角第一行。附件标题居中编排在版心第三行。附件顺序号和附件标题应当与附件说明的表述一致。附件格式要求同正文。如附件与正文不能一起装订，应当在附件左上角第一行顶格编排公文的发文字号并在其后标注"附件"二字及附件顺序号。

（三）版记

公文末页首条分隔线以下、末条分隔线以上的部分称为版记。

1. 版记中的分隔线

版记中的分隔线与版心等宽，首、末条分隔线用粗线（推荐高度为0.35 mm，合1磅）。首条分隔线位于版记中第一个要素之上，末条分隔线必须与最后一面的版心下边缘重合，也就是说，版记一定要置于公文末页版心的底部。如需标注抄送机关，中间需增加一条分隔线，用细线（推荐高度为0.25 mm，约合0.7磅）。

2. 抄送机关

抄送机关是指主送机关以外需要执行或知晓该公文的其他机关。需要抄送的机关有以下几类：

(1) 有双重领导或被领导关系的单位。

(2) 涉及对方职权范围，或必须让对方了解、请对方协作的单位。

(3) 特殊情况下越级行文时被越过的机关。

(4) 向下行文必须上报备案的上级机关。

如有抄送机关，一般用 4 号仿宋体字，在印发机关和印发日期之上一行、左右各空一字编排。"抄送"二字后加全角冒号和抄送机关名称，回行时与冒号后的首字对齐，同一系统内的同级机关之间用顿号隔开，不同系统的机关之间用逗号隔开，最后一个抄送机关名称后标句号。抄送机关较多时，依机关的性质、职权、隶属关系及其他逻辑关系依次排列。

如需把主送机关移至版记，应当将主送机关置于抄送机关之上一行，之间不加分隔线，编排方法同抄送机关。

3. 印发机关和印发日期

印发机关不同于公文的发文机关，是指负责印制公文的主管部门，一般应当是各机关的办公厅、办公室或文秘部门。如发文机关无单设的办公机构或文秘部门，也可直接标识发文机关。印发日期以实际印付的日期为准。

印发机关和印发日期一般用 4 号仿宋体字，同占一行，编排在末条分隔线之上。印发机关左空一字，印发日期右空一字，用阿拉伯数字将年、月、日标全，年份应标全称，月、日不编虚位（即 1 不编为 01），后加"印发"二字。

版记中如有其他要素，应当将其与印发机关和印发日期用一条细分隔线隔开。

公文如需翻印，还应当标识翻印机关的名称和翻印日期，其方法同上，但翻印日期后要标明"翻印"两字。

（四）公文的特定格式

1. 信函格式

信函格式相对简单，便于操作，常用于平行文和下行文中的通知、批复、函等文种。与通用格式相区别之处如下。

(1) 发文机关标志使用发文机关全称或者规范化简称，不加"文件"二字，居中排布，上边缘至上页边为 30 mm，推荐使用红色小标宋体字。联合行文时，使用主办机关标志。

(2) 发文机关标志下 4 mm 处印一条红色双线（上粗下细），距下页边 20 mm 处印一条红色双线（上细下粗），线长均为 170 mm，居中排布。

(3) 如需标注份号、密级和保密期限、紧急程度，应当顶格居版心左边缘编排在第一条红色双线下，按照份号、密级和保密期限、紧急程度的顺序自上而下分行排列，第一个要素与该线的距离为 3 号汉字高度的 7/8。

(4) 发文字号顶格居版心右边缘编排在第一条红色双线下，与该线的距离为 3 号汉字高度的 7/8。

(5) 标题居中编排,与其上最后一个要素相距两行。

(6) 第二条红色双线上一行如有文字,与该线的距离为3号汉字高度的7/8。

(7) 首页不显示页码。

(8) 版记不加印发机关和印发日期、分隔线,位于公文最后一面版心内最下方。

2. 纪要格式

纪要格式只用于党政机关的例行会议、专题会议形成的纪要文种。纪要格式与通用格式的区别之处如下。

(1) 纪要标志由"××××纪要"组成,居中排布,上边缘至版心上边缘为35 mm,推荐使用红色小标宋体字。

(2) 标注出席人员名单,一般用3号黑体字,在正文或附件说明下空一行左空二字编排"出席"二字,后标全角冒号,冒号后用3号仿宋体字标注出席人单位、姓名,回行时与冒号后的首字对齐。标注请假和列席人员名单,除依次另起一行并将"出席"二字改为"请假"或"列席"外,编排方法同出席人员名单。

纪要格式可以根据实际制定。

(五) 页码

一般用4号半角宋体阿拉伯数字,编排在公文版心下边缘之下,数字左右各放一条一字线;一字线上距版心下边缘7 mm。单页码居右空一字,双页码居左空一字。公文的版记页前有空白页的,空白页和版记页均不编排页码。公文的附件与正文一起装订时,页码应当连续编排。

(六) 公文用纸幅面尺寸及版面要求

1. 幅面尺寸

公文用纸采用A4型纸,幅面尺寸为:210 mm×297 mm。

2. 页边与版心尺寸

版心即公文页面中央印有图文(不含页码)的区域;页边即版心四周的空白。公文用纸天头(上白边)为37 mm±1 mm,地脚(下白边)为35 mm±1 mm,订口(左白边)为28 mm±1 mm,翻口(右白边)为26 mm±1 mm。版心尺寸为156 mm×225 mm。

3. 字体和字号

如无特殊说明,公文格式各要素一般用3号仿宋体字。特定情况可以作适当调整。

4. 文字的颜色

如无特殊说明,公文中文字的颜色均为黑色。

下面是公文标印格式的几种样式。

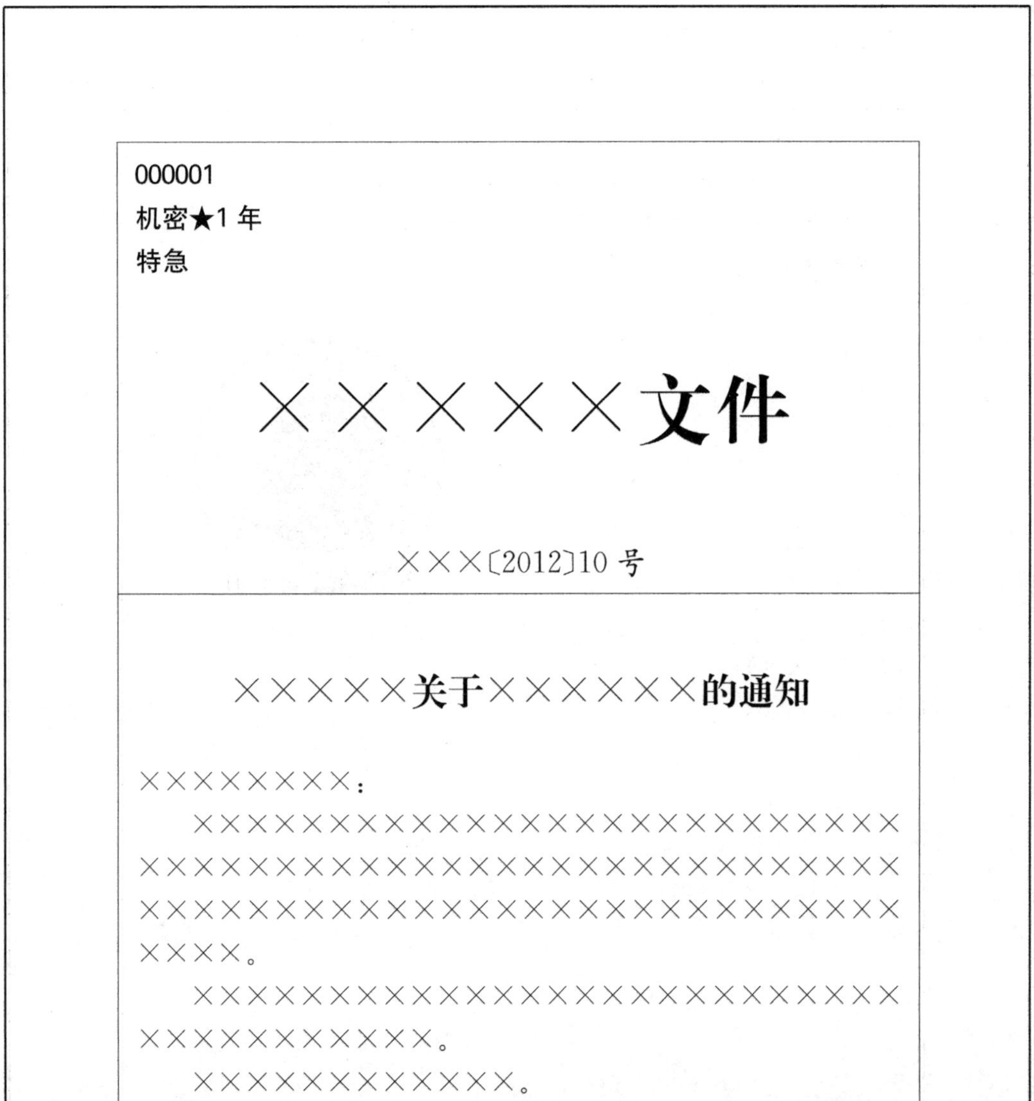

```
┌─────────────────────────────────────────────┐
│  ┌───────────────────────────────────────┐  │
│  │ 000001                                │  │
│  │ 机密★1年                              │  │
│  │ 特急                                  │  │
│  │                                       │  │
│  │                                       │  │
│  │         ××××× 文件                   │  │
│  │                                       │  │
│  │         ×××〔2012〕10 号              │  │
│  └───────────────────────────────────────┘  │
│  ┌───────────────────────────────────────┐  │
│  │       ×××××关于××××××的通知          │  │
│  │                                       │  │
│  │ ××××××××:                             │  │
│  │     ××××××××××××××××××××××××××       │  │
│  │ ××××××××××××××××××××××××××××         │  │
│  │ ××××。                                │  │
│  │     ××××××××××××××××××××××××××       │  │
│  │ ×××××××××××。                         │  │
│  │     ××××××××××××。                    │  │
│  │     ××××××。                          │  │
│  │ ×××××××××××××××××××××××××××          │  │
│  │ ××××××××××××××××××××××××××           │  │
│  └───────────────────────────────────────┘  │
│                                    — 1 —    │
└─────────────────────────────────────────────┘
```

图 6-2　单个机关行文首页版式

注：版心实线框仅为示意，在印刷公文时并不印出。

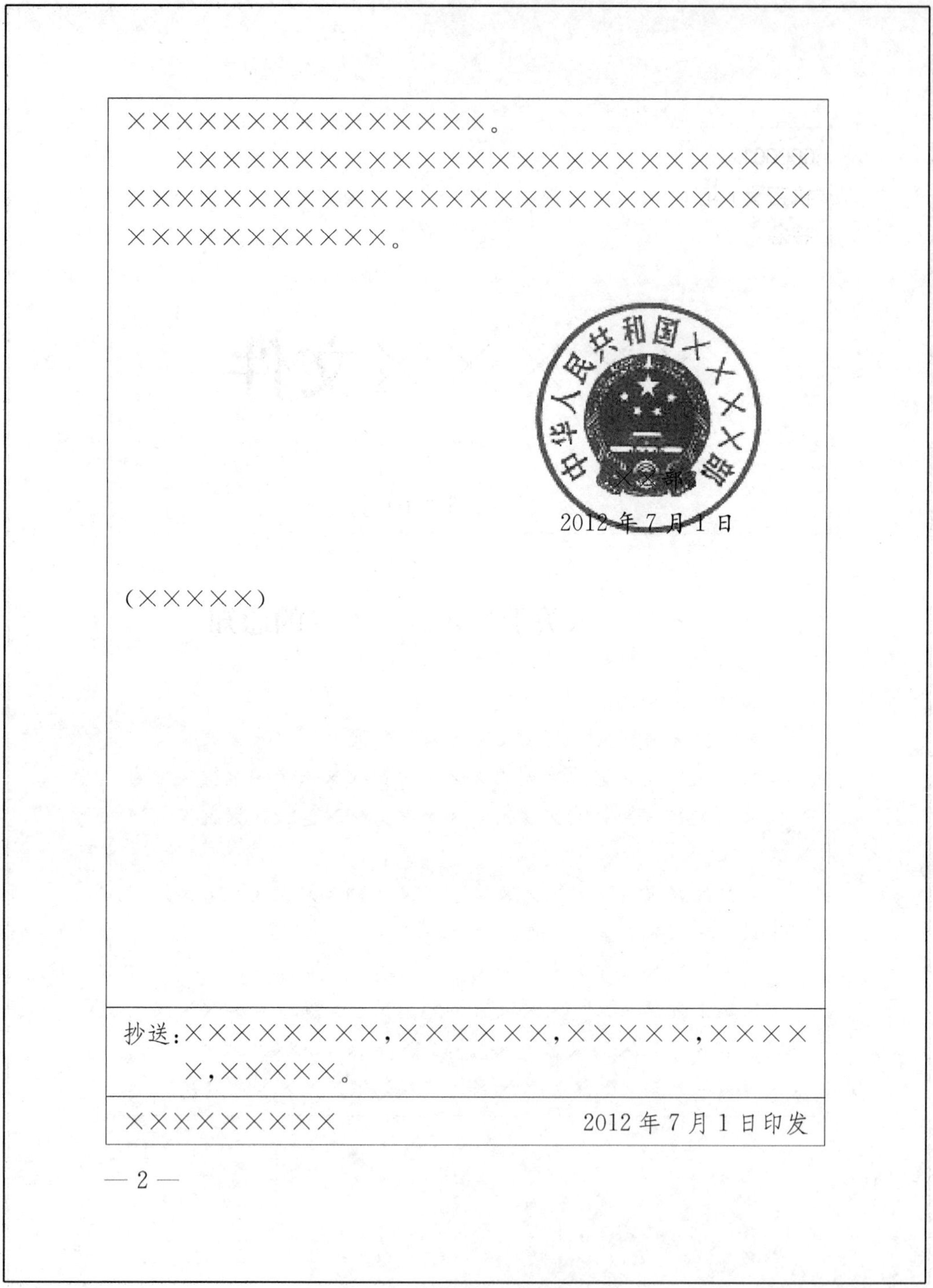

```
×××××××××××××××。
    ××××××××××××××××××××××
××××××××××××××××××××××××
×××××××××。

                                    中华人民共和国×××
                                         ××部
                                      2012年7月1日

(×××××)




抄送：×××××××××，×××××××，×××××，××××
     ×，×××××。
×××××××××                              2012年7月1日印发
```

图6-3　单个机关行文末页版式

注：版心实线框仅为示意，在印刷公文时并不印出。

```
000001
机密★1年
特急
```

×××××××

××　　×　　　×文件

×××××××

×××〔2012〕10 号

×××××× 关于×××××××的通知

××××××××：
　　××××××××××××××××××××××××××。
××××××××××××××××××××××××××××
××××××××××××××××××××××××××××
××××。
　　××××××××××××××××××××××××××××

图 6-4　联合行文首页版式 1

注：版心实线框仅为示意，在印刷公文时并不印出。

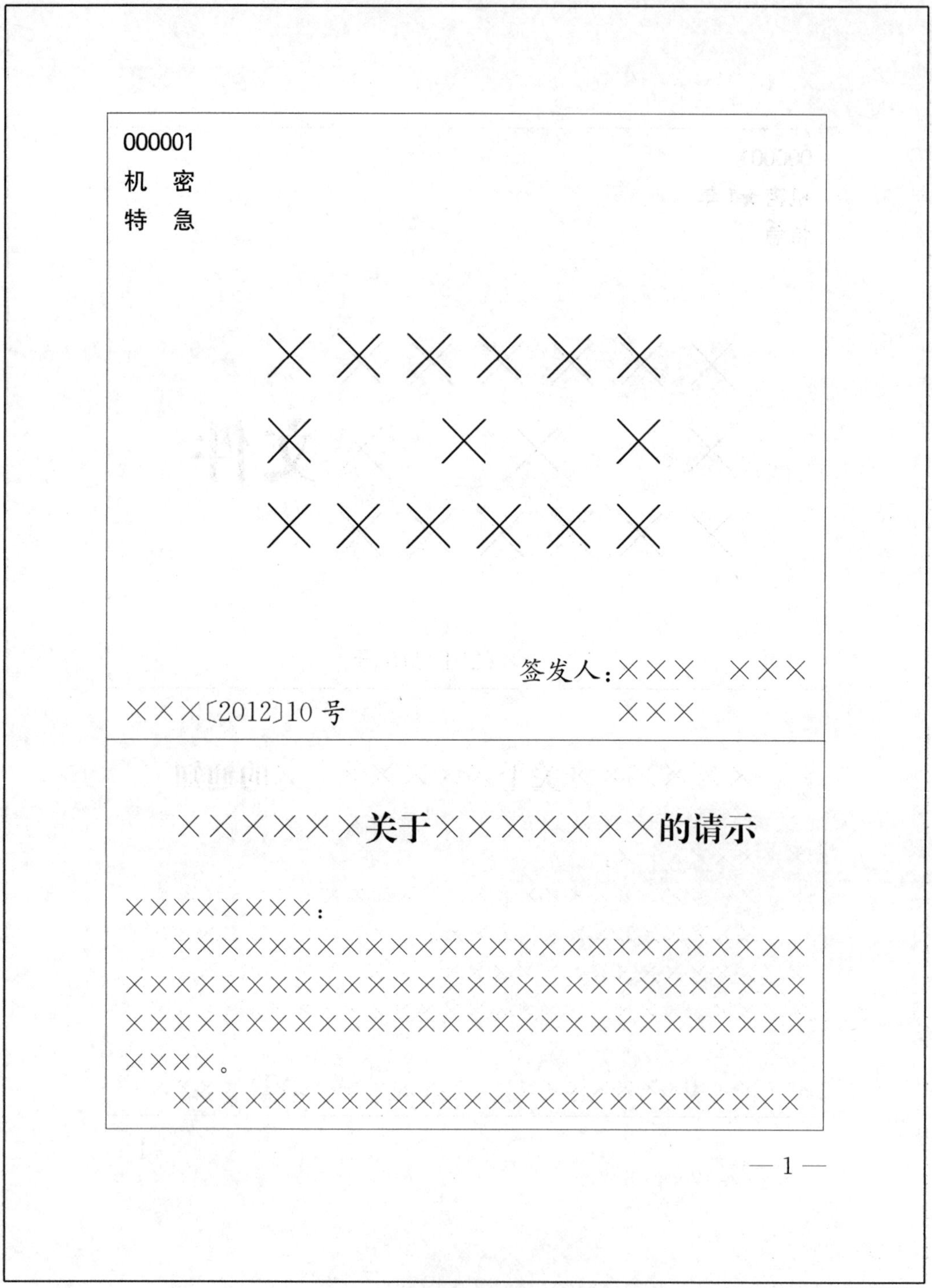

图 6-5　联合行文首页版式 2

注：版心实线框仅为示意，在印刷公文时并不印出。

图 6-6　联合行文末页版式

注：版心实线框仅为示意，在印刷公文时并不印出。

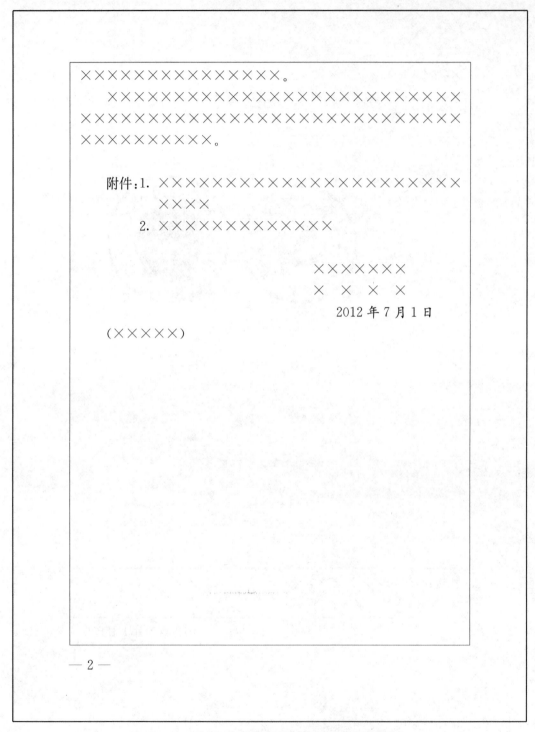

图 6-7 联合行文不盖章、有附件说明的末页版式

注：版心实线框仅为示意，在印刷公文时并不印出。

图 6-8 带附件的末页版式

注：版心实线框仅为示意，在印刷公文时并不印出。

中华人民共和国×××××部

000001　　　　　　　　　　　×××〔2012〕10号
机　密
特　急

×××××关于×××××××的通知

×××××××：
　　××××××××××××××××××××××××××
××××××××××××××××××××××××××××
××××××××××××××××××××××××××××
×××××××××××××××××××××××××××。
　　××××××××××××××××××××××××××
××××××××××××××××××××××××××××
××××××××××××××××××××××××××××
×××××××××××××××××××××××××××。
　　××××××××××××××××××××××××××
××××××××××××××××××××××××××××
××××××××××××××××××××××××××××
×××××××××××××××××××××××××××。

图6-9　信函格式首页版式

注：版心实线框仅为示意，在印刷公文时并不印出。

第四节　常用公文写作

《党政机关公文处理工作条例》规定的公文共 15 种：决议、决定、命令（令）、公报、公告、通告、意见、通知、通报、报告、请示、批复、议案、函、纪要。本章介绍几种党政机关、社会团体、企事业单位在日常工作中使用频率较高的公文的适用范围和写法。

一、决议

（一）决议的适用范围和种类

决议适用于会议讨论通过的重大决策事项。凡实行合议制、表决制的各种委员会、董事会、理事会、代表大会等，都可以使用决议这一文种。

决议大致有四种：一是批准性决议，用于批准在会议上所作的各种工作报告、请求会议审议的议案和计划等；二是工作性决议，用于就重要工作作出决策，要求有关单位贯彻落实；三是接纳性决议，用于表决通过要求加入组织的申请；四是政治性决议，用于特定的政治组织内部就形势、任务、政治纲领、行动策略等问题所形成共识。

（二）决议的结构与写法

决议的结构由标题、题注和正文三要素组成。决议不写主送机关，也不在文尾署名和标注成文日期。

1. 标题

决议的标题一般由会议名称（必须写全称）、决议事项和文种组成。如《××人民代表大会第×次会议关于××××工作报告的决议》。

2. 题注

决议必须经会议表决通过，因此必须写明通过该决议的会议名称和具体日期。

3. 正文

决议正文的结构分为以下几种情况。

（1）批准性决议的正文一般分为批准事项和对被批准文书或事项进行评价两部分。批准事项部分要说明被批准、通过的文书或事项的名称，会议的名称，被批准或通过文书的生效或施行的日期；有的决议还应当写明出席会议和参加表决的人数是否达到议事规则所规定的人数以及表决的情况。评价部分要反映会议多数人的意志，常用"会议认为""会议指出""会议强调"等作为叙述人称。比较重大的决议，还可在最后提出希望，发出号召。

（2）工作性决议的正文由决议的因由、决议事项和执行要求三部分组成。因由部分写明作出此项决议的背景、目的和意义。决议事项部分要写明决议的具体内容。执行要求部分应概括明确。

（3）接纳性决议的正文要写明接纳对象的基本情况和现实表现、是否符合接纳条件、表决结果等。

（4）政治性决议的正文应当写明作出决议的背景、对时局的看法和判断、决议的具体内容等。

决议正文的结构可采取从头至尾用数码编号的形式，也可以不编序码，以自然段落表达。

二、决定

（一）决定的适用范围和种类

决定适用于对重要事项作出决策和部署、奖惩有关单位和人员、变更或者撤销下级机关不适当的决定事项。决定按照产生的程序可分为两种：一种是经会议表决通过的决定，另一种是由首长签发的决定。

决议同决定都可以用于对重要事项作出决策，区别在于：决议必须经过会议讨论并表决通过，而决定既可以由会议表决通过，也可以经会议讨论后由首长签发。决议的内容比较原则，决定的内容比较具体。

（二）决定的格式与写法

决定的结构有三类。

1. 由标题、题注和正文三要素组成

这类决定不写主送机关，也不在文尾署名和标注成文日期，适用于需在法定会议上表决通过的决定。

（1）标题。由发文机关、决定事项、文种组成。如《中共中央　国务院关于加强技术创新发展高科技实现产业化的决定》。

（2）题注。要求同决议。

（3）正文。包括决定因由和决定事项两部分。因由部分要交代决定的事实依据和法律、法规和政策依据以及决定的目的和意义。事项部分要具体说明决定的事项、贯彻的措施和要求等。因由部分和事项部分常用"特作如下决定"或"决定如下"等词语过渡。结尾时不必再写"特此决定"。

2. 由标题、正文、署名、成文日期四要素组成

这类决定不写主送机关，主要用于向社会公开发布重大决策的决定以及公开奖惩的决定。

（1）标题。由发文机关、决定事项和文种组成。奖惩决定的标题要写明奖惩对象名称或姓名，以及奖励称号或处罚等级。如《中共中央　国务院　中央军委关于授予×××同志"航天英雄"荣誉称号并颁发"航天功勋奖章"的决定》。

(2) 正文。向社会公开发布的决定包括决定因由和决定事项两部分,写法同上一种决定。奖惩性决定的开头概括写明奖励或处罚对象的基本情况、主要事迹或错误事实,主体部分写明奖励或处罚的目的、意义和依据,以及奖励称号或处罚等级,结尾部分发出号召。针对个人的处罚性决定的结尾可说明申诉程序。

(3) 署名。位于正文右下方,署全称或规范化简称。

(4) 成文日期。位于署名下方,用阿拉伯数字书写。

3. 由标题、主送机关、正文、署名、成文日期五要素组成

这类决定适用于对下级机关发布重大决策事项或变更、撤销下级机关不适当决定事项的决定。

(1) 标题。由发文机关、决定事项、文种组成。

(2) 主送机关。普发性(即发到所有下级机关,下同)决定的主送机关写统称。针对某一地区或单位的决定,主送机关写单称。

(3) 正文。包括决定因由和决定事项两部分,写法同上一种决定。

(4) 署名。位于正文右下方,署全称或规范化简称。

(5) 成文日期。位于署名下方,用阿拉伯数字书写。

三、公告

(一) 公告的适用范围和种类

公告适用于向国内外宣布重要事项或者法定事项。各级国家机关以及企事业单位都可以使用。公告具有三个重要特点:一是公开性。公告属于应当公开发布的文种,且面向国内外。二是庄重性。公告只有在涉及重大事项时才可使用,滥用公告会削弱它的庄重性。三是多向性。公告没有特定的受文对象,可以多向发布。

公告的发布名义有两种:一种是以特定的会议名义向国内外宣布会议确定的重大事项,各级立法机关、行政机关以及企事业单位举行的会议都可以使用。根据我国的《公司法》,股份制企业的董事会、监事会、股东大会所作的决议事项应当用公告向全体股东和社会公布。另一种是以法定机关的名义向国内外宣布重大决定或重要事项。如《财政部 税务总局 工业和信息化部关于延续新能源汽车免征车辆购置税政策的公告》。

(二) 公告的结构与写法

公告的结构由标题、正文、署名和成文日期四要素组成。由于面向社会发布,因此公告不写主送机关。

1. 标题

标题一般由发文机关(或会议名称)、事由、公告组成。内容简要的公告标题也可省略事由。股份公司董事会议公告以发布决议事项为主,文种也可写成"决议公告"。标题中一般不要省略发文机关,特殊情况下需要省略的,必须在正文右下方署发文机关。

2. 正文

正文包括公告的依据、公告事项。正文的内容及其写法要根据公告的性质来确定。

(1) 宣布法定事项的公告应具体说明事项的性质、内容、批准或通过的法律依据、法定程序。如果是发布会议通过的规范性文件,应说明会议名称、所发布文件的名称、批准或通过的时间及文件生效或施行的具体日期。

(2) 股份公司的决议公告开头一般要概括介绍会议的情况,包括时间、地点、主要议题、出席范围等,主体部分载明会议做出的各项决议事项。

(3) 举行重大活动的公告要写明活动目的、宗旨、名称、主题、程序、时间、地点、参加范围、参加办法等信息。举行评选活动的公告还要写明评选的程序和结果。

公告的最后可用"特此公告""现予公告"等词结尾,也可省去结尾用语。有的公告不分段落,一气呵成。

3. 署名

署名位于正文右下方,署全称或规范化简称。

4. 成文日期

成文日期位于署名下方,用阿拉伯数字书写。

四、通告

(一) 通告的适用范围和种类

通告适用于在一定范围内公布应当遵守或者周知的事项。

通告与公告都具有公开性和多向性的特点,区别在于:一是受众范围不同。公告面向国内外,通告适用于国内和法定组织内部。也就是说,公告的受众范围比通告广。二是内容重要程度不同。公告用于公布重要事项,如法律、法规和规章等。相对而言,通告的内容则比较具体和一般,凡是需要社会有关方面周知的事项均可用通告发布,因而使用的范围较广。三是发布目的不同。公告的目的在于让国内外公众周知所发布的信息,公告的内容本身并不一定要求受众遵守或执行,如需遵守或执行,一般通过附件发布法律、法规、规章或其他需要强制执行的事项;而通告既可以用于周知目的,也可以直接发布要求相关受众遵守执行的政策、措施,具有强制性。

通告按内容可分为遵守性通告和周知性通告。遵守性通告所发布的事项要求人们遵守执行,具有强制性。周知性通告发布目的是让社会各方面或内部公众了解有关信息,不具有强制性。

（二）通告的结构与写法

通告的结构由标题、正文、署名和成文日期四要素组成。与公告相同，通告也不写主送机关。

1. 标题

标题一般由发文机关＋事由＋通告组成。单位内部的通告标题可省略发文机关，内容较简单的通告标题可省略事由。

2. 正文

通告的正文一般先交代通告的目的和依据，常用"为了""根据"等介词引导，要求简洁有力；然后准确清楚地说明通告的事项；最后可用"特此通告"结尾，也可用"以上通告，望遵照执行"予以强调。如果开头部分已经用了"现通告如下"作为过渡语，则结尾处不必再写"特此通告"，以避免重复。

3. 署名和成文日期

通告的署名和成文日期的写法要求同公告。

五、意见

（一）意见的适用范围和种类

意见适用于对重要问题提出见解和处理办法。与其他文种不同的是，意见既可以下行，也可以平行或上行。上级机关制定的意见可以直接发给下级机关遵照执行。下级机关如需向上级机关提出意见或见解，或者需要请上级机关批转各有关机关共同执行的事项，可以使用上行性意见，并按请示性公文的程序和要求办理。平行或不相隶属的机关之间也可以相互提出意见供对方参考。

意见的种类一般分为以下几种。

1. 纲要性意见

用于就某一时期、某一方面工作的总体安排向下级机关提出原则性见解和要求。

2. 实施性意见

一般是为贯彻落实上级机关某一重要决定或本机关中心工作所制定的方案。

3. 建议性意见

用于向上级或平级机关提出处理某项工作的意见和建议，也可请求上级机关予以批转。请求批转的意见与请示的区别在于：请求批转的意见所涉及的内容一般都是全局性或牵涉面较广的工作，必须由上一级机关批转方能开展。而请示所涉及的内容一般都是请示机关本身运转必须由上级批准同意才能解决的问题，如增设机构、追加经费、批准项目、内部改革等。

4. 质疑性意见

用于向上级、平级或下级机关(单位)提出对某个问题的不同看法、见解。

(二) 意见的结构和写法

意见的结构一般由标题、主送机关、正文、署名和成文日期五要素组成。面向全社会公布的意见，也可不写主送机关。

1. 标题

意见的标题由发文机关、意见事由和意见文种组成。如《国务院关于加快发展节能环保产业的意见》。

2. 主送机关

上行和平行的意见应当写明主送机关，下行的意见如果要求下级机关普遍执行，可不写主送机关，但应在附注中注明印发传达范围。

3. 正文

意见的正文有两种写法：一种写法是将全文分为两部分：前一部分是揭示背景、说明缘由、分析问题、发表见解、阐述目的和意义，要求做到概括而又深刻，为后一部分打好基础；后一部分提出解决问题的具体办法和对策，这是重点。另一种写法是将全文用序号和小标题分成若干层次，每一层次提出一条原则或具体办法。正文写作时应注意以下几点。

(1) 明确性。即提出的建议或者意见要明确，不能含糊。

(2) 系统性。即提出的各项建议或者意见要相互协调、配套。

(3) 可操作性。即提出的建议或者意见应当切实可行，便于实施。

(4) 预见性。即对在具体实施中可能会遇到的困难或出现的问题要有足够的估计，并有一套防范的对策和措施。

请求上级批转的意见的结尾应写"以上意见如无不妥，请批转××执行"。

4. 署名和成文日期

一般性意见署名和成文日期的标注要求与通知相同。向全社会公布的意见，可将成文日期标注于标题的下方。

六、通知

(一) 通知的适用范围和种类

通知适用于发布、传达要求下级机关执行和有关单位周知或者执行的事项，批转、转发公文。通知既可作为下行文，也可作为平行文。

通知与通告的区别是：一是适用范围不同。通知可用于对下级机关转发文件、布置工作、任免工作人员，通告则无这方面的功能。二是行文对象不同。通知的对象具有定向性，主送机关必须明确,通告的对象则具有多向性,无特定的主送机关。三是知晓范围不同。通知的内容可以有一定的限知性,有时还要确定密级,通告的内容都是公开的,无保密要求。四是传递方式不同。通知主要通过法定渠道下发或机要交通系统传递,有时也可以根据需要公开发表,通告则必须通过媒体或张贴的方式发布。

通知的种类可分为以下几种。

1. 印发性通知

用于在本系统内下发本机关领导的讲话、有关学习参考文献以及由本机关制订的内部工作计划和内部执行的规范性公文等。

2. 发布性通知

用于公开发布由本机关制定并要求有关方面遵守的除法规和行政规章以外的规范性公文。发布行政法规和规章应当用命令。

3. 批转性通知

"批转"专指由上级机关批准并转发下级机关上报的公文。公文一经批转,便代表批转机关的权威和意志。

4. 转发性通知

用于转发上级机关和不相隶属机关的公文。下级机关收到上级机关的来文,或者平行机关之间相互往来的公文不能用批转性通知来处理,只能使用转发性通知。

5. 执行性通知

用于布置要求下级机关或有关单位办理、执行的事项。

6. 知照性通知

用于要求下级机关或有关单位周知、配合的事项。

7. 任免性通知

用于任免本机关或下级机关的工作人员。

(二) 通知的结构与写法

通知的结构由标题、主送机关、正文、署名和成文日期五要素组成。不同种类的通知写法不同。

1. 印发、发布、批转、转发性通知的结构与写法

(1) 标题。这四类通知的标题应当标明发文机关、通知的类型、所发或所转发公文的名称和"通知"二字。如:《国务院关于批转××××××××意见的通知》。当被转发的文种亦为"通知"时,为避免标题中重复出现"通知"一词,可省去最后的"通知"一词,并去掉"关于"二字,将标题由偏正结构改为主谓结构,如:《××市人民政府转发国务院关于××××××的通知》。

(2) 主送机关。这四类通知一般作为普发性下行文,故主送机关多为统称。

(3) 正文。正文的写法通常有以下几种:

① 印发性通知可写作"现将×××同志在××××会议上的讲话印发给你们,请认真组织学习"或"现将《×××办法》印发(发)给你们,请遵照执行"。

② 发布性通知可写作"《××××××办法》已经××会议讨论通过,现予发布,自×××X年X月X日起施行"。

③ 批转性通知可写作"×××批准(同意)《××××××意见》,现转发给你们,请认真贯彻执行"。

④ 转发性通知可写作"现将《×××××××》转发给你们,请认真贯彻执行"。如以秘书部门(办公室)名义转发,可写作"《××××意见》已经××××批准(同意),现(转)发给你们,请遵照执行"。

有时正文部分还应强调印发、发布、批转、转发的目的、意义,以及学习或执行这一文件的要求。这类通知一般不写"特此通知"之类的结尾用语。

(4) 署名和成文日期。写法要求与公告相同。

2. 执行性、周知性通知的结构与写法

(1) 标题。这两类通知的标题由发文机关、事由、通知三要素组成。如《××市人民政府关于进一步规范××××的通知》。

(2) 主送机关。要求下级机关或有关单位普遍执行或周知的,写统称或统称加单称;要求某特定单位执行或周知的,写单称或并称。

(3) 正文。正文开头写明通知的目的、意义,然后用"现将有关事项通知如下"等过渡语承上启下,转入主体部分。执行性通知的主体部分要求准确清楚地说明具体的任务、要求、方法、步骤,结尾处可写"以上通知,望认真遵照执行"。周知性通知的主体部分直接写明周知事项的具体内容,简明扼要,如无特殊要求,一般以"特此通知"结尾,但上文已有类似的过渡词,则干脆省去结尾,以免重复。

(4) 署名和成文日期。写法要求与公告相同。

3. 任免性通知的结构与写法

(1) 标题。任免性通知的标题由任免机关+任免对象+任职(任免)通知组成。如:《××××大学关于××学院领导班子职务调整的通知》。同时任职和免职且对象较多时,可以只写主要对象的姓名后加"等"字,也可根据任免事项的性质将标题简化为《任命通知》《任免通知》。

(2) 主送机关。一般写明与任免事项有关的机关名称。普发性任免通知也可省去主送机关。

(3) 正文。正文要写明任免对象的姓名、任免的具体职务。必要时,应当说明任免的程序和原因,如:"经××××××会议讨论决定,并报经××××××批准,任命……。"同时任命和免去多人职务时,应当按人分段写明所任命和免去的职务。

(4) 署名或签署。党的机关任免通知署机关名称,行政机关的任免通知应由正职领导人签署或盖签名章。

(5) 成文日期。写法要求与公告相同。

七、通报

(一) 通报的适用范围和种类

通报适用于表彰先进、批评错误、传达重要精神和告知重要情况。

通报具有表彰先进、批评错误的功能,这一点同决定的表彰与惩处功能相似。二者的区别在于:一是作用不同。决定的作用是对表彰和处罚事项作出决断,而通报的作用在于通过对个别典型的表扬或批评,推动面上的工作。二是内容不同。通报中可以包含表扬或处分决定的内容,而决定中不能出现"予以通报"的内容。三是行文方式不同。通报属普发性下行文,要求传达到所有下级机关,基层单位亦可将通报直接予以公布。决定则不一定要传达、公布,视具体需要而定。四是归档方式不同。表彰性或处分性决定既归入文书档案,也归入当事人的人事档案。通报则一般不归入人事档案,只归入文书档案。也就是说,如果对某人既作出了处理决定又公开通报批评,在他的人事档案中只保存处理决定。

通报与通知都属于普发性的下行文,二者区别在于:一是功能不同。通报通过公开或一定范围内表彰、批评、传达,发挥激励、教育、儆诫和沟通情况的功能,不布置具体工作。通知可以布置工作,而不具有表彰和批评的作用。二是传达知照的重点不同。情况性通报用于传达带有普遍性、倾向性、需要各方面引起重视、加以防范的情况,而通知知照的事项较为具体。

(二) 通报的结构与写法

通报的结构包括标题、主送机关、正文、署名和成文日期五要素。

1. 标题

通报的标题除标明发文机关和文种外,还应标明通报事项的性质。如《××市教育局关于××学校发布虚假招生广告的情况通报》。

2. 主送机关

通报属于普发性下行文,故主送机关亦用统称。基层单位向全体员工直接公布的通报,可省略主送机关。

3. 正文

通报的正文有两种结构形式。

（1）表扬性、批评性通报的正文由事实、点题、决定事项或处理意见、执行要求或号召四部分组成。被表扬或批评的事实应当确切且具有典型意义,时间、地点、人物(或单位)、经过、结果要表述清楚,材料的安排应当突出重点、详略得当。叙述方法一般为按时间发展线索顺叙,不作人物刻画和环境描写。点题即用议论的方法对发生事实的性质及其原因进行分析、解剖,揭示其意义或危害性。点题既要源于事实,又要高于事实,以帮助受众从中提高认识,吸取经验或教训。决定事项或处理意见部分,应当明确提出处理的方式、方法,或提出处理的原则意见,责成有关部门具体处理。由于通报是面向全体受众的,故最后应对全体受众提出希望和要求。

（2）情况性通报的正文由两部分组成。第一部分叙述所需传达的精神或者情况并加以分析阐释,第二部分提出学习和贯彻的要求或者应当注意的问题。

通报的最后可以"特此通报"结尾。如开头部分已有"通报如下"过渡语,结尾亦可省略。

4. 署名和成文日期

署名和成文日期的写法要求同公告。

八、报告

(一) 报告的适用范围和种类

报告适用于向上级机关汇报工作、反映情况、回复上级机关的询问。报告属于上行性、知照汇报性公文。一般分为工作报告、情况报告和答复报告。

1. 工作报告

用于向上级机关汇报工作。

2. 情况报告

用于向上级机关报告本机关发生的重大情况和出现的重要问题。

3. 答复报告

用于答复上级机关或单位的询问,回复上级领导人的批示,汇报处理上级机关或领导人批转、交办文件的过程和结果。

(二) 报告的结构与写法

报告的结构包括标题、主送机关、正文、署名和成文日期五要素。

1. 标题

由发文机关、报告事项和报告组成。如《××局关于××××情况的报告》。

2. 主送机关

写明主送的上级机关名称,一般写单称,特殊情况下写并称或转称。

3. 正文

报告的种类不同,正文的结构安排也有所区别。

(1) 工作报告的正文一般有两种结构方式:一是总分式结构。即先概括工作的主要成绩和问题,然后分成若干方面具体展开。这种结构方式多用于综合性工作报告。二是递进式结构,即整篇报告分为工作概况、具体做法和措施、取得的经验和存在的问题、今后的打算等几个方面来写,前后衔接,层层递进。

工作报告正文写作一要做到主题鲜明,脉络清楚;二要做到材料准确,详略得当;三要做到点面结合,重点突出。

(2) 情况报告多为专题性报告,一般采用递进式结构,具体分为两种:一种为时间递进式,即按事件的发生、发展和最后处理的时间顺序来安排结构,适用于以单纯汇报情况的报告。这类结构方式报告的写作要做到事实清楚、脉络清晰、重点突出。另一种是按情况描述、原因分析、经验教训和处理意见的逻辑次序排列结构,适用于既汇报情况又解决问题的报告。情况描述部分要求何时、何地、何人、何事(过程和结果)等要素齐全、清楚。原因分析和经验教训部分应当全面、深刻,既要分析直接原因、客观原因和历史原因,也要揭示根本原因、主观原因和现实原因。处理意见部分提出的意见要中肯,措施要切实可行,既要治标,也要治本。

以上两种报告的结尾用语可用"特此报告""以上报告当否,请批示""以上报告,请审阅",但不能写"请批复"。如前面写有"现将有关情况报告如下"之类的过渡语,则可省去结尾用语。

4. 署名和成文日期

署名和成文日期的写法要求同通知。

九、请示

(一) 请示的适用范围和种类

请示适用于向上级机关请求指示、批准。

请示与报告虽然都属于上行文,但性质不同,区别在于:一是行文目的不同。请示的目的在于请求上级机关的答复或具体指导,使自己明确所请示的事项能否办、如何办。报告的目的在于让上级机关了解本单位的工作、情况,或者答复上级机关的询问,并不要求上级答复。因此,报告中不能夹带请示事项。二是内容表达不同。请示必须严格做到一文一事,不得一文数事。而有一部分报告则属于综合性报告,内容上要求全面系统。三是行文时间不同。请示必须事先行文,报告则事前、事中、事后均可。四是语气不同。请示必须使用祈请性语气,报告则应当运用陈述性语气。

请示的种类大致可以分为三种。

1. 求示性请示

用于请求上级给予指示、指导或裁决。

2. 求助性请示

用于请求上级给予支持、帮助。

3. 求准性请示

用于请求上级批准、同意请示事项或向有关部门转发本请示。

(二) 请示的结构和写法

请示的结构包括标题、主送机关、正文、署名和成文日期五要素。

1. 标题

请示的标题除标明请示机关和请示文种外,应当突出请示事项。如《保安部关于更换危险品仓库灭火器的请示》。

2. 主送机关

请示只写一个主送机关,不能多头请示。其他需要知晓的机关可列为抄送机关。请示的主送机关也不能写成领导人姓名。

3. 正文

正文由三部分组成。

(1) 请示理由。写请示理由既要摆情况,又要讲道理。摆情况必须实事求是,一是一、二是二,不堆砌、不夸大,突出重点,详略得当。讲道理应当理据相符、逻辑合理,不要空发议论、危言耸听。

(2) 请示事项。这部分写作的要求一是主题明确、一文一事;二是请求批准的事项名称、数量、价格,请求同意实施的方案、计划等要清楚;三是用语得体,充分尊重上级领导,行文中应当用"拟""望""打算"表达自己的要求,切忌使用"应当""必须""务必"等带有强求口气的词语。

(3) 结尾用语。请示的结尾用语具有强调请求愿望的作用,不能省略。书写时一定要另起一段,写"特此请示"或"以上请示当否,请批复"等,以示郑重。要求转发的请示,结尾处要写明"以上请示如无不妥,请批转××执行"一类的专门用语。

4. 署名和成文日期

署名和成文日期的写法要求同通知。

十、批复

(一) 批复的适用范围和种类

批复适用于答复下级机关请示事项,属于回复性下行文。

按批复的内容性质分,批复可分为指示性批复和审批性批复:指示性批复用于答复请求指示的请示;审批性批复用于答复求助性请示和求准性请示。按批复的态度分,批复可分为可批复和否批复：可批复即批准、同意下级请示事项的批复；否批复即否定下级请示事项的批复。

（二）批复的结构与写法

批复的结构由标题、主送机关、正文、署名和成文日期五要素组成。

1. 标题

批复的标题由批复机关、批复事项和批复文种构成。如《国务院关于同意上海市设立金山区的批复》。

2. 主送机关

由于批复是答复请示事项的，因此批复的主送机关就是原请示机关，应当写特称。答复联合请示的批复，主送机关应写明所有联合请示机关的名称。

3. 正文

正文可以分以下几部分来写。

（1）开头。由于批复属于回复性公文，因此开头一定要引叙来文标题和来文字号。如果来文的标题未写发文机关，可在来文标题前加上"你们""你公司""你局"等。引叙来文后，可用"现批复如下"转入主体。

（2）主体。主体部分具体表述批复意见和事项，写作要求：一是态度明确，用"同意""不同意"等明确语言表明批复的态度。如果使用"原则同意"一词，应表明"原则同意"之外的具体意见。部分同意的，必须将同意的事项和不同意的事项分别具体说明。二是不要重复请示理由，也可对请示理由作适当肯定，但不可重复请示中已经陈述的理由。如需对批复事项的意义进行阐述、发挥，应当比请示中的表述站得更高，看得更远，讲得更深。三是对重要问题的批复，要适当说明批复的依据或否定的理由，必要时还应写明批复的程序。

批复意见和事项较多时，可以将每一条意见标号分段来写，以便于下级学习、贯彻、执行。如果批复事项较简单，开头和主体之间可不用过渡句，也可不分段，直接写批复意见。

（3）结尾。结尾可提出执行批复的希望、要求，有的较为简单的事项，则以"此复"结尾。如前面已有"现批复如下"的过渡句，则可省去结尾。

4. 署名和成文日期

署名和成文日期的写法要求同通知。

十一、函

（一）函的适用范围和种类

函适用于不相隶属机关之间商洽工作、询问和答复问题、请求批准和答复审批事项。函的种类可分为以下几种。

1. 商洽函

用于不相隶属机关之间相互商洽工作。

2. 问、复函

用于不相隶属机关之间相互询问和答复问题。

3. 请准、批准函

用于不相隶属机关之间相互请求批准和答复审批事项。

在实际使用中，必须准确区分请准函与请示、批准函与批复的适用范围。请准函与请示的区别是：请准函用于向无隶属关系、平级或级别低于本级但在职能上受其管理的机关（即有关主管部门）请求批准；请示则用于向具有隶属关系的上级机关或在某一职能上受其指导或管理的级别高于本级的有关机关请求批准。

批准函与批复的区别是：批准函用于答复无隶属关系，平级或级别高于本级但在职能上受本机关指导或管理的有关机关的请求批准事项；批复则用于答复下级机关的请示。有时，下级机关向上级机关请示，上级机关授权其职能部门（与请示机关平级）代为答复，职能部门在答复时应当用函而不能用批复。

（二）函的结构与写法

函的结构包括标题、主送机关、正文、署名和成文日期五要素。

1. 标题

函的标题由发函机关、事由加上文种"函"组成。复函应当标明"复函"二字。如《××大学关于××公司技术人员进修的复函》。

2. 主送机关

主送机关应写明致函对象，一般用单称或并称。

3. 正文

正文的结构与写法根据不同的行文要求而有所不同。

（1）开头。通知函、询问函、商洽函的开头交代去函的目的和原因。复函的开头要引叙来函，先引来函标题，再引来文字号。如对方来函无发文字号，可写明来函的日期。

（2）主体。写明通知、询问或商洽的具体内容。复函的主体部分应当针对来函事项作出明确的答复。商洽函要采用"对方姿态"，即行文语气用词要尊重对方，并注意从对方的角度和立场来考虑和表述问题。内容较复杂的函，可以分项标号。

（3）结尾。通知函的结尾可用"专此函告"等；询问函的结尾用"函复为盼"等；商洽函的结尾可用"望大力协助为盼"等；复函可用"特此函复"等。

4. 署名和成文日期

署名和成文日期的要求同通知。

十二、纪要

(一) 纪要的适用范围和种类

纪要适用于记载会议主要情况和议定事项。在实际使用中,纪要的种类有以下几种。

1. 决策性会议纪要

这类纪要用于记载和传达领导机关通过各种工作会议作出的决定和决议事项,发至有关下级部门要求贯彻执行。

2. 合作性会议纪要

这类纪要用于记载或发布双边或多边会议、会谈所取得的共识以及议定事项,往往需要各方签字确认,对与会各方有一定的约束力。

3. 研讨性会议纪要

这类会议纪要用于记载和发布研讨性会议或总结交流性会议的情况,内容表述要注意平衡,既要反映主流意见,也应反映不同意见,一般不具有约束力。

纪要与决议都是会议中产生的文书,二者的区别在于:一是会议的性质不同。决议一般由具有法定程序的会议通过表决产生。纪要则较多地由专业性、协调性、座谈讨论性会议通过学习、交流、研讨、协商产生。二是内容覆盖面不同。决议是围绕某项会议议题而产生的,一个文本只记载围绕一项议题所作的决议,不记载不同意见。一次会议中的不同议题,应分别形成不同的决议文本。纪要则应当全面反映会议的内容和过程,因此除反映议定事项和主要精神外,有时还可以反映会议中的不同意见和观点,而且一次会议只能产生一个纪要。三是产生的程序不同。决议须经法定程序表决通过,一旦通过,文字上不得作任何修改。因此,决议必须在会议过程中产生,其通过的日期就是成文日期,而纪要的产生程序有两种:双边或多边性会议产生的具有约束力的纪要,必须在会议或会谈中达成一致并签字认可;而其他纪要一般在会议结束之后,根据会议记录整理而成,有时还需主办机关或上级机关领导人签发批准,故成文日期晚于会议日期。

(二) 纪要的结构和写法

决策性会议和研讨性会议纪要的结构一般由标题、正文、成文日期三要素组成。合作性会议纪要的结构一般由标题、正文、签署、成文日期四要素组成。

1. 标题

纪要的标题有以下几种类型:

(1) 主办机关名称+会议名称+纪要。如《××省人民政府关于解决××××问题现场办公会议纪要》。

(2) 会议名称+纪要。如《全国农村工作会议纪要》。

（3）双边或多边产生的合作性会议纪要的标题先写明会议主题,再标明"会议纪要"。如《中国国家邮政局和西班牙王国公共建设部双边会议纪要》。

（4）主副标题式。正标题揭示会议主旨,副标题标示会议名称和文种,主要用于研讨性会议纪要。如《抓住机遇　扩大开放——沿长江五市对外开放研讨会纪要》。

2. 正文

会议纪要的正文包括会议概况、会议内容和结尾三部分。

（1）会议概况部分。应当说明会议的名称、时间、地点,召集或主持会议的单位,会议主席(或主持人)、出席会议的单位和主要领导人,在会上作主要发言的单位及发言者的姓名、职务,会议讨论的主要议题和进行的主要活动,会议的基本成果,等等。

（2）会议内容部分。这部分是写作的重点,应当准确、全面地反映会议的主要精神和议定事项。写作方法主要有以下几种:①概述式,即把会议讨论的情况综合在一起,概括地加以叙述,适用于小型会议或问题较集中并且意见较一致的会议。②分列式,即把会议的主要精神和议定事项归纳成几个方面逐项叙述,每一方面可列出小标题或编上序号,以使条理清楚,适用于规模较大、问题涉及面较广的会议。③摘记式,就是把与会人员的发言要点记录下来。一般在记录发言人首次发言时,要在其姓名后用括号注明发言人所在单位和职务。为了便于把握发言内容,有时根据会议议题,在发言人前面冠以小标题,在小标题下写发言人的名字。一些重要的座谈会纪要,常用这种写法。

（3）结尾部分。提出希望和要求,亦可省去。涉外会议和会谈纪要要写明书写的文字及其效力。有的会议纪要应当在结尾处感谢会议的东道主以及支持会议的单位。

3. 签署

双边或多边会议形成的合作性会议和会谈纪要应当由各方代表共同签署并盖章。

4. 成文日期

成文日期一般置于正文的右下方,也可以置于标题下方居中用圆括号括入。需要与会各方代表共同签署的会议和会谈纪要,成文日期应当标注于签署的下方。纪要成文日期的确定有三种情况:专题性工作会议纪要一般以领导人签发或上级机关领导人审批同意的日期为准;行政办公会议纪要和研讨会纪要一般以会议实际召开的日期为准;合作性会议纪要和会谈纪要以各方共同签署的日期为准。

第五节　规范性文件写作

一、规范性文件的含义和特点

（一）规范性文件的含义

规范性文件(即规范性文书,习惯上称作规范性文件,下同)有广义和狭义两种。广义规范性文件的含义比较宽泛，凡是用来规范人们行为、具有法律行政或组织纪律约束力，在一定时期内可以普遍、反复适用的公务文书都可以包括其中，制定的主体比较宽泛，可以是具有立法权的机关，也可以是政党、社会组织、企事业单位等合法组织。狭义规范性文件是相对于立法性文件而言的，立法性文件属于法律范畴，只有具有立法权的机关才能制定发布。本书下文中的规范性文件取广义性解释。

（二）规范性文件的特点

与其他公文相比，规范性文件有如下特点。

1. 强制性

规范性文件由具有法定权威的作者制定发布，要求管理对象严格执行，具有极强的法律和行政约束力。其他公文如通告、通知等，虽也具有规范性作用，但在法律和行政效力上，规范性文件要高于其他公文。

2. 普遍性

这里的普遍性是指规范性文件不是针对特定的个人或组织而制定的，而是适用于同类性质和同样条件的所有对象。同样性质和条件的对象，在规定面前一律平等。而其他公文（如通知）所针对的问题和适用的对象往往具有特定性。

3. 稳定性

规范性文件一旦发布施行，时效较长，其内容比较稳定，不宜经常修改；而其他公文则可随着情势的变化应时制发或调整相关的规定。

4. 程序性

规范性文件制定、发布和修正有一套严格的法定程序，必须充分发扬民主，广泛听取意见，严格审查审议，集体讨论决定。法律、法规、法规以及法定组织内部的一些涉及重大问题的规范性文件，应提交人民代表大会、职工代表大会、董事会、委员会、领导办公会等审议或表决通过，而其他公文则可由领导人在职权范围内签发。

二、规范性文件的主要种类和适用范围

（一）章程

章程分为两种。

1. 组织章程

适用于规定某个法定组织的性质、宗旨、任务、内部机构、成员条件、活动规则等，普遍用于各种政党、社会团体、企事业单位等组织，是法定组织内部带有根本性质的制度，一般须经该组织的全体成员或代表会议讨论并通过，并报有关上级领导机关或主管部门批准、备案。

2. 活动章程

适用于举办某项活动时，对活动的目的、宗旨、规则、程序、参加条件和办法等，作出全面的规定。活动章程属于该项活动具有根本性的规章，一般由活动的主办方制定，并报有关部门审批备案。

（二）条例

条例适用于对某些方面的事项或某些组织作出全面、系统的规范，具有系统性、全面性和稳定性的特点。在我国国家行政机关中，国务院制定的行政法规才可以称为条例，国务院各部门和地方人民政府的规章不得称为条例。社会组织和企事业单位也可以制定适用于内部的条例。

（三）规定

规定适用于对特定范围内的工作和事务制定带有约束力的措施。同条例相比，规定有以下特点：

1. 涉及的范围较窄

规定一般针对特定范围的工作和事务，或者对某项工作和事务作出部分的规范。

2. 侧重于约束

条例既规定对象的权利，也明确对象的义务。规定则侧重于明确对象的义务，即规定什么可以做、必须做，什么不该做或不准做。

（四）办法

办法适用于对某项工作和事务的处理方法、程序和手续作出具体的规范。为具体贯彻实施上一级机关规范性文件而制定的办法称为"实施办法"。

同条例和规定相比，办法具有以下特点。

1. 涉及事项较具体

办法所针对的工作和事务相对条例和规定来说，更加具体。

2. 操作性较强

如果说规定侧重于规范什么应该做或不应该做的话，那么，办法则侧重于解决应当怎么做，也就是解决具体的方法、程序和手续问题。

（五）细则

细则是为完成某项工作任务或实施上一级机关的规范性文件而制定的具体标准和措施。细则可以分为两种：一是工作细则，即为完成某项或某一类工作制定的详细规范；二是实施细则，即为具体实施某项法律、法规或规章而制定的细则。实施细则具有下列特点。

1. 内容的从属性

实施细则往往是某项法律、法规或规章的从属性文件，对主体文件起解释和规定具体操作标准及程序的作用。

2. 制定的授权性

实施细则必须经制定主体法律或法规的机关的授权，或根据法律、法规文本中的规定，由具有相应权限的机关制定。

（六）规则和规程

规则是指在一定范围内围绕某一事项或活动要求有关的组织和人员遵守的规定，如会议活动的"议事规则"。规程是指为从事某类工作或为完成某项任务而制定的操作标准和操作流程。

（七）守则

守则是要求行业或者社会组织的全体成员共同遵守的行为规范。守则既可以由领导机构制定，具有强制性，也可以由全体成员共同约定，具有公约的性质。

三、规范性文件的结构和写法

（一）规范性文件的结构

规范性文件结构一般由标题、题注和正文三部分或者由标题、正文、署名和成文日期四部分组成。提交有关部门审批或会议审议表决，应当用圆括号标明"送审稿""草案""表决稿"等稿本性质。

1. 标题

规范性文件的标题一般由适用范围、事由和文种三要素组成。如《××市展览业管理办法》。

2. 题注

法定性会议通过或由政府机关发布的规范性文件，应在标题下方用圆括号标明会议名称或发布机关名称、通过或发布日期。标明题注的规章，无需再标注署名和成文日期。

3. 正文

规范性文件的正文结构体例应当采用章条式（详见本章第三节），总体安排上一般由总则、分则和附则三个部分组成。

（1）总则。总则放在开头，用以说明制定该项法规或规章的目的、指导思想、基本原则以及法律依据和适用范围，有的还应解释专用术语。内容较为复杂的会展管理规章，总则作为第一章，并标明"总则"二字。内容若较简单，全文可不分章，以第一条为总则，但一般不标"总则"二字。总则的内容较多的，也可分成几条分别表述。如果全文不分章，但条款较多，为了方便查阅,也可表述为"第一条 （总则）",然后换一行写具体内容。

（2）分则。主体部分为分则,是对必须执行的各项规定的具体展开。分则一般要说明该项法规或规章适用的对象,对象的权利和义务及其履行的程序、方法,如果违反规定应负的法律责任以及相应的制裁方式等。分则一般分成若干章或若干条分别加以说明。

（3）附则。结尾部分为附则。附则用以说明与主体部分有关的事项,如该文件的解释权、生效或实施的时间、制定具体办法或实施细则的授权、比照执行或不适用的对象、与原来有关规章制度的关系等。附则一般作为最后一章。不分章的附则列于最后一条,亦可分列若干条。

4. 署名和成文日期

有些无需法定性会议审议通过、由领导机关制定的规范性文件无需标写题注,但应在正文右下方写明制定机关的名称和制定的日期。

（二）规范性文件的写作要求

规范性文件的写作,除了遵守文书写作的基本要求外,还特别要注意以下几点。

1. 用词精确、释义严谨

规范性文件要避免使用模糊语言和夸张性、比喻性语言;对专用术语应当作出详细解释。

2. 体系完备、逻辑严密

规范性文件是规范人们行为的法律和法规依据,从条文设计到写作成文都要体系完备、严密周到,同一文件的规定不能前后矛盾或出现漏洞。出台新规定必须说明与老规定是什么关系,一般可采取以下几种表述方法:一是新规定实施后,旧规定同时废止。可表述为:"本办法自××××年××月×日起实施,原《××××办法》同时废止。"二是新规定的有关条款与其他规定不一致的,以新的规定为准。可表述为:"其他有关规定与本条例（办法）不一致的,以本条例（办法）为准。"三是新规定涉及的有关问题仍需按已经颁布的相关规定办理。可表述为:"有关×××事项,仍按《××××办法》办理。"

3. 文种规范、体例统一

规范性文件的文种名称、适用范围、结构体例应当规范统一,以便于使用、查找、引用和解释。

第六节　计划、总结、大事记、领导讲话稿写作

一、计划

（一）计划的含义与种类

计划泛指对未来工作或行动作出安排的文书。计划的具体名称和种类较多,各有特点。

1. 规划

规划是计划中最宏大的一种，其特点一是时间跨度长，一般五年以上；二是涉及范围广，大都针对全局性工作或涉及面较广的重要工作；三是写作线条粗，相对于其他计划类文书，规划在内容和写法上往往是粗线条的，比较概括，带有方向性、战略性、指导性和约束性。

2. 设想

设想的特点：一是内容上具有初步性，往往是为制定某些规划、长期计划或具体方案做准备的；二是写法上具有概括性，无需细致具体；三是时间上可远可近；四是范围上可大可小。时间上较为长远些的可称为"设想"；范围上较为广泛的可称为"构想"；时间较短、范围也较小的可称为"打算"。

3. 要点

要点适用于对未来的主要工作或某项工作的主要方面作出安排，写作上线条可以较为粗略，突出工作的重点，具有指导性和约束性。

4. 计划

作为文种名称的"计划"是指在任务、要求、分工、时间进度等方面较为详细具体的操作方案，其特点：一是时间一般在五年以内；二是涉及范围一般都是一个单位或一个部门特定时期内的整体工作或者某项专题性工作；三是内容和写法比较具体、细致。

5. 方案

方案是针对某项内容和工作环节较为复杂的专题性工作或活动的计划，一般不用于定期的综合性工作，如有关年度的工作计划不能称为"方案"。方案在内容和写法上要考虑全面、周到，具有较强的操作性，和计划可以相互补充，如一些大型活动的总体方案往往需要通过具体的计划加以细化；一些综合性计划中提出的工作也必须通过制定具体的实施方案加以落实。为开展某项活动或者应对可能出现的危机而预先制定的方案叫预案。

6. 策划书

策划书主要用于举办需要在内容和形式上有所创新和突破的活动或者实施某项新的工作。策划书属于一种建议性文书，提供给领导机关或活动举办单位参考，本身并无约束性，只有被采纳确定后才转化为实施方案，具有约束性和指导性。在写作上，策划书要说明策划的背景和依据，具体分析策划对象，有时还要与以往的和其他单位的同类活动作纵向和横向的比较，以突出策划对象的特点和亮点。

(二) 计划的结构和写法

计划的结构包括标题、稿本、题注、正文、署名和成文日期。

1. 标题

计划的标题一般由单位名称(适用范围)、适用时间、主题、文种四部分组成。如:《××公司××年度工作要点》。专题性工作或活动计划可不标单位名称和适用时间,如《××代表团接待方案》。

2. 稿本

有的重要计划需提交有关部门审批或会议表决通过,应当用圆括号标明"草案""修正草案""表决稿"等。

3. 题注

在会议上通过的计划,应当标明题注,要求同规范性文件。

4. 正文

正文的开头说明制订计划的起因和缘由、目的和指导思想。内容复杂的规划或方案也可以"序言"作为开头。

主体部分是计划的核心,一般采取并列式结构,把这段时期所要做的各项工作按一定的小标题归并成若干方面加以表述,要求做到以下几点:一是在内容上做到目的清晰、任务清楚、分工明确、措施扎实、步骤稳妥、时限合理。二是在结构上要做到条理清楚、层次分明。内容表述顺序一般从虚到实(即先写目的,后写具体任务和要求)、先主后次(即全局性、政策性工作在先,局部性、事务性工作在后)。三是在语言上要做到简明扼要。特别是涉及完成任务的数量、质量和时限要求的表述一定要准确、明白,不能含混笼统。四是在表达方式上应采用说明的方式,避免大段的议论,也不宜作逻辑上的推理。

计划的正文一般只有开头和主体两部分,无需结尾,也不使用专门的结尾套语。

5. 署名

标题中已经写明制订机关名称或采用题注的计划,一般可以省去文末署名,但如果标题中未写明制订机关名称,则应当在正文的右下方署名。

6. 成文日期

成文日期一般以制订该计划的机关或部门的领导人签发的日期为准。经会议讨论通过的计划也可以采用题注的形式标明通过的日期,无需在文末署名。

二、总结

(一) 总结的含义和种类

总结是在工作告一段落或者结束后进行自我回顾、分析和评价而形成的文书。

总结按内容表述的重点可分为工作性总结、经验性总结、问题性总结和全面性总结。工作性总结以回顾工作过程、概括工作业绩为主,不要求提炼经验、分析问题,主要用于向上级主管机关或领导人汇报工作、备案存档。经验性总结在回顾工作的基础上，要以较多的篇幅从正面介绍经验和体会，主要用于内部交流或公开发表。问题性总结偏重于对工作中存在或遇到的问题展开分析，提出相应的对策，主要用于内部研讨，一般不对外行文。全面性总结把上述三种总结的内容结合在一起，形成以"成绩——做法——经验——问题——对策"为基本框架的总结，用途较为广泛。重要工作的总结都应当采用全面性总结。

总结按总结内容的范围可分为综合性总结和专题性总结。综合性总结要回顾、总结一段时间内所做的各方面的工作。专题性总结则专门针对某项特定的工作或者活动进行总结，往往不定期进行。

（二）总结的结构和写法

总结的结构一般由标题、正文、署名和成文日期组成。

1. 标题

总结的标题较为灵活，主要有以下几种。

（1）由单位名称、针对时间、主题、文种构成。这类标题主要用于总结一定时间内的工作，如《××有限公司××年度销售工作总结》。

（2）由总结所针对的项目名称和文种组成。如《第×届××论坛接待工作总结》。

（3）由正题和副题组成。正题用一句或两句短语概括总结的基本观点、揭示总结的主题，副题说明总结的单位、期限、种类等。这类标题主要用于通过媒体、官网、简报等载体进行宣传、交流的总结。如《坚持诚信理念，化解公关危机——××特大事故处理工作总结》。写好这类标题的关键在于正题要准确地概括总结的主题思想，体现独特的工作思路，具有一定的高度和深度，语言表达简洁、工整、有力。

2. 正文

正文部分的写作要根据不同类型的总结确定内容重点和结构形式。

（1）开头。无论哪一种总结，开头总是要先用非常简洁的语言概括说明开展某一阶段工作或某项活动的背景、依据、指导思想、工作或者活动的一般情况、基本效果和总体评价，等等。

（2）主体。有两种写法：一种是按"成绩——做法——经验（体会）——问题（教训）——对策（努力方向）"的递进式结构来安排。这种写法思维幅度较宽，总结的系统较强，一些涉及全局性的工作以及比较重要的活动总结常采用这种写法，也可将做法和经验或者经验和问题糅在一块来写，夹叙夹议。另一种是采取并列式结构，即根据总结中需要突出的重点，或按工作及其做法（工作性总结），或按经验体会（经验性总结），或按问题教训（问题性总结）归纳成若干方面加以介绍、阐述、分析。

主体部分写作立意要高，经验和体会的提炼和概括既要深刻又要恰当；问题要讲透，措施要扎实；材料要紧紧围绕主题，为主题服务，做到生动、翔实、重点突出，切忌报流水账；结构要严谨,层次要分明,具有较强的逻辑性;小标题和段旨写作要注意炼字,文字要鲜亮,能够高度概括工作的特色和经验。

(3) 结尾。一般在结尾处用一小段文字或归纳主题、照应开头,或展望未来、表达决心。如主体的最后部分指出了努力方向和目标或提出了下一阶段的工作思路,则可省去结尾。

3. 署名

署名应写明总结单位的名称,位置有两种:一种在标题之正下方,另一种在正文的右下方。

4. 成文日期

成文日期一般写机关或部门的领导人签发的日期。

三、大事记

(一) 大事记的含义和种类

1. 大事记的含义

大事记是以时间为顺序记载组织重大事件和重要活动的纪实性文书。它通过如实记载重大事件和重大活动,为后人认识组织的历史,研究、总结历史的经验和教训提供史料依据,同时也是编撰一个地方或一个组织的史、志、年鉴,宣传组织形象的基本素材。

2. 大事记的种类

(1) 综合性大事记。一般以年度为期限,综合记载一个组织或单位所发生的各种大事。

(2) 专题性大事记。当举行特别重大的活动或发生特别重大的事件时,可以围绕这一事件或活动进行记载。

(二) 大事记的结构和写法

1. 标题

大事记标题要写明记载范围(组织名称、活动或事件名称、行业或专业范围)、记载时间范围和文种(即大事记),如《××大学××××年—××××年大事记》。记载时间范围也可用括号列于标题之下。

2. 前言

如有必要,可用前言说明编撰的目的、意义、指导思想、体例、时限和材料来源等。

3. 正文

大事记正文的写作要求如下。

(1) 内容重大、材料准确。大事记的内容应当是各组织作出的重要决定、所做的重要工作、举办的重要会议或活动、重要的人事变动、取得的重要成果和荣誉、发生的重大事件等,采用的材料必须真实确凿。

（2）以时间为序、一事一记。大事记一般按事件或活动发生的时间顺序编排。年度性大事记一般以月份和日期为条目，如同一天有若干件大事，也可以事件发生和发展的时间节点为条目。如同时记载几项时间跨度较大的重大事件，也可以把事件的名称或主题作为条目。大事记要一事一记，即每个条目只写一件事情。

（3）内容概括、信息完整。记载重要决定事项要写明文件名称、制定机关、制定时间、制定程序、主要内容、发送范围；记载重大人事变动要写明决定机关的名称、人事变动的具体内容；记载重要会议或活动应写明主办单位、目的、名称、时间、地点、主题或主要内容、主要出席人物、会议或活动的结果等；记载重要奖项和荣誉应写明奖项和荣誉的名称和等级、获奖人名单、颁发机构、获奖时间；记载危机事件一般要写明时间、地点、人物、起因、经过、结果。

（4）语言简明、用词恰当。大事记应当使用陈述性语气，语言要简洁、明了、严谨、恰当，不使用祈使句、疑问句、感叹句和虚拟语气。

四、领导讲话稿

（一）领导讲话稿的含义和种类

领导讲话稿是领导人在各种场合发表的各种讲话、发言、报告、致辞的统称。讲话稿用于口头表达，因此写作时要特别注重听觉上的效果。领导讲话稿在不同的场合有不同的名称，不能相互混淆。

1. 讲话
一般用于领导人在重要会议上发表见解和政策。

2. 发言
凡在会议中以各种形式发表意见都可以叫做发言。狭义的发言一词仅用于身份平等的与会者之间的交流沟通，如领导人在上级机关主办的会议上以及合作性会议上所作的陈述、交流和宣示。

3. 演讲
专指在论坛以及其他公共场合，针对某个问题公开发表见解和主张。

4. 报告
领导讲话稿中的报告和公文中的报告性质不同，泛指领导人在法定性代表大会或专题工作会议上所作的工作汇报、任期述职、传达动员等。

5. 致辞
专门用于各种仪式和典礼上领导人所作的开幕词、闭幕词、贺词、欢迎词、欢送词、祝酒词、答谢词等。

(二) 领导讲话稿的结构和写法

1. 标题

领导讲话稿的标题有以下几种写法。

(1) 写明单位名称、主题、文种。如《××公司××年度董事会工作报告》。

(2) 写明会议名称、文种。如《在××论坛第××次年会上的演讲》。

(3) 正副标题。正题揭示主题,副题说明报告的场合和日期。如:《高举中国特色社会主义伟大旗帜　为夺取全面建成小康社会新胜利而奋斗——在××大会上的报告》。

2. 报告日期或题注

在标题下方标注讲话或报告的日期。如果会议报告已经获得会议表决通过,可以在标题下标写题注,注明通过的日期和会议名称。

3. 报告人

在日期或题注的正下方注明报告人的身份和姓名。

4. 称呼

称呼的写法要根据文书的性质和称呼对象的身份、范围等情况确定,具体要求参见第六章第三节"一、公务文书的结构元素、体例和标印格式"中关于称呼的内容。称呼应顶格书写,后面加冒号。称呼对象较多时,可分类别称呼并分行书写。如:

尊敬的全国政协××副主席,
尊敬的省政协××副主席,
各位领导,各位嘉宾,
女士们、先生们、朋友们:

5. 正文

(1) 会议报告的正文。开头一般先说明代表哪一机关向会议作报告,并提出审议请求。然后回顾总结所做的工作、所取得的主要成绩和经验。主体部分主要分析存在的问题和今后的打算、对策和具体措施。结尾部分发出呼吁或号召。会议上的工作报告常以"以上报告,请各位代表(委员)审议"作为结束语。

(2) 开幕词正文。开头用简短的语言宣布会议或仪式开幕。主体部分回顾过去的工作、成绩、经验及教训,阐明本次会议或仪式的任务和意义,提出对与会代表的希望和要求。结尾部分预祝活动圆满成功。

开幕式如安排剪彩等方式象征活动开幕,则开幕词中一般不写"宣布开幕"的字样。如果开幕式上另安排领导人致欢迎词,可在仪式的最后由在场身份最高的人士宣布开幕:"我宣布:××(活动的全称)开幕!"这种开幕词简短有力,使开幕式的气氛达到高潮。

(3) 闭幕词正文。闭幕词开头一般用简明的语言说明本次活动是在什么情况下圆满结束、胜利闭幕的。主体部分用叙述的方法回顾总结本次活动取得的成就,有哪些经验和意义,并提出贯彻会议精神或对办好下一届活动的要求和希望。结尾部分向支持活动举办的单位和个人表示感谢,向参加单位和个人表示良好的祝愿,并郑重宣布会议闭幕。有些活动的闭幕词只有一句话:"我宣布:××××(活动名称)闭幕",无需专门成文。

6. 致谢

有些演讲、发言、致辞的最后可向各位听众表示谢意。

第七章
文书处理

第一节　文书处理概述

一、文书处理的含义和目的

文书(指公务文书,下同)处理是指文书的办理、管理、立卷、归档等一系列相互关联、衔接有序的工作。文书是记载和传递管理信息的主要载体,文书处理的目的:一是运用信息化、科学化的手段,推动文书的高效运转,加快管理系统的信息环流,为领导系统实施有效管理提供信息支持;二是通过系统化的整理和归档,为信息的日后查考利用奠定基础。

二、文书处理的原则

(一) 准确无误

准确是文书有效传递信息的基本保证。文书处理工作只有做到准确无误,才能实现文书的效用。准确无误必须落实到文书处理的每一个具体环节,如拟稿时使用的材料和语言要准确;缮印和校对文书时文字内容及标印格式要准确;文书的投递、分送、传阅对象要准确;等等。

(二) 及时有效

作为实施管理重要工具的文书,其运转的时效直接影响领导工作乃至整个机关或单位工作效率。只有及时有效完成文书处理的各项程序,才能保证领导者的意图迅速落实到位,现实工作中的问题才能及时解决。这就要求秘书人员树立强烈的时间观念和效率意识,具有雷厉风行的工作作风,熟练运用文书处理的技术手段,及时有效地处理文书。

(三) 安全保密

文书处理必须以文书的安全为前提的,包括物质安全和信息安全两个方面。物质安全是指要维护好文书的质地,避免各种因素对文书造成的损坏,延长文书的使用寿命,为文书发挥历史作用奠定基础。信息安全是指要确保文书中的秘密信息不泄漏、不失密,为此必须建立严格的保密制度,采取切实的保密措施。

(四) 精简高效

精简是指减少不必要的行文。文书肩负对内实施管理、对外联络沟通的重要使命,为提高管理沟通的效率,必须在科学、规范的前提下,精简文书处理工作的流程和环节。具体要求有以下几方面:一是领导干部要克服官僚主义、形式主义和文牍主义,反对把制发文件当作开展工作的唯一手段,避免不必要的行文。秘书人员要实事求是,注重实效,严格把好行文关、审核关,杜绝滥送、滥发、滥报的倾向。二是要在坚持准确性前提下,做到文书的格式简化、文字简要、篇幅简短,以提高书写、输入、打印、阅读以及将来档案管理的效率。三是在规范性的基础上,尽可能消除重复的处理环节,缩短文书运转的周期,提高文书流通的效率。四是通过科学、合理、动态的配置,使文书工作的组织形式、责任分工、人员组合始终保持最佳状态,从而从根本上确保文书处理工作的高效性。

(五) 统一规范

公务文书是一种全社会广泛运用的管理沟通工具,文书处理如果没有统一的规范,在文书的制作、传递、处理上各自为政,会导致信息认知和文书办理程序的混乱,进而妨碍管理系统的正常运作。因此,文书处理工作必须坚持统一规范原则。具体来说包括以下几方面的要求:一是要求统一标准。各个行业应当对本行业内通用文书的名称、适用范围、标印格式、行文关系、行文规则、处理流程以及相应的技术规范确立统一的标准,避免因各自为政而造成沟通障碍。如《党政机关公文处理工作条例》《党政机关公文格式》就是党政系统文书处理的统一标准。二是要求统一管理。秘书部门(办公厅、办公室或企业的行政部)是文书处理的主管部门,统一负责本机关的文书处理工作并指导下级机关的文书处理工作。秘书部门内部应当设立专门的文书处理机构(如文书科)或者配备专职人员负责文书处理工作,对一些关键性的文书处理环节,如收发、登记、分文、拟办、审核、复核、用印等,应当由秘书人员统一负责。

第二节 行 文 制 度

行文制度是指法定组织之间文书流转必须遵循的基本制度,包括行文关系、行文方式和行文规则。行文制度一方面可以避免组织内部行文混乱,克服文牍主义,提高文书运行的效率;另一方面有助于法定组织之间的相互协调,克服政出多门、相互推诿、文书旅行的现象,使文书真正发挥沟通信息、推动工作的作用。

一、行文关系

行文关系是行文主体与行文对象之间根据隶属关系和职权范围而确定的文书往来关

系。在我国,一级法定组织往往直接领导和管理若干个相互平行的下级组织,形成块与块的上下隶属关系。同时管理层内部又分设若干职能部门,每个职能部门分别对应上一级组织和下一级组织的职能部门,形成条与条的工作指导关系。有的职能部门也可根据需要再下辖若干平行单位。这样就形成了领导管理体制上的条块关系。块下面既可以有块,也可以分条;条下面既可以再分条,也可以再设块。条与条、块与块、条与块之间纵横交错、相互协作、相互制约。如果把法定组织之间以及法定组织与其管理对象之间的行文关系按隶属关系和职权范围加以划分,大致上可分成上下关系和平行关系两大类。

(一) 上下关系

上下关系具有两个特征:一是行文主体与对象之间存在行政序列上的级差,二是在职权上具有领导与被领导(即隶属关系)或者管理与被管理的关系。具体表现为以下两种情况。

第一种,行文主体与对象之间存在领导与被领导关系或双重领导关系(即既受直属上级机关的领导同时又受同类型上一级职能部门的领导),如国务院与地方人民政府的关系就属于领导与被领导的上下关系。又如公安机关一般都受本级政府和上一级政府的公安部门的双重领导。

第二种,行文主体与对象之间不存在隶属关系,但存在行政序列上的级差,在特定职权上构成管理与被管理、指导与被指导的上下级关系。如上级机关的职能部门与下级机关对应的职能部门之间就构成这种指导与被指导的上下关系。又比如,某部管高校向所在地的省人民政府行文,请求批准属于省人民政府职权范围内的事项,由于省人民政府的行政级别高于部管高校,而且双方在这一问题上存在职权上的管理与被管理的关系,因此属于上下关系。

(二) 平行关系

平行关系分为三种情况:一是行文主体与对象之间属于同一行政序列,也就是说,凡是行政级别相同的机关都属于平行关系,比如同一级政府下属的各职能部门之间就是平行关系;二是行文主体的级别虽高于行文对象,却在特定的职权上必须接受对方管理,如在某些特殊情况下,级别较高的机关需要向级别较低的管理部门行文,请求批准属于对方职权范围的事项,这时,双方之间便构成平行关系,而不是上下关系;三是无任何领导与被领导、管理与被管理、指导与被指导的关系,但存在行政序列上的级差,在特定的工作范围内需要相互商洽合作、相互询问答复的平行关系。比如,大学与中学、学校与企业、军队与地方、异地不同级别政府机关之间相互行文等,就属于这一类平行关系。

明确法定组织之间的行文关系,对于提高行文的准确性意义重大。行文关系不同,所用的文种以及行文的口气也不同。比如上行文不能用"命令""指示",下行文不能用"报告""请示",向级别相等或较低的单位请求批准不能用"请示",只能用"函",等等。

二、行文方式

行文方式是指法定组织根据行文目的、行文关系、行文规则以及文书的性质和效力传递和发布文书的形式。行文方式可按不同的标准加以划分。

(一) 按行文对象的层级划分

1. 逐级行文

逐级行文即向直接的上级机关(含在职权上受其领导或指导的上一级机关)或向直接的下级机关(含在职权上受本机关领导或指导的下一级机关)行文。逐级行文要求除特殊情况外,任何机关的文书都要一级一级上报和一级一级下发,这是确保法定组织之间以及法定组织内部正常的上下级关系和工作秩序的基本行文方式。

2. 多级行文

多级行文即同时向几个层次的上级或下级机关行文。多级行文能使几个层次的机关同时了解和掌握文书的精神,免去了逐级转报或转发的环节,提高了行文效率。下行文中的多级行文的表述方法有两种。

(1) 在文书的主送机关中使用递降称,直接标明几个层次的下级机关名称。如某省委下发文件,主送机关写为"各市、县(区)委",说明该文书直接发至地级市和县级市(含县)两个层次的下级机关。

(2) 主送机关为直接下级机关,而在正文或附注中写明传达、发送、阅读的级别。比如,有的文件的主送机关为"各省、自治区、直辖市党委",而在附注中规定"此件发至县团级",说明该文书除了发给省部级机关之外,还应当发给地市级机关和县团级机关。

上行文中的多级行文极为少见,只是在遇到比较重大的问题,需要同时请直接上级和更高级别的上级了解情况或批复时才使用。

3. 越级行文

越级行文是一种在非常特殊的情况下越过直接上级或直接下级向更高的上级或更低的下级直至最高的上级或最低的下级的行文。符合下列情况之一的,可以越级向上行文。

(1) 情况十万火急、如逐级上报会延误时机并给工作造成严重损失的重大事项。如战争、严重自然灾害等。

(2) 上级机关或领导人交办并指定越级请示、越级上报的事项。

(3) 多次请示直接上级但长期未得到解决,只有请示更高一级上级才能解决的事项。

(4) 与直接上级之间有严重争议,无法解决而根据有关规定可以请更高一级上级出面裁定的事项。

(5) 对直接上级的检举或控告事项。

(6) 无需报直接上级的事务性工作,如调查、参观等。

非特殊情况,不得越级行文,确需越级行文的,应当同时抄送被越过的机关。上级向下级的越级行文情况较少。

4. 直达行文

直达行文即通过组织渠道,将文书直接发至最基层的单位,或内部传达到全体群众的行文。其方法:一是主送机关写直接下级机关,正文或附注中说明此件发至基层组织;二是直接称呼本组织的全体成员,如"全体共产党员""全校师生员工"。

(二) 按保密要求划分

1. 加密行文

加密行文即通过机要交通、机要通信、保密传真、数据加密网络、专人送达等保密渠道发送文书,主要用于涉密文书。

2. 不加密行文

不加密行文即在不加密的情况下按正常的组织渠道或通过普通的邮政、电信、网络手段发送文书。这种行文方式只能用于在内容上不涉及任何国家秘密、商业秘密或者组织内部秘密,无需保密也不需要公开的文书。

3. 公开行文

公开行文即通过新闻媒体或公开张贴的方式行文,其特点是传播速度快、范围广、效率高,适用于既无保密要求,也不限定阅读范围,需要迅速广为传播或者法律法规规定必须公开的文书。

公开行文与直达行文是两种不同的行文方式,二者的区别:一是传播渠道不同,即公开行文通过新闻媒体或公开张贴方式进行,而直达行文是通过组织渠道层层下发文件;二是保密要求不同,即公开行文不得涉及任何秘密事项,而直达行文可以是涉密件。

(三) 按行文的方向划分

1. 纵向行文

纵向行文即向具有隶属关系的上级机关或下级机关,或者向在职权上具有管理关系的高级别机关或低级别机关发送文书。纵向行文必须使用上行文种或下行文种。

2. 横向行文

横向行文即级别平等的机关之间,或既不相隶属又无职权上管理与被管理的级别不等的机关之间的相互行文。行文时,应使用通知、意见、函等平行文种。

3. 多向行文

多向行文即同时向平行和下辖的机关、单位多个方向发布文书。如公告、通告、公报和部分通知适用于多向行文。

(四) 按行文主体的多寡划分

1. 单独行文

单独行文即一个机关单独向其他机关发文。

2. 联合行文

联合行文即两个或两个以上的机关共同发文,如联合请示、联合通知等。联合行文必须遵循相关的行文规则。

(五) 按行文的名义划分

1. 直接行文

直接行文即发文机关以自己的名义直接向其他机关发送文书。

2. 授权行文

授权行文是指通过委托授权,由其他机关或个人代表本机关行文。授权行文的法定权威在于授权机关或授权人。授权行文有以下几种情况:一是授权秘书部门行文,如党政机关的办公部门经常根据党政机关的授权向下行文或公开行文;二是授权职能部门行文,如国务院可以授权某个部委答复某省政府的请示;三是授权新闻机构行文,如我国的新华社有时根据我国政府的授权向国内外发布公告;四是授权律师行文,如基层企事业单位往往授权律师公开发表声明。

3. 对口行文

对口行文即上下级机关之间就有关业务问题行文时,由相应的上下级机关职能相同的部门之间相互行文。对口行文能减少以领导机关名义转发职能部门文件的环节,有利于加快文书运转的速度。

4. 批转行文

批转行文即上级机关批转下级机关或者领导机关批转职能部门上报的文书。下级机关不能批转上级机关或不相隶属的平行机关的来文。下级机关可以请求上级机关批转文书,上级机关也可根据需要主动批转下级机关的文书。文书一经批转,便代表批转机关的权威和意志。

5. 转发行文

转发行文即一个机关转发上级机关或不相隶属的平行机关的来文。授权秘书部门(办公厅、办公室)转发下级机关的文书代表领导机关的意志,其权威性相当于以领导机关名义批转下级机关的文书。

三、行文规则

行文规则是指法定组织之间相互行文必须遵循的具体规范。

(一) 上行文规则

(1) 原则上主送一个上级机关,根据需要同时抄送相关上级机关和同级机关,不抄送下级机关。

(2) 职能部门向上级主管部门请示、报告重大事项,应当经本级机关同意或者授权;属于部门职权范围内的事项应当直接报送上级主管部门。

(3) 下级机关的请示事项,如需以本机关名义向上级机关请示,应当提出倾向性意见后上报,不得原文转报上级机关。

(4) 请示应当一文一事。不得在报告等非请示性公文中夹带请示事项。

(5) 除上级机关负责人直接交办事项外,不得以本机关名义向上级机关负责人报送公文,不得以本机关负责人名义向上级机关报送公文。

(6) 受双重领导的机关向一个上级机关行文,必要时抄送另一个上级机关。

(二) 下行文规则

(1) 主送受理机关,根据需要抄送相关机关。重要行文应当同时抄送发文机关的直接上级机关。

(2) 机关的办公厅(室)根据本级机关授权,可以向下级机关行文,其他部门和单位不得向下级机关发布指令性公文或者在公文中向下级机关提出指令性要求。

(3) 需经机关审批的具体事项,经机关同意后可以由职能部门行文,文中须注明已经机关同意。

(4) 机关的部门在各自职权范围内可以向下级机关的相关部门行文。

(5) 涉及多个部门职权范围内的事务,部门之间未协商一致的,不得向下行文;擅自行文的,上级机关应当责令其纠正或者撤销。

(6) 上级机关向受双重领导的下级机关行文,必要时抄送该下级机关的另一个上级机关。

(三) 其他行文规则

(1) 同一系统的同级机关或部门,或者不同系统的同级机关或部门必要时可以联合行文。

(2) 属于机关各自职权范围内的工作,不得联合行文。

(3) 机关的部门之间依据职权可以相互行文。

(4) 部门内设机构除办公厅(室)外不得对外正式行文。

第三节 文书办理

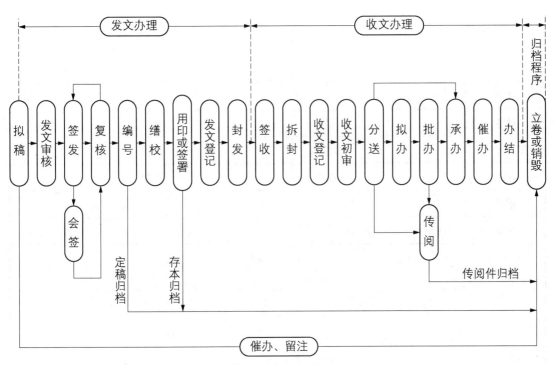

图 7-1 文书办理流程图

一、发文办理

(一) 拟稿

拟稿是文书办理的起始环节,决定着文书质量的好坏高低。文书的拟稿一般有四种情况:一是重要文件由领导人亲自动手起草;二是专业性文件由职能部门拟写;三是全局性、综合性文件由秘书部门和秘书人员拟写,或会同职能部门共同拟写;四是一些重要文件由领导人亲自挂帅,组织专门起草班子集体拟稿。秘书部门拟稿的一般过程为:领导交拟、秘书领会、组织材料、构思起草、讨论修改、领导审阅。文书拟稿的要求详见本书第六章《文书写作》。

文书拟稿应在按统一标准制作的发文稿纸(或称"拟稿纸")上书写。采用线上办公拟稿,电子版发文稿纸的格式以及填写项目应当同纸质发文稿纸一致。发文稿纸的参考格式如下。

××××(机关名称)**发文稿纸**

发文字号		机关代字〔　〕号		缓急		密级	
签发：				会签：			
主送							
抄送							
拟稿单位			拟稿人			审核	
印制			校对			份数	
附件							
标题							
(正　文)							

（二）发文审核

1. 发文审核的含义和意义

发文审核是指由本机关职能部门或经办人员拟写的、需由领导人签发的送审稿，在送请领导人签发之前，由秘书部门先行审查核准。发文审核应当由秘书部门统一负责，其意义在于以下几点。

（1）克服文牍主义。秘书部门审核文书的首要任务是确认行文是否必要。通过审核把关杜绝不必要的发文，克服文牍主义倾向。

（2）促进政策协调。部门拟稿难免存在部门主义倾向以及前后政策上的相互矛盾、重复和脱节的问题。秘书部门在文稿审核中发现问题，通过及时会商、协调和修改，能有效地防止分散主义和政出多门倾向，提高政策的协调性。

（3）确保文书质量。通过秘书部门的审核把关，能够解决文稿在内容表述、文字运用和格式安排等方面的问题，提高文书的质量。

（4）减轻领导负担。秘书部门的审核，解决文稿中的政策和技术层面的问题，大大节省了领导人亲自审阅、修改文书的时间和精力，有利于领导人简政，提高领导工作效率。

2. 发文审核的重点

（1）程序方面：行文理由是否充分，行文依据是否准确；是否符合行文方式和行文规则；内容涉及的相关部门之间是否经过协商。

（2）内容方面：内容是否符合党的路线方针政策和国家法律法规；是否完整准确体现发文机关意图；是否同现行有关公文相衔接；所提政策措施和办法是否切实可行；反映的情况是否真实准确。

（3）格式与表述方面：文种是否正确，格式是否规范；是否做到概念准确、简明扼要、条理清楚、标点正确、语法规范；人名、地名、时间、数字、段落顺序、引文等是否准确；文字、数字、计量单位和标点符号等用法是否规范。

3. 发文审核的主要方法

（1）把文稿内容同上级（包括党和国家）、平行机关的有关文件精神以及本机关过去的有关规定相比，检查有无上下、左右、前后不协调的方面。

（2）把文稿内容同实际情况相比，检查有无脱离实际的内容。

（3）把文稿的标题同文稿的内容相比，检查有无文不对题或者标题不能概括主题的情况。

（4）把领导制文意图同文字表述相比，检查有无词不达意或者有违领导意图之处。

（5）把文稿同《党政机关公文处理工作条例》《党政机关公文格式》相比，检查有无不规范的地方。

4. 发文审核的步骤

一般分为两步。第一步为通读，初步掌握文稿的主要意图、脉络和存在的问题。如发现问题先用铅笔做上记号，不直接做修改。情况不清楚的，应向拟稿部门或有关单位了解。第二步为正式审核，即对文稿逐字、逐句、逐条、逐项进行认真审核。审核中发现的问题，按以下情况处理。

（1）经审核不宜发文的公文文稿，应当退回起草部门并说明理由。

（2）符合发文条件但内容需作进一步研究和修改的，退回起草部门修改后重新报送。

（3）对涉及其他方面工作，但未与有关部门协商一致的文稿，退回拟稿部门补办会签手续，也可由秘书部门出面组织有关部门会稿。

（4）对一些专业性较强的文稿，还可以向有关专家、学者咨询，或举行专家咨询会进行咨询、论证。

（5）对存在一般性文字错误，或者内容上虽需作较大改动但退回修改会耽误时间的文稿,在问明情况并征得拟稿部门的同意后,可由审核人员直接修改。

(三) 签发

签发是指领导人在秘书部门审核的基础上,对送审稿进行最后审阅,确认可以发出后,在发文稿纸的签发栏内写明发文意见并签字的行为。文书一经签发,便由送审稿转化为定稿,具有法律和行政效力。

签发的要求如下:

(1) 凡以机关名义发出的、内容重要或涉及面广的文书,由机关正职或主持日常工作的副职领导人签发。

(2) 业务性文书,可由具体分管的副职领导人签发。如问题较为重要,也可请正职领导人加签。

(3) 有关日常性工作的文书,经授权可由秘书长或办公厅(室)主任签发。

(4) 在会议上讨论、修改、通过的文书,整理后,可由会议的主席或秘书长或其他被授权人签发。

(5) 凡以机关内部门名义发出的文书,应由部门负责人签发;如系重要问题,可报请机关主管领导人加签。

(6) 在实行集体领导的组织内,重要文件应由全体领导成员共同签批意见;如已经会议讨论通过,可由主要负责人签发。

(7) 联合发文或内容涉及其他部门的文书,应实行会签,主办单位首先签署意见,协办单位依次会签。一般不使用复印件会签。

(8) 签发意见应当用明确的语言写在发文稿纸的签发栏内,同时写明日期,亲署姓名。用笔用墨要规范。

(四) 复核

已经发文机关负责人签批的公文,印发前,秘书部门应当对文书的审批手续、内容、文种、格式等进行复核;需作实质性修改的,应当报原签批人复审。

(五) 编号

这里所说的编号是指由秘书部门对需要发出的文书统一编排发文字号。编号工作必须在复核之后、缮印之前。过早编号会因领导人的否决而导致空号,或者由于文件涉及问题复杂需要反复研究而拖延发文导致编号次序的混乱。发文字号中的机关代字由该秘书部门统一编制。机关代字一旦确定,应长期稳定。编号的方法有以下几种。

1. 按任职届别编号

在通过选举产生的领导机关中,需要由机关领导人签署并公布的命令或以机关名义发布的公告、通告,一般在机关领导人的任职期限内连续编号,换届选举后重新编号。标注为:

"第 1 号""第 2 号"……

2. 按机关连续编号

在通过任命产生的领导机关中,需要由机关领导人签署并公布的命令或以机关名义发布的公告、通告,一般按机关(不分年度也不按届别)连续编号。标注为:"第 1 号"……"第 478 号"……

3. 按年份编号

普通的公文在一个年度内连续编号,第二年度起重新编号。按年份编号的具体有两种方法。

(1) 总流水编号法。在一个单位内,不论文件是由哪个职能部门制发,也不论文件的内容,一律采取总流水号法。如:沪国展〔20××〕1 号、沪国展人〔20××〕2 号、沪国展营〔20××〕3 号,余类推。适用于规模较小、文书数量较少的机关。

(2) 分类流水编号。即根据发文的部门或文件的内容先分成若干小类,再按小类和年份编号。如:沪农办〔20××〕1 号、2 号、3 号……;沪农宣〔20××〕1 号、2 号、3 号……适用于规模较大、内设部门较多、文书数量较大的机关。

(六) 缮校

缮校包括缮印和校对两个环节。

1. 缮印

缮印即根据定稿制作正本的过程。缮印环节要求做到以下几点。

(1) 公文的排版、印制、装订严格执行《党政机关公文格式》的标准。

(2) 分清缓急,注意保密。急件应先打先印,密件应指定专门的印刷单位或专人打印,必要时派人监印。印制密件的废弃纸张和校样要妥善处理,不得移作他用。

(3) 委印和交割文书要办理签字手续并认真验收。

(4) 严格按照确定的份数印制,不得擅自多印。

2. 校对

文书在正式开印之前,均应严格校对。文书校对的任务:一是消灭和纠正排版的错误;二是统一字体、字号、格式;三是发现原稿中的错误。

(1) 校对的方法。校对方法有以下几种:

① 折校法,即把校样折叠起来,放在原稿上逐行校对。

② 交替法,即一手指校样,一手指原稿,逐字逐句左右交替校对。

③ 读校法,需两人协作进行,即一人读原稿,另一人看校样。读稿人应读准每个字音,报清楚标点符号、字体、字号、空距、另起段等,遇有罕见字、同音字以及特殊要求时,应特别加以说明。

(2) 校对的要求:

① 文字内容以原稿（即定稿）为依据。如发现原稿中确有错误需要改正，应当向拟稿人或核稿人提出，在拟稿人或核稿人作出修改或同意修改后，才能改动校样。除常识性错误外，校对人不得随意改动原稿的文字。

② 普通文书实行两校一读，即校对两次后再通校一遍；重要文书至少实行三校一读。

③ 在校样上改动的字和校对引线要从行间牵出版心，引线不可交叉。校对符号及其用法应按《中华人民共和国国家标准——校对符号及其用法》(GB/T 14706—93)执行。

④ 重要文书应将清样（即最后一次校定、准备付印的校样）送领导人审批、修改。

⑤ 文书印好后，还应认真核对一遍，如发现仍有错误，可根据下列情况分别处理：印刷较少且属于非原则性的个别错误，可在原处涂上修正液后修改，并盖上校对章；印刷数量较大的非原则性错误，可补印勘误表；如属会导致误解或歧义的原则性错误，或者影响文书严肃性的错误，应当作废重印。

（七）用印或签署

1. 用印

需对外发出的公文，除纪要和领导人签署的之外，公文缮印后，都应由秘书人员在落款处按规定的方式加盖机关的印章。用印必须注意以下几个方面。

（1）应以机关领导人在公文原稿（即定稿）上的签发意见为依据。未经签发或不同意发出的公文不得盖章。

（2）印章、发文机关、签发人三者必须一致。即印章上的印文与发文机关名称要一致；印章与签发人的职务要一致，哪一级机关领导人签发，就盖哪一级的公章。

2. 签署

凡需领导人签署的文书，由领导人在文书正本的落款处亲署姓名。如印刷份数较多，可由秘书代盖领导人手书体签名章。签署的权限仅限于正职或代理正职的领导人，副职不联署。签署人应与签发人一致。

盖章和签署必须符合《党政机关公文格式》的相关规定。具体要求详见第六章第二节《公务文书的结构元素、体例和标印格式》。

（八）发文登记

1. 发文登记的作用和形式

一切向外发出的文件，均需经严格的登记，以便于管理、查找、统计和催办。发文登记有簿式登记和计算机登记。

（1）簿式登记。即以登记簿的形式记载所发文件的有关项目和数据。发文登记簿应当设封面，标明发文机关的名称、起止日期等项目，内页填写有关项目和数据。

（2）计算机登记。用计算机登记的，应建立专门的发文登记文件夹和发文登记 Excel 电子表格文档,文件夹和文档的名称应当写明发文机关(部门)和登记期限。

2. 发文登记的项目

一般包括顺序号、发文字号、文件标题、附件名称、成文日期、密级和保密期限、缓急时限、份数、主送、抄送、发送方式(注明"传真""电报""邮寄""计算机"等)、发送时间、签收人、归档日期、归档号。

采用办公自动化系统的电子文书自动登记保存,无需人工登记。

(九) 封发

1. 装封

除公开发布或以电信手段传递的文书外,纸质文书均需在对外发送前装入信封并封口。装封具有防止泄密、保护文书、避免磨损、便于携带递送的作用。装封时要做到如下要求。

(1) 信封上的受文机关名称书写必须准确清楚,地址、邮编要详细无误。

(2) 保密件、急件必须在信封上标明密级和紧急程度;亲启件要写明收件人的姓名并加上"亲启"字样。

(3) 重要文书应填写"发文通知单",并与文书一起递送,其内容包括文书标题、发文字号、份数、附件、清退日期等,并附上回执,请对方查对无误后签字、盖章并寄回。

(4) 装封时要做到五查:查文书份数;查有无附件;查是否漏盖印章;查文书的受文机关与信封上书写的受文机关是否一致;查有无多发、重发或漏发的单位。

(5) 封口要牢固,以避免文书在传递过程中滑出。保密件需用密封条封口,并在封口上加盖保密戳。

2. 传递

广义的传递包括文书处理所有环节之间的交接。这里专指文书成文后向行文对象的传递。文书的传递有以下几种渠道。

(1) 邮政快递。用于传递普通文书,分为平信、挂号、快件等邮寄方式等。凡挂号与快递的文书,秘书应将有关单据妥善保存备查。

(2) 机要交通。机要交通是我国中央和省部级党政领导机关之间重要秘密文书的传递系统,中间环节少,保密制度严,可靠性强,用于少数密级较高、内容重要的文书。

(3) 机要通信。机要通信机构是邮电部门专门承担机要通信任务的系统,除规定必须由机要交通传递的文书外,涉密文书都要通过机要通信系统来传递。

(4) 当面交接。发给机关或单位内设部门的文书,如果驻地集中,可采取送文上门或通知前来领取的方法当面交接,也可借集中开会的机会,向各部门代表分发。当面交接秘密文书要遵守保密制度。

(5) 集中交换。在机关集中的地区或办公区域,可设文书交换站,各机关在规定的同一时间里相互交换、签收文书。设交换站集中交换文书,具有方便、快捷、成本低等优越性,适用于传递普通文书或密级较低的文书。

(6) 电信发送。即用电报、传真和互联网传递文书。用电报传递密件必须使用密码。用传真和互联网传递涉密文书,应采取加密措施。

(7) 公开发布。即采用公开张贴、报纸、广播、电视等方式直接向社会和群众发布文书,适用于需要公开行文的文书。

二、收文办理

(一) 签收

签收是指收文单位的经办人员收到文件时在发文单位提供的簿单上进行签字的手续,其作用在于确认收到文件并为明确交接双方的责任提供书面凭证。

1. 签收的方式

第一种是当面交接或专人送达时,在对方的送文簿(或对方的发文登记簿)上签字;第二种是通过邮递部门寄来的挂号件或通过机要交通部门传递的机要件,在文件投递单上签字;第三种是在文书拆封后,在信封内夹寄的发文通知单回执上签字;第四种是在设有外收发的机关中,当外收发向内收发交接文件时,收件人在外收发的收文登记簿上签字;第五种是收到传真件和电子文书后,以传真或电子邮件等电信手段回复加以确认。

2. 签收手续

(1) 检查核对。①对有信封包装的文书,要检查核对所收文件信封上的收文机关和收文人是否与本机关一致,发现投递错误的不应签收,并及时退回。②检查信封是否有破损、开封等情况,如发现有破损和开封情况的,应及时查明原因。在确认信封内文件没有受损、缺件、缺页和泄漏后,方可签字。③认真核对所收文件同对方送文簿或发文通知单上填写的项目是否相符,确认无误后方可签字。

(2) 签字盖章。即在核对检查无误后,以双方约定的方式签署收件人姓名、盖章(有时亦可盖签收章)、注明收到日期,收到急件应注明具体时间。

(二) 拆封

拆封必须指定专人,其他人员未经同意不得拆封。拆封的要求如下。

(1) 信封上标明送本机关或写明"办公室收"的文书,秘书可直接拆封。

(2) 领导人的亲启件未经特许,不得拆封。

(3) 急件、密件应当先拆。

(4) 拆封后如发现信封内的文件误送或发文手续不全,应及时与对方联系,弄清情况,酌情处理。

(5) 拆封时要用剪刀沿封口剪开,注意不能剪去邮票、邮戳、邮编、地址等标记,更不能损坏信封内的文件。快递件应当保留包装上的单据。

（6）如信封内有对方的发文通知单回执，在确认无误并且文书完好无损后，在回执上签字、盖章（可盖签收章），寄回对方。

（三）收文登记

1. 收文登记的作用和范围

收到重要文书应当登记，以便于管理、查找、统计和催办。下列文书可不必登记。

（1）公开的和内部不保密的出版物。

（2）一般性的简报。

（3）已被综合性文件详细包括的文书。

（4）事务性的通知、便函等。

（5）领导人的亲启件。但领导人阅后交办的，应予以登记。

2. 收文登记章

收文登记前应先在所收文书的眉首部分加盖收文登记章，简称收文章。收文章的作用在于沟通文书与收文登记簿、文书与档案之间的联系，以便日后查找。收文章的内容包括收文单位名称、收文号（一般按年度编总流水编号，如收文较多，亦可编分类流水号）、收文日期和存档号。

▌收文章参考样式▐

	（收文机关名称）		
收文号			
收文日期		年　　月　　日	
存档号			

3. 收文登记的项目

一般包括收文号（一般按年度编总的收文顺序号，收文数量较多的单位，可编分类流水号。编号应与收文章上的收文号一致）、收文日期（以该文件实际收到的日期为准，急件还应当具体到时、分）、来文机关、来文字号、来文标题（如无标题，应根据来文的内容拟填摘由）、密级和保密期限、缓急程度、份数、承办单位（由秘书人员在分文时填写）、签收人（由具体承办该文件的人员在分文时签名）、复文字号、归卷日期、存档号。以上项目有的必须在拆封后立即登记，有的则在文书运转过程中补充填写。

4. 收文登记的形式

（1）簿式登记。即以登记簿的形式记载所收文件的有关项目和数据。凡采用簿式登记并需要具体办理的文件,在登记的同时还要填写收文处理单。收文处理单的作用是给领导人批办文件并留注文件办理情况,是重要的凭据,应随文件一起运转并归档。

▌收文处理单参考格式▐

××××(机关名称)文书处理单

收文号:

来文标题			
来文机关		来文字号	
批办			
拟办			
办理结果			

(2)联单式登记。联单式登记即一次填写三联单或四联单。第一联为文书处理单,黏附在文书上随文书一起运转;第二联为收文登记单,装订成册后代替收文登记簿;第三联为收文分送单,分文时送承办部门留存备查,以减少承办部门的重复登记;第四联为文书催办单,作催办记录。

(3)簿单结合式。簿单结合式即先将来文用收文簿登记,然后对需要办理的文书再填写二联单,一联为文书处理单,一联为催办单。

(4)计算机登记。方法和要求与发文登记相同。

5. 收文登记的方法

(1)总登记。收文数量较少的单位可采取总登记的方法,将所有收到的文书按年度、收文时间先后流水编号登记。

(2)分类登记。文书量多的单位可采用分类流水登记方法。分类的方法既可按来文机关的性质分,也可按来文的内容性质分。

收文登记的方法应同收文章中收文号的编号方法相一致。

采用办公自动化系统的电子文书系统会自动登记保存,无需人工登记。

(四) 收文初审

秘书部门对收到的公文应当进行初审。初审的重点是:是否应当由本机关办理,是否符合行文规则,文种、格式是否符合要求,涉及其他地区或者部门职权范围内的事项是否已经协商、会签,是否符合公文起草的其他要求。经初审不符合规定的公文,应当及时退回来文单位并说明理由。

(五) 分送

文书初审通过后,进入分送环节。分送前秘书人员应仔细阅读来文,根据文书的性质、内容和办理要求确定分送对象。内容重要或涉及全局性工作的批办性文书应先报秘书部门负责人拟办,再报领导人批办。一般性文书且承办对象和承办要求明确的文书,可直接分送有关业务部门承办。阅知性文书或者需要先传阅再办理的文书,可根据规定阅读范围直接组织传阅。需退回存档的文书,要在文书首页加注"阅后退回"的字样,限期退回的,写明退回的具体期限。

(六) 拟办

拟办即由秘书部门负责人或经授权的秘书人员,在仔细研究文书的基础上,提出如何办理文书的初步意见或建议,供领导人批办时参考。下列文书需拟办:上级机关下达需要领导传阅或要求本机关办理落实的文书;下级机关和内设部门上报的需要领导阅知或本机关答复的文书;其他机关主送本机关需要答复的文书。

拟办是秘书部门辅助领导决策,当好参谋、助手的重要一环,也是秘书部门和秘书人员思想、政策水平和业务能力的集中体现,应予以高度重视。文书拟办要求做到以下几点。

(1) 了解机关或单位内部机构设置和具体职能分工,掌握每位领导人的职权范围,熟悉各项工作的流程和规则。

(2) 在认真阅读文件、切实领会文件的精神实质和具体的办理要求的基础上,从本机关或单位的工作全局出发,尊重客观实际,提出切实可行的建议。必要时可向领导人提出多套方案以供选择。

(3) 拟办意见力求简明扼要,语气应当是建议性、祈请性的。拟办人要亲署姓名,写明日期,以示郑重负责。

(七) 批办

批办是领导人对来文由谁办理、如何办理作出决断,是领导人参与文书处理的重要环节。批办文书要分清职权:全局性、事关重大的文书由主要领导亲自批办;业务文书由分管领导批办;日常事务性文书也可由秘书部门负责人批办。批办的要求如下。

(1) 需组织传达和传阅的文书,要批明传达或传阅的范围、方法、时间。

(2) 需本机关贯彻执行的,要提出具体的贯彻措施和步骤。

(3) 需向下交办落实的文书,应批明承办部门或承办人员及承办期限和要求,如需两个以上部门办理的,应批明主办部门。

(4) 涉及工作领域较多的文书,应实行有关部门或有关分管领导会批制度。会批中产生分歧难以协调的,呈送主要领导人批示。

(5) 紧急公文应当明确办理时限。

(6) 批办的语言要明确、清楚,姓名和日期要完整。

部分文书在领导人批办、明确承办部门后,秘书要做好再分送的工作。

(八) 传阅

收到参阅性文书或者需要先传阅再办理的文书,秘书要认真组织好传阅。组织传阅范围的依据一是来文中规定的阅读范围,二是领导人批办意见中提出的阅读范围。

1. 组织传阅的方式

(1) 阅文室传阅。规模较大、收到文书较多、阅读范围较广的机关和单位,应当专门设立阅文室,既便于集中管理文书,也方便阅读。

(2) 以人立户传阅。即为每一位领导人设立一个文件夹,将一段时间内领导人需要阅读的文书组合在一起,呈送阅读。采取以人立户传阅的方法,必须填制"文件送阅单",由领导人阅后签字。

┃ 文件送阅单参考格式 ┃

××××(机关名称)文件送阅单

阅文人:_____   送阅时间_____年_____月_____日

序号	文件标题	来文机关	来文字号	密级	阅读范围
1					
2					
3					
4					
5					
6					
批示意见					

注:请于××××年××月××日前退回。

阅文人签字:
签字日期:

(3) 以文立户传阅。如果收到的文书只有一份,而阅读的范围较广,可采取以文立户的方式在阅文人之间传阅,并填制"文件传阅单"。

┃文件传阅单参考格式┃

×××(机关名称)**文件传阅单**

来文单位		来文字号	〔　〕号
文件标题			
收文日期	年　月　日	收 文 号	
阅文人签名	阅文时间	阅文人签名	阅文时间
	年　月　日		年　月　日
	年　月　日		年　月　日
	年　月　日		年　月　日
	年　月　日		年　月　日
	年　月　日		年　月　日
备　注			

2. 组织传阅的要求

(1) 分清主次。当来文份数较少时,应安排主要领导人或与文书有关的主管部门优先阅读。

(2) 避免"横传"。所谓"横传",是指领导人之间绕开秘书自行横向传阅文书,这极容易造成文书的压误或丢失。因此,应当实行以秘书为核心的"直传"。

(3) 加强催阅。对已经送给领导人传阅的文书,应加强催阅,以免延误。

(4) 保护文书。组织传阅时,要将文书放在文件夹内,避免直接磨损。

(5) 及时处理。在传阅中,领导人如有批示,应及时办理。

(九) 承办

承办是指承办部门或承办人员根据领导人批办的意见和文书的内容、要求,对文书进行具体办理落实。承办是文书处理程序的核心环节,也是文书发挥现实效用的基本保证。

1. 文书承办的方式

(1) 传达承办。对需要向下传达的文书,可以会议、电话或转发的方式进行传达。

(2) 专题承办。对需贯彻执行或具体落实的文书,指定专人或成立专门的工作小组(如领导小组、工作专班、专案组、调查组、督查组、起草小组等)进行专题研究,提出切实可行的措施和办法,形成有关文件,下发给下级部门和单位,组织贯彻落实;或者采取有效措施落实来文中要求办理的事项。

(3) 答复承办。即用适当的方法答复对方的来文。答复的方法有电话答复、当面答复和复文答复等。

2. 文书承办的要求

(1) 务求时效。承办部门收到交办的文书后,应当及时办理,不得延误、推诿。紧急文书应当在规定的时限内办理完毕。

(2) 分清主办与协办。主办部门负责牵头、协调、拟稿,并与协办部门充分协商,取得一致;如果意见不一,应及时报请有关领导人裁定。

(3) 区分复文与不复文。凡可以采取口头、电话、派人联系等方法解决的问题,不必书面答复,但需作好记录。

文书承办的过程往往需要拟制新的文书,如批转、转发文书时需要拟制通知,专题承办后往往要产生结案报告、处理决定,答复承办中的复文答复必须发出批复、复函、报告,等等。因此,承办往往是本机关发文办理程序的开始。

(十) 催办

广义上的催办是指对每道文书处理环节的催促;狭义上的催办是指对文书承办环节的督促、检查,提醒承办部门和承办人员及时办理,防止文书的积压。

1. 文书催办的范围和重点

催办分为对内催办和对外催办。对内催办是指对本机关或单位内部承办的文书进行检查督促,包括催阅、催批、催签、催印、催复。对外催办是指对向外机关或单位发出的文书进行催询、催复。对内催办是所有催办工作的重点,其中对急件、重要件的拟稿、签发、批办、承办等环节是催办工作的重中之重。

2. 文书催办的方法

(1) 电信催办。文件发出一定时间后,秘书人员可用电话、传真、电子邮件等电信手段向承办部门或单位询问办理情况,直至办理完毕。

(2) 书面催办。重要文件在交办、转办或发出一段时间后,可发催办函或催办通知单督促对方抓紧办理。

催办通知单参考格式

××××(机关名称)**办公室**
催办通知单(存根)

××催字(　　) 　号

承办单位			
文件标题			
文件字号		收文号	
交(转)办日期		催办日期	

××××(机关名称)**办公室**
催办通知单

××催字(＿＿)＿号

＿＿＿＿＿：

　　《＿＿＿＿＿》(收文号＿＿＿＿)已于＿＿＿年＿＿月＿＿日交(转)给你们承办,请将办理情况速告我办。

　　电话:××××××××

××××(机关名称)办公室
＿＿＿＿年＿＿月＿＿日

(3) 派人催办。机关之间驻地较近或事关重大而又紧急的对外催办,可派专人前往催促办理。

3. 催办的要求

(1) 组织落实。文书催办工作是一项经常性的工作。在较大的机关,应设置催办机构或专人负责催办工作,一般的企事业单位也应当指定专人专管或兼管催办工作。

(2) 分工协同。一份文书的具体承办,往往涉及若干部门和人员,因此,文书的催办既要分工负责,做到责任到部门、责任到人,同时各有关部门和人员要相互协同,共同做好催办工作。

(3) 检查汇报。应经常检查催办工作的情况,做好统计分析,对逾期未办理结束的文书应当重点分析,找出原因,提出解决的办法,向领导人汇报。对内容重要而又屡催不办的文书,可请领导人亲自催办。

(4) 做好记录。文书催办往往不是一次完成的,而是一个连续的动态过程,每次催办情况都要记录在案并保存备查,以便为考核承办效率、总结办文中的问题和经验提供数据。

(十一) 办结

文书的办结是指由具体承办人员在文件处理单上留注承办的结果、方式和日期,表明文书收文办理程序的结束。承办的方式不同,办结留注的要求也有所不同。

(1) 以复文的方式承办的,应注明拟稿部门、复文名义、复文字号、复文标题、受文单位、复文的要点、复文的方式、复文日期等。

(2) 以电话或面谈的方式承办的,应注明对方的单位名称、姓名及身份,谈话(通话)时间、谈话的地点、谈话(通话)的要点等。

(3) 以传达、传阅的方式承办的,应注明何时何地在何种范围以何种方式传达或传阅。

(4) 实行专题承办的,应注明调查结论和承办结果,并将有关结论性材料的名称(标题)、字号、承办机关或部门、承办人姓名、内容要点等一起留注。

(5) 上级机关批示交办并查办的文书,应向上级机关书面报告承办结果。书面报告的发文名义、发文字号、主送机关、标题、成文日期等应当留注。

第四节 文书管理

一、文书质量管理

(一) 文书质量管理的含义

文书的质量是指文书在内容、格式和印制方面的准确性和有效性。文书质量管理的目标就是要提高每一份文书(包括形成和使用过程中产生的各种稿本)在主题思想、政策界限、措施办法、文字表述、格式安排、缮印校对等方面的正确性、鲜明性、科学性、规范性和可操作性。

(二) 文书质量管理的具体要求

1. 拟稿要求

文书拟稿除了总体上要满足主题、材料、结构、语言的要求之外,还要做到:

(1) 应当根据行文目的、行文主体的职权范围和与行文对象的行文关系选择合适的文种。

(2) 拟制紧急文书,应当符合紧急的条件,并根据实际需要确定紧急程度。

(3) 人名、地名、数字、引文准确。引用公文应当先引标题,后引发文字号。引用外文应当注明中文含义。日期应当写明具体的年、月、日。

(4) 应当使用国家法定计量单位。

(5) 文中使用非规范化简称,应当先用全称并注明简称。使用国际组织外文名称或其缩写形式,应当在第一次出现时注明准确的中文译名。

(6) 文书用字必须按照国务院公布的《通用规范汉字表》的要求执行。

（7）标点符号应按国家质量监督检验检疫总局和国家标准化管理委员会发布的《标点符号用法》国家标准执行。

2. 发文要求

发文办理要加强发文审核和复核工作，严格把好政策关、事实关、数字关、文字关和格式关。未经秘书部门统一审核的文书，不得缮印、下发。缮印文书之前要把好校对关，做到文字和格式规范，文面清晰、整洁，防止漏页、多页，避免出现正文与印章、成文日期分别印在两页的情况。

3. 收文要求

收文初审要加强行文规则、文种、格式和签发要求的检查，如发现不合格文书，应退尽退。

二、文书数量管理

（一）文书数量管理的含义

文书数量管理是指对一个机关或单位发文总量进行控制，其目标是精简文书，克服文牍主义。

（二）文书数量管理的具体要求

（1）内容空洞、无实际意义文书坚决不发。
（2）可用电话、面谈或现场办公等方法解决的问题，可做好书面记录，不必另外专门行文。
（3）能够通盘解决或综合处理的问题，可一次性发文，不要零星行文。
（4）只要求特定单位执行的文书，不要普遍下发。
（5）面向基层的文书可采取多级行文或直达行文的方式，不要层层转发。
（6）面向基层或群众且不涉及秘密的文书，可采取公开行文的方式，无需另外行文。
（7）外单位发来的抄送件，不再转发下级机关。

三、文书时效管理

（一）文书时效管理的含义

文书时效管理是指对文书运行的周期进行控制，其目标在于缩短文书处理每道环节所花的时间，加快文书运转速度，提高行文效率。

（二）文书时效管理的具体要求

（1）紧急文书必须在拟稿之前就确定紧急程度，做到急件先拟、先审、先印、先发。
（2）拟办和批办紧急文书应当提出明确的办理时限。承办单位应按规定时限抓紧办理，不得延误。

(3) 收文初审发现不属于本单位职权范围或者不应由本单位办理的文书,应当迅速退回原发文机关或转寄应当收文的机关,以免延误其他机关的办理时机。

(4) 认真做好文书处理全过程的催办工作,如催拟、催签、催印、催发、催阅、催批等。对紧急而又重要文书的承办环节要重点催办,及时了解和反馈承办的情况。

(5) 在确保秘密的前提下,尽可能运用办公自动化系统处理文书,提高文书处理效率。

四、文书物质要素管理

(一) 文书物质要素管理的含义

纸质文书的物质要素包括书面载体和显字材料两个方面。文书以纸张为主要书面载体,以油墨、墨汁和墨水为主要显字材料。文书物质要素管理的目标是:维护文书物质要素的完整性、牢固性和耐久性,延长文书使用的寿命,为立卷和档案管理打好基础。

(二) 文书物质要素管理的具体要求

1. 文书用纸要求

文书拟稿用纸和印刷用纸,以及其他需要立卷归档的文书处理用纸(如文书处理单、文书传阅单)等,其质量必须符合永久保存的要求,纸幅规格应符合国家标准。

2. 文书用笔要求

文书的拟写、修改、审核、签发、缮印、拟办、批办、留注应当使用钢笔或毛笔,不得使用圆珠笔、铅笔等;墨水应使用不易扩散、便于保存的蓝黑、碳素墨水,不得使用纯蓝、红色等易于扩散、褪色、不宜保存的墨水。

3. 做好文书的平时维护工作

(1) 平时存放文书要有条理。已经办理完毕的文书应当按案卷类目的具体条款及时归卷,不能乱堆乱放,以免遗失;未办理完毕的文书可临时分类存放于硬壳容器,容器上应标注目录。

(2) 运转过程中的文书,应放入文件夹,避免人为的折叠、磨损。

(3) 阅读、处理文书时,防止文书被茶水、饮料、墨水污染或遭受其他损坏。

(4) 文书应存放于带有保险装置的铁皮文件柜,室内严禁火种,并配备良好的消防安全设备。

(5) 秘书人员对所管理的文书要勤整理、勤翻阅,发现缺件、缺页、破损等问题,要及时寻找原因,予以补救。

五、文书的借阅管理

(一) 文书借阅管理的含义

文书借阅是文书利用的基本方式,文书借阅管理就是通过控制借阅范围、强化借阅手续、督促按时归还来保证出借文书的安全,同时通过借阅数据的分析,提高文书的利用率。

（二）文书借阅管理的具体要求

1. 确定借阅范围

文书借阅的对象包括领导人、职能部门以及其他有关部门和工作人员。文书出借之前，秘书要先确定借阅人是否属于该文书的阅读范围。一般情况下，借阅范围应当和阅读范围一致。阅读范围之外的有关部门或人员确需借阅文书，应当经领导人批准。

2. 履行借阅手续

文书借阅必须办理借阅手续，由秘书人员在"借阅文件登记簿"上填写有关信息，并请借阅人签字。阅读范围之外的有关部门或人员借阅保密期限之内的秘密文书，应出具单位介绍信，并经领导人签字同意。

3. 遵守借阅制度

文书借阅制度包括按时归还制度、严禁翻印复制制度、不得转借制度等。秘书人员应当向借阅人交代各项借阅制度并跟踪检查、督查，借阅人则应自觉遵守。

4. 经常统计分析

包括文书借阅的去向、频次，摸清借阅的规律等，以便有针对性地做好借阅服务，提高借阅效率。

六、文书翻印复制管理

（一）文书翻印复制的含义

翻印复制的文书有两种：一种是收文机关按文书原件重新排版、校对、打印的文书，称为翻印件；一种是用复印机、照相机或扫描仪翻扫、翻拍的文书，称为复印件。

（二）文书翻印复制管理的具体要求

（1）绝密级和注明不准翻印复制的文书，一律不得翻印复制。翻印复制其他文书，须经本级领导人批准。

（2）下级机关经上级机关委托可翻印指定的文书。翻印件应当与原件的格式一致，版记末尾注明翻印的机关名称、翻印日期、份数和印发范围，并上报上级机关备案。

（3）经批准或委托翻印的文书与原件具有同等的效力，并按原件的要求进行管理。

（4）复印件作为正式文书使用时，应当加盖复印机关证明章。

七、文书的清退管理

（一）文书清退管理的含义

文书清退是指文书办理完毕后，将承办部门和承办人员暂存的文书回收到秘书部门。

加强文书清退管理,能有效地防止文书查无下落和泄密,保证文书收集齐全完整,提高立卷质量。

(二) 文书清退管理的要求

1. 明确清退范围

下列文书必须清退:

(1) 属于国家秘密的文书。

(2) 发现有重大错误、必须防止扩散的文书。

(3) 草本阶段的各种稿本,如讨论稿、征求意见稿、草案等。

(4) 送领导人或有关人员传阅的文书。

(5) 未经本人审阅的讲话稿、发言稿。

(6) 转交有关部门办理但必须由秘书部门立卷存档的文书。

(7) 需要由秘书部门集中销毁的文书。

2. 事先告知

除有重大错误、必须立即清退的文书外,一般文书的清退应事先发出通知,具体方法:一是印发"文件清退通知"及"文件清退目录(或通知单)",二是在需要清退的文件上盖上"阅后退回"戳记,三是会上分发并需清退的文件标明"会后退回"的字样,同时在会上口头通知,予以强调。

3. 加强催退

清退期限将到之前,秘书要通过电话或口头方式提醒有关方面按时清退,过期未退的,要加强催退。

4. 清点核对

文书清退时要仔细清点核对,如发现缺少份数、页数或与收回的文书与清退目录不符,要当场记录,并了解情况督促改正,必要时请对方写书面说明。

5. 交接签字

文书清退交接时,双方应在清退凭证上签字。清退凭证一式两份,双方各保存一份备查。

八、文书销毁管理

(一) 文书销毁管理的含义

文书销毁是对文书的物质毁灭。文书销毁管理就是在清退的基础上,通过对文书保存价值的鉴定,有选择地销毁无保存价值的文书,减轻文书后期管理的压力,同时有效地防止秘密文书的丢失和泄漏。

（二）文书销毁的要求

1. 明确文书销毁的范围

下列文书应当销毁：

（1）归档文书的重份件。一般情况下，收到一式多份的文件，如有保存价值，只需一份立卷，其余重份可以销毁。

（2）无保存价值的文书。

（3）上级授权或指定要销毁的文书。

2. 广泛收集

销毁文书之前应先向有关方面发出通知，告知销毁文书的范围、收集的截止期限、送交地点等。

3. 鉴定造册

文书收集后，要认真鉴定文书的价值，留出需要立卷的文书。对要销毁的文书应逐一登记在"销毁文书清单"上。

4. 报批监销

销毁文书必须报经批准，指定地点，并有两人现场监销。销毁后，监销人应在销毁登记表上签字。非特殊情况，个人不得销毁密件。

┃销毁文书清单参考格式┃

××××（机关名称）**销毁文书清单**

顺序号	发文机关	文书标题	发文字号	销毁份数	销毁原因	备注
审批人		销毁人			销毁日期	

第五节　文书立卷与归档

一、文书立卷的含义和意义

对已办理完毕并且具有保存价值的文书，按其形成过程中的相互联系和规律组成案卷的过程,叫文书立卷。文书立卷的意义如下。

1. 有利于今后的查考和利用

文书立卷要对文书进行系统地收集整理,有规律地排列与组合,并且编制详细的检索目录,这就为今后的查考和利用提供了方便。

2. 有利于文书的安全与完整

立卷过程中,在收集齐全的基础上,按一定的方法,将一份一份文书组成案卷,加上封皮装订成册,这就保证了文书的系统性和完整性,又不易在查考利用中磨损和丢失,维护了文书的物质安全。

3. 为档案管理奠定基础

立卷前的文书与立卷归档后的档案,是相互联系的。高质量的文书立卷,能为档案管理打下坚实的基础,使档案充分发挥历史凭证的作用,为将来的工作提供服务。

二、文书立卷的对象和范围

(一) 文书立卷的对象

文书立卷的对象是已经办理完毕并且具有保存价值的文书(包括电报)。这里所指的办理完毕,是指文书在处理程序上办理完毕。具体可以从以下几方面掌握。

(1) 涉及工作时间较长的规范性和行政指挥性文书,从发文机关来说,在文书发出后,就算办理完毕,便可将定稿和存本归卷;从收文单位来说,经过传阅、传达,并制定了本单位实行的具体措施、办法后,就算办理完毕,可以把来文归卷。

(2) 不必办理或答复的文书,经有关负责人阅批和传阅后,便算办理完毕,可以归卷。

(3) 相互往来的文书,如请示与批复、问函与复函,对于请示或询问单位来说,收到上级或对方的批复或复函并采取措施贯彻落实之后,才算办理完毕;对于批复或答复单位来说,在批复件或复函发出后,就算办理完毕,可以归卷。

(4) 涉及面较广的综合性文书,往往又产生许多具体工作的文件。只要其中某一项具体工作结束,相应产生的具体文件就算办理完毕。

(5) 信访案件、工程建设等专门性文件,一般在所涉及的案件或工作完结后,才算办理完毕。

(二) 文书立卷的范围

文书立卷要反对两种倾向:一是该归不归,以致立卷后的文书材料残缺不齐,不能全面系统地反映机关活动的工作面貌;二是"有文必档",即把无保存价值的文书,如一般的参考资料、重复的文书等,也立卷归档,造成无效劳动,浪费人力、物力和财力。

文书立卷的范围大致包括以下几方面。

（1）上级来文中针对本机关或本机关应当贯彻执行以及参照处理的文书。

（2）本机关活动中产生的反映本机关主要工作职能活动和基本情况，以及今后工作需要查考的文书，包括这些文书的定稿、重要的草稿、讨论稿、修订稿。

（3）下级机关报送的有关方针政策性、请示性的，或反映下级机关重要活动及重要情况的文书。

（4）平行机关与本机关业务有关的、相互协作的、有参考价值的来文。

三、文书立卷的要求和方法

(一) 文书立卷的要求

1. 遵循文书形成的规律，保持文书之间的历史联系，反映一定社会组织活动的真实面貌

每个特定组织在其公务活动中产生的文书，不是孤立的，它是组织本身工作活动历史的记录。文书与文书之间的自然联系，反映了组织内部工作活动的内在历史联系，同时也体现了组织之间的工作联系。只有把特定组织在一段时期内产生和收到的全部文书收集齐全，在此基础上，根据文书自然形成的规律和文书之间的联系进行立卷，才能全面真实地反映这一组织工作活动的历史面貌以及与其他组织的历史联系，才能为今后的查考、研究和利用提供完整、系统的历史凭据和历史资料。

2. 正确鉴定文书的价值和保管期限

每一份具体的文书，反映组织工作活动面貌的作用和价值是不同的。因此，文书立卷之前，要在收集齐全的基础上，先鉴定每份文书有无保存价值，剔除没有保存价值的文书。然后区别文书保存价值的大小，并依据其保存价值确定其保存期限。确定文书保存价值和保管期限的原则如下。

（1）凡是反映本组织主要职能活动和基本历史面貌，并且需要长远利用的文书，应当确定为永久保存（大于 50 年）。

（2）凡是反映本组织主要职能活动和基本历史面貌，并且需要在相当长时期内查考利用的文书，应当确定为长期保存（16 年至 50 年）。

（3）凡是反映本组织一般职能活动和历史面貌，需要在短时期内查考利用的文书，应当确定为短期保存（不超过 15 年）。

3. 便于保管和利用

便于保管和利用，既是文书立卷的目的，也是文书立卷的要求。为此，应当做到以下几点。

（1）采用适当的技术，按一定的要求，对立成的案卷进行加固，防止文书散落和直接磨损。

（2）编制详细的目录，以便于查找。

（3）限定卷内文书的数量，不至于太厚或太薄，一本案卷的厚薄一般不超过 200 张。卷内文书太少时，可与其他性质相似、特征相同的文书综合立卷。

以上文书立卷的三点要求,其中最根本的要求是保持文书的历史联系。当其他要求与此发生矛盾时,应当服从于这一根本要求。

(二) 文书立卷的方法

文书立卷的方法就是把需要立卷的文书,按照它们相互之间的某些共同特征组合成案卷,这些特征通常称为"立卷特征"。

1. 按作者特征立卷

即将由同一作者(法定组织或其代表)制发的文书组成案卷。按作者特征立卷,便于反映同一作者的活动和文件的来源、行文关系、文件的重要程度。一般用于对上级来文和本机关制成的文书进行立卷。

┃按作者特征立卷实例┃

(1) 上海××公司 20××年干部培训工作计划

(2) 上海××公司 20××年干部培训工作总结

(3) 上海××公司 20××年员工培训工作计划

(4) 上海××公司 20××年员工培训工作总结

以上文件的共同特征之一是作者,因此可以按作者特征立卷。案卷标题为:

《上海××公司 20××年干部、员工培训工作计划、总结》

2. 按问题特征立卷

即将反映同一问题的文书组成案卷。按问题特征立卷,能反映对某一方面或某一具体问题的处理情况。立卷时,应尽可能将问题确定得具体些,以方便今后的查找。但如果某一方面问题的文件不多,可以与同类性质的问题合并立卷。会议文件不能按问题分开立卷。属于同一问题的文书,如果保存价值相差悬殊的,应分开立卷。

┃按问题特征立卷实例┃

(1) ××市人民政府关于加快发展城镇绿化的意见

(2) ××市城镇绿化工作纲要

(3) ××市绿化工作委员会关于进一步做好城镇绿化工作的通知

(4) ××市绿化工作委员会关于城镇绿化工作的报告

以上文件的共同特征是城镇绿化工作问题,因此可以按问题特征立卷。案卷标题为:

《××市人民政府、××市绿化工作委员会关于城镇绿化工作的意见、纲要、通知、报告》

3. 按名称特征立卷

即将同一文种名称的文书组成案卷。由于不同文种具有不同的适用范围和功能,因此,按名称特征立卷,能反映机关活动的不同方式,也便于区分文书的不同保存价值。名称特征一般要结合作者和问题特征使用。有些名称虽相同的文书,但作者不同或者不属于同一类问题,不宜单独按名称特征立卷。

▍按名称特征立卷实例▍

(1) ××旅行社关于王震同志任职的通知

(2) ××旅行社关于徐海婴同志任职的通知

(3) ××旅行社关于免去张磊同志职务的通知

(4) ××旅行社关于免去徐华同志职务的通知

以上文件的共同特征是任免通知这一文种,因此可以按名称特征立卷。案卷标题为:

《××旅行社关于任免王震徐海婴张磊徐华同志职务的通知》

4. 按时间特征立卷

即将内容针对同一时间或同一时间内形成的文书组成案卷。时间特征适用于内容针对的时间性强,针对的时间比较明确的文书,如计划、总结等。当文书形成的时间与内容针对的时间不一致时,可按下列情况分别处理。

(1) 一般文书以成文日期为准。

(2) 年度计划、总结等时间针对性较强的文书,以内容针对的时间为准。具体来说,跨年度的计划,放在开始年度立卷;跨年度的总结,放在最后的年度立卷;总结与计划写在一起的,以内容的重点确定其立卷的年度。

(3) 跨年度处理完毕的文书,以办结的时间为准。

(4) 跨年度的往来性文书,如相距时间不长,可按本单位发文或复文的时间立卷。

(5) 某些专业的文书,可按专门年度立卷。

时间特征一般要结合作者和问题特征使用。有些针对时间虽相同的文书,但作者之间缺乏共同点或者针对的问题不属于同一类,则不宜单独按时间特征立卷。

▍按时间特征立卷实例▍

(1) 教育学院20××年工作计划

(2) 教育学院20××年工作总结

(3) 传播学院20××年工作计划

(4) 传播学院20××年工作总结

上述文书的具体作者虽然不同,但都属于某个大学下设的二级学院。针对的时间都是20××年,而且问题都是针对年度工作,因此可以按时间特征立卷。案卷标题为:

《教育学院传播学院20××年工作计划和总结》

5. 按地区特征立卷

即将来自同一地区或内容针对同一地区的文书组成案卷,一般适用于对下级报送的文书的立卷。采用地区特征立卷,不应与作者特征相混淆,一般要结合问题特征使用。有些文书虽然是针对同一地区的,但问题不属于同一类,则不宜单独按地区特征立卷。

┃按地区特征立卷实例┃

(1) ××市 2021 年学前教育现状调查报告
(2) ××市 2021 年基础教育现状调查报告
(3) ××市 2022 年学前教育发展规划
(4) ××市 2022 年基础教育发展规划

以上文件的共同特征是地区特征,而且针对的问题也具有相关性,因此可以按地区特征立卷。案卷标题为:

《××市 2021 年学前教育基础教育现状调查报告和 2022 年学前教育基础教育发展规划》

6. 按通信者特征立卷

即将本单位与外单位就某一个或某几个问题的相互往来文书组成案卷。如问函与复函,请示与批复,就可采取按通信者特征立卷的方法。

┃按通信者特征立卷实例┃

(1) 上海××大学关于王海工作调动问题的函
(2) 北京××大学关于王海工作调动问题的复函
(3) 上海××大学关于刘晗工作调动问题的函
(4) 北京××大学关于刘晗工作调动问题的复函

以上文件的共同特征是通信者特征,因此可以按通信者特征立卷。案卷标题为:

《上海××大学与北京××大学关于王海、刘晗工作调动问题的来往文书》

7. 按人物特征立卷

即将围绕同一人物产生的文书组成案卷,通常适用于人事档案。

8. 按会议名称或类型立卷

即将同一会议上产生的文书组成一个案卷,适用于会议文书的立卷。

文书之间的联系是多方面的,具体立卷时,为了使案卷更加准确,常常以一个特征为主,结合其他若干特征,综合运用。如:《××公司 20××年度产品销售合同》,这一案卷在立卷时,以"产品销售"这一问题特征为主,结合运用了作者特征、时间特征、问题特征和名称特征。

四、立卷和归档的步骤

(一) 编制案卷类目

案卷类目是在年初根据本单位文书形成的规律，对一年内可能产生和收到的文书，按立卷的要求和方法，预先编制的立卷方案。案卷类目由类和条款组成。

1. 类

编制案卷类目，先要确定类别。确定类别的方法有两种。

(1) 按文书内容所反映的问题分类。以企业为例，案卷类目一般可以设综合、生产、人事、财务、技术、供销等类别。按文书内容所反映的问题分类，应当注意类别之间的界限划分要清楚，不能出现相互交叉、相互包含的情况。

(2) 按单位内部的工作部门分类。如党委机关的文书，可以按职能部门确定类别，分成综合类、组织类、宣传类、统战类、纪检类等。

一个单位内部案卷类别的确定只能按照统一的标准或方法进行，而且还要与档案管理部门的案卷分类方法相一致。规模较大或文件数量较多的机关，在类之下，还可以设属类。

2. 条款

类之下设条款。条款是年初预先拟制的一组文书的标题，有了这一条款，平时就可以将相关的文书归入其下。拟制条款应当运用立卷的特征，一般应反映出文书的作者、问题和名称，如《××公司20××年销售计划、合同》。条款拟好后，要按类别编号。

(二) 平时归卷

平时归卷是指平时将已经处理完毕的文书，有计划地收集，并依据案卷类目准确归卷。这样做，既有利于平时查阅文书，又可以及时发现文书收集中的问题，采取措施，加以解决。归卷的具体要求如下。

(1) 准备好文书归卷的容具，标明条款和编号，以便文书"对号入座"。

(2) 根据文书立卷归档的范围，做好平时收集工作，做到收集一份，归卷一份。

(3) 对已归卷的文书，要定期进行检查。发现归卷不准确的，要及时纠正；年初确定的案卷类和条款如与当年实际产生和收到的文书不相符合的，要及时调整、修改、补充。

(4) 对相关的工作已经全部结束并已收集齐全的文书，可以提前编目定卷，以减轻年终集中立卷时的工作压力。

(三) 组合案卷

1. 调整案卷

经过平时归卷和整理的文书，在正式立卷之前，还要进行案卷调整。调整的任务是检查同一条款内的文书是否已经收集齐全,是否有多余或重复的文书,文书之间是否保持了内在联系,文书组合是否体现了立卷的特征,保存价值是否一致,数量是否适当。

2. 排列次序

案卷调整后,要根据文书之间的联系,确定卷内每份文书的先后次序,其方法有以下几种。

(1) 时间排列法。即卷内文书一律按成文时间的先后次序排列。这种方法适用于严格按名称、作者和问题特征立卷的案卷。

(2) 重要程度排列法。即按照卷内文书所反映问题的重要程度排列次序。其具体做法是:重要文书在前,次要文书在后;政策性文书在前,业务性文书在后;主件在前,附件在后;存本在前,定稿在后(草本阶段有多次稿本的,按稿本的顺序排列);转发件(包括发布、印发、批转件)在前,被转发件在后;结论性、决断性、判决性文书在前,依据性、证据性材料在后;在上级单位,本机关的批复在前,下级机关的请示附后;在下级机关,本机关的请示在前,上级机关的批复在后(但如涉及人事、机构设置等重要问题,则批复在前,请示在后);不相隶属单位之间的函件往来,问函在前,复函在后。

(3) 问题—时间排列法。即先将卷内文书按问题的重要程度分成若干组,每组再按成文时间的先后排列次序。这种方法适用于由若干个小问题构成的大问题,或由几个不同问题组成的案卷。

(4) 地区—时间排列法。即先将卷内文书按地区分成若干组,每组再按成文时间的先后排列次序。这种方法适用于由涉及几个地区的文书组成的案卷。

(5) 作者—时间排列法。即先将卷内文书按作者分成若干组,每组再按成文时间的先后排列次序。这种方法适用于由几个作者产生的文书组成的案卷。

(6) 通信者—时间排列法。即先将卷内文书按通信者特征分成若干组,每组再按成文时间的先后排列次序。这种方法适用于与两个以上单位往来的文书组成的案卷。

(7) 问题—作者—时间或作者—问题—时间排列法。即先将卷内文书按问题或作者特征分成几个大组,每个大组再按作者或问题特征分成若干小组,最后按成文时间的先后排列每个小组文书的次序。这种方法适用于由几个作者、涉及几个问题的文书组成的案卷。

(8) 姓氏笔画排列法。即将卷内文书按姓氏笔画的多少排列次序。这种方法适用于处理人民来信来访的案卷。

3. 拟写案卷标题

案卷标题(又称案卷题名)是对卷内文书的特征的概括,其作用是帮助档案利用者查找具体的文书,并为档案的整理编目、登记及编制档案检索工作提供依据。案卷标题往往是在案卷类目中的条款基础上根据文书归卷后的实际情况修改完善的,要求内容概括、确切,文字精练、明确,结构统一、完整。

案卷标题的结构一般应当由机关名称、内容和文种三部分构成,如:《××市××局关于物价管理的报告、请示、规定、通知》。运用地区特征的,要标明地区;运用时间特征的,应标明年度;运用通讯者特征的,应标明通讯者名称。作者、问题较多时,可以用"等"字省略,名称较多时可统称为"文件""案卷""材料""来往文书"。如:《××大学等十所高校关于20××年招生工作的文件》。

案卷标题拟好后,另纸书写,同案卷别在一起,待案卷装订后正式填写在案卷封面上。

(四) 编目定卷

编目定卷工作必须执行国家标准《文书档案案卷格式》(GB/T 9705—2008)。

1. 编写档案页号

有图文的页面均编为一页,无图文的页面不编页号。档案页号字体字号应当同文书本身的页码相区别,位置不能重叠。

2. 填写卷内目录

凡永久和长期保存的案卷都要填写卷内目录,以便于查阅和统计。短期保存的案卷,视其重要程度而定。卷内目录的项目包括以下内容。

(1) 顺序号。又称件号,即卷内每份文书所排列的序号。

(2) 文号。即发文机关的发文字号。

(3) 责任者。即发文机关。领导人署名的文书,如领导人的批示、信函等,填写领导人的姓名。

(4) 题名。即文书标题,应照实抄录。如无标题或标题不能说明内容的文书,可由立卷人员自拟标题,外加方括号"[ ]"。

(5) 日期。即文书的成文日期。用阿拉伯数字填写,可省略"年""月""日"。时间以8位数字表示,其中前4位表示年,中间2位表示月,后2位表示日。月日不足2位的,前面补"0"。如"20210818"。

(6) 页号。即卷内每份文书所在之页的编号,多页的填写起止页号。

(7) 备注。留待对卷内文书变化时作说明之用。

3. 填写备考表

内容包括:本卷情况说明、立卷人、检查人、立卷时间。本卷情况说明应填写卷内文书的缺损、修改、补充、移出、销毁等有关情况,备考表由立卷人填写,注明填写日期并签字,置于卷末装订。短期保存的案卷,可不填备考表。

4. 案卷装订

案卷如需装订,装订前应先清除文书上的金属物;对纸幅不规范纸张,加边托裱,折叠整齐;对破损的纸张要修裱。

5. 填写案卷封面和卷脊

（1）填写案卷封面。项目包括：①全宗名称。即立档单位名称，应写全称或规范化简称，不得将本单位的名称简称为"本部""本委"。②类目名称。即全宗内分类方案的第一级类目名称。③案卷题名。即案卷标题。④时间。即卷内文书所属的起止年月。⑤保管期限。⑥件、页数。装订的案卷填总页数，不装订的案卷填总件数。⑦归档号。即文书立卷部门向档案管理部门归档移交时所编的案卷顺序号，又称文书处理号。⑧档号。档号由全宗号（档案馆指定给立档单位的编号）、目录号（全宗内案卷所属目录的编号）、案卷号（目录内案卷的顺序编号）组成，由档案部门填写。

（2）填写卷脊。卷脊项目包括全宗号、目录号、年度、案卷号、归档号。案卷封面和脊背的填写，一律要用碳素墨水或蓝黑墨水字迹材料，字迹要求工整。

（五）案卷的归档

凡属立卷范围的文书，立卷后一律移交档案部门保管。归档时间一般在次年的上半年。移交时应编制案卷目录，其项目包括顺序号、案卷标题、起止日期、页数、保管期限、备注。

案卷目录最后应附有案卷移交备考表，写明移交案卷总数，移交时间，在交接时由移交人和接收人双方签字。案卷目录要一式三份，一份经双方签字后留立卷部门存查，另两份由档案部门保存。

第六节　电子文书处理

一、电子文书的含义

电子文书又称电子文件，属于数据电文的一种形态。数据电文是指以电子、光学、磁或者类似手段生成、发送、接收或者存储的信息，其形态包括文字、图像、语音、视频等。而电子文书是以文字形态为主以及与文字形态直接对应关联的语音、图像和视频形态为辅的数据电文。凡是以数字化形态存储于磁带、磁盘、光盘、云盘等载体，在通信网络上传输，并依赖计算机等智能终端阅读、处理的文字，以及与文字信息直接对应关联的语音、图像和视频形态都属于电子文书。秘书系统处理的电子文书有两类：一类是电子公文，由特定的具有公文管理权限的机关统一配置的电子公文传输系统处理形成并传输，适用于各级党政机关之间、企事业单位内部传输和处理公文。电子公文在计算机等终端显示的外观格式必须与纸质公文相同，打印的纸质副本格式应当与纸质公文完全一致，并具有与纸质公文同等的法定效力。另一类是一般电子公务文书，无统一规定的外观格式，可以是各种计算机软件格式的文档以及与文档主题信息对应关联的图片、音频、视频等，可通过普通的电子邮件、官方网站以及在微信、微博、QQ等社交媒体平台上注册的官方账号等渠道传输、公布。

二、电子文书处理要求

(一) 集中管理、明确分工

电子文书形成单位应当对本单位电子文书管理工作进行统筹规划,建立管理制度,规范工作流程,落实保障措施,对具有保存价值的电子文书实行集中管理。同时要明确分工,压实管理责任。各单位文秘和业务部门负责电子文书日常处理;档案部门负责归档电子文书管理;信息化部门负责为电子文书管理提供信息化支持;保密部门负责涉密电子文书的保密监督管理。每个部门电子文书的制作、传递、接收、归档以及电子印章管理必须指定专人负责。

(二) 全程监控、规范标准

电子文书从其形成到最后销毁或作为档案保存是一个完整的生命过程。对电子文书形成、办理、传输、保存、利用、销毁等环节应当实行全过程监控,确保电子文书的运转过程始终处于受控状态并确保通畅、高效和安全。同时对电子文书要实行规范化管理。目前我国有关电子文书管理的法规规章以及国家标准已经较为完备,包括中华人民共和国国家标准《电子文件归档与电子档案管理规范》(GB/T 18894—2016)、国家档案局 2018 年修订发布的《电子公文归档管理暂行办法》等,应当严格遵守。

(三) 便于利用、确保安全

要发挥电子文书高效、便捷的优势,对有价值的电子文书提供分层次、分类别共享应用。在便于利用的同时要按照国家有关法律法规和规范标准的要求,采取有效技术手段和管理措施,确保电子文书的安全。电子文书的安全包含两方面的具体要求。

(1) 信息安全。要及时更新防止系统受到攻击、入侵、篡改的技术手段,加强访问系统的权限和密码管理,杜绝电子文书信息泄露和盗用的隐患。

(2) 物理安全。一是要对重要文书、数据、操作系统及应用系统进行定期备份;二是要针对可能发生的网络突发事件制定应急预案,保证突发事件处理工作的及时、有效;三是要做好重要系统的灾难备份建设,制定系统数据灾难恢复的措施;四是对重要文书要同时制作电子和纸质两种版本,确保在电子设备无法启用时能够使用纸质文书。

三、电子文书发文处理

与纸质文件大体一致,电子文书的发文程序也包括拟稿、审核、签发、复核、编号、缮校、用印或签署、登记、分发等环节,只是在技术上实现了操作和流转的信息自动化和文档一体化。

(一) 电子文书的形成与传输方式

秘书部门形成和传输电子文书主要有以下几种方式。

1. OA 系统方式

秘书部门利用数字技术和内部办公信息自动化（Office Automation，简称 OA）系统完成拟稿、审核、签发、复核、编号、校对、签署、用印、登记、分发、归档等发文环节，实现了文档一体化管理，极大地提高了文书工作的效率。

2. OA—纸质方式

由于目前许多单位之间尚未建立起 OA 通道，如需对外发文，一般先通过单位内部的 OA 系统完成文件的拟稿、审核、签发、复核、编号、校对、签署、用印、登记等环节，然后自动排版生成公文格式，打印成纸质文书后对外发送。

3. OA—网络方式

即先通过单位内部的 OA 系统完成文件的拟稿、审核、签发、复核、编号、校对、签署、用印、登记等环节，然后通过电子邮件、电子传真、官网、社交媒体对外发送或公开发布。

（二）电子文书发文处理的要求

（1）加强电子文书的签发、签署、盖章环节的权限管理，使用安全可靠的电子签名和电子印章软件。

（2）通过电子邮件、电子传真、官网以及社交媒体发出的文书要做好登记和存档工作。

（3）电子公文格式均应与纸质公文相同并符合国家相关标准。

（4）传输涉密文书必须采取加密措施，涉密文书不得在非保密网络传输。绝密级文书不得通过网络传输。

（5）电子文书发送后，发送单位应当在 24 小时内对所发电子文书的接收情况进行查询；对接收单位退回的电子文书应及时处理，发现问题应及时与接收单位联系。

（6）重要的电子文书应打印纸质文本归卷，必要时应另向收文机关发送纸质文本。

四、电子文书收文处理

电子文书的收文程序及其要求也与纸质文书大体一致，包括签收、登记、收文初审、分送、拟办、批办、承办、传阅、催办、办结等环节。OA 系统的设计应当满足这些环节的自动化处理要求。

（一）电子文书的接收渠道

（1）通过 OA 系统接收。具备 OA 系统的机关或单位，绝大部分内部文书都通过这一系统传递接收。

（2）通过电子邮件接收。

（3）从对方官网或者社交媒体上下载保存。

（4）将收到的纸质文书通过扫描、摄影转化成电子文书，再输入本单位的 OA 系统保存并办理。

(二) 电子文书收文处理的要求

（1）收到的电子文书后，秘书人员应当对文书的完整性和可靠性进行审核，确认无误后方可签收。签收后系统会自动向发文单位发送电子回执。对不能正常接收的电子文书，应及时与发文单位联系解决。

（2）通过电子邮件收到或从对方官网、社交媒体上下载的电子文书，以及由纸质文书通过扫描、摄影转化成的电子文书，要存储在安全的存储器中。

（3）秘书人员要通过 OA 系统及时掌握电子文书的批办、承办的情况，加强催办工作。

五、电子文书的归档

电子文书归档是指将具有保存价值的电子文书及其元数据，通过计算机网络或脱机载体，从文书形成、办理部门向档案部门移交的过程。

(一) 电子文书归档的范围、保管期限和归档方式

1. 电子文书归档范围和保管期限的划定与纸质文书相同。

2. 电子文书归档分为两种方式：一是逻辑归档，即在计算机网络上完成向档案部门移交，不改变原存储方式和位置；二是物理归档，即把电子文书集中下载到可脱机保存的载体上（如磁盘、光盘等），然后向档案部门移交。电子文书应当以国家规定的标准存储格式进行归档。

(二) 电子文书归档的要求

（1）电子文书形成或办理部门应定期将已收集、积累并经过整理的电子文书及其元数据向档案部门提交归档，归档时间最迟不能超过电子文书形成后的第 2 年 6 月。

（2）需要永久和长期保存的电子文书，应在每一个存储载体中同时存有相应的符合规范要求的机读目录。

（3）电子文书的收发登记表、机读目录、相关软件、其他说明等应与相对应的电子文书一同归档保存。

（4）电子文书形成单位应设置足够容量、安全的暂存存储器，存放处理完毕应归档保存的电子文书，以保证归档电子文书的完整、安全。

（5）电子文书形成单位应在电子公文处理 OA 系统中设置符合安全要求的操作日志，随时自动记录对电子文书实时操作的人员、时间、设备、项目、内容等，以保证归档电子文书的真实性。

（6）归档电子文书的移交形式可以是交接双方之间进行存储载体传递或通过电子文书传输系统从网上交接。

（7）通过存储载体进行交接的归档电子文书，移交与接收部门均应对其载体和技术环境进行检验，确保载体清洁、无划痕、无病毒等。

（8）归档电子文书应存储到符合保管要求的脱机载体上。必须加密归档的电子文书应与其解密软件和说明文书一同归档。

（9）归档的电子文书，应按本单位档案分类方案进行分类、整理，并拷贝至耐久性好的载体上，一式三套，一套封存保管，一套异地保管，一套提供利用。

第八章
会议筹办与服务

第一节 会议概述

一、会议的含义和特征

(一) 会议的含义

会议是一种围绕特定目的开展的、组织有序的、以口头交流为基本方式的群体性活动。

(二) 会议的特征

1. 会议是一种围绕特定目的和议题而开展的活动

任何会议活动都必须事先制定非常明确的目的,解决为什么开会的问题。没有目的的会议事实上是可能不存在的。

会议的目的不是抽象的,它通过会议的议题及其相关的议程和会议结果来统领会议的全过程,既体现组织者的愿望,也反映全体会议成员的共同期盼,因而是会议活动最基本的驱动力。会议目的和议题正确合理与否,决定着会议的发展方向和可能发挥的实际作用,制约着会议的规则和进程。

2. 会议是一种具有组织形态的活动

会议活动只有具备了一定的组织形态,才能确保会议活动纳入正常有序的轨道,才能使会议成员之间开展有效的沟通和交流,才能最终达成共识、形成决议,实现会议的目的。会议活动的组织形态表现在有会议组织者、有会议的领导和管理服务体系、有会议规则和会务工作程序等若干方面。

3. 会议是一种以口头交流为主要方式的活动

报告、演讲、辩论、审议、讨论、谈判等口头交流方式,是会议成员传递信息、交流思想、阐明立场、表达意志的主要手段,也是会议活动的基本方式。区别一次社会活动是会议还是非会议,关键就是看其交流的方式是否以口头交流为主。会议活动也可以辅之以书面和声像交流的方式。

4. 会议是一种群体性的社会交往活动

会议是一种集体讨论、商议、交流的活动。群体性是会议活动与生俱来的基本特征。会议主持方与其他与会者之间存在领导与被领导或管理与被管理关系的纵向关系会议，与会者必须至少 3 人。也就是说，上下级之间的两人谈话不能视作会议。而如果地位平等、不存在领导与被领导或管理被管理关系，即便是两人之间的单独会见或会谈，只要有明确的目的，事先商定议题，经过双方的安排，符合会议的基本特征，应当视作会议。

二、广义会议和狭义会议

在社会活动中，人们常常要举行各种形式的开幕式、闭幕式、欢迎宴会、颁奖仪式、庆祝典礼等活动，这些活动没有具体的议题，也不开展专题的报告、讨论、审议、质询、表决，但由于这类活动也具有目的性、组织性、口头性和群体性这些会议的主要特征，而且又往往是重要会议活动的组成部分，因此可以列入广义会议的范畴。概括起来说，凡是围绕特定目的开展的、具有一定组织形态的、使用口头交流方式的群体性活动，都属于广义会议的范畴。而目的明确并且具有特定议题，同时符合组织性、口头性和群体性的特征的活动，则属于狭义会议范畴，如报告会、研讨会、工作例会等。

三、会议的基本要素

（一）会议组织者

会议是一种有目的的、高度组织化的社会活动，需要有人发起并出面组织和协调。我们把发起、策划、主办、承办、协办会议活动的机构或个人统称组织者。

会议的组织者可以是机构，也可以是个人。机构发起并组织会议必须具备合法的资格，个人发起并组织会议应当符合法律和法规。会议的组织者并非都是单一的机构或个人。在一些规模较大的会议活动中，组织者具有强大的阵容，相互之间也有不同的角色、分工与职责。一般而言，组织者由主办者、承办者、协办者组成。

1. 主办者

主办者是指对会议活动的组织、管理、协调负主要责任的机构或者个人，是会议活动最重要、最关键的组织者，在会议举办过程中起决定性的作用。

2. 承办者

即具体承担会议组织工作的机构或个人。一般的会议，主办者可以直接承担会议的组织工作，无需另外确定承办者。而有些会议，因主办者缺乏具体承办的能力，或者因会议的某些特殊需要，主办者可以将会议的具体组织工作交给承办者。会议主办者与承办者的关系有两种情况：一种是上下级的领导与被领导关系，即上级机关把承办会议的任务下达给某个下级机关,下级机关在上级机关的领导下开展会议的各项组织工作;另一种是合同关系,即主办者把会议的全部或部分组织工作以签订合同的形式委托给承办者,而承办者则获得相应的报酬。不管二者的关系性质如何,承办者都必须对主办者负责,并承担相应的法律或行政的责任。承办者的具体职责由主办者决定或通过协商谈判后以合同或协议书的形式加以确定。

3. 协办者

在组织会议的过程中,主办者可以根据需要,确定若干协办者。协办者就是协助主办者做好会议的组织工作的机构或个人。专门设承办者时,协办者协助承办者做好组织工作,但对主办者负责。主办者和协办者之间必须以协议的形式明确相互关系、权利和义务。会议协办的主要方式有经费资助、名义使用、智力支持、物资援助、人力协助、工作分担、宣传造势等。

4. 与组织工作相关的机构

既不直接参与组织工作,也不直接承担会议的法律或行政责任,但对会的筹备和举办具有直接或间接帮助的机构。如赞助者、支持者。

(二) 会议成员

会议成员是指有资格参加会议的对象,是会议活动的主体,一般可分成四种资格,资格不同,其在会议中的权利和义务也不同。

1. 正式成员

即具有正式资格,有提案权、发言权和表决权,必须遵守会议决议、履行相应义务的会议成员。正式成员是会议的主要成员,对会议的结果具有直接的影响。法定性会议的正式成员参加会议的权利受法律、法规和有关议事规则的保障。

2. 列席成员

列席成员是指不具有正式资格、无表决权但有一定的发言权的与会者。正式成员和列席成员的最大区别是有无表决权。所谓"一定的发言权",意思是列席代表是否能在会议上发言,要看会议的章程或议事规则是如何规定的,未设置章程或议事规则的会议,则由主办者确定。

3. 特邀成员

即由会议的主办者根据会议的需要而专门邀请的成员,如主办单位的上级机关领导人、兄弟单位的代表、社会知名人士、外国来宾、报告人等,他们在会议中的权利和义务可由会议主办者或会议的领导机构来确定。

4. 旁听成员

即受邀请参加会议,但不具有正式资格,既无表决权,也无发言权和提案权的会议成员。

(三) 会议信息

会议信息是会议内容的主要成分,体现了会议活动的目的和结果,贯穿会议的全过程。

会议信息要素主要有三类:一类是引导会议方向、引导和制约会议的信息交流的会议目的、任务、议题、主题;另一类是通过与会者的发言所阐述的立场、观点、知识、政策、经验等,或者通过与会者的展示、演示所发布的技术、产品、形象等;再一类是记载会议过程和成果的简报、记录、纪要、决定、决议、公报、声明、协议、备忘录等。

(四) 会议的时间

会议的时间要素包括以下三个方面含义:一是举行会议的时机;二是会议所需的时间量;三是系列性会议前后两次会议之间固定的时间跨度。

(五) 会议的地点

实地会议的地点是指会议存在的地理位置与空间,具体包括两个方面:一是会议举办地,即会议现场所处的地区、国家、城市;二是会议场馆,即会议召开的具体场地,包括会场、住地及其配套设施。电话会议、网络会议的地点是虚拟的。

(六) 会议的方式

会议方式是指举行会议的方法和形式。任何会议的举行都要依赖一定方式。会议的目标、任务和性质不同,会议的方式也不相同。会议方式要素主要由以下几方面构成:一是沟通方式(单向、双向、多向沟通);二是发言形式(口头发言或书面发言、自由发言或指定发言);三是座位格局(上下相对式、围坐式、分散式);四是物质与技术手段(电话会议、视频会议)。

四、会议的作用

(一) 沟通信息

人们召开或者参加会议,其共同目的就在于传递或者获取信息。因此会议的基本作用就在于沟通信息。利用会议这种群体性活动的方式来沟通信息,具有面广、直接、灵活和高效的优点。

(二) 发扬民主

会议与民主是密切相关的。就二者的关系而言,会议是手段,民主是目的。会议发扬民主的作用主要基于以下两个方面:其一,会议活动起着上下沟通的作用,便于管理者直接了解下情和民意,使其作出的决策更加符合实际和民众的愿望,同时也使民众能够了解决策信息,保障民众的知情权和监督权;其二,会议活动通过集体讨论、投票表决,根据少数服从多数的民主原则作出决定,从而避免了个人滥用权力。现代社会各种"董事会""委员会""理事会""执委会"等领导机构,普遍通过会议制度来确保集体领导原则得以实现。

(三) 科学决策

会议活动贯穿于现代决策的全过程。在决策准备阶段,需通过调查会、研讨会、咨询会、论证会、听证会等会议形式,收集情况,发现问题,分析原因,征询意见,确定决策目标。在决断阶段,需通过董事会议、委员会议、办公会议、代表大会等会议形式遵循一定的议事规则集体作出决策。在决策执行反馈阶段,需通过动员大会、传达布置会议、工作会议、汇报会、现场会等形式,落实决策事项、反馈执行情况。可以说,现代决策活动一刻也离不开会议活动。

(四) 协调关系

当今世界不同的国家、地区、社会组织和各种实体之间的竞争与合作相互交织、日益加剧。竞争与合作的关系处理得好,可以促进共同发展,但如果处理不当,也会带来矛盾和冲突,阻碍发展。会议活动为世界上不同的国家、地区、社会组织和实体提供了对话与合作的平台,通过沟通与协商,消除分歧、达成共识,通过签订协议、制定规范,实现互利共赢。

(五) 联络感情

会议活动是一种互动性的交往方式,在交流思想、互通信息的同时,还有助于感情上的融合。比如通过举行联谊会、茶话会、团拜会、招待会等形式的会议,对内增强组织的凝聚力,对外联络公众的感情,从而营造良好的发展环境。

(六) 宣传教育

会议的信息沟通的基本功能,为发挥会议宣传教育的作用提供了可能。通过举办各种论坛、报告会、交流会等会议形式,传播真理、普及知识、弘扬道德、树立正气。当遇到重大危机时,及时举行新闻发布会,可以及时发布真相、解释立场、化解误会,从而正确引导社会舆论,维护组织的形象。

五、会议的分类

(一) 按会议的法律性质划分

1. 法定性会议

法定性会议即根据有关法律与法规规定必须举行的会议,以及特定组织为履行法定职责而举行的会议。前者如各级人民代表大会、企业的股东大会、职工代表大会等,后者如各种法定组织的领导人办公会议、董事会议等。

2. 非法定性会议

非法定性会议即法律和法规允许的、法定性会议以外的会议。如学术研讨会、新闻发布会、交流恳谈会、经贸洽谈会等。

(二) 按与会者的相互关系划分

1. 纵向关系会议

这类会议的主办者或会议主持人同与会者之间具有上下级关系或行政上的管理与被管理关系。一般的工作性会议(如领导办公会议、布置传达会议、总结表彰会议等)都属于这一类。

2. 横向关系会议

这类会议有两种情况：一种是在会议期间与会者之间具有相同的身份和平等的权利的会议，如我国的各级人民代表大会和党代表大会、实行集体领导的各种委员会和理事会会议、国际上双边或多边的会议及会谈等。另一种是会议主办者同与会者之间身份不同也无相互隶属关系的会议，如新闻发布会、记者招待会等。

(三) 按会议的保密程度划分

1. 保密性会议

保密性会议即会议内容涉及国家秘密或商业秘密，并采取严格的保密措施的会议。

2. 内部性会议

内部性会议即会议内容属于组织内部事项，不涉及国家的秘密，但也不作公开报道，可以根据需要在组织内部进行传达的会议。

3. 公开性会议

公开性会议即允许公众旁听、记者可以自由采访并公开发表最后文件的会议。

第二节 会议管理系统与会务工作原则

一、会议领导和会务工作系统

(一) 会议领导系统

1. 组织委员会

规模较大的、非法定性的会议，如大型国际论坛、经贸洽谈会等，组织工作较为复杂，主办单位可以成立组织委员会(简称组委会)作为会议的最高管理机构。组织委员会对会议活动实行全过程管理。

2. 筹备委员会

筹备委员会简称筹委会，规模较小的会议活动则称之为筹备工作领导小组，简称筹备组。筹备委员会的职责使命只限于会议的筹备阶段，一旦会议产生领导机构，筹备委员会的使命也就完成,机构自动解散。

3. 主席团

主席团是在会议举行期间按照议事规则和既定的程序主持会议,决定会议期间的重要事项,对会议活动实施集体领导的机构。主席团由全体成员大会(预备会议或第一次全体会议)根据组织的章程或有关规则选举或协商产生,至会议结束时完成使命。

4. 资格审查委员会

法定性代表会议为了保证出席会议的代表合法性,需要设立资格审查委员会或小组,按照组织章程和会议规则中的有关规定,对正式代表进行资格审查,并向全体大会作审查报告。

5. 学术委员会

学术性会议往往成立由专家组成的学术委员会,作为会议的学术权威机构,其主要职责是策划会议的主题和议题,筛选论文,确定参会资格,确定大会发言人选等。

(二) 会务工作系统

会务工作系统在秘书长领导下执行具体的会务工作,一般称为秘书处,直接对组委会、筹委会和主席团负责。以中型规模的会议为例,会务工作系统可分为:

1. 秘书组

秘书组负责各种会议文件的准备、起草、印发、清退、立卷归档工作,做好主席团会议记录,落实会议决定办理的事项,承办大会主席团、秘书长交办的事项。

2. 组织组

组织组承办代表资格审查工作,起草代表资格审查报告,编制代表名册、选举程序和选举办法,设计和印制选票,负责代表签到,安排代表座次及在主席台就座人员位次等。

3. 联络组

联络组主要负责会议主席团与各代表团之间的传达、反馈等联络工作。

4. 提案(议案)组

提案(议案)组主要负责受理会议期间与会者提出的各种提案或议案,向大会主席团提出提案(议案)和意见、建议处理意见的报告(草案)和有关议案的决议(草案)。

5. 宣传组

宣传组主要负责会议的对外宣传工作。

6. 简报组

简报组主要负责编写和印发会议简报、快报。

7. 总务组

总务组又称行政组,主要负责会议的接站、报到、签到、票务、食宿、参观游览、文娱活动、车辆调度、会场安排与布置、设备保障、用品发放与管理、经费预算与筹措、财务管理、现场急救等方面的工作。

8. 保卫组

保卫组主要负责会议期间会场、住地的保卫工作和交通安全工作。

二、会务工作的原则

(一) 依法规范原则

举行会议是法律赋予公民和合法组织的权利。强调依法规范原则，既要维护公民和合法组织的举行会议的权利，又要明确相应的义务，遵守有关的法律法规，使各种会议活动管理以及会务工作纳入法制化和规范化的轨道。

(二) 准备充分原则

1. 思想准备

会议秘书必须高度重视会务工作，明确会议的目标和要求，为投入紧张的会议管理工作做好思想上、心理上的充分准备。

2. 信息准备

会议秘书要围绕会议的目的，进行深入细致的调查研究，在充分收集和掌握信息的基础上，向会议领导机构提出开好会议的建议和方案，当好会议领导机构的参谋。会前需要收集和掌握的信息包括以下内容。

(1) 议题性信息。即需要列入会议议程，进行讨论、研究或需要解决的问题和工作。

(2) 指导性信息。即对确定会议的内容与形式，开好会议具有指导意义的信息。如党的方针政策、有关的法律法规、上级机关的有关精神等。

(3) 参考性信息。即围绕会议活动所收集的背景性、资料性信息。包括下级机关、人民群众、社会的舆论围绕即将召开会议所形成的意见、建议、要求以及动向，能够帮助说明和阐释会议文件的有关资料以及与会者需要了解的信息等。

3. 经费和物质准备

会议活动要做好充分的经费和物质准备，包括经费预算和筹集、会场设施及会议用品准备、会场布置等。

4. 方案准备

会议活动的各项具体安排事先要有周密的计划和方案，包括实施方案、应急方案。重要的会议活动方案还应当进行科学的咨询与论证，做到集思广益。

（三）分工协调原则

1. 分工明确

会议活动每一项组织工作、每一个环节都要落实到人，做到岗位职责明确、任务要求明确。

2. 统筹协调

会务工作涉及方方面面，统筹协调不可缺少。要通过建立协调机制、明确协调责任、强化协调意识，使会务工作机构成为一个相互协调、相互配合的团队，使各个岗位和各项具体工作形成一个有机的整体。

（四）服务周到原则

1. 服务全面

会议服务涉及文书服务、后勤服务、信息服务、翻译服务等诸多方面，既要为会议领导服务，同时还要为与会者以及前来采访的记者提供全方位的服务。

2. 服务及时

会议秘书要及时准确地了解领导和与会者的需求，尽快满足他们的愿望。反应迟钝，服务滞后，必然会给服务对象造成不良印象，甚至影响会议的正常进行。

3. 服务超前

会议秘书要尽可能超前做好各项服务工作。比如根据上届会议活动的信息资料，掌握参加对象的某些特殊要求，事先做好接待安排以及其他各项服务的准备。

4. 服务细致

服务的细致性是服务质量的核心。通过细致、细致、再细致的服务，让与会者处处放心、事事称心。

（五）确保安全原则

这里所指的"安全"包括以下内容。

1. 人身安全

会议秘书应做好确保参会人员人身安全的工作，具体要求如下：

（1）对有重要人物参加的活动，事先应对现场进行安全检查，布置好安全保卫工作。

（2）大型会议的现场应配置足够的安全设备，设有安全门和安全通道，配备医护人员和救护设备，确保发生紧急情况时能及时救护和疏散。

（3）集体就餐以及举行宴会，要采取严格的卫生措施，防止集体食物中毒，确保饮食安全。

（4）用车辆接送参加对象，要事先对司机进行安全行车的教育，并切实做好车辆检查，及时排除安全隐患，保证行车安全。

2. 信息安全

会议活动中，凡内容涉及国家秘密、商业秘密的信息，要从会场的安排、设备的选用、文件的印发和保管、人员的进出等方面采取严格的保密措施，防窃听、防文件丢失、防外人混入会场，确保信息安全。

3. 财产安全

大型会议活动往往人数多，流动量大，但也难免鱼龙混杂，对会议举行期间的财产安全构成一定的威胁。因此一定要采取有效手段，加强现场安全管理。对重点财产要采取严密的防火、防盗、防破坏措施，严加保护。

（六）节约环保原则

会议活动本身是一项消耗资源、消耗经费的过程。贯彻节约环保原则，不仅能降低会议活动的成本，更重要且更有意义的是给会议活动树立一种绿色环保的形象。具体要求做到以下两点。

（1）严格执行财务预算，加强资金监管，努力降低成本。

（2）科学合理配置和最大限度地利用资源，采取切实有效的措施杜绝浪费，使用最少的资源换取最大的效益。

第三节　会　议　筹　划

一、制定会议目标和任务

（一）会议目标和任务的含义

会议的目标是指由会议组织者制定的会议的预期目的。会议的任务是指一次特定的会议为实现既定目标所承担的具体责任和所要完成的具体工作。二者的关系可以这样表述：会议目标是会议各项具体任务的指针，会议任务则是实现会议目标的具体步骤。会议目标和任务决定会议的议题和议程、成员和规模、进程和结果。秘书人员应当为领导系统制定会议目标和任务提供信息，当好参谋。

（二）制定会议目标和任务的要求

1. 会议目标和任务要明确、切实

举行任何会议一定要事先明确会议的目标和任务。目标不明确或者可开可不开的会议坚决不开。

2. 实现目标和完成任务的条件、时机要成熟

有时需要解决的问题已经非常清楚，但与会各方对问题的认识和立场差距太大，缺乏沟通的可能性，或者解决问题的客观条件暂不具备，时机暂不成熟，在这种情况下，就不能匆忙

应付,仓促开会。只有当客观条件具备、与会各方具有沟通的愿望之时,会议才可能获得成功。

二、安排议题、议程和程序

(一) 安排议题

1. 议题的含义

议题是指根据会议目标确定并付诸会议讨论或解决的具体问题,也是区别广义会议和狭义会议的重要标志。一次会议中贯穿各项议题的主线叫会议主题,是相对具体议题而言的。举行研讨、交流、对话等性质的会议,设置鲜明的会议主题,能清晰地突出会议的目标,凝聚与会者的共识并吸引社会的关注。在会议期间临时提出的议题,称之为动议。

2. 安排议题的要求

高质量的议题,在吸引社会关注、提高会议效率、实现会议目标等方面都具有重要意义,具体要求如下。

(1) 服从目标和任务。议题应当根据会议的目标和任务来确定,与会议目标和任务无关或者偏离会议目标的议题都应当撤去。

(2) 符合会议权限。任何会议都有特定的权限范围,特定的议题只能在会议的特定权限内讨论或作出决定。

(3) 有利于提高会议效率。要求做到:

① 凡拟提交会议讨论的议题必须确有必要而且是需要立即讨论的,避免让那些没有必要性的问题分散精力和无效占用会议时间。

② 一次会议议题的数量要适度,避免因议题过多导致会议时间冗长,会议效率下降。如果需讨论的议题确实较多,可采取分段开会的办法。

③ 分清议题的主次轻重,明确中心议题或主要议题,以保证与会者能够把主要精力集中于最重要和最需要认真思考的问题上。

④ 议题准备一定要充分,在拟定议题的同时,还要提交相关的背景材料,有的还要形成两个以上的备选方案,以便在讨论和决策时参考。

3. 议题的处理

(1) 议题的收集。议题(议案)由秘书部门或专门的会务部门在会前或会议中统一收集、整理、登记、汇总,然后提交给会议的领导或大会主席团进行审查。

(2) 议题的审查。议题可由秘书部门先期审查,法定性代表大会可设立议案审查委员会进行审查。审查的重点是:该议题及针对该议题可能作出的决定是否符合组织的管理目标并属于本次会议的职权范围;该议题主题是否鲜明,理由是否充分,相关材料是否可靠;该议题提出的时机是否成熟,是否必须在本次会议上讨论;该议题提出的程序是否符合有关规定；议题之间是否重叠，能否合并。

(3) 议题的确定。议题的确定有以下几情况：

① 纵向性会议以及由一个单位发起并主办的会议，一般将议题直接提交给主办会议的领导机关或领导人确定。

② 实行合议制的会议，其议题须以"议程"的形式提交全体与会者审议通过方能确定。

③ 实行磋商机制的会议，如会谈和联席会议，其议题要一般通过双边或多边的磋商最后确定。

(4) 未确定的或者经审查未能通过议题，可按下列办法处理：

① 撤题。属于下列情况之一的议题应当撤回：不符合本组织管理目标或不能体现会议目标、任务的；不符合上级领导机关或本级领导机关有关政策和精神的；在分管领导或部门职责范围内可以决定而不需要拿到本次会上讨论的。

② 转题。即把不属于本组织或本次会议职权范围研究决定的议题，转给相关的领导机关或相关的会议去研究处理。

③ 缓题。即对那些情况复杂一时难以搞清楚，解决问题的时机尚未成熟，或者相关材料准备不足，需要充实情况的议题，采取缓议的办法，等时机成熟后再议，或退回有关部门进行补充后提交下一次会议讨论。

④ 并题。如果议题之间相互重叠，可考虑加以调整合并，然后再重新提交审查。

⑤ 协调。即对内容涉及诸多部门和单位的议题应在会前充分协调，使各方的立场趋于一致，并能形成一个初步方案，再提交会议正式通过。

(二) 安排议程

1. 议程的含义

会议期间的活动大体可以分为两类：一类是议题性活动，即围绕会议事先设定的各项议题所展开的报告、讲演、辩论、磋商、讨论、审议、选举和表决等活动；另一类是仪式性活动，即为举行颁奖、授勋、签字、揭幕、剪彩、奠基、升旗等仪式而举行的活动，属于非议题性活动。议程是针对议题性活动而设定的程序，由议题和围绕议题的相关活动组成，仅用于事先设定议题并以讨论、交流、发布、表决、磋商、谈判为主要方式的会议，而不用于以仪式性活动为主的会议。其作用在于赋予议题合法性，确定每项议题及其相关活动在会议中的地位、次序以及相互之间的逻辑关系。议程一旦确定，非经规定程序不得更改。

议程的确定规则与议题的确定规则基本一致。

2. 议程的结构和写法

(1) 标题。由会议全称和"议程"二字组成。

(2) 稿本。须提交预备会议或在一定范围内通过的议程，应在标题后面或者下方居中用圆括号注明"草案"二字。

（3）题注。经会议通过的议程，要在标题下方注明通过的日期、会议名称，并用圆括号括入。由主办者确定、无需会议通过的议程可注明会议的起讫日期，也可注明会议的主办单位等信息。

（4）正文。有两种写法：一种是全文用序号简要概括地说明每项议题性活动的顺序，法定性代表会议的议程大多采用这种写法；另一种是先介绍会议的主办单位、时间、地点、主题等基本信息，再列出各项议程，适用于各种研讨会、报告会、发布会、座谈会等会议。议程写作较多采用动宾结构的短语，句末不用标点。有些大型会议的议程，需要将每项议程的时间、地点、报告人、报告主题加以综合介绍，可以采用表格的形式，以起到一目了然的效果。

（5）落款。由会议主办者制定、无需会议通过的议程应当在正文的右下方标明主办者或组委会的名称，也可写会务部门的名称。已写明题注的议程因已写明通过的会议名称，则不用再写落款。

（6）制定日期。凡不标明题注的议程，都应当在落款下方写明具体的制定日期，以备日后查考。已写明题注的议程因已写明通过的日期，则不用再写制定日期。

▎议程例文▎

××届全国人大××次会议议程

（20××年×月××日第××届××人民代表大会第××次会议预备会议通过）

一、听取和审议××总理关于政府工作的报告

二、审查和批准20××年国民经济和社会发展计划执行情况与20××年国民经济和社会发展计划草案的报告

批准20××年国民经济和社会发展计划

三、审查和批准20××年中央和地方预算执行情况与20××年中央和地方预算草案的报告

批准20××年中央预算

四、听取和审议全国人民代表大会常务委员会委员长××关于全国人民代表大会常务委员会工作的报告

……

（三）安排程序

1. 程序的含义

将一次会议中各项活动的具体环节组合连接起来并确定先后顺序，就形成了会议的程序（又称流程）。

程序和议程都是涉及会议活动顺序的概念，但二者有着明显的区别：一是对象不同。程序是对会议中所有活动的具体环节进行排序，既包括报告、讨论、提问、审议、表决等议题性

活动,也包括升国旗、奏国歌、致辞、揭幕、启动、颁奖、授勋、签字等非议题性的活动,因此无论是狭义会议还是广义会议,都可以制定程序;议程只是对会议中的议题以及围绕议题展开相关活动进行排序,一般不涉及非议题性活动,因此只适用于狭义的会议。开幕式、闭幕式、签字仪式、颁奖仪式、启动仪式等属于广义会议范畴的各种仪式、典礼,应当制定"程序"而非"议程"。二是具体程度不同。程序是一种详细的活动环节和流程安排,要具体反映活动的细节,而议程就比较原则,只需大致反映议题性活动的先后次序即可。有些配套活动或单元活动较多的会议(如大型论坛、洽谈会等),或者必须依照法定程序举行的会议(如人民代表大会、职工代表大会、股东大会等),既需要制定会议的总体议程,也必须为每次配套活动或单元活动(如开幕式、选举大会、颁奖仪式等)各制定一套程序。

会议的程序一般由主办者确定,无需提交全体会议成员表决或协商通过。

2. 会议程序的结构和写法

(1) 标题。由活动名称加上"程序"组成,不能将"程序"写成"议程"或"日程"。

(2) 题注。写明活动的时间、地点、主题、主办单位等信息(标题中已显示的信息可省去),以便于散发或刊登宣传。

(3) 正文。程序的正文有两种格式:一是序号式,即用汉字或阿拉伯数字标引各项具体活动环节和步骤的名称、内容,要求详细、明确;二是时间序列式,即把各项活动环节和步骤以较为精确的时间排列先后,其优点是容易控制活动的时间,保证活动按预定时间结束。

程序正文写作要做到详尽具体,从活动开始到结束的每个环节和细节,如宣布活动开始、升国旗、奏国歌、致辞、颁奖、献花、剪彩、宣布活动结束等,都要明确列出;致辞人、发言人、颁奖人、剪彩人的身份和姓名、发言题目和发言顺序、所颁奖项的名称和等级、领奖人的姓名等,要具体、准确。

(4) 落款和制定时间。落款一般署主办单位或会议秘书处的名称。落款和制定日期也可省略。

【程序例文】

××集团20××年度总结表彰大会程序
(20××年××月××日)

一、司仪:请参加今天总结表彰大会的领导上主席台

二、司仪:今天的大会由集团副总裁王××主持

三、主持人宣布:××集团20××年度总结表彰大会开始,全体起立,奏国歌

四、集团副董事长、总裁、党委副书记章××作20××年度工作总结

五、集团副总裁、党委副书记钱××宣读《××集团关于表彰20××年度先进集体和先进个人的决定》

六、向先进集体颁发奖状并献花

七、向先进个人颁发奖状并献花

八、先进集体代表李××发言

九、先进个人代表邱××发言

十、集团董事长、党委书记葛××讲话

十一、主持人宣布：××集团20××年度总结表彰大会结束

三、确定会议成员

确定会议成员包括确定会议成员的资格、范围、规格、规模。

（一）确定会议成员的权限和程序

1. 领导确定

即先由筹备部门或秘书部门提出会议的参加范围和初步名单，提交会议主办方的领导确定。

2. 规则确定

即参加会议的范围和对象是由法律、法规以及会议的章程或议事规则所规定的。各种法定性会议（如党代表大会、人民代表大会、政府会议、董事会议以及各种国际性会议组织等）的会议成员都是根据组织章程或议事规则确定的，他们享有参加会议的基本权利，非经必要程序，不得取消他们的与会资格。

3. 磋商确定

会谈和谈判、国际多边会议由会议的发起者、主办者或成员之间根据会议目的和议题，通过平等协商确定各方参加会议代表的级别、人数和人选。

4. 选举确定

即根据一定的办法和程序，选举产生会议成员。各种法定性代表大会的成员都要通过选举产生。

（二）确定会议成员的要求

1. 参会人员的范围和对象要合理

（1）根据会议的目标和议题确定范围和对象。会议的议题所涉及的或者有助于实现会议目标的有关组织、单位或个人应当出席或列席、旁听会议。可参可不参加的，不列入参加范围，以控制会议的出席人数。

（2）根据会议的性质和功能确定范围和对象。会议的性质和功能与会议对象也有一定的相关性。如记者招待会、新闻发布会应当邀请记者参加；表彰大会应当以表彰对象为主角，同时要求有关方面出席。

(3) 根据会议的规则确定范围和对象。凡享有法定或组织章程规定的与会权利的对象必须列入参加会议的范围。法定性会议参加对象的资格必须合法,非经必要程序,不得擅自扩大参加范围(包括列席和旁听范围)。

2. 参加对象的规格和资格要明确

参加对象的规格主要表现在职务和级别两个方面。比如,有的会议规定必须是正职负责人才能出席,有的会议要求分管某项业务的负责人参加,有的会议则规定必须是一定级别以上的干部参加。对象的资格不同,参加会议的提法也不一样:正式成员称之为"出席";列席成员称之为"列席";旁听成员称之为"旁听";特邀成员可以称为"出席",亦可称为"列席",视其具体的权利而定。

3. 参加对象要有一定的代表性

参加对象的代表性是指其结构比例能在反映特定的阶层、界别、群体的利益和诉求,能满足会议沟通的需要。比如举行各种代表大会、情况调查会、立法和决策听证会,就要考虑代表的比例结构是否合理,每位与会代表是否具有真实的代表性,这关系到会议能否真正反映民意、发扬民主、集思广益。

4. 参会人数的确定要综合考虑各种因素

确定会议的规模必须综合考虑会议效果、效率、场地条件以及成本等因素。

四、安排发言、分组和专题活动

(一) 安排会议发言

发言是会议成员以口头、书面或其他方式发表意见的过程。会议期间与会者的演讲、报告、讨论、提问、作答,都可以统称为发言。

1. 发言的申请和确定程序

(1) 会前报名。即由与会者事先提出发言请求,由会议的组织者或领导人根据议事规则或会议实际情况确定。

(2) 临时申请。即在会议进行过程中提出发言的请求。临时要求发言,应经会议主席允许。

(3) 领导指定。即由会议的主办者在会议召开之前指定发言者的名单,也可以在会议上由主持人点名发言。

(4) 自由发言。即在会议期间与会者可以自由发言,无需事先提出申请或领导指定。

2. 安排发言顺序的方法

(1) 按确定的议程或程序安排发言的先后顺序。

(2) 按报名的时间先后安排发言的先后顺序。

（3）按身份从高到低或从低到高安排发言的先后顺序。一般情况下，开幕式上的致辞身份从高到低，闭幕式上的致辞身份从低到高。有些情况下，也可以采取两头高、中间低的顺序安排发言。

（4）按发言者姓名的笔画或组织名称、代表团名称的笔画安排发言的先后顺序。国内会议可按发言者的姓氏笔画或组织名称的笔画来安排，国际会议则按英文国名的当头字母顺序来安排。

（5）通过抽签决定发言顺序。这种安排方法主要用于辩论会或演讲比赛活动。

（6）随机指定。由会议主席在会上临时点名指定顺序。

（7）发言者自由决定发言顺序。

以上安排发言顺序的方法可以单一使用，也可混合使用。

3. 安排会议发言要注意的问题

（1）尊重与会者的发言权。出席法定性会议的正式成员，其发言权受法律保护，任何人不得剥夺。

（2）对发言内容要精心选择，严格把关。

（3）注重发言人的能力素质，确保会议发言的水平效果。

（4）兼顾发言人的代表性，尽可能照顾到不同地区、不同单位、不同群体、持不同观点的与会者。

（5）合理控制发言的人数。

（6）适度限定发言的时间。

（7）准确使用相关术语。"发言""讲话""报告""致辞"等术语适用的场合和对象不同，切忌混淆："发言"一词属于中性词，广义上凡在会议中以各种形式发表意见都可以叫做发言，狭义上"发言"一词仅用于身份平等的与会者之间的交流沟通；"讲话"一般用于领导人的重要发言；"报告"一词既指向特定对象汇报、陈述工作或者情况，提出意见或者建议，也可指具有系统性、指导性的发言，如形势报告、学习报告；"致辞"用于仪式和典礼上有身份人士的发言。

（二）安排分组活动

规模较大的会议采取分组活动或设置专题会议，可提高会议活动的机动性，扩大与会者的发言面，加深对议题的研究。

1. 会议分组方法

（1）按与会者所在的单位编组。

（2）按与会者所在的行业或系统编组。

（3）按与会者所在的地区编组。这里的地区概念，既可以是行政区划，也可以自然区域或经济区域。

（4）按界别编组。即把职业的性质相同或相近的会议成员安排在一个小组。

(5) 按法定规则分组。有些法定性会议,有关法律或法规对分组有规定的,要按法律、法规执行。

(6) 混合编组。即让不同单位或地区、不同行业或系统、不同界别的与会者交叉混合编组,以利于扩大与会者的视野,接触和了解多方面的信息,广泛结识朋友。

2. 分组的要注意的问题

(1) 组的数量和规模要适中。组的数量过多,过于分散,不便于管理。组的规模过大,机动性就不足,组内成员发言也会不够充分。

(2) 应当指派组织和协调能力较强的会议成员担任组长或召集人,确保小组活动按照大会的既定目标进行。法定性代表大会的代表团团长应当根据有关规定产生。

(3) 会议的领导机构可向各小组或代表团派出联络员,以便及时沟通信息,掌握会议动向。联络员工作由会议秘书处统一管理和协调。

(三) 安排专题会议

专题会议有时也叫做配套会议,在大型论坛中又叫分论坛。专题会议种类繁多,如专题报告会、专题座谈会、专题发布会、专题演示会、专题洽谈会等。安排专题会议关键是设计好专题会议的主题。专题会议的主题应当隶属于大会的主题,是对大会主题的延伸和深化;其次要协调好各场专题会议的时间和地点,以便让与会者有更多的机会参加。

五、安排会议时间和地点

(一) 安排会议时间

安排会议的时间包括把握会议的时机,确定会议的起讫时间、会期、会议周期以及制定会议日程等方面。安排会议时间要注意以下几点。

1. 正确把握会议时机

所谓会议的时机,是指实现会议目标的有利条件成熟,举行会议正当其时。时机一旦成熟,会议就应当及时召开。

2. 合理选择举办时间

选择会议举办时间的具体要求有以下几方面。

(1) 能彰显会议的主题。比如,纪念性会议放在纪念日举行最能突出其主题;庆祝性、招待性会议安排在相关节日前夕召开效果最佳。

(2) 有利于工作的开展。比如,总结工作、制订计划的会议应当在工作完成之后、计划开始之前举行;每周的工作性例会,如行政办公会议等,一般安排在周一或周五举行,以便于更好地安排工作。

(3) 遵循人体生理规律。有研究表明,人的精力、体力每天呈规律性变化,其高峰一般出现在上午10时和下午4时左右。这时，人的思维最清晰、情绪最饱满、精力最充沛、注意力最集中，工作效率最高，是安排重要会议活动的最佳时段。

（4）既要给主办者足够的时间完成会议的各项组织筹办工作，又要给与会者足够的时间准备相关文件或发言材料。

（5）协调好领导人之间参加会议的时间，以免相互冲突。

（6）避开政治、外交、宗教、民族风俗的敏感时间，以免造成误解或纠纷。

3. 根据需要确定会议的时长

会议的时间量要依据会议的实际需要来确定，一般要考虑以下几个问题。

（1）会议发言的人数和时间是否得到保证；发言共需要多少时间。

（2）会议是否安排仪式性和参观、考察、娱乐等辅助性活动；每项仪式性和辅助性活动大致需多少时间。

（3）会议中是否允许提出临时动议；如有动议，大致需要花多少时间进行讨论和表决。

（4）是否安排会议期间的休息。

（5）是否需要留出一定的机动时间。

4. 处理好会议时间量与会议成本和效率的关系

会议时间量（又称会期）与会议的成本和效率密切相关。一般情况下，会议的时间越短，成本越低，效率越高，反之亦然。因此，在满足会议需要的前提下，适当、合理地压缩会议的时间，是降低会议成本、提高会议效率的有效手段。

5. 遵循规章制度的规定

法律、法规、组织章程和会议规则对举办时间或会议周期有明确规定的，应当严格照办，非特殊情况，会期不得提前或推迟，会议周期不得延长或缩短。

6. 合理制定会议日程

会议日程是指会议的各项活动按日期和时间先后的具体安排。凡时间满一天的会议，都应当制定日程。与会议的议程和程序相比较，会议日程的内容不仅包括报告、对话、座谈、谈判等议题性活动，也包括开幕式、闭幕式、颁奖等各项仪式性活动，有时还要写明报到注册、茶歇、招待会、参观、考察、娱乐、离会等辅助性活动，时间安排以半天为单位。会议日程的书面结构和写法如下。

（1）标题。由会议全称或规范化简称和"日程"或"日程安排""日程表"组成。

（2）稿本。会议日程如果需要在全体会议或主席团会议上通过，提交时应写明"草案"，并用圆括号括入，放在标题之后或者下方居中。

（3）题注。经会议通过的会议日程，要在标题下方注明通过的日期、会议名称，并用圆括号括入。由主办者确定、无需会议通过的会议日程可注明会议的起讫日期，也可注明会议的主办单位等信息。

(4) 正文。会议日程正文部分有两种形式：一是表格式，其优点在于会议活动的各项安排清晰明了，适用于需要交代各项具体信息的会议。一般可设时间、活动名称、内容、主持人（召集人）、参加对象、活动地点、活动要求（备注）等项目。单位时间一般分为上午、下午、晚上。二是日期式，按日期、上下午和具体起止时间先后排列会议的各项活动。

(5) 落款。由会议主办者制定、无需会议通过的会议日程应当在正文的右下方标明主办者或组委会的名称，也可写会务部门（如办公室或秘书处）的名称。已写明题注的会议日程因已写明通过的会议名称，则不用再写落款。

(6) 制定日期。凡不标明题注的会议日程，都应当在落款下方写明具体的制定日期，以备日后查考。已写明题注的会议日程则不用再写制定日期。

┃会议日程参考格式┃

××代表大会日程

20××年3月2日—3月3日（会期一天半）

时间		活动名称	内容	地点	参加对象	主持人	备注
3月2日上午	8:30—11:30	开幕会	① ××××××× ② ××××××× ③ ×××××××	××××	×××	×××	××
3月2日下午	1:30—4:30	代表团分组审议	① ××××××× ② ××××××× ③ ×××××	××××	×××	×××	××
3月3日上午	8:30—11:30	闭幕会	① ××××××× ② ××××××× ③ ×××××	××××	×××	×××	××

××代表大会秘书处

20××年×月×日

（二）安排会议地点

会议的地点包括会议举办地和会议场馆两个方面。安排会议地点的要求如下。

1. 安排会议举办地的要求

(1) 综合考虑会议举办地的政治经济环境。

从主办者角度来说，会议放在哪里举行才能产生最好的政治和经济效果，这是必须考虑的问题。

(2) 符合会议主题的需要。

具体可以采取以下几种办法：一是选择与会议主题相关的当前事件现场，如"经验交流现场会""安全生产现场会"等；二是选择与会议主题相关的历史遗址，使会议更具有教育意义或纪念意义;三是选择与会议主题相关的工作现场,帮助领导干部及时了解第一手情况,当场解决工作中的问题,提高会议及工作的效率。

(3) 会议举办地。

在场馆、住宿、餐饮、交通等方面具备足够的接待能力。

2. 会议场馆的要求

会议场馆内的设施应能满足会议的需要并确保会议的安全。

六、拟制会议名称

(一) 会议名称的作用

会议的名称是会议活动特有的信息标识,其作用有以下几方面。

(1) 揭示会议活动的基本特征,如主题、范围、届次、性质、形式等,以区别于其他活动。

(2) 用于制作会标,形成会场的视觉中心,增强现场气氛渲染的效果。

(3) 便于各类媒体的宣传,吸引公众的注意和兴趣,激发公众的参与热情。

(4) 便于会议文件的记述。如会议方案、会议通知、会议记录、会议决议等会议文件经常要记述会议名称,以体现会议文件的严肃性和权威性。

(5) 便于会议文件的立卷归档和今后的查考利用。会议文件是按会议名称立卷并归档的,如无名称,则给立卷归档以及今后的查考利用造成不必要的麻烦。

(二) 会议名称的信息要素

会议名称应当揭示会议的特征性信息,通常包括以下内容。

(1) 主题信息。主题信息是会议名称中最显眼、最惹人注意的要素,应当重点加以突出。如"××江水体污染治理情况说明会"。

(2) 主办者信息。在会议名称中突出主办者信息,有助于树立主办单位的形象。如:"××集团××活动启动仪式"。

(3) 功能信息。如"××公司成立十周年庆祝大会"表明了这一会议的"庆祝"功能。

(4) 与会者身份信息。如"首脑会议""高峰论坛""党员大会""记者招待会"等会议,名称中就需要写明与会者的身份或规格。

(5) 地域范围信息。凡举行跨单位、跨区域以及国际性的会议时,都应当写明与会者的地域范围,如"中国—东盟高级防务学者对话""国际金融危机防范国际学术研讨会"。

(6) 年度和届次信息。凡属于同一系列的连续性或定期性会议,应当在名称中写明举行的年份或届次。如"20××年××市先进工作者表彰大会""第××届联合国大会"。

(7) 举办地信息。当会议在一个特定的城市举行并且对这一城市具有特殊意义时,名称中就应当写明举办城市的名称,如"博鳌亚洲论坛"。

(8) 活动方式信息。如"××座谈会""××茶话会""××现场会""××电视电话会议",等等。

一次会议的名称所揭示信息的多寡,应当根据会议的目的、性质和要求来确定。

(三) 会议名称的表述形式

会议名称一般采取两种表述形式。

(1) 单行形式。即将各项特征性信息融合在一句短语中,如:《庆祝××集团成立二十周年大会》

(2) 双行形式。即把活动的主题置于会议名称的上方,予以重点突出,下一行揭示会议的届次、范围、功能、方式等信息,如:

军队现代化和地区互信
——中国—东盟高级防务学者对话

七、会议策划方案

(一) 会议策划文案的含义和种类

会议策划方案是在举办会议之前,对会议的内容、形式、时间、地点、接待、现场管理、经费筹措与使用、会议形象等各个方面进行总体策划和具体安排而形成的建议性文案。会议策划方案按内容覆盖面可分为总体方案和专项方案,按名称可分为:

1. 会议策划书

会议策划书是偏重于创意、提供主办单位作为决策参考的建议性文案,其本身并无约束性,只有被采纳确定转化为正式方案后才具有约束性和指导性。需要在内容和形式方面有所创新的会议活动,特别是仪式性、典礼性的活动,可以采用策划书这一名称。

2. 会议筹备方案(预案)

法定性的会议,或者气氛较为严肃、程序较为规范性的会议,一般采用会议筹备方案的名称,而不宜使用会议策划书。

(二) 会议策划方案的基本内容

(1) 会议的背景、目的和指导思想。

(2) 会议的名称。

(3) 主办者、承办者及其组织机构。

(4) 会议的主题、议题、议程和程序。

(5) 参加对象。

(6) 会议的时间和地点。

(7) 会议的形式。

(8) 会议现场管理与服务。

(9) 会议的信息和宣传工作。

(10) 会议的财务安排。

(三) 会议策划方案的格式与写法

1. 标题

由会议的全称和文种组成,如"第××届中国××投资贸易洽谈会总体方案"。

2. 主送机关

直接上报上级机关审批的会议方案,应当写上级机关的规范化简称。无需上报审批或者作为请示附件上报的方案,不写主送机关。

3. 正文

正文有两种表述方法:一种是详述法,详细表述会议活动的各项具体策划与安排,不再另外撰写专项方案;另一种是概述法,对会议活动的各项策划与安排仅作原则性阐释和说明,但必须依据总体策划方案另行制定各个专题方案。

4. 附件

总体方案如有附件,要在正文下方写明附件的名称和序号。

5. 落款

一般署策划机构或部门的名称。

6. 成文日期

一般以领导人核准签发日期为准,也可写向上级提交或者公开发布的日期。

第四节 会议邀请与接待

一、会议邀请

(一) 会议邀请的方式

1. 按载体形态分

会议邀请有口头(包括当面和电话)、书面、电子(包括短信、电子邮件、网站)、广告、新闻发布会等方式。

2. 按性质分

会议邀请可分预备(预告)性和正式性两种。凡需要事先征求与会者的意见,或者需要与会者提交论文、报告、答辩和汇报材料,或者需要通过报名审核确定与会资格的会议,应当先发预备性通知。

3. 按文种分

会议邀请文书有以下几种。

(1) 通知。通知适用于主办者同会议成员之间具有上下级关系，或者是管理与被管理、指导与被指导关系的会议。具体的发送对象是：

① 会议的当然成员或法定成员。如各种社会组织召开理事会议、董事会议、委员会议、常务会议、办公会议以及各种代表大会的会议成员，都具有与会的当然资格或法定资格，对这些与会者只能使用通知。

② 本组织内部的工作人员。凡组织内部召开工作性会议一律使用通知。

③ 下级所属单位。凡要求下级单位或个人参加会议，应当用通知。

④ 本机关职权范围内管理的单位。如行政主管部门在自己的职权范围内召集有关企事业单位开会，应当用通知。

(2) 邀请函。一般用于学术研讨会、咨询论证会、技术鉴定会、贸易洽谈会等横向性会议，具有礼仪性，发送对象是不受本机关职权所制约的单位以及个人。

(3) 请柬。用于邀请上级领导、知名人士、兄弟单位代表参加各种开闭幕式、开竣工仪式、签字仪式以及各种宴会、晚会等仪式性、交际性、招待性活动。

(4) 海报。一种公开性的、广而告之的会议邀请文书，通常采用招贴的方式，邀请对象具有不确定性，主要用于可以自由参加的会议活动。

(5) 公告。用于会议邀请的公告有两种情况：一种是根据公司法的规定，股份公司召开股东大会时，必须公开刊发公告向全体股东发出召开股东大会的信息；另一种情况是当邀请的对象遍布各地，无法一一通知和邀请时，亦可使用公告。

(二) 会议邀请文书的内容

(1) 会议名称。标题和开头部分要写明会议全称。如果全称较长，正文中第一次出现名称时必须写全称，后面用括号注明"以下简称××会议"。

(2) 主办者。要写明每个主办单位的名称，必要时还可简要介绍组委会、筹委会的设置情况以及协办、支持、承办单位的名称。

(3) 会议内容。写明会议的目的、宗旨、主题、议题、议程、报告人及报告题目等信息。

(4) 会议形式。举行座谈会、报告会、新闻发布会、线上视频会议等形式的会议，应当在标题和正文中加以说明。举办大型综合性会议，还要分别说明每项配套性活动的形式及其内容。

(5) 参加对象。除写明主送机关外，还需在正文中写明参加会议对象的职务、级别、人数等要求。参加对象如资格不同，应分别用"出席""列席""旁听""特邀"等词语来对应。

(6) 会议时间。写明报到、开始、结束的具体时间以及会期。为方便与会者对照日期与星期，日期后面应注明星期几。

(7) 会议地点。写明举办地的地名、路名、门牌号码、楼号、房间号码、场馆名称，必要时画出交通简图,标明地理方位及抵达的公交线路。

(8) 参会费用。如需收取会议费用,要说明收费项目的名称、数额以及支付方式。

(9) 报名的方式和截止日期。如需要履行报名手续,应说明应提交哪些文件、材料,报名的时间、地点。有截止时间规定的,一定要写明截止日期和具体时间。

(10) 其他事项。如论文撰写和提交的要求、国际性会议的语言、会议期间观光考察活动的安排,等等。

(11) 联络方式。写明主办单位或会议组织机构的地址、邮编、银行账号、电话和传真号码、网址、联系人姓名等。

以上内容可根据会议的实际情况做适当的增减。

(三) 会议邀请文书的格式与写法

1. 重要会议使用通知格式

重要会议的通知应当使用正式公文的格式(参见第六章第三节"公务文书的结构元素、体例和标印格式"),并通过正式文件的传递渠道发送。

2. 邀请函采用信函格式和写法

(1) 标题。由会议名称直接加"邀请函"组成。如:《××国际学术研讨会邀请函》。要注意两点:一是标题中不出现主办单位的名称和"关于"二字;二是标题不能写成《关于邀请参加××会议的函》,因为"邀请函"属于专用文种,"邀请函"三字不能拆开。

(2) 称呼。个别发给与会单位的邀请函,须写单位名称。由于邀请函是一种礼仪性文书,礼貌起见,称呼要写单称,不宜用统称"各单位"。发给个人的邀请函,应当写个人姓名,前冠"尊敬的"敬语词,后缀"先生""女士""同志"等。网上或报刊上公开发布的邀请信,可省略称呼,或统称"尊敬的客户"等。

(3) 开头应酬语。写给个人的邀请函,在称呼下面、正文之前,应当写"您好"。写给单位的,则可省略应酬语。

(4) 正文。正文应写明邀请的具体事项并写明"特邀请您(贵公司)参加会议"之类的话,以照应称呼。正文的语气要委婉、恳切、得体。

(5) 祝颂语。要根据邀请对象的身份以及与对象之间的关系选择合适、得体的祝颂语。写给单位的邀请函,祝颂语也可省去。

(6) 署名。由于邀请函的标题一般不标注主办单位名称,因此应在祝颂语的右下方署主办单位名称并加盖公章,也可以由主办单位的领导人亲自签署姓名。

(7) 成文日期。署名之下写明具体的年、月、日。

3. 请柬的格式与写法

(1) 标题。一般仅写"请柬"二字,居中。重要的仪式性活动,也可采用活动名称+请柬的格式,但活动名称前不能加"关于"二字,写成"关于××××的请柬"。

（2）称呼。写法和要求与邀请函相同。

（3）正文。写明活动目的、主办单位、内容、形式、时间、地点等。语气要恭敬、委婉、恳切，用词应当准确、儒雅。请柬中所提到的人名、国名、单位名称、节日和活动名称都应用全称。

（4）署名。以单位名义邀请的署单位名称并盖单位公章，以示郑重。以领导人名义发出的请柬，由领导人签署，以表诚意。

（5）成文日期。写明发出的日期或领导签署的日期。

（6）附注。如果要确切掌握出席情况，可在请柬下方注上"请答复"字样，涉外请柬用法文缩写"R. S. V. P."。如只要求在不出席的情况下答复，则注上"Regrets only"（因故不能出席请答复），并注明回电号码。附注中也可说明桌次、从几号门进入等事项。

请柬可以在市售或者定制的格式化请柬上填写。

4. 公告的格式与写法

公告用作会议邀请时，其格式由标题、正文、署名和成文日期四部分组成。

（1）标题。一般由主办单位名称、会议名称和公告文种组成。

（2）正文。一般包括会议的名称、目的、宗旨、内容、程序、时间、地点、参加范围、参加办法、联系方式等内容要素，表述要简洁明了、条理清晰。公告的最后可用"特此公告""现予公告"等词结尾，也可省去结尾用语。

（3）署名。写明主办单位名称。

（4）成文日期。写明具体的发文日期。

5. 备忘录式通知的格式和写法

备忘录式会议通知内容简洁明了，常用于组织内部召开的例会。

备忘录式通知例文

××××公司总经理办公会议通知

日期	星期	时间	地点
20××.2.4	周一	上午9:00—11:00	11楼第1会议室
主持人	总经理 王思远		
出　　席		列　　席	
张××	区××	朱××（销售部）	贾××（公关部）
王××	赵××	厉××（财务部）	
李××	钱××	齐××（保卫部）	
会议议程	1. ××××××××××××× 2. ××××××××× 3. ×××××××××		

××××公司办公室
××××年××月××日

备忘录式通知例文

会议通知

×××同志：

　　兹定于××月××日上午 9:00—10:30 在××会议室举行×××××会议,请准时出席。

××××办公室
20××年××月××日

（四）回执、报名表和申请表

1. 回执、报名表和申请表的作用

回执、报名表和申请表具有预计参加人数、收集与会者信息、提供确定资格的依据、便于做好接待准备的作用。

2. 回执、报名表和申请表的区别

回执、报名表和申请表都具有收集或反馈通知和邀请对象信息的作用,而且都作为附件同通知、邀请函等一起发出,它们之间的区别在于:回执发送的对象具有参会资格,填写寄回回执不仅可以反馈通知和邀请对象的信息,同时还具有确认对方收到通知的作用。报名表和申请表发送对象的参会资格事先往往是不确定的,需要履行报名审批的手续才能确定。因此如果发送对象本来就具有参会资格,就只能发送回执,不能发送报名表和申请表。如果受邀对象可以自由决定参会与否,则既可以附寄回执,也可以附寄报名表或申请表。按规定必须通过报名、申请程序来确定参会资格的会议,应当随寄报名表或申请表。

3. 回执、报名表和申请表提交的方式和内容要素

回执、报名表和申请表提交的方式有电子邮件、传真、邮寄和网上登录,内容要素一般包括以下内容。

（1）参加对象的基本情况。以个人名义参加会议的,填写个人姓名、性别、年龄、服务单位、所任职务、职称、民族,必要时可要求随寄个人简历。以单位名义参会的,必须写清单位的法定名称、参加人员名单（包括参加人员的基本情况）。

（2）抵离情况。需要接机、接站的,可要求填写抵达的时间和交通工具。需要预订回程票的,应写明预订回程票的具体要求。

（3）论文选题。学术性会议可要求填写论文或研究报告的题目,以便会议学术机构掌握。

（4）联系方式。要求填写工作单位地址、邮编、固定电话、传真、手机、电子邮箱等信息。

（5）其他事项。如会议费用的缴付方式、参展事项、住宿和观光要求等。

回执和报名表参考格式

××××学术研讨会回执

会议日期：××××年××月××日—××日

会议地点：呼和浩特×××大酒店

填表日期：　　年　　月　　日

姓　　名		性　　别		年　　龄	
民　　族		职　　务		职　　称	
工作单位				联系电话	
通讯地址				邮政编码	
回程票预定	（请写明回程票的时间、班次、到站和具体要求）				
拟提交论文的题目					
备　　注					

二、接站与引导

（一）接站

接站（包括接机、接船、接车）是跨区域和国际性会议接待工作的第一道环节。优质的接站服务会给与会者提供极大的方便，对初次到访的与会者来说尤其如此，使他们一抵达会议举办地，就有一种宾至如归的亲切感。由于会议活动的接待对象人多面广，因此要特别注意以下三点。

（1）要事先了解迎接对象的姓名、身份、国别、数量、抵达的具体时间以及所乘的交通工具，以便安排迎接人员的规格以及相关的接站工作。

（2）与会者集中抵达时，要有醒目的接待标志。

（3）由于飞机火车误点时常发生，接站人员要随时更新与会者抵达的信息，避免漏接。

（二）引导

会议引导工作的内容有两个方面：一是为与会者引路引座，二是在仪式性活动中协助主礼嘉宾完成签字、剪彩、揭幕、颁奖、启动信号等仪式。引导工作的服务区域包括会场和住地。引导工作的要求如下。

1. 做到全程全场服务

整个会议期间，与会者对引导服务的需求随时随处都会发生，因此引导工作必须贯穿于会议的全过程，覆盖到会议全场以及住地。

2. 实行全员服务

设专职引导人员（即礼仪人员）是做好引导工作的有效措施，但由于引导工作随时随处都会发生，因此每一位会务工作人员都应当履行引导的义务，实行全员引导服务。

3. 做到礼貌服务

引导人员要注意自己的仪容、仪态，注意观察与会者的服务需求，主动询问是否需要帮助，语言要文明礼貌，态度要温和亲切，符合礼仪规范。

4. 实现有效服务

引导人员要熟悉会议的日程、程序和各项具体安排，了解会场和住地的布局、各种配套设施以及周边的环境的情况，掌握各种仪式的实施环节，事先进行排练，确保提供准确、有效的引导服务。

三、报到与签到

（一）报到

1. 报到的含义和作用

与会者抵达会议现场或住地时，向组织者出示有效证件、办理登记手续、确认已经到会的手续称为报到，又称现场注册。报到的主要作用有两方面。

（1）通过登记注册与会者的信息，便于组织者掌握与会者实际抵达的情况，以便做好相应的接待工作。

（2）通过汇总与会者的信息，建立与会者的数据库，为编制会议通讯录、总结评估会议、日后查考提供依据，为举办往后各届会议提供信息支持。

2. 报到工作的流程

（1）查验证件，确认与会者的参会资格。

（2）注册信息。由参加对象（包括媒体记者）在报到注册表上填写个人和单位的有关信息，然后由工作人员输入到计算机信息注册系统。

（3）接收材料。与会者提交会议的材料，应当由工作人员统一接收，经审查后再统一分发。

（4）分发文件。会议的主要文件及会务管理性文件，如工作报告、议程、日程安排、作息时间表等，应在与会者报到时分发。分发保密文件要履行签收手续。需要清退的文件要发给清退目录，并告知清退时间。

（5）预收费用。会务费、食宿费、资料费、考察费等费用，应当安排专职人员负责预收。

（6）安排住宿。住宿安排应当在报到之前做好预案，报到时接待人员应当在登记表上标明每个与会者实际安排的房间号码。必要时应当安排人员引导与会者入住。

（二）签到

1. 签到的含义和作用

签到是指与会者每次出席会议进入会场时在专门的表单上亲自签字，证实已经到会的手续。签到可以起到统计实到人数、检查缺席情况的作用,签到簿还是重要的历史凭证,有的签到簿还具有收藏纪念意义。

签到和报到都是指与会者到达会议举办地时所办理的手续,但二者属于两个不同性质的接待环节。二者的区别是:报到是指与会者在到达会议活动所在地时所办理的登记注册手续,但不一定证明其参加每一次具体的活动;签到则是与会者在进入会场时签名或刷卡,证明他参加了这一次具体会议活动。在一些法定性会议上,签到是一种法律行为。会期较短、无需集中接待的会议活动,一般只需办理签到手续,而会期较长、具体活动较多、需要集中接待的会议活动,不仅要求与会者签到,而且还要办理报到手续。

2. 会议签到的方式

签到有以下几种方式:

(1) 簿式签到。簿册签到宜于保存,具有收藏纪念意义,常常用于各类庆典和仪式。

(2) 表式签到。即与会者在工作人员事先准备好的表格上签名,以示到会。

(3) 电子签到。即采用电子签到系统签到。

3. 签到表的格式和内容

签到表的格式和内容包括:

(1) 标题。普通会议写"会议签到表"即可。重大会议应当写明会议的名称。经常性的例会,标题可以固定化,如"××办公会议签到表"。

(2) 正文。正文一般制成表格,内容项目包括会议名称(如标题已写明则省略)、主办单位名称、举行时间(精确到时和分)、举办地点(具体到会场名称)、应到单位名称或应到人姓名(可事先填写并留出对应的空格供对号签名;正式成员与列席成员应当分栏签名)。

┃签到表参考格式┃

×××××× 会议签到表

时 间	年 月 日 时 分		
地 点			
出 席	签 名	列 席	签 名
张××		李××	
钱××		魏××	
王××		钟××	
施××		周××	

(此表用于会议名称和成员固定的例行性会议)

会议签到表

会议名称	××大学20××年秋季招生工作会议		
主办单位	招生办公室		
时　间	20××年××月××日	会议地点	小礼堂
出席单位	签　　名		
教育学院			
人文学院			
艺术学院			
管理学院			
×××			
×××			

(此表用于需按出席单位签到的会议)

四、安排食宿、余兴活动和作息时间

(一) 安排饮食

安排饮食的要求如下。

1. 饮食卫生

饮食安排,卫生第一。只有清洁卫生的饮食才能使与会者吃得好、吃得满意。会议接待部门要按照有关食品卫生的要求和规定,采取有力措施,严格管理和监督,确保饮食安全,从而保证会议活动的顺利进行和圆满结束。

2. 规格适中

会议活动中的饮食一定要根据经费预算确定的就餐标准来安排。饮食标准应当由会议的领导机构确定,并贯彻勤俭节约的原则,反对大吃大喝和铺张浪费。

3. 安排合理

饮食安排合理要求做到以下两点。

(1) 方案合理。饮食方案主要内容包括:就餐人数、就餐标准、就餐时间、就餐地点、就餐形式(自助餐、分餐、合餐)、就餐人员组合方式(自由组合或固定编组)、就餐凭证等;

(2) 照顾特殊。与会者中如有不同饮食习惯的少数民族代表、外宾或其他有特殊饮食要求的代表,要特别予以照顾,尽可能满足他们的需要。

(二) 安排住宿

安排住宿的要求如下。

1. 住地相对集中

住地相对集中一是有助于会议期间的信息沟通和事务联系,从而有利于加强对会议的领导与管理,二是有助于休会期间与会者之间进行非正式的沟通和交流。

2. 距离会场较近

会议活动的住地要尽量靠近会场,最好是会场和住宿房间在同一个宾馆,这样既方便与会者,又可以节省时间和交通费用。

3. 设施齐全、确保安全

住地的生活设施要齐全,消防和安全设施的性能要可靠,确保住地的安全。

4. 合理分配、照顾特殊

房间的分配有时较为敏感,因此要事先制定一套较为合理的房间分配标准,综合考虑与会者的职务、身份以及个人的特殊情况等因素。

(三) 安排余兴活动

会议期间组织适当的余兴活动,可以起到开阔与会者的视野、活跃会议气氛、增进与会者之间的沟通和友谊、营造团结和谐的氛围、消除开会的疲劳、提高会议效率等方面作用。安排主题活动的要求如下。

1. 配合会议活动的主题

安排余兴活动应紧密配合会议的主题,以宣传教育性的活动为主。如召开安全工作会议可以组织考察在安全工作方面的正反典型。

2. 适当照顾与会者的兴趣

要根据多数与会者的兴趣意愿确定主题活动的形式,如舞会、电影、体育比赛、文艺演出、参观游览等。

3. 尊重与会者的宗教信仰和风俗习惯

要注意审查节目、影片和考察项目的内容,避免因政治内容或宗教信仰、风俗习惯等问题而引起有关方面的误解和不快。

4. 体现举办地的文化特色

余兴活动要尽可能选择能够体现举办地民族文化特色的项目和内容。

5. 安排好具体时间

余兴活动时间安排一般应在会议方案中统筹考虑,会议开始后可根据实际情况作适当调整,以不影响会议正常进行为原则。

(四) 安排作息时间

会议作息时间包括就餐时间、开会时间、休会(包括茶歇)时间以及辅助活动时间。安排作息时间的要求如下。

1. 服从会议需要

会议作息时间是为完成会议的任务服务的，因此，服从会议的任务需要，是安排会议作息时间的首要原则。

2. 劳逸结合

安排作息时间，一方面要有利于提高会议效率，另一方面也要保证与会者的休息时间，使他们有充沛的精力参加会议活动。

3. 及时通知

会议作息时间表应在与会者报到时就分发到位。作息时间如有变化应及时通知到个人。

五、会议证件管理

（一）会议证件的作用

会议证件是会议期间供与会人员、会务工作人员、记者以及其他相关人员佩戴、出示和使用的书面凭证，具有便于安全管理、统计人数、接待服务、交流联系、工作监督、收藏纪念的作用。

（二）会议证件的种类

（1）出席证。出席证只能发给会议的正式成员以及具有正式资格的特邀成员。

（2）列席证。列席成员的证件称为列席证，与出席证相区别。

（3）旁听证。旁听成员的证件只能称为旁听证，同列席证应有区别。

（4）来宾证。用于特邀代表。

（5）记者证。用于经批准或应邀前来执行会议采访任务的记者。

（6）工作证。用于会务工作人员。

（7）随从证。用于与会者的随从人员，如秘书、翻译等。

（三）会议证件的内容要素

（1）会议名称。证件上的会议名称必须写全称。人代会、党代会、职代会等法定性会议通常使用比较严谨的字体，如黑体、小标宋体等。其他会议活动可以使用具有艺术性的字体，如楷体、魏体。

（2）会徽。会议如有会徽，如党徽、国徽可将其印在证件上。

（3）姓名。写上持证人的姓名。要写现名，不写曾用名。外国人写外文姓名。

（4）照片。为了便于安全检查、相互结识和监督，会议证件应当印有持证人的照片。照片应是正面、半身、免冠照。

（5）证件类别。根据持证人的身份、资格标明"出席证""列席证""工作证""记者证"，等等。要用较大的字号醒目标识。

（6）所在代表团或工作单位名称。以国家或地区名义派出的代表团，写国家或地区的名称。单位派出的代表写单位名称。以个人身份参加的，写明其国籍。

（7）证件编号。为便于登记、查找和管理，证件应统一编号。

（8）举行日期。标明会议的起始和结束日期。一般置于会议名称下方居中。

（9）举行地点。标明会议的举办城市名称。

（10）持证须知。为了加强证件管理，可以对持证人提出一些要求，如"不得转借""凭证入场"以及相关的安全注意事项等，一般印在证件的背面。

以上要素可根据会议性质和证件管理的需要确定。

（四）会议证件的式样及制作要求

（1）会议证件的式样通常设计成长方形的胸卡或襟牌，横式、竖式均可，大小要适中，质地要牢固，能反复多次使用。

（2）会议证件的设计格调要与会议的性质相适应。例如，庆祝会、代表大会的代表证可以采用红色衬底，以体现喜庆的气氛；学术性会议可以采用蓝色衬底，以示理性。

（3）涉外会议活动的证件每个项目可用中文和外文两种文字标注，中文在上，外文在下。

（4）不同种类的证件一定要采用不同的底色、字体、图案等作明显的区别，以便于识别和管理。

六、返离工作

返离工作包括预定与会者的返程票、结算费用、清场检查、文件清退和告别送行等方面的工作。

（一）预定返程票

提前做好预定返程票这项工作，能解除与会者的后顾之忧，使与会者安心参加会议活动，有利于提高会议活动的质量和效率。

（二）结算费用

报到时如预收了有关费用，在与会者离会之前，应予以结算。预收时出具收据的，结算时应换成正式发票。

（三）清场检查

会议结束后，工作人员应立即对会场和住地进行清场。与会人员遗忘的物品要设法及时归还，属于保密范围的，应按保密规定处理。

(四) 文件清退

要求清退的文件,在会议结束时或与会者离会前办理好清退手续。

(五) 告别送行

会议组织机构的主要领导人尽可能安排时间出面告别。告别的形式可以是到与会者住宿的房间走访告别,也可以是会议闭幕后在会场门口道别。身份较高的与会者还应当由领导人亲自到机场或车站送行。

第五节 会场布置

一、会场座位格局设计和安排

座位格局是指会场内与会者的座席布局与结构形状。会场的座位格局具有体现与会各方的相互关系、形成特定的会场气氛和心理效果、合理利用场地的作用。

会场座位大体上可分为上下相对式、全围式、半围式、分散式和并列式五种格局。

(一) 上下相对式

这种座位格局的主要特征是主席台和代表席采取上下面对面的形式,从而突出了主席台的地位。由于专门设立了主席台,整个会场气氛就显得比较严肃和庄重。

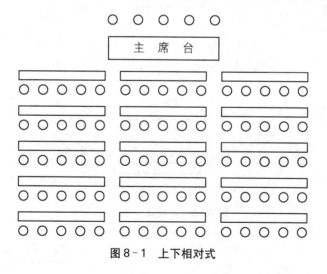

图 8-1 上下相对式

(二) 全围式

这种座位格局的主要特征是不设专门的主席台,会议的领导和主持人同其他与会者围坐在一起,容易形成融洽与合作的气氛,体现平等和相互尊重的精神,有助于与会者之间相互熟悉了解,同时也便于会议主持者细致观察每位与会者的意向、表情,及时准确地把握与会者的心理状态。

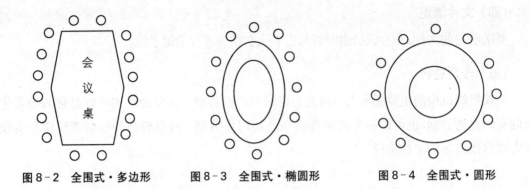

图8-2 全围式·多边形　　图8-3 全围式·椭圆形　　图8-4 全围式·圆形

(三) 半围式

半围式介于上下相对式和全围式之间,即在主席台的正面和两侧安排与会者的座席,形成半围的形状,既突出了主席台的地位,又增加了融洽的气氛。半围式座位格局如下图所示,其中桥形格局较特殊,适用于质询、述职、考评、听证、面试类的会议,桥面是会议主席或评委的座席,对面是质询、述职、考评、听证、面试对象的座位,形成半包围的态势,给对象的心理压力较大。

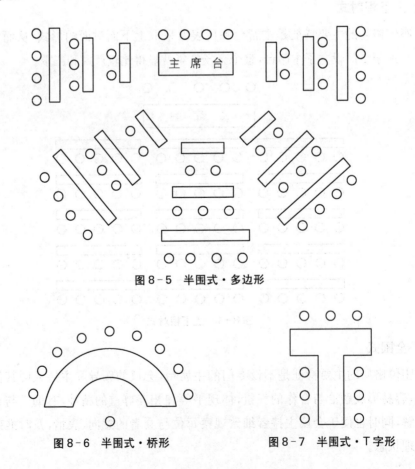

图8-5 半围式·多边形

图8-6 半围式·桥形　　图8-7 半围式·T字形

(四) 分散式

分散式将所有座位按会议桌分成若干谈话交流"中心",领导人分散就座,其中会议主席和主要嘉宾就座的桌席称作"主桌"。这种座位格局既在一定程度上突出主桌的地位和作用,同时,也给与会者提供了多个谈话、交流的中心,使会议气氛更为轻松、和谐。

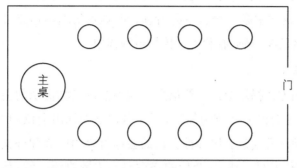

图 8-8 分散式·V 字形

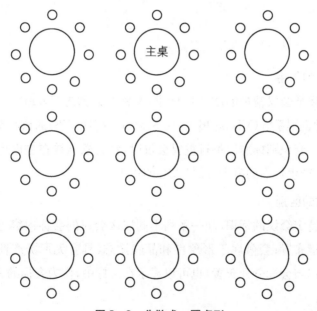

图 8-9 分散式·圆桌形

(五) 对等式

对等式座位格局的特点是将会场座位排列成两边对等形状,主要用于举行双边的会议、会见和会谈(详见第九章"安排领导活动")。

二、会场环境布置

会场环境布置是指根据会议性质和目标,综合运用文字、图案、色彩、造型、光线、音响、花卉等要素对会场的气氛进行烘托,具有昭示会议主题、渲染会议气氛、调节与会者心理状态的作用。

(一) 会标

1. 会标的含义和作用

会标是在会场内面向与会者、揭示会议名称和会议主要信息、以文字为主的标识。会标的基本功能是突出会议的主题、性质、主办者、时间、地点等基本信息,同时还具有体现会议的庄重性、激发与会者的参与感、有利于宣传报道等作用。

2. 会标的制作要求

首先,要以醒目的方式揭示会议主要信息。如果会议名称揭示的主要信息较全面,可以直接作为会标的内容。会议名称较为简洁,可在名称下面标出会议的主办者、承办者、赞助者以及会议的时间、地点等信息。国际性会议的会标可以用中文和外文同时书写,也可以用会议规定官方文字单独书写。其次,会标的格调要与主题协调一致,具有视觉冲击力,给人以深刻的印象,有助于营造会议气氛。会标的格调一般由色彩、字体、构图、材质等因素综合构成。

(二) 会徽

1. 会徽的含义和作用

会徽即体现或象征会议精神的图案性标志,又称会议徽志(Logo)。会徽既象征会议的精神,也是会议视觉识别系统(Visual Identity System,简称 VIS)的核心要素,是系列性和永久性会议所独有的一套识别标志。举行重要会议时,将会徽悬挂在主席台的天幕中央,能形成会场的视觉中心,产生较强的凝聚、鼓舞人心的作用。

2. 会标与会徽的区别

会标属于某次特定会议的标识,同一系列不同届次会议的会标内容可以有所区别,而且只用于会场内的环境布置;会徽属于形象性和品牌徽志,具有无形资产性质,可以用作宣传和开发。会徽既可以与会标分开布置,也可以显示在会标中,作为会标的一个组成元素。

3. 会徽的来源

会徽一般有两种来源:一种是以本组织的徽志作为会徽,如党徽、国徽、团徽、警徽、司徽,等等。另一种是向社会公开征集,选择最能体现或象征会议精神的图案作为会徽。

(三) 标语

1. 会议标语的含义和作用

会议标语是指围绕会议目标和主题、用简短文字书写、醒目张贴或悬挂的、具有宣传性和礼仪性的口号。会议标语是一种书面符号系统,与会徽、画像、旗帜等装饰物相比,能更直接诠释会议主题、彰显会议理念,因而更具有宣传会议精神、渲染会议的气氛,激发与会者热情的作用。

2. 会议标语制作和悬挂的要求

标语口号是为宣传会议服务的,制作时一定要切合会议主题,文字简洁工整,具有亲和力、感染力和号召力。

(四) 人物画像

有些特殊的会议在会场内悬挂人物画像可以烘托会议的主题和气氛,这类画像主要有两类:一类是组织的领袖人物,另一类是庆祝、纪念或追思的对象。悬挂人物画像一定要符合会议的需要,体现会议的目标,同时必须遵守有关的规定和习俗。

(五) 旗帜

会议中需升挂的旗帜有以下几种。

1. 国旗

重要会议的会场及其周围地区需悬挂主办国的国旗,有时还需要举行升国旗仪式。国际性会议应当同时悬挂各与会国的国旗。在中国境内举办的国际性会议,其各国国旗的悬挂规则详见第十章第六节"礼宾次序、国旗升挂与接待礼仪"。

2. 会旗

特定组织举行的会议,可以悬挂本组织的会旗,有时还需要举行升、降或者交接会旗的仪式。

3. 红旗

党代表大会、人民代表大会、政协会议等气氛庄严的会议,往往在会徽两侧各用 5 面红旗加以衬托。

4. 彩旗

庆祝性、表彰性的会议可在主席台及会场内外悬挂彩旗,以增加会议隆重、热烈、喜庆的气氛。

(六) 模型标志

模型标志是一种矗立在会场内或会场周围、象征会议精神、表达深刻寓意、具有较强的视觉冲击力的立体造型,能够有力地烘托会议的主题。

(七) 花饰

会场内外适当布置鲜花,能衬托会议主题,营造会议的气氛,给人一种清新、活泼的感觉,也能舒缓与会者长时间开会的疲劳。布置花饰要注意以下几个问题。

1. 花饰的格调和蕴意

花卉的品种与颜色要符合会议的整体格调。如气氛热烈的庆祝会以红、黄等颜色较为浓烈的花卉为主,如圣诞红、月季、玫瑰等;庄重严肃的会议应当以常青观叶类花卉为主,如君子兰、棕榈、万年青等;座谈会等气氛比较轻松的会议,可摆放月季、扶桑等观赏性花卉和米兰、白玉兰、茉莉等赏香型花卉,以增加和谐融洽的气氛。

2. 花饰的形式

花饰的形式有花篮、花环、花圈、盆花等。花篮主要表达庆贺的意思,用于开幕、开张等仪式。花环主要表达欢迎的意思,用于欢迎大会。花圈表达哀悼的意思,用于追悼纪念仪式。盆花主要起点缀气氛的作用,各种会议均可使用。

3. 花饰的位置

花饰布置的区域包括主席台台口、天幕下方、讲台、会议桌、会场入口处等。其中主席台台口、会场入口处是花饰布置的两个重点区域。

(八) 灯光

灯光的强、弱、明、暗及颜色,会给会场带来不同的视觉效果。灯光布置要注意以下几个问题:

1. 光色

一般性会议,宜使用白炽灯或日光灯作为会场的照明光源。而喜庆色彩较为浓烈的会议,或者以晚会形式举行的颁奖仪式等,可适当使用彩色灯光。

2. 主席台上与台下的光强比例

主席台是会场的中心区域,其照射光线的亮度应当比主席台下稍强些,以突出主席台的地位,但光线反差不能太大。

3. 灯光的投射角度和受光效果

投射在主席台后面天幕上的光线不能太亮,否则会使主席台处于逆光的效果,造成主席台上领导人正面形象的模糊,同时也容易使主席台下与会人员视觉疲劳。一般不宜开启低角度的光源,因为低角度的光源会改变或者夸张人物的形象。

(九) 色彩与色调

不同的色彩与色调能使人产生不同的心理感受。比如红、橙、黄等颜色给人以热烈、辉煌、兴奋的感觉。青、绿、蓝等颜色给人以清爽、娴静的感觉。因此,时间较长的会议,会场可用绿色、蓝色的窗帘,布置绿、蓝色的花草、树木等,以消除与会者的疲劳。

三、主席台布置、座次排列和座区划分

(一) 主席台布置

主席台布置除了会标、会徽、人物画像、旗帜、花饰、灯光等会场环境要素外,还包括座位

格局、座次、讲台、话筒、揭幕架等。

1. 主席台的座位格局

主席台的座位格局一般采取横排式，根据就座的人数多少来确定主席台的长短和排数。前排必须通栏，后排也可分栏，中间留出通道。主席台上每排桌椅之间要空开适当的距离，以方便领导人入席与退席。

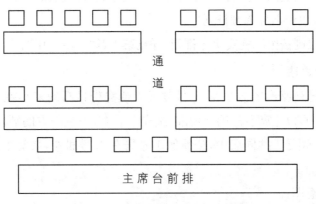

图 8-10　主席台的座位格局示意图

2. 讲台

讲台一般设在主席台右侧（以朝向为准）。如设在中央，位置应低于主席台前排的位置。

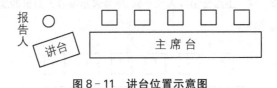

图 8-11　讲台位置示意图

3. 话筒

讲台上必须安装话筒。为便于领导人讲话、插话，主席台前排的每个座位都可安装话筒。

4. 揭幕架

会议中如穿插揭幕仪式（如揭碑、揭牌、揭像等），可在主席台的左侧设揭幕架，与讲台对称，也可放在主席台的中央。

（二）座次安排

座次是指按一定规则和方法排列的与会者的座席位次。座次排列应符合会议的礼仪规则。

1. 与会者身份排序

与会者的座次是依据身份排列的，因此安排座次之前要先确定每个与会者的身份次序。

与会者身份排序的常用规则有以下几种,无论采用哪一种规则都必须由会议领导机构或领导人最终确认。

(1) 按与会者职务高低排列,同一职务可按资历高低排列。

(2) 按与会者姓氏笔画排列。

(3) 按上级批复或任命通知中的名单次序排列。

(4) 按与会者所代表的单位名称笔画排列。如参加会议代表的职务高低不等,也可先按职务高低排列,再按单位名称笔画排列。

(5) 国际性会议则按国际礼宾次序排列,详见第十章"接待工作"。

2. 安排座次的方法

(1) 国内会议排列座次的方法是:1号领导人或身份最高的来宾就座于主席台前排中央;其他领导人或来宾以主席台的朝向为准,按先左后右、一左一右的顺序排列;如就座人数为偶数,排序前两位领导人共同居中,按惯例1号居右,2号居左,余类推。主持人按其身份排序安排座次。

请看下面的示意图:

图8-12 主席台领导人为单数,序号表示领导人身份的次序

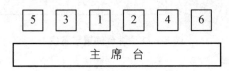

图8-13 主席台领导人为双数,序号表示领导人身份的次序

(2) 国际性会议主席台座次安排的方法是:会议主席或者主办方身份最高的出席者居中,其他来宾按身份高低先右后左交替向两边排开;出席者代表国家且是同等身份时,一般按国家英文名称的字母顺序排列,有时也要综合考虑到其他因素;双边国际性会议由双方身份最高的领导人共同居中,主左客右,交叉排列。参见第十章第六节"礼宾次序、国旗升挂与接待礼仪"。

(三) 座区划分

1. 座区划分的作用

规模较大、人数较多、资格不同,或者以团组、单位的名义参加的会议,往往需要将会场中的座席划分为若干个区域,让与会者按代表团、小组、单位或者按资格分区集中就座。座区划分作用体现在以下几方面。

（1）所有的与会者按规定的座区和座席就座，便于维持会场的秩序。

（2）便于在会议现场分团组或单位统计实到会议的人数。

（3）便于在会议现场按团组或单位对会议的临时动议进行讨论或磋商。

（4）便于会议领导机构与各团组或单位之间以及团组之间、单位之间进行现场交流和沟通。

（5）便于在会议现场分发和清退会议文件。

2. 座区划分的原则

座区的划分应当坚持以下原则。

（1）遵守规则。会议规则对座区的划分有明确规定的，应从其规定。未制定相应规则的，应事先确定划分座区的原则。

（2）区别资格。与会者的资格有区别的，应按照资格划分座区。

（3）符合礼仪。举行礼仪性的活动，座区的划分应当符合礼仪要求。

（4）体现公平。座区的划分总会有前与后、中间与两侧的差别，如会场较大，不同的座区与主席台之间距离就会相差很大。为体现公平，使同一性质的每个代表团、小组或单位都有机会安排在中间或前面，可采取轮换座区的办法。

3. 座区的划分和安排方法

（1）按与会者的资格划分和安排。凡有不同资格的与会者参加的会议，应当首先将所有与会者按正式、列席、特邀、旁听的资格加以划分，然后再按资格分别安排座区。一般做法是：正式代表的座区在前或居中；列席代表安排在后排或两侧；特邀的嘉宾，人数较少的，就座于主席台上，人数较多时，主要的嘉宾就座于主席台上，其他应安排就座在前排；如允许旁听和记者采访，则在会场两侧或后排专设旁听席和记者席。

（2）按团组划分和排列。需要分组的会议，首先要按一定的原则确定团组排列的先后次序，然后再按一定的方法确定每一团组的具体座区。确定团组次序的方法一是按《中华人民共和国行政区划》规定的顺序排列，用于全国性的、按地区编组的会议；二是按各代表团、小组、单位名称的笔画多少确定先后顺序，首字笔画数相同的，根据汉字部首的先后顺序。首字相同的，根据第二个字的笔画数确定，余类推；三是按代表团、小组、单位名称的汉语拼音的字母顺序来确定先后顺序，第一个字母相同的，根据第二个字母确定，余类推。国际性会议则按国际礼宾次序确定先后顺序。

排列团组座区的方法：一是横向排列法。即把每个代表团、小组、单位的座席从前向后排成纵向的一列，按组别顺序以代表座席的朝向为准，从左到右依次横向排列。二是纵向排列法。即把每个代表团、小组、单位的座席排成横向的一行，再按团组顺序从前向后依次纵向排列。三是左右排列法。即把代表团、小组、单位的座席安排成纵向的一列，以会场的中心线为基点,将顺序在前的排在中间位置,然后先左后右向两侧横向交错扩展排列其他团组。四是纵横排列法。当会议规模和会场较大、团组数量和会议人数较多时,如单纯按上述三种方法排列,可能会出现一个团组的代表座位排得过于横宽或狭长,以致相互联系和统计人数很不方便。这时可先将会场从前向后和从左到右分成若干个大的矩形座区,再按团组顺序先横后纵或先纵后横依次排列,使每个团组的座区相对集中。

四、会场设备、物品与指示标牌

(一) 会场设备和物品

1. 会场设备和物品的种类

大致有以下几类。

(1) 基本设备。即满足会议活动基本需要的设施,如沙发、茶几、桌子、凳椅、灯具、通风机、卫生用具以及供水、供电设施等。

(2) 文具用品。包括书写、记录和印刷用品用具,如笔、纸、簿册、电脑、照相机、摄像机、录音机、打印机、扫描仪、复印机等。

(3) 安全设备。中、大型会议的现场一定要设有足够的安全通道,配备质量可靠的消防器材和救生用品。

(4) 装饰用品。即用于制作布置环境、渲染气氛的会标、会徽、旗帜、画像、标语等装饰物的材料。

(5) 视听器材。如扩音机、幻灯机、投影仪、黑(白)板、电子书写板、同声翻译系统等。

(6) 通信器材。如举行电话会议、电视电话会议、网络视频会议所用的电话机、电视机、计算机以及相应的通信网络设施。

(7) 茶点毛巾。如茶水、茶叶、茶具、毛巾、点心、水果、饮料等物品。

(8) 专门用品。即在专门性会议活动中使用的物品。如颁奖会的奖品、证书,选举会的选票、投票箱,开幕式剪彩时用的彩球和剪刀,等等。

2. 准备会议设备与物品的要求

(1) 满足需要。不同的会议对设备与物品的需要各有侧重,比如大型会议或安排演讲的会议,现场要安装大屏幕投影仪,国际性会议的现场要配备同声翻译系统,表决性会议需要有电子表决器。负责会议条件保障的会务机构和会务人员一定要了解会议的性质、任务以及每一项议程和程序,根据会议的实际需要切实准备好各种设备与物品。

(2) 周密计划。会务工作机构应在会议筹备工作一开始,就预先制订所需设备和物品的详细计划,作为会议预案的有机组成部分,报请会议的领导机构审定。

(3) 专人负责。会议设备和物品的准备、安装、调试和使用是一项责任性和技术性都很强的工作,要落实专人负责此项工作,必要时应配备一定数量的技术人员。

（4）提前准备。会议的各种物品应当在事先落实妥当，布置到位；有关设备和设施应在活动开始之前完成安装和调试工作。

(二) 会场指示标牌

1. 会场指示标牌的种类

会场指示标牌是会场内以简明的文字和图形符号传达各种指示性和警示性信息的标识，主要有以下几种。

（1）座位号指示牌。大型的固定会场要标识排号、座位号（一般分为单数号和双数号），有的还要标示楼层号和区位号。

（2）与会者座区指示牌。写明团组名称或与会者身份的类型，置于该座区首座的前方或两侧，或制成台式标牌，放置在该座区首座的桌上。与会者座席可按首长席、正式代表席、列席代表席、来宾席、旁听席、记者席分别标写。

（3）席卡。也可称为名签、座签，一般用于标识主席台上领导以及主席台下的主要嘉宾。席卡的文字内容一般包括所属组织、职务和姓名。席卡通常两面书写，一面朝向自己，一面朝向其他与会者，这样既便于对号入座，又方便与会者之间相互辨认、结识。国际性会议的席卡也可以用中外文两种文字书写。

（4）桌号指示牌。大型宴会、联欢会等采用分散式座位格局的会场，由于桌席较多，要标识桌次号码。

（5）方位指示牌。如会场较大，为方便与会者，要在会场门口和场内悬挂或放置方位指示牌，指明各座区出口和洗手间的方向和方位。

（6）座次图。用图表的形式标明全场或主席台的座位分布及具体座次，使每位与会者心中有数。座次图也可张贴或悬挂于会场入口处，主席台的座次图则悬挂在领导人和嘉宾的休息室。

（7）应急指示牌。包括在紧急情况下指示如何逃生、避险、消防、救护的各种标牌。

2. 会场指示标牌的布置要求

（1）符合礼仪。座位指示牌、席卡、桌号指示牌等标牌是会场座位格局以及领导人、嘉宾身份高低的体现，布置时要符合座位格局设计的意图和座次礼仪。

（2）准确细致。会场指示标牌的书写和布置要非常认真细致，不能出现文字和图案错误，也不能出现放置错误。临开会前，应当对布置好的指示标牌再仔细检查核对一遍，确保万无一失。

（3）标示醒目。会场指示标牌的制作形式、大小、颜色、字体字号以及放置的位置一定要突出醒目，便于寻找和识别。

第六节　会议信息和宣传工作

一、会议记录工作

(一) 会议记录的含义和作用

会议记录是会议客观进程和内容的原始记载，既包括一般会议的记录，也包括各种会见和会谈的记录。会议记录具有以下作用。

1. 为日后查考提供依据

会议记录的信息客观、真实，能够为日后查考、分析研究会议提供可靠依据。

2. 确认会议的法定效力

在董事会议、听证会议等一些法定性会议以及国际性会议中，会议记录经与会者、发言者和会议领导人签字确认后，便具有法定效力。

3. 有利于会议信息的汇总、交流和总结

会议结束后如需对会议信息进行汇总、交流和总结，可以从会议记录中查找相关记录，获取有用信息。

4. 为形成会议的最后文件打好基础

会议的最后文件，如决定、决议、会议和会谈纪要、备忘录、合同、条约、联合声明，等等，都需要根据会议记录整理、归纳并拟写。

5. 便于传达和宣传会议精神

经会议领导和发言者同意，会议记录也可以散发或下发，以便学习与传达会议精神。

6. 便于会议的宣传报道

会议记录包括照片和视频类的会议记录。这类会议记录还广泛用于会议的宣传报道，具有形象、直观的效果。

(二) 会议记录的种类

1. 书面记录

书面记录即在纸质材料上做文字记录，其特点是简便易行。书面记录有两种具体方法：一是文字直录法，即直接用会议规定的正式语言进行记录，用这种方法进行记录，要求字迹清楚，语言规范，记录结束后无需整理便可直接归档；二是速记法，即用专门的速记符号进行记录，记录速度较快，但记录结束后要用会议正式语言进行文字规范化整理才能归档。

2. 音频记录

音频记录即使用录音工具记录会场内的语音信息。

3. 图片记录

图片记录即使用摄影工具对会议现场瞬间场面进行记录。

4. 视频记录

视频记录即运用摄像设备对会议活动的全过程进行动态记录。

5. 计算机速录

计算机速录即运用专门的速录设备和软件将会议的发言内容以电子文件的形式记录、存储在电脑中,具有速度快、效率高的优点。

(三) 会议记录的格式和内容

1. 标题

会议记录的标题有以下两种写法。

(1) 专用性标题。由会议名称和"记录"组成,如"××公司20××年度销售工作会议记录"。

(2) 通用性标题。适用于一个单位内的所有会议。由单位名称和"会议记录"组成,如"××公司会议记录",会议名称则写在首部的表格中。

2. 首部

首部记录会议的基本情况,一般采用表格的形式,使每个项目清楚明了。具体内容包括以下几点。

(1) 会议的名称。会议名称一定要写全称,以便于日后查考。如果标题中已写会议名称,此处可省略。

(2) 会议时间。包括开始时间、结束时间和中间休会时间。时间要写明年、月、日、时、分。

(3) 会议地点。单位内部会议要写明会场名称或房间号码。跨单位的会议要写明会场所在的单位名称。全国性会议要写明举办地、场馆以及会议厅名称。国际性会议还应写明国家或者地区名称。

(4) 会议主持人。写明其姓名和职务。联席会议、多边会议还应当写明主持人所属的国家或组织名称。

(5) 参加人员。不同资格的参加人员要分类记录,并写明姓名、单位、职务。

(6) 缺席人员。法定性会议的记录应当反映缺席情况,这样既可以让组织者了解缺席情况,便于事后补会,也可以清楚地反映会议应该出席的范围,这对日后查考和研究会议十分重要。

3. 主体

主体部分记载会议的进程和内容,具体包括:

(1) 主持会议的情况。主持人的开场白、掌握会议的议程或程序、介绍议题、总结归纳会议等,都要记录在案。

(2) 发言情况。分为发言人姓名和发言内容两部分。发言内容可根据记录的要求确定详略程度。

(3) 会议结果。包括对议题的通过、缓议、撤销、否决等情况。如果以表决的方式形成决定、决议,要记录表决事项的名称、表决的方式、表决的结果。

(4) 会场情况。会议期间会场内所发生的与会议进程有关并且具有记录价值的情况,如与会者的掌声和笑声、与会者中途退场以及突发性事件等,可以记录在案。

4. 尾部

尾部包括署名和署名日期。署名是对会议记录的真实性郑重负责的体现。记录人、审核人应当在会议记录上署名。论证会、鉴定会、听证会以及国际性组织的重要会议,与会者的发言常常是决策、定案的重要依据,因此可以要求发言人会后对记录进行核对并签字。根据《中华人民共和国公司法》,各类公司的股东会、董事会应当对所议事项的决定作成会议记录,出席会议的股东、董事应当在会议记录上签名。

署名一般应置于会议记录的尾部,用以表示记录完整性,同时也防止正文下方的空白处有人私加文字。记录人、审核人也可置于会议记录首部,但必须在结尾处写明"会议结束"或者"散会"的字样。发言人签署姓名应当置于尾部。

下面是几种会议记录的参考格式。

┃专用性会议记录格式　·首页┃

××学会第(　　)次理事会议记录

时　间	年　月　日　午　时　分至　月　日　午　时　分		
地　点			
主　持			
出　席			
列　席			
缺　席		共	页
(发言人姓名)	(会议进程记录)		

专用性会议记录格式 ·末页

(发言人姓名)	(会议进程记录)
	记录人：
	审核人：
	审核日期：

第　页

专用性会议记录格式 ·首页

<u>××市第×届人民代表大会第×次会议的分组会议记录</u>

代表团名称				
时　间	年　月　日　午　时　分			
地　点				
主　持				
出　席				
列　席				
缺　席				
审　核		记　录		共　页
(发言人姓名)	(会议进程记录)			

第　页

(注:格式2将审核和记录置于首部,故末尾一定要注明"会议结束""散会"等字样,以防有人私加文字。)

通用性会议记录格式·首页

××市××管理局会议记录

会议名称				
主办部门				
时　　间	年　月　日　时　分		地　点	
主持人				
出　席				
列　席				
缺　席				
审　核		记　录		共　页
发言人	（发言内容及决议）			

第　页

通用性会议记录格式·末页

（发言人姓名）	（会议进程记录）
	发言人签署：×××　　×××
（发言人姓名）	（会议进程记录）

第　页

（四）会议记录的方法和要求

1. 会议记录的方法

（1）详细记录。重要会议应当采用详细记录。详细记录要求记录人员掌握熟练的速记、速录技能,必要时可以由多人同时记录,会后共同核对整理。整理稿必须经每个记录人签字。

(2) 摘要记录。适用于一般会议,只需记录发言人姓名、发言的要点和较重要的会场情况。摘要记录可直接使用规范的文字,省去了会后整理的工作程序。摘要记录要抓住发言者的要点,善于捕捉发言者的思想火花,善于理解发言者真实意图,真正做到"取其精华"。

(3) 简易记录。简易记录只要求记载会议的概况、会议的议题和结果,不必记录发言的内容,仅用于较为简单的事务性会议。

2. 会议记录的要求

(1) 选好人员。做好会议记录工作关键是挑选好记录人员。记录人员应当熟练掌握速记技能,知识面宽,反应敏捷,具有较强的听知能力和保密意识。

(2) 准备充分。记录人员会前要了解会议的内容与形式,熟悉与会人员的姓名、职务、相貌特征、口音特点、说话习惯,准备好必需的记录物品。

(3) 全面准确。会议记录只有客观准确,才能为形成会议的最后文件,圆满完成会议的任务提供保障,才能给后人留下可靠的、珍贵的历史凭证,因此,记录人员记录时注意力一定要高度集中,会议结束后要及时核对,必要时还应当请发言者本人进行核对和确认。

(4) 清楚规范。书面会议记录属于需要永久保存的重要材料,一定要用钢笔或毛笔记录,并尽可能使用统一的表格形式,使其规范、清楚,一目了然。音频记录、速记和多人同时记录,会后要整理、誊清并签字,以示负责。声音转文字的记录稿要仔细核对,确保准确无误。整理后的记录稿,要做到文字规范、语法正确。

二、会议新闻工作

(一) 会议新闻工作的作用

会议新闻工作是会议的主办者通过媒体及时反映会议动态和成果的一项工作。通过新闻媒体公开会议信息,一是可以让社会公众及时了解法律、政策制定的过程,保障人民群众的知情权,同时便于接受社会公众的监督;二是可以运用媒体的影响力广泛宣传会议的精神,起到统一思想、鼓舞士气、澄清事实、消除误解、推动工作的作用;三是通过对会议成功举办的宣传,树立主办者良好的社会形象,提高会议知名度,创造会议的品牌效应。

(二) 会议新闻工作的方法

1. 设立会议新闻中心

会议新闻中心是发布会议信息并为记者提供服务的机构。除作为记者招待会和新闻发布会的场所外,还可为记者提供会议文件打印和传输等服务。

2. 设立会议新闻发言人

会议新闻发言人的职责是在会议期间就某一会议事件举行新闻发布会、记者招待会或约见记者,发布有关会议新闻或阐述会议组织者的观点立场,并代表会议组织者回答记者的提问。

3. 组织媒体采访会

会议期间邀请媒体参加采访会,并做好相关的组织接待工作。

4. 向媒体提供会议新闻通稿,作为会议新闻的素材

也可由会议秘书处直接撰写会议消息,直接送请有关媒体发布以及通过官方网站及社交平台发布。

(三) 会议新闻工作的要求

1. 客观真实、全面准确

会议新闻工作必须始终用客观事实说话,全面准确地反映会议的信息。

2. 迅速及时

迅速及时的新闻报道和发布,可以使社会公众在第一时间获得会议的信息,大大提高会议信息的沟通效果。

3. 尊重媒体

会议的新闻工作主要是同媒体打交道,处理好与媒体的关系是做好会议新闻宣传工作的前提。只有本着尊重媒体的态度,以诚相待,热情服务,才能获得媒体的信任和支持。

4. 正确处理公开与保密的关系

凡法律和政策明确要求公开的会议信息,必须公开报道,凡属于保密范围的会议信息则不得公开。

三、会议简报工作

(一) 会议简报的含义和作用

会议简报是会议主办单位编写的、反映会议管理和会议活动的动态和主要成果的内部性简要报道。会议简报发送对象广泛,可以是上级部门、政府机构、兄弟单位,也可以是与会者。有时也可以将会议简报直接公之于众。会议简报有以下作用。

1. 掌握会议动态

会议简报是一种迅速反映会议动态的信息载体,是会议活动主办单位的领导人了解会议情况、掌握会议动态的重要渠道。

2. 交流会议信息

会议简报常常报道大会分组活动的信息,转载与会者在分组会上发表的重要意见,促进会议内部的交流沟通。在大会交流时间有限的情况下,会议简报还可以作为书面交流的补充形式。

3. 辐射会议影响

会议结束后,会议简报通过内部渠道发送给上级机关、平行机关和其他有关单位,可以起到辐射会议信息、扩大会议影响的作用。

(二) 会议简报的类型和编写方法

1. 报道式会议简报

报道式会议简报即由会议秘书以第三人称的角度采写的有关会议活动的简报。报道式会议简报按内容覆盖面可分为综合性报道和专题性报道两种。报道式简报的格式与写法如下:

(1) 标题。要求概括、醒目、简短、富有吸引力。格式上有两种写法:

① 单行式标题。如:"××公司第×届职工代表大会隆重开幕"。

② 双行式标题。如:

加强双创课程建设是高校教学改革的当务之急
——××代表团讨论侧记

(2) 开头。报道式会议简报的开头一般采取以下两种写法:①概述式。采用叙述的方式概括介绍会议活动的基本情况,包括会议的名称、时间、地点、主持人、与会单位和主要与会者、会议的气氛、主要议题和成果等。综合性会议简报常使用这种导语。②点题式。简报一开头便直截了当切入主题,常用于专题性会议简报。如"如何加强双创课程建设成了这两天代表们在会内和会外的热点话题"。

(3) 主体。主体部分介绍会议的过程和主要精神,是会议简报的核心内容,写作要围绕主题、突出重点。

(4) 背景。报道式会议简报有时也需要有一定的背景说明,以帮助领导或相关部门全面把握会议简报的事实。

2. 转发式会议简报

即转发会议成员的发言或书面建议的简报,分为全文转发和摘要转发两种。摘要转发要抓住中心和要点,尽可能保持发言的原来风格。转发式会议简报的格式与写法如下:

(1) 标题。转发式会议简报的标题要反映发言者姓名和发言的主题。如:

××代表呼吁设立双创课程建设专项基金

(2) 按语。按语又称编者按,一般是根据会议活动领导机构的意图起草,用以说明转发目的,提示内容,引起注意和重视。

(3) 正文。正文部分转载经过编辑的会议成员的发言或建议。编辑时要依据会议记录或发言稿,对即兴发言中的口语或不规范的语言可作适当修改,但应保持发言者的风格。对篇幅较长的重要讲话、发言或书面建议，可以采取摘要转发的办法。

(三) 会议简报的编发程序及其要求

1. 收集信息

可通过收集会议记录、召集联络员碰头会、收集会议成员的提案和发言稿、统计分析与会者的签到和报到信息获取会议信息。

2. 筛选信息

简报的信息一是要真实，二是要典型。所谓典型，即应反映会议的主要活动和主要事件、与会者反响强烈的问题、代表性较为广泛的意见以及与会者的新观点和新建议。

3. 编发简报

简报编发包括拟稿、编辑、审核、打印、校对、登记和分发等环节。具体要求如下。

（1）语言简洁、篇幅简短。一般情况下，会议简报的字数控制在一千字以内。

（2）一事一报、主题突出，这一点与会议新闻通稿要求全面反映会议成果和过程的写作要求有所不同。

（3）校对严格、格式规范。

（4）涉密简报必须编号，逐份登记，分发时要履行签收手续。

（5）简报的拟稿、编辑、审核、打印、校对、登记和分发等各项环节要迅速及时。

第七节　议案和提案处理工作

一、议案和提案的概念以及相互关系

(一) 议案和提案的概念

1. 议案的概念

议案是指具有法定提案权的组织和具有正式资格的会议成员，向特定的会议正式提出、请求审议并作出决定的议事原案，具有议题的性质。

2. 提案的概念

广义上说，会议期间提出的议案都可以叫做提案。在国际性会议中，议案和提案这两个概念并没有严格的区分，常常互用。在我国，提案是指特定组织中具有一定资格的成员在自己的职权范围内对某方面工作提出的意见、主张、批评或建议。

(二) 议案和提案的相互联系与区别

在我国，议案与提案都是会议期间会议成员或有关组织向会议提交的文案，但却存在下列区别：

1. 提交的主体不同

议案的提交主体必须是会议的领导机构和领导人、对会议负责的法定组织以及会议的正式成员。会议的列席成员不具有提交议案的资格。而提案的提交主体较为广泛,除会议的正式成员具有提案权外,有的会议还允许列席成员提交提案。

2. 提交的目的不同

议案是在会议期间提出的、请求在会议上讨论审议的书面议题,其本质特征就是"议"。因此,提出议案的目的就是使其列入议程,成为本次会议的议题。而提案是对某方面工作提出的意见或建议,可以在该组织举行会议时集中提出,但一般不要求列入会议的议程对其进行审议和表决。

3. 提出的时间和程序不同

议案一般应当在会议召开之前和会议期间向会议的议案工作机构以书面的方式提出,经会议的专门机构审查、同意后才能列入会议议程。有些会议还要求议案必须达到所规定的附议人数。提案也要求以书面的方式提出,但一般没有时间限制,会前、会中、会后均可以。提案可以个人名义提出,也可以联名方式提出,还可以团组或党派的名义提出,但不规定附议人数。

4. 内容范围不同

议案的内容范围有较严格的限制,必须是本次会议职权范围内的事项,否则就不得列入会议议程。提案的内容范围较为宽泛,一般不受限制,凡是会议成员有权关注的问题都可以意见、主张、批评或建议的形式提出。

5. 效力不同

议案一经会议审议通过,便具有法律和行政效力,必须贯彻执行。提案不要求列入会议议程,其作用是供有关部门今后决策时参考,有可能被采纳,也有可能不被采纳,因此不具有约束力。

二、提案人与议案提案工作机构

(一) 提案人

提交议案、提案或书面建议的组织或个人统称为提案人,包括议案提交人和提案提交人。一般情况下,会议的领导机构和领导人、对会议负责的机关或领导人、会议正式成员有权向大会提交议案。提案的主体范围较大,各级政协委员、工会委员、职工代表大会成员等,可以在自己的职权范围内提交提案。

(二) 会议期间议案和提案工作机构

由于议案或提案往往在会议期间集中提交,因此凡具有提交议案或提案权利和程序的大会,应当设置审查和处理议案或提案的专门机构,隶属于大会主席团领导。在我国,议案工作机构一般叫做议案审查委员会,提案工作机构的名称一般叫做提案审查委员会或者提案工作小组。

由于许多议案和提案必须在会后依靠相关部门的配合与协调才能最终办理落实,因此,议案和提案的处理要在会后保持工作上的连续性。会议结束后,可在常设性会议领导机构之下成立专门机构或指定专人负责议案和提案的后续处理工作。

三、议案和提案的处理程序

(一) 会前预告

即在会议通知中向具有提案权的会议成员和相关组织预告提出议案和提案的期限和要求,以便其做好充分的准备。会议开始时,应宣布接受议案和提案的截止日期。

(二) 议案和提案的提交

议案和提案应当在大会规定的截止日期之前用书面形式提交,使用统一印制的议案纸和提案纸,做到一事一案、书写规范。联名提出的议案和提案,领衔人签名应当列于首位。以组织名义提出的议案或提案,须有该组织负责人签名并加盖公章。

(三) 登记和分类

收到议案和提案后,要进行编号、登记,再按一定方法分类整理,以便进行综合分析。

(四) 议案或提案的送审

登记后的议案或提案应当及时提请议案或提案工作机构进行审查并提出审查意见。需列入会议议程的议案,还需提交会议主席团审议同意,然后才能提交会议表决。

(五) 议案或提案的会后处理

列入议程的议案经大会审议通过后形成决定或者决议正式下发执行,未列入会议议程的议案则转化为书面意见和建议进入会后处理程序。一些重要的提案经审查后,可通过一定的会议程序转化为会议建议案正式提交给有关部门,而大部分提案则进入会后处理程序。

1. 立案、交办

议案如经会议通过形成了决议,从本次会务工作的角度来说,则视为办理完毕。对需要由有关部门办理落实的议案和提案,议案和提案工作机构应当根据会议领导的批示或审查意见,及时做好交办工作。

2. 答复

议案或提案立案交办后,议案和提案工作机构要及时答复提案人。答复的内容包括,交办的时间、承办单位、办理的程序等。答复一般应当用统一的书面形式,并加盖公章,以示慎重。

至此,从会务工作的角度来说,会议期间议案和提案工作的任务基本结束,其后的承办、催办、报告和反馈等工作转由常设的秘书部门以及具体承办部门负责。

第八节 选举和表决工作

一、选举和表决的含义

(一) 选举的含义

选举是指选举人根据少数服从多数的原则以及选举的有关规则,通过投票(包括书面、体态、表决器、网络投票等方式)对担任特定职务的人选进行差额或等额遴选的过程。选举的对象主要有两类:一类是各种组织的领导机构和领导人;另一类是各类代表,如我国的党代表、人民代表、职代会代表等。选举既可以作为会议的一项议程,也可以单独举行,成为一次选举性的活动。

(二) 表决的含义

表决是指具有表决权的会议成员依据少数服从多数的原则以及表决规则,通过投票(包括书面、体态、表决器、网络投票等方式)对特定的人选和事项表达赞同、反对、弃权意志的过程。表决是会议活动通过决议、作出决定所常用的民主手段,也是各种选举、评选活动的基本方式。

二、投票的方式

(一) 按投票的手段分

1. 书面投票

书面投票要事先制作纸质选票或者表决票,列出全部候选人、候选项目或者表决对象名单,由选举人、评选人或表决人以画规定符号的方式表达同意、反对或者弃权的意志。书面投票可以是无记名的,也可以是记名(即公开)的。

2. 唱名投票

即当会议主席点到选举人、评选人或表决人的名字或其所代表的国家、组织的名称时,选举人、评选人或表决人以口头的方式表达同意、反对或弃权的意志,或者说出候选人或候选项目名字。

3. 表决器投票

即通过按表决器进行选举、评选或表决的方式。表决器具有自动计票、迅速显示计票结果、自动保存数据等功能,适用于大型会议或者多轮的选举、评选或表决。

4. 通信投票

即通过邮寄书信的方式进行的远程投票方式,是书面投票方式的延伸。通信投票时间长,但成本低,对投票者的要求高。

5. 体态投票

体态投票是一种以肢体语言的形式表达投票人意志的方式,包括举手、起立、鼓掌等形式。其中鼓掌投票的方式无法进行准确的计票,因此一般只能用于程序性问题或事务工作的表决,而不能用于选举和重大事项的表决。

6. 呼声投票

即由投票人对提交表决的事项发出"同意"或"反对"的呼声,由会议主席根据双方的呼声大小来决定取舍,适用于非法定性的选举、表决和评选活动。

(二) 按保密与否分

1. 记名投票

记名投票又称名义投票,即选举人、评选人或表决人以个人或所代表组织的名义表明态度,并记录在案。举手投票、唱名投票、通信投票都属于记名投票。书面投票也可以采取记名的方式。

2. 不记名投票

这种投票方式不记载选举人、评选人、表决人的姓名和所代表组织的名称,又称为无记名投票。不记名表决有利于消除投票人的顾虑,确保投票人避免受到不必要的影响和压力,体现投票过程的公正性,适用于重要的选举、评选和表决。

三、选举和表决工作的准备

(一) 制作选票和表决票

1. 选票的格式

(1) 标题。选票的标题由会议名称+选举的目标职务+"选票"组成。表决票的标题一般由表决事项+"表决票"组成。

(2) 候选人名单或表决对象名单。名单必须按一定的规则排列,一般以姓氏笔画排列。如果是多轮遴选,也可以按前一轮推荐时的得票多少排列。名单一般采用表格的形式,名单的一侧应留出相应的空格供投票人书写符号。如允许另选他人,名单后面要留出适当的空格,供投票人填写姓名。

(3) 说明事项。内容包括是等额选举还是差额选举、应选数的上限、是否可另选他人、表达意见的方式及符号。

(4) 印制机构。如大会主席团、选举委员会或评选活动的组委会等。

(5) 选举或表决日期。

(6) 公章。选票、表决票应当盖有主办机构的公章,公章应当压住日期。

选票的样式

××市××学会第×次会员大会
第×届理事会理事
选　票

王××	齐××	李××	陆××	赵××	钱××	韩××		

注意事项:
(1) 以上候选人名单按姓氏笔画排列;
(2) 请在您同意的候选人姓名下方空格内填"○";
(3) 同意的人数不得超过5名;
(4) 如另选他人,请在候选人名单后面空格内填写姓名并在其下方填"○"。

××市××学会第×次会员大会秘书处
20××年×月×日

2. 制作选票和表决票的注意事项

(1) 每张选票和表决票的格式必须完全统一,同一项目的投票不允许出现两种不同格式的选票或表决票。

(2) 同一次会议上举行不同选举或表决对象的投票,选票或表决票颜色应当有明显区别,以免混淆。

(3) 严格按照应到会的具有投票权的人数印制选票或表决票,不得多印或少印。

(4) 重要选举和表决应当准备两套选票或表决票,以备应急。

(二) 现场准备

(1) 准备投票箱。投票箱的准备:一是数量要适当,要根据参加投票的人数决定;二是放置要合理,应便于投票和监票人进行监督。

(2) 准备计票用品。计票用品如黑板(白板)、粉笔、水笔、纸张、小型计算器、计算机等。

(3) 设计好投票顺序和路线。

(4) 安排好计票的地点。

(5) 如采用表决器投票,要事先安装、调试好表决器,确保安全可靠。

(6) 设置秘密写票处。举行重要投票,为消除投票人的顾虑,应设置秘密写票处。

四、投票的程序

(一) 书面投票程序

(1) 会议工作人员清点到会的具有选举权或表决权的人数,并向会议主席报告,重要的投票应当提交出席情况的书面报告。

(2) 会议主席向会议全体成员报告本次会议的应到人数和实到人数。如实到人数达到规定的有效人数,则宣布会议或选举、表决程序开始。

(3) 宣读选举或表决办法草案并以举手或按表决器的方式通过。

(4) 宣读总监票人、副总监票人和监票工作人员名单,以举手或鼓掌的方式通过。

(5) 宣布总计票人和计票工作人员名单,或将计票工作人员的名单提交会议以举手或鼓掌的方式通过。

(6) 由会议主席或选举、表决工作领导机构负责人报告候选人或候决事项产生的过程,宣布正式候选人名单或候决事项,介绍正式候选人或候决事项的情况。

(7) 工作人员当众检查投票箱。

(8) 工作人员在监票人监督下核对会议秘书处移交的选票或表决票的数量是否与实到会人数相符。

(9) 工作人员分发选票或表决票。

(10) 会议主席或工作人员宣读填写选票或表决票的注意事项。

(11) 投票人填写选票或表决票。

(12) 会议主席宣布投票的方法、顺序和路线,投票人在工作人员引导下进行投票。

(13) 在监票人员的监督下进行计票。结果应形成书面报告并经计票人和监票人签字后提交给会议主席。

(14) 会议主席宣布投票结果和正式当选的名单或通过的事项。

(二) 唱名投票程序

(1) 会议主席宣布选举、评选或表决事项或宣读提交表决的文件草案。

(2) 会议主席说明实行唱名表决的依据(一般在议事规则中有明确规定)。如某一成员临时要求实行唱名表决,会议主席应当征求全体成员的意见。

(3) 会议主席或工作人员根据一定顺序点名,点到名的成员回答"赞成""反对"或"弃权"。点名的顺序应当在议事规则或表决办法中作出明确的规定。

(4) 全部点完后,再点一遍刚才没有作出反应的成员的姓名,以确认是否漏点以及刚才未表态的成员是否已经到场。

(5) 会议工作人员逐一记录每一成员的表决态度。

(6) 工作人员向会议主席提交统计结果,会议主席当场宣布表决结果。

(三) 举手投票程序

(1) 会议主席宣布选举、评选或表决事项或宣读提交表决的文件草案。

(2) 会议主席说明举手投票的依据,一般以议事规则为准。如某一成员临时要求将书面投票改为举手投票,则会议主席应当征求全体成员的意见。

(3) 会议主席请持赞成意见的有表决权的成员举手。工作人员逐一清点举手的人数并记录在案。

(4) 会议主席请持反对意见的有表决权的成员举手。工作人员逐一清点举手的人数并记录在案。

(5) 会议主席请持弃权意见的有表决权的成员举手。工作人员逐一清点举手的人数并记录在案。

(6) 工作人员向会议主席提交统计结果,会议主席当众宣布表决结果。

(四) 按表决器投票程序

(1) 会议主席宣布选举、评选或表决事项或宣读提交表决的文件草案。

(2) 会议主席依据议事规则宣布按表决器进行投票。

(3) 有表决权的会议成员按下表决器。

(4) 计算机系统自动将表决结果显示在屏幕上。

(5) 会议主席根据屏幕显示宣布表决结果。

第九节 会议的主持

一、会议主持的含义和作用

(一) 会议主持的含义

会议主持是由会议主办者指定的代表人或者由会议选举或协商产生的主席依照既定会议规则对会议的议事过程实施现场管理的行为。

(二) 会议主持的作用

(1) 通过执行事先策划的方案,主导会议进程,确保会议朝着既定的目标前进。

(2) 通过协调与会各方的立场,促使会议达成共识,形成决议或者协议。

(3) 通过贯彻议事规则,保障与会者的权利,维护会议的秩序。

(4) 通过现场的组织与控制,营造气氛,增强会议的效果,提高会议的效率。

二、会议主持人

(一) 会议主持人的含义、产生及其责任性质

会议主持人又称会议主席、会议召集人。会议主持人的产生及其责任性质可分成以下两种情况。

(1) 由主办者委派的主持人,代表主办者对会议的议事过程实施管理并向主办者负责。如实行轮流主办会议的制度,由各主办方轮流派员担任。共同主办的会议,主办者之间协商产生主持人,也可由参与主办的各方派员担任共同主席。

(2) 由会议选举或协商产生的主持人,向全体会议成员负责。法定性代表大会、多边会议、国际组织的成员大会等便是如此。设主席团的大会,由主席团成员或常务主席轮流主持每一次会议。

(二) 会议主持人的身份

会议主持人的身份安排一般有以下几种情况。

(1) 主办方最高领导人出席会议并亲自主持会议。这类会议的规格最高。

(2) 主办方最高领导人出席会议,由级别稍低的领导人主持会议。这类情况较普遍,其特点是能突出身份最高领导人在会上的重要讲话或致辞,在一些仪式性活动中,则突出最高领导人亲自剪彩、启动、揭幕、颁奖等仪式。

(3) 由主办方临时聘请专业主持人或者有社会影响力的人士主持会议。这类情况主要出现在一些面向社会的论坛、研讨会或者采取晚会形式的会议活动。这种安排能充分发挥主持人的社会影响力,提高社会的关注度。

三、会议主持的原则和流程

(一) 会议主持的原则

(1) 主导性原则。主持会议的过程实际上就是领导和管理会议的过程。主持人作为会议的领导人应当发挥主导作用,按照会议议程或程序引导会议向既定的目标发展,确保会议成功。

(2) 规范性原则。任何会议总有一定的规则。主持人要善于运用会议规则驾驭会议进程,裁决程序纠纷,保证保障会议成员各项权利的落实,体现会议的公正性。

(3) 科学性原则。会议主持人应充分运用会议学、心理学、决策学等原理和方法,指导会议的沟通、协调和决策,做到科学开会、科学决策。

(4) 效率性原则。会议的效率与会议主持关系密切。主持人要合理组合主体、信息、方式、时间和地点等会议要素,提高会议的议事效率,杜绝"马拉松会"现象,使会议真正成为实

施管理的高效工具。

(二) 会议主持的流程

会议主持的流程因会而异,以讨论具体议题的狭义会议为例,会议主持的流程大致如下。

(1) 宣布会议开始。

(2) 介绍出席会议的主要领导和来宾。法定性会议要报告会议的应到人数和实到人数,确认开会的有效性。

(3) 致开场白,阐明会议的目的、任务,宣布会议议程和纪律。

(4) 根据会议议程组织致辞、报告、讨论和大会发言,控制发言的时间。大会发言时要介绍发言者的身份、姓名和发言题目。

(5) 听取并汇总与会者的意见,向会议提出最后文件的草案或表决稿。

(6) 决定动议是否列入会议议程,或将动议提交主席团审议。

(7) 主持选举和表决程序,宣布选举和表决结果。

(8) 总结会议成果,宣布会议结束。

第九章
安排领导活动

第一节 安排领导活动概述

一、领导活动的含义和种类

(一) 领导活动的含义

从领导科学的角度来看,领导活动泛指领导人实施管理的过程;而秘书工作中所安排的领导活动则是指领导人在工作范围内具有明确目的的交往和交流活动。

(二) 领导活动的主要种类

1. 会议会见

在工作中,领导人经常要召集主持或参加各种会议、找人谈话、会见群众,以沟通信息、交流思想、掌握情况、布置任务、推动工作;也要经常举行双边或多边会谈,洽谈业务,谋求对外合作。这类领导活动数量多,频率高,是秘书服务的重要对象。

2. 参观考察

包括领导人到基层和现场进行视察、检查、调研以及到外单位、外省市、国外参观、访问、学习和考察等。

3. 走访慰问

如逢年过节或遭遇事故灾害时领导人对有关人员的走访、看望、慰问等。

4. 礼仪应酬

如领导人的各种迎送、宴请、拜访、陪同活动以及应邀出席各种仪式、典礼等。

5. 办展参展

展览活动在经贸营销、宣传教育等方面发挥的作用越来越突出,以机关和企事业单位名义举办和参加各种展览活动也越来越多,已经成为领导活动不可或缺的组成部分。

二、安排领导活动的原则

（一）必要性原则

领导活动是领导机关和领导人开展工作、履行职责之必需。但并非所有活动都对领导工作有益。应酬活动过多过滥，不仅分散领导人的精力，影响正常工作，而且败坏领导人的形象。秘书作为领导的助手，有责任、有义务对领导人的活动进行把关，对那些与领导工作无关、无益，或领导人不必参加的活动，应当予以挡驾。

（二）统筹性原则

领导活动牵涉面广，影响力大，秘书在安排领导人活动时一定要统筹兼顾。具体要求是：全局性活动，应安排主要领导出面；业务活动，以分管领导为主，其他领导适当分担；特别重要、重大的活动，安排党政一把手同时出席或领导班子集体出席；外事活动，一般优先于内事活动安排；联系群众的活动安排优先于一般的应酬性活动；全局性活动安排优先于局部性活动。

（三）计划性原则

领导活动有常规性和临时性、可预见和应急性之分。对于常规性和可预见的领导活动，秘书要做好计划和方案，列入领导的年度或月度活动安排表。对于临时性、应急性的领导活动，也要尽可能在事前做好预案，提前做好准备，以免措手不及。

（四）简朴性原则

安排领导活动要简朴、务实，具体要求是：领导外出要轻车简从，不搞迎送仪式，不搞前呼后拥，避免扰民；接待领导要严格遵守有关规定，杜绝铺张浪费。

（五）合理性原则

安排领导活动应当科学合理，具体应当做到：一要围绕领导的中心工作和具体意图，有利于实现领导实施管理；二要适应领导人的工作风格和办公习惯，遵循劳逸结合的规律，有利于提高领导活动的效率。

三、安排领导活动的一般程序

（一）掌握情况，明确要求

安排领导活动首先要理解领导工作的总体思路，明确领导活动的目的、任务以及领导人的具体意图和要求，有目的、有针对性地安排好每一项领导活动。

（二）精心策划，拟订方案

在掌握情况、明确要求之后，秘书要为领导人精心策划方案。活动方案应当载明活动的目的、内容、形式、参加人员、时间、地点、线路等，并报经领导人审批确定。

(三)准备落实,搞好协调

方案确定后,秘书要认真做好领导活动前的各项准备,包括准备文件、购置物品、通知联系、安排车辆等。对涉及面较广的重要活动还应当开好协调会,向各有关单位交代任务、落实责任。如果是重要的现场活动,秘书还应当打前站,亲自查看现场;活动线路较长、较复杂的活动,秘书要准确计算路程和时间,估计可能遇到的问题,提前制定应对的预案。

(四)现场服务,确保顺利

领导活动进行过程中,秘书要随时提供现场服务,发现问题及时协调解决,保证领导活动顺利进行和圆满成功。

(五)总结经验,形成报告

领导活动结束后,秘书要总结领导活动安排的经验和教训,不断提高安排领导活动的水平;安排重大的领导活动还应形成书面总结报告,以便日后借鉴。

四、制定领导活动方案

领导活动方案分为领导活动时间表和领导专项活动方案。

(一)领导活动时间表

领导活动时间表是一段时期内各项领导活动按时间顺序的安排,具有管理和协调领导活动的时间、提高领导活动效率的作用。领导活动时间表可根据工作单位的特点确定周期,一般按年(学年)、半年(学期)、月、周、日进行具体安排,写明活动的时间、名称、内容、形式、地点、参加人员等信息,格式上既可采用时间序列的形式,也可采用表格形式。

┃领导活动周安排实例┃

××公司会议安排

(20××年××月××日——20××年××月××日)

时间	地点	内容	主持人	参加范围
星期一 (××月××日) 上午8:30	第一会议室	总经理办公会议	王××	正、副总经理 各部门经理
星期二 (××月××日) 下午2:00	第二会议室	××产品开发 协调会	张××	市场部 计财部 科技部 (人员另行通知)
星期五 (××月××日) 下午3:00	多功能会议室	企业文化建设 总结表彰会	李××	(人员另行通知)

▎领导活动日程安排实例▎

××总经理日程安排
（20××年7月5日星期四）

时间	内容与形式	地点	参加人员	备注
8:30	会见××公司总经理×××协商××产品开发事宜	会客室	×××副总经理 研发部×××经理	研发部张××作记录
10:00	主持计财部副主管招聘面试	第二会议室	××副总经理 人力资源部经理×××、 计财部经理×××	由人力资源部具体安排
14:30	主持集团公司机关中层干部会	第一会议室	各部门副经理及以上干部	由行政部具体安排

（二）领导专项活动方案

领导专项活动方案是针对某项重要的领导活动专门拟写策划的方案，如出访活动方案、接待活动方案等。专项活动方案须经领导人批准或提交领导办公会议讨论同意方可执行。格式如下。

1. 标题

活动方案的标题由领导活动的名称和"方案""预案""策划书"或"计划"组成。

2. 正文

正文一般可分为两部分：开头部分写明安排这项活动的目的、意义、指导思想、原则；主体部分写明活动的内容、形式、时间、地点、出席范围、活动的程序以及准备工作的各项要求。

3. 署名

署名应写明拟写方案的部门名称。

4. 成文日期

成文日期需写明正式提交的具体日期。

第二节 安排领导考察访问和慰问活动

一、安排领导考察访问活动

（一）出行前的准备工作

（1）摸清领导人考察访问的目的、意图、时间、地点及单位、拟带随行人员等情况，做到心中有数，以便在领导人外出考察访问期间当好参谋与助手。

（2）紧紧围绕领导人考察访问的具体任务和课题，通过文献、档案、网络等途径了解被考察访问国家、地区和具体单位的有关情况，以便随时向领导人提供咨询服务，也可编印成参考资料分发给有关领导参阅。

(3) 同各有关方面联系、协调后,为领导设计一条活动的路线,拟写一份活动方案或行程安排表,呈交领导审核批准。

(4) 方案批准后,立即开始为领导准备外出旅行用到的有关文件、证照、物资、器材、交通工具和随身用品,并准备适量的备用金。出国访问或赴外地考察,要事先订好机票,安排好宾馆。

(5) 安排随行工作人员,明确随行服务的任务。

(6) 领导人抵达前通知考察访问单位做好接待准备,必要时可派人打前站。

(二) 出行中的服务工作

(1) 协调、落实好各项活动。尽管事先已对领导考察访问活动作出具体安排,但实际过程中总会有所变化,因此发现问题要及时协调、落实解决。

(2) 认真做好各项记录。随行秘书要围绕领导考察访问活动认真记录有关信息,包括基层单位的汇报、群众的反映、领导人的讲话和指示、会谈情况、领导考察访问活动的实际行程和路线以及活动期间所发生或遇到的重要事件等。

(3) 及时办理领导考察访问期间交办的事项。

(三) 善后工作

(1) 考察调研活动结束后,秘书起草纪要、简报、报告,经领导人过目同意后印发。

(2) 考察调研过程中发现的问题,秘书要会同有关方面提出整改措施;领导人所作出的指示,要及时传达贯彻并做好督查反馈工作。

二、安排慰问活动

(一) 选好慰问对象

选好慰问对象对于鼓舞士气、树立典型、联系群众具有重要作用。秘书要根据领导意图认真挑选,提出建议名单,提交领导作最后的决定。选择慰问对象要从工作的实际需要和对象的实际情况出发,有一定的代表性,能通过慰问活动产生良好的社会效果,不搞形式主义。

(二) 安排慰问时间

慰问时间的安排具体要考虑以下几方面。

(1) 根据慰问的对象安排慰问时间。领导慰问活动的时间安排往往具有象征意义,如教师节慰问教师,节假日慰问坚持一线工作的人员,在抢险救灾的紧要关头慰问救灾人员。

(2) 与其他领导活动的时间相协调。如领导人事前已经有其他活动安排,秘书要比较分析,看哪一项活动更为紧迫,尽可能做到两不误。

(3) 确定慰问所需要的时间。如一次慰问要去几个地方,要计算好路程以及在每个地方逗留的时间。

(三) 确定慰问的地点

领导慰问活动地点的安排也具有很强的象征意义和社会效果,比如慰问节日期间坚持生产的煤矿工人,在地面慰问和在矿井下慰问效果明显不同。因此秘书要精心安排,在考虑现实可能性的前提下,力求效果最佳。

(四) 策划慰问的方式

慰问活动一般都采取现场慰问和领导亲自慰问的方式,只有当路途较远,或领导人外出访问时,可以发慰问信或慰问电,也可委托其他人代为慰问。

(五) 准备慰问品

慰问活动以精神鼓励为主,也可适当赠送一些慰问品和慰问金。慰问品要根据慰问对象和慰问活动的目的来准备。

(六) 通知被慰问单位

领导人慰问前,秘书要先通知被慰问的单位或部门,并要求有关负责人陪同慰问。

(七) 联系新闻报道

如需要对领导人的慰问活动作宣传报道,要事先与新闻媒体或内部报刊、内部电视台取得联系,做好安排。

(八) 安排好慰问的程序

慰问活动的程序因慰问的对象和内容而异,但力求简化。慰问程序一般包括介绍前来慰问的各位领导人,领导人与慰问对象亲切握手、交谈或安排集体座谈,赠送慰问品或慰问金,领导人与慰问对象合影,安排领导人发表讲话,等等。

第三节　安排领导会议活动

一、办公会议

(一) 办公会议的含义和特点

1. 办公会议的含义

办公会议泛指特定组织的行政领导人为实施管理而举行的行政领导班子全体会议。

2. 办公会议的特点

(1) 实行首长负责制。办公会议由行政首长负责召集,领导班子全体成员集体议事,除议事规则规定必须采取投票表决外,讨论事项由行政首长拍板决定。这一点与其他许多会议形成明显的区别。

（2）周期相对较短。办公会议需要及时解决本单位管理中的各种问题,因此基本上都以例会的形式定期举行,周期较短,一般每周一次,或者每两周一次。在特殊情况下,也可以举行临时性办公会议或紧急会议。

（3）以日常工作决策为主。办公会议讨论事项大会分为两类,一类是日常性工作,这类决策是大量的、经常性的;另一类是重大事项决策,需要做大量的、深入细致的调查和科学的研究,依靠复杂的决策程序来进行。办公会议当然要讨论决定重大事项,但还是以日常工作决策为主,因而会议的议题较多,涉及范围较广。

（二）办公会议工作要点

1. 收集好议题

每次会议之前先要收集必须在会上讨论解决或通气的事项。议题收集工作可由办公厅(室)负责,收集的对象主要有三类:第一类是向领导班子成员收集,请他们提出议题;第二类是向各职能部门收集,看看职能部门有没有需要通过办公会议解决的问题;第三类是向下级机关收集,如下级机关的请示、报告以及需要提请审议的事项等。

2. 协调好议题

议题收集的同时,还要注意对议题进行协调,以避免在会上扯皮。议题协调工作可以分为三层次进行。

（1）凡拟在办公会议上讨论的议题,一律请主办部门主动与有关部门先行协调会商,使各方达成共识。未经协调的,除非情况紧急,原则上不提交会议讨论。

（2）部门之间一时难以协调的问题,可请分管领导批示,提出意见,批转有关部门负责人进行协调。

（3）对一些比较复杂、意见分歧较大的问题,建议分管领导负责直接出面协调。协调意见基本一致的,提请办公会议讨论、拍板;经协调意见仍不一致的,由负责协调的领导人提出倾向性意见,供领导办公会议决策时参考。

3. 准备会议文件

会上要讨论的文件应在会议前印好装订,并按领导人数分装。需仔细研究的文件,要在会前分发。

4. 落实会议通知

办公会议的通知要及时到位。定期举行的会议应列入领导活动或机关会议日程表,另发备忘录式的会议通知,写明主要议题,使参加者做好准备。临时性或紧急会议,除书面通知外,还要用电话落实。必要时请领导人签收会议通知。对可能缺席的领导成员或重要的列席人员应事先掌握,以免影响议题的讨论。

5. 安排好候会

有时办公会议讨论的问题较广,列席会议人员也较多。为了避免"陪会",也为防止会议内容交叉扩散,要安排好列席人员的候会。为此,会议秘书要实现估算每项议程的大致所花的时间,通知有关列席人员提前在附近的休息室等候。当会议讨论某项议题时,请有关的列席人员进入会场参加会议。

6. 提供文印服务

办公会议常常要临时复制文件,会议秘书随时待命,及时完成任务。

7. 防止干扰会议

办公会议一般都在单位内部举行,有时常常会受本单位琐事的干扰。为此要建立挡驾制度,采取有效措施,防止对会议的干扰。如秘书做好来电记录和来访登记,以便领导成员会后办理。会议室的电话机可设置"免打扰"功能,或者设置"转移呼叫"功能将电话转移至有秘书值班的办公室,既可防止电话铃声的干扰,又能使来电得到值班秘书的及时处理。

8. 做好会议记录

办公会议记录是形成会议最后文件的依据,也是会议情况的原始真实的反映,会议秘书要聚精会神做好记录。

9. 起草和印发最后文件

办公会议的最后文件包括决定、决议、会议纪要以及会议通过的通知、通报、批复、条例、规定、办法等。这些文件有的在会前已经拟写,提交审议后要作修改,有的则在会议结束后根据会议记录起草,经主要领导签发后印发给有关方面贯彻执行。

10. 反馈会议信息

即把会议精神传达贯彻的情况,向领导机关和领导人反馈,以便发现问题,为下一次工作会议进行再决策作准备。

二、委员会议

(一) 委员会议的含义和特点

1. 委员会议的含义

委员会议在这里是一个泛称,凡是实行领导成员集体讨论、集体表决制度的会议都可以视作委员会议,如党委会议、理事会议、董事会议等。

2. 委员会议的特点

(1) 与会者权利平等。参加会议的每一个成员只要具备正式资格,就具有法定的表决权,而且人人平等,会议主席也不例外。

(2) 少数服从多数。会议实行少数服从多数的基本原则,通过各种表决方式解决问题、集体决策,任何人都不能凌驾于这一原则之上。这是委员会议的基本特点。

(3) 会议程序规范。委员会议对程序有极其严格的要求,通常要制定成文的议事规则,来规范和制约会议主席以及全体成员的行为。

(二) 委员会议工作要点

委员会议与领导办公会议工作要点有很多方面相同,以下几点是安排委员会议必须注意的:

1. 事先告知会议议题

委员会议通常要讨论一些重大问题,通过表决作出一些重大决策,为提高决策的质量和会议的效率,同时尊重与会成员的知情权,必须在会前将会议议题通知到每个与会成员。讨论决定重大事项应将有关讨论稿、草案等文本提前发送给每个与会成员。

2. 会议通知一定要落实到人

参加委员会议是每个正式成员的法定权利,会议通知落实到人,是对每个与会者参会权利的尊重,同时保证出席会议法定人数的有效性。

3. 一定要由与会者本人签到

委员会议的签到是一种法定行为,由与会者本人签到才具有法律效力。

4. 准备好投票用品

委员会议常常要以投票的方式决定事项,因此会前要根据投票对象的具体性质和内容设计并印制好表决票备用。

三、联席会议

(一) 联席会议的含义、种类和特点

1. 联席会议的含义和种类

联席会议是指若干组织或内设的部门之间为协商工作或为达成某项协议而举行的会议。

按范围分,联席会议可分为内部联席会议和外部联席会议。前者是指一个组织内部的各个部门之间的联席会议,后者是指一个组织与横向的其他组织之间的联席会议。

按会议机制分,联席会议可分为常态性联席会议和临时性联席会议。前者是指制度化的会议形态,定期举行;后者是指专门为解决某一问题而临时举行的联席会议。

2. 联席会议的特点

联席会议具有以下几个方面的特点。

(1) 平等性。联席会议的与会者之间不具有隶属关系,地位和权利相互平等,应当相互尊重,这是联席会议的基本特点。

(2) 协商性。联席会议因与会各方地位和权利平等,因此必须以磋商协调为会议的基本

宗旨,以一致通过为解决问题的基本原则。有时联席会议也可能是由某个主管部门召集主持,具有一定的影响力,但最后还是要靠协调各方的立场和平衡各方的利益解决问题。

(3)约束性。联席会议所达成的共识、所商定的协议,一般要以文件的形式记载下来,并由与会各方共同签署、盖章。文件一旦签署、盖章,便产生法定效力,对各方具有约束力。

(二)联席会议组织工作要点

联席会议除做好一般会务工作之外,还要注意以下几点。

1. 议题要协商确定

联席会议的议题和议程应当由与会各方共同商定。如果会议由某一方牵头,可由牵头的一方提出议题和议程草案,经各方协商后确定。

2. 出席对象不能遗漏

联席会议对象的确定要从有利于解决问题出发,与议题有关的单位都要出席,不能遗漏。

3. 出席代表要有全权资格

每个与会单位应当委派全权代表出席会议,以便能在实质性问题上当场表明态度、签署文件,确保会议的有效性。

4. 文件草案要提前分发

联席会议一般都要形成共同文件,主办单位要在会前起草相关文件的草案并提前发给与会单位,以便各方有足够的时间研究。如果讨论的问题专业性较强,或者容易产生分歧,主办单位还要在会前准备好足够的参考性和背景性资料,以帮助与会者掌握信息、统一认识。

5. 要做好签到和记录工作

联席会议的与会者必须亲自在签到表上签字,以证明其参加会议。要做好会议记录。会议记录一般由主办方保存。

6. 文件签署要规范

联席会议形成的共同文件,如会议和会谈纪要、合作备忘录、协议书、联合声明、共同宣言等,要由各方的全权代表签署,必要时可举行签字仪式。

四、听证会

(一)听证会的含义、种类和特点

1. 听证会的含义和种类

听证会是立法机关就特定的立法事项由行政机关在职权范围内就特定的行政事项听取有关方面的意见并作证的会议。听证会中获取的信息和公众意见,应当作为立法和行政决策的重要依据。

2. 听证会的特点

听证会具有以下四个方面的特点。

(1) 举办者的法定性。根据我国目前的有关规定，立法机关和国家行政机关在立法或行政决策时，可以举行或者必须举行听证会。

(2) 内容程序的规范性。听证的范围、听证会组织、参加对象的确定、听证会的主持、会上的发言、会议记录的签署、听证报告的形成等必须符合有关的法律、法规和规章。

(3) 参加对象的广泛性。听证会的参加对象包括听证人、听证陈述人、旁听人、记者等，其中听证陈述人必须具有广泛的代表性。

(4) 会议过程的公开性。除涉及国家秘密事项等特殊情况外，应当公开举行，允许旁听，允许记者采访。

(二) 听证会组织工作要点

1. 确定听证会成员

听证会的成员包括听证人（即组织听证会的机关）、主持人（由听证人指定）、听证会参加人。听证会参加人应当具有广泛的代表性，构成比例要符合有关规定。

2. 确定听证会内容

听证内容：一是征求对某项法案（包括制定法律、法规和规章）的意见，二是征求对某项行政决策的意见，如价格调整、行政强制拆迁等。听证会内容要符合有关规定。

3. 会前预告

举行听证会前，听证人应当通过网站、新闻媒体向社会公告听证会举行的时间、地点，听证方案要点，参加人、旁听人员、新闻媒体的名额和产生方式及具体报名办法。

4. 发出通知

听证会时间、地点、内容、参加对象确定后要在规定时间内向听证会参加人发出听证会通知，必要时可将听证会参加人和听证人名单向社会公布。

5. 掌握好听证会程序

听证会一般程序如下。

(1) 主持人宣布听证会开始，说明会议的目的和法律法规依据，介绍参加听证会的人员组成以及人数，宣布会议注意事项和发言的规则。

(2) 提案人陈述法案或决策方案。

(3) 听证会参加人发言。

(4) 主持人作听证会总结。

6. 确认会议记录

听证会记录应当由主持人、记录人员和陈述人共同签名。有发言稿的，可请留下发言稿,附在会议记录后一起归档。

7. 形成听证报告

听证会结束后,由听证人制作听证报告。

五、代表大会

(一) 代表大会的含义、种类和特点

代表大会是指由按一定规则或程序产生的代表参加的、规模较大的会议。按性质来分,代表大会可分成法定性代表大会和非法定性代表大会。

1. 法定性代表大会的含义和特点

凡按照法律必须召开的代表大会都属于法定性代表大会。法定性代表大会具有以下特点。

(1) 代表的产生具有法定的程序。法定性代表大会的正式代表都必须按一定的法律或组织章程规定的程序选举或协商产生。

(2) 代表享有法定的权利。法定性代表大会的成员都具有法定的提案权、发言权、选举权和表决权,有的还具有质询权、视察权、弹劾权等。

(3) 会议具有法定的内容和形式。法定性代表大会从会议的议题、议程的提出到审议表决的方式和具体程序都必须遵循有关的规定。

(4) 有相对固定的会期。如宪法规定,全国人民代表大会每年举行一次;党章规定,党的全国代表大会每五年举行一次。代表大会应当按期召开,非特殊情况,不得提前或者延期,更不得取消。

(5) 到会代表必须符合法定人数。法定性代表大会的出席人数直接关系到会议的有效性。出席会议的代表达不到法定人数,会议不能举行。

(6) 会议的结果具有法定效力。法定性代表大会在会议的职权范围内所形成的各项决议和决定,具有法定效力,有关方面必须遵守或执行。

2. 非法定性代表大会的含义和特点

非法定性代表大会是指法律未规定的、由社会组织根据工作需要而召开的与会者具有代表性的会议,如劳模代表大会、会员代表大会等。非法定性代表大会有以下特点。

(1) 会议主体的群众性。非法定性代表大会的与会者大多来自基层,具有广泛的群众性,其产生的程序可以是内部选举或民主协商,也可以是由特定组织指派。

(2) 会议主题的多样性。非法定性代表大会有相对固定的议程和议题,如选举本组织的领导机构,听取有关工作报告等,但更多的议题是围绕形势的发展和本组织面临的任务来确定的。

(3) 会议结果效力的有限性。非法定性代表大会形成的会议文件一部分是针对组织内

部的,只在组织内部有效,即使是公开发表的最后文件,如"宣言""共识""声明",大多也是倡议性的,无法定约束力。

(二)代表大会组织工作要点

除按照会议的一般要求做好各项会务工作外,代表大会要特别做好以下组织工作。

(1)确定邀请对象。代表大会的主体是正式代表,但往往邀请列席代表和特邀代表参加,有时还邀请部分其他人士旁听。确定邀请对象要遵守有关的法律、法规或组织章程。

(2)布置好会场。会场布置要体现庄严、隆重的气氛。

(3)组织好会议的接待工作。对跨地区和会期较长的大会,要组织好代表的接站、报到、食宿、余兴活动。

(4)开好预备会议。法定性代表大会要举行预备会议,确定议程和日程,选举产生主席团和秘书长,决定会议的其他重要事项。

(5)做好代表资格审查工作。规模较大、级别较高的代表大会应成立代表资格审查委员会,规模较小或基层单位的代表大会可成立代表资格审查小组,严格审查正式代表的资格。

(6)开好开幕式和闭幕式。

(7)做好议案和提案工作。

(8)做好选举和表决的各项准备工作。

(9)加强会议的信息和宣传工作。

(10)写好主持词。代表大会隆重、庄严,主持人必须依据事先拟定的主持词来主持会议。

六、报告会

(一)报告会的含义、种类和特点

报告会是指请领导人、专家或者有关事件的当事人就形势、学术问题或者某人的事迹作专题性介绍、陈述、演讲的会议。有的报告会也称演讲会。按内容来分,报告会有形势报告会、动员报告会、学习报告会、学术报告会、事迹报告会等。

报告会具有以下特点。

1. 主题鲜明

报告会的主题一定要集中、鲜明,使人印象深刻。有些报告会在名称上加上"主题"二字,称之为"主题报告会"或"主题演讲会",其用意就是想通过突出主题来强化报告会的吸引力。

2. 内容新颖

报告会不仅主题要集中突出,而且内容应当具有时代性、前沿性、前瞻性和生动性,能使报告会起到传播知识、统一思想、启迪智慧、激发热情、鼓舞士气、提升修养的作用。

(二) 报告会组织工作要点

1. 确定好目标

确定好目标就是要解决为什么要举行报告会和举行哪种报告会的问题。报告会的目标决定报告会的种类。

2. 策划好主题

报告主题应根据报告会的性质并结合形势的需要来确定。

3. 邀请好报告人

要根据报告的主题选择合适的报告人。邀请时要将举办报告会议的目的、参加的对象告知对方。

4. 组织好参加对象

报告会参加对象有两种情况，一种是由主办者指定并且必须参加的对象，另一种是公开邀请、鼓励自由参加的对象。参加对象要根据报告会的目的和内容确定。报告会的规模要适当大一些，以形成一定的气氛。

5. 安排好提问

学术性、时事性、知识性报告会可安排适当的听众提问时间，请报告人现场回答。安排提问时，主持人要控制好时间和局面。

七、座谈会

(一) 座谈会的含义、种类和特点

座谈会又称恳谈会，是一种会议气氛比较轻松，与会者自由平等发表意见、交流切磋的小型围坐式会议。座谈会按其功能可分为咨询论证性座谈会、征询调查性座谈会、纪念追思性座谈会、学习交流性座谈会、庆祝表彰性座谈会、联谊交友性座谈会等。座谈会具有如下特点。

1. 用途广泛

座谈会的用途广泛，如咨询论证、征求意见、调查情况、纪念追思、学习取经、交流总结、庆祝表彰、联谊交友等，对内对外都可以举行。

2. 规模较小

座谈会的规模一般都较小，小到十人以下，至多几十人，以保证每个与会者都有机会发言。

3. 形式简便，气氛轻松

座谈会的形式十分简便，大都采取围坐的形式，除主持人和主要领导外，常常不排座次，随意就座，其目的就是创造一种轻松、自然、平等的气氛。

(二）座谈会组织工作要点

1. 目的明确、主题鲜明

座谈会形式简便、气氛轻松，但目的必须明确，主题必须鲜明。讨论具体问题的座谈会，要列出各项具体的议题。

2. 通知要清楚到位

除了书面通知外，还要用电话、微信跟踪落实，掌握请假情况，以便及时对出席人员进行调整。通知中要明确告知会议主题和讨论提纲，有时还要告知会议的出席范围和名单，以便与会者做好思想准备。

3. 会场布置要灵活

座谈会的形式非常灵活，会场布置也要相应灵活多样，可以采取圆形、方形、长方形、椭圆形、六角形等围坐式座位格局，特殊情况下也可以设计成半围式。但有一点必须注意，会场座位尽量不要摆成上下对应式或分散式，否则就会使座谈会的气氛变得严肃、拘谨，影响会议的效果。较为重要的座谈会可以悬挂会标，揭示会议的主题，渲染会议气氛，也便于摄影和电视报道。

4. 落实安排好发言

座谈会的发言形式有两种，一是自由发言，二是事先确定若干主要发言者，在会上先发言，然后由其他与会者自由发言。发言内容要紧扣会议主题，自由发言要避免"冷场"。

座谈会出现一些争论属于正常现象，只要是对会议主题的积极探讨，就应当对这种争论加以鼓励和保护，它有利于打破僵局，活跃会议气氛，激发与会者的热情和思路。

5. 对与会者表示感谢

座谈会结束时，主持人应对与会者表示感谢。

八、发布会

（一）发布会的含义、种类和特点

发布会是特定组织以媒体和公众为对象，进行公开、当面、集中沟通的公关性会议。发布会的种类、发布会名称繁多，但归纳起来无非以下两大类：

1. 新闻发布会

又称信息发布会，根据内容不同也可称为政策说明会、情况通报会、成果发布会、产品推介会等。不仅邀请记者参加，还可以邀请一部分关系密切或关系特殊的公众参加。发布会形式则较为灵活，既可以有问有答、双向沟通，也可以单向发布信息，不安排现场提问。

2. 记者招待会

记者招待会是主办单位专门向记者发布信息并回答记者提问的会议形式，不邀请非媒体机构参加,一般采取双向沟通的形式,允许记者当场提问。

(二) 发布会组织工作要点

1. 明确目的

举行发布会,首先要明确解决什么问题,达到什么目的。

2. 确定口径和发布方式

所谓的口径,就是指从什么角度发表立场和观点,消息发布到什么程度,哪些问题可以正面回答提问,哪些问题应予以回避,等等。所谓发布方式即双向沟通还是单向沟通。

3. 选择发布会的时机

选择时机的重要原则是看其是否有利于维护对本组织的利益和形象。具体来说,就是什么时候发布信息能够取得最佳效果。操之过急或延缓滞后,都可能产生负面效应。

4. 确定参加对象

确定参加对象一是要根据发布会的目的和内容,二是要考虑媒体的影响力和专业性。

5. 确定主持人和发言人

一般的新闻发布会,主持人和发言人可以由一人同时兼任。如果内容重要或者业务性较强、发言人较多,可以专设主持人。主持人的主要任务是说明举行新闻发布会的目的和背景,介绍发言人的身份和姓名,掌握会议进程和时间。发言人的任务是发布信息和回答提问。

6. 准备有关材料

重要的发布会,要事先拟好发言稿,供发言人参考使用,或根据需要在会上分发。发言材料可简可繁,但一定要全面反映情况、准确表述立场,并经领导审定、统一口径后方能公布。有时也可准备一些宣传介绍性材料,如新闻事件的背景资料、政策法规的说明材料、证人证词、新闻通稿、产品介绍等,在与会者入场时分发。

7. 发出邀请和接受报名

对象确定后要适时发出邀请函或网上公开邀请,临时举行的发布会可用电话个别邀请。有的发布会采取记者报名的办法,先由记者提出申请,经审查同意后发放采访证。

8. 安排签到、引导、记录和现场翻译

发布会要安排专人做好签到、引导工作。签到时请与会者留下名片。邀请外国人士参加的发布会,要事先选派翻译人员。会议全程要做好文字和视频记录。

9. 收集媒体的报道

发布会之后,要密切关注媒体的报道情况以及社会反应,汇总分析后供有关部门参考。对给予正面报道的媒体要及时表示感谢。

九、现场会

(一) 现场会的含义、种类和特点

现场会,顾名思义就是在特定现场举行的会议。这里所说的现场包括工作现场、突发性事件和突发性事故现场、正反典型发生的现场以及具有历史纪念和象征意义的现场。现场会具有如下特点:

1. 强烈的现场感

现场会让全体与会者处在特定的现场之中,直接观察现场,发现问题,获得启示,接受教育。

2. 明确的针对性

现场会目的明确、针对性强,一切都围绕"现场"二字做文章,如现场观摩、现场考察、现场演示、现场讨论,把问题解决在现场,把现场的经验和教训带到相关的工作中去借鉴和参考。

(二) 现场会组织工作要点

1. 选好会议现场

选择会议现场要注意以下几点:一是符合会议目标,二是富有典型意义,三是便于解决问题。

2. 安排好现场参观的线路

现场会大都要安排参观、考察。会前要设计好参观考察的地点以及线路,先看什么,后看什么,从哪里出发,在哪里结束,都要有计划、有安排。

3. 布置好会场

现场会的会场安排方式有两种:一是直接安排在事件发生或工作现场,参观考察和讨论研究都在现场完成;二是在参观考察之前或之后,在现场附近另设会场进行讨论研究。

4. 搞好现场接待

做好接待工作是开好现场会的重要保障。在参观考察的现场,要有专人接待、引导、讲解、分发资料。

第四节　安排仪式与典礼活动

一、签字仪式

(一) 签字仪式的含义和作用

签字仪式是缔约各方共同签署会谈最后文件的公开性仪式,其作用:一是确认会谈文件

的效力,二是体现各方对会谈成果的重视,三是通过邀请缔约各方和第三方人士参加,以及邀请记者采访报道,既可以见证,又起到宣传的效果。

(二) 文本的准备

1. 确定内容条款

通过谈判和磋商确定会谈正式文件的各项具体条款及其表述,这是文本准备的前提。只有在文本定稿后,才可能举行签字仪式。

2. 确定书写的文字

涉外双方缔约,如双方使用不同的语言文字,签字文本应当用双方的文字书写印刷,具有同等效力。必要时还可以使用第三种文字。在国际组织框架内的多边谈判,最后文件的起草和印刷,应使用该组织规定的正式语言。一些技术性较强的专门文件,经各方同意也可只用某一国际通用语言写成。如果使用多种文字起草和印制文本可能会对某些条款产生不同理解和解释时,应当规定以一种文字为准。

3. 确定正本和副本

正本即签字文本,正本用于签字后由各方或交专门的机构保存。国际性多边会谈的最后文本可以使用多种文字书写和印制,形成多个文字文本。缔约各方可以在每一种文字文本上签字,也可以仅在一个共同商定的文本上签字。双边会谈或者缔约方数量不太多的多边会谈,各方各保存正本一份,且都必须在每份正本的每种文字文本上签字。

有时为了方便使用,也可以根据正本的内容与格式印制若干副本。副本的法定效力、印制数量和各方保存的份数,由缔约各方根据实际需要协商确定,并在条款中加以规定。一般情况下,副本不用签字、盖章,或者只盖章、不签字。

4. 校印

文本排版后,必须经过严格的校对,确认无误后,才能最后交付印刷、装订。国内合同和协议书的标印格式应当符合有关规定。涉外官方的双边签约应注意在先权的问题:

(1) 本国的文字文本在先。涉外双边会谈签字的文本如用各签字国的文字同时印制,在本国保存的文本中,应将本国的文字文本置于前面,对方的文字文本列于后面。比如,中美双方签署文件,在中方保存的文本中,中文在前,英文在后;美方保存的文本,英文在前,中文在后。

(2) 本国国名在先。双边会谈签字,文本中并提双方国名或领导人(全权代表)姓名时,在本国保存的文本中,本国的国名和领导人姓名应当列在前面。如《中华人民共和国和日本国和平友好条约》这是中方保存的文本的标题,中国的国名在先;而日方保存的文本标题就正好相反,为《日本国和中华人民共和国和平友好条约》。

(3) 本国签字在先。涉外双边签字缔约,本国全权代表签字的位置应当安排在本国保存的文本签字处的前面(从右向左竖排文字则在右侧),如果双方签字的位置是左右并排,则安排在左边。这种惯例也称为"优先签字"。

国际多边协议的文字文本、各方国名、签字位置的顺序，一般按国名的英文字母（或商定的文字字母）的顺序排列，有时也可另行商定规则。

5. 盖章

为了保证文本在签字后立即生效，一般在举行签字仪式前，先在签字文本上盖上双方的公章，这样，文本一经签字便具有法定效力。

（三）商定参加人员

1. 签字人

签字人员是签字仪式上的主要角色。签字人可以是双方参加谈判的主谈人，也可另派更高级别的领导人作为签字人员，以示重视。签字人员要符合以下条件。

（1）具有法定资格。各方签字人员必须具有代表一级政府或一个组织的法定资格。企业之间的合同签字，必须由法人代表签字，或者由法人代表所委托的人员签字。

（2）身份对等。各方签字人员的职务和身份应当一致或大致相等。

2. 嘉宾

为了表示对会谈成果的重视和庆贺，签约各方也可以邀请上一级机关或者政府部门身份较高的领导人作为嘉宾参加签字仪式，但应当注意出席规格要相等。

3. 主持人

主持人一般由主方安排有一定身份的人士担任，特殊情况下也可由第三方（协调方或东道主）主持。

4. 致辞人

一般由签字各方身份最高的领导人分别致辞。有时签字仪式的签字人同时也是致辞人。如邀请上级机关、政府部门或协调机构的代表出席仪式，也可请他们致辞。

5. 助签人

助签人主要职责是在签字过程中帮助签字人员翻揭文本，指明需要签字之处并帮助交换文本。助签人的人数应当同签字方数量相同。助签人可以由主方派遣，也可以由各方共同派遣。

6. 见证人

凡参加签字仪式的人员都可以视为见证人，包括各方参与会谈的人员，各方人数应当大致相等。有时也可邀请协调人、各方的保证人和律师以及公证机关代表参加。

7. 干部和群众代表

有时为了达到对内振奋斗志、鼓舞士气，对外展示决心、宣传形象的目的，可在参加会谈的人员以外安排主办单位或签约各方的干部和群众代表参加签字仪式。

8. 记者

举行签字仪式的目的之一就是通过新闻宣传扩大影响，因此要做好媒体的选择和邀请工作。

9. 其他工作人员

包括签到接待、礼仪引导、设备管理等工作人员。

（四）确定时间和地点

签字仪式在会谈结束后立即举行，效率较高。但有时各方需要对文本履行内部审批流程或者需要邀请各方身份更高的领导人出席，签字仪式的时间就需要协商确定。时间安排有时也会涉及特殊意义或敏感节点，需要根据缔约的性质综合考虑。

签字仪式的地点一般都安排在最后一次会谈的东道主一方（即主方），特殊情况下也可以安排在第三地。这种情况下，就没有主方和客方之分，各方均使用国名简称，如"中方""美方"。签字仪式具体地点的选择有时也要考虑场馆的规格以及政治、文化和历史的象征意义。

（五）邀请

签字仪式的邀请要分对象使用不同的文书。邀请上级机关的领导和政府官员出席，要用请柬；邀请媒体记者前来采访报道，使用邀请函；要求下属干部和群众代表参加，应当用通知。由于举行签字仪式是签约各方共同商定的，各方出席仪式的人员由各方自行通知。

（六）现场布置和物品准备

1. 签字桌椅

双边签字，一般设长方桌，上铺深绿色或暗红色的台布。桌后放两把椅子，为双方签字人员的座位。如签字方较多，则加长桌子，增加座位。多方签字也可将桌子排成圆形或方形，或仅放一张椅子，由各方代表依次签字。涉外双边签字仪式的座位按主左客右的惯例摆放，即客方的座位安排在主方的右边。多方签字则按礼宾次序安排各方签字代表的座次，一般按英文国名当头字母的顺序排列，也可按事先商定的顺序排列。排在第一位的居中，第二位排在其右边，第三位排在其左边。

签字桌上可放置各方签字人的席卡。席卡一般写明签约的国家或组织的名称、签字人的职务及姓名。涉外签字仪式应当用中外文标示。

2. 国旗

涉外签字仪式一般要悬挂各签字国的国旗。双边签字，双方的国旗按主左客右的惯例插在签字桌上，也可以并挂在墙上。举行多边签字仪式，则按签字人座次插挂。

3. 文本

各方保存的文本可以事先放置于各方签字人座位前的桌子上，也可以由助签人在签字开始后携带上来。

4. 签字文具

签字用的文具包括钢笔、墨水、吸墨器(纸)。用笔和用墨必须符合归档的要求,签字笔要防止墨水堵塞,确保签字时书写流畅。

5. 参加人员位置

双边签字仪式,参加签字仪式的嘉宾按主左客右的惯例分成左右两边站立于签字人员的后面,各方身份最高的嘉宾并排站立于中间,其他嘉宾按身份高低向两侧顺排。如安排全体参谈人员合影,站在台上的人数较多,应采用合影架分排站立。多边签字仪式,各方领导人的位置按礼宾次序从中间向两侧或从右向左(以朝向为准)排列。

6. 讲台和话筒

签字桌的右侧设讲台和话筒,也可不设讲台,仅放置落地话筒。如致辞人同时又是签字人,则可直接在签字桌上设话筒,讲台仅供主持人用。

7. 会标

签字仪式的会标包括签字仪式的名称、时间、地点等项目。会标中如能显示签约各方的徽志则宣传效果更好。会标制作要醒目,具有视觉冲击力,可以用横幅悬挂,也可以用大型布景展板布置。

签字仪式的名称是会标的核心部分,写法有两种:

(1) 由签约双方名称、签字文本标题和"签字(署)仪式"或"签约仪式"组成。如:

《中国天津×××技术开发区　韩国×××株式会社投资意向书》

签字仪式

××××年××月××日

为起到宣传的效果,会标中要尽可能显示缔约方的名称,但如果签字文本标题中已经显示缔约方的名称,则不必另外再写,以避免重复。

(2) 由签约各方的名称、签约内容和"签约仪式"组成。如:

教育部　上海市人民政府

继续重点共建复旦大学、上海交通大学、同济大学、华东师范大学

签约仪式

××××年××月××日

签字仪式名称写作要注意两个问题:一是要正确使用"签字仪式"和"签约仪式"这两种提法。在词义上,"签字"应当和文本标题搭配,"签约"应当同项目名称搭配。请看下例:

×××股份有限公司增资扩股签字仪式

"签字"一词在意义上应当与文本标题搭配,而"×××股份有限公司增资扩股"是签约的项目名称,不是文本标题。针对项目可以签约,而不能直接签字。写成"签字仪式"就造成前后搭配不当。修改的办法有两种:一种办法是将前半部分改为文本标题,如:

《×××股份有限公司增资扩股协议书》
签字仪式

另一种办法是将后半部分的"签字仪式"改为"签约仪式":

×××股份有限公司增资扩股签约仪式

涉外签字仪式的会标应当用中文和外文两种文字书写,中文在上,外文在下。

8. 香槟酒

签字后,可相互祝酒,举杯共庆签约成功。香槟酒、酒杯等应事先做好准备。

9. 签到台

签到簿(或称题名册、题词簿、留言簿)要精美、典雅,体现喜庆气氛,具有收藏纪念价值。来宾较多时,可以多准备几本签到簿。签到处要设有醒目的标志,由礼仪人员负责接待和引导。

10. 其他物品

如相互交换的礼品、鲜花、胸花、席卡架、条幅(用于贴在座位上,起指示作用)、背景音乐等,根据实际需要做好准备。

签字仪式现场布置图如下:

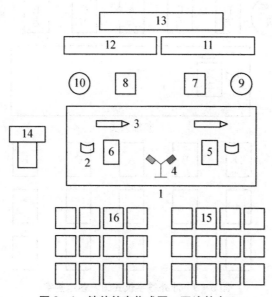

图9-1 涉外签字仪式图·双边签字1

(注:1.签字桌;2.吸墨器;3.签字笔;4.国旗和旗架;5.主方保存的文本;6.客方保存的文本;7.主方签字人;8.客方签字人;9.主方助签人;10.客方助签人;11.主方嘉宾;12.客方嘉宾;13.会标;14.讲台;15.主方参谈人员和代表;16.客方参谈人员和代表)

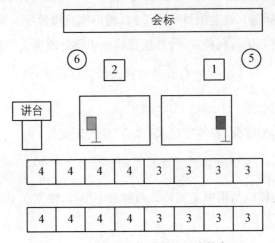

图9-2 涉外签字仪式图·双边签字2

(注:1和2分别为主客双方的签字人,按主左客右安排座位,因身份最高,后面不安排其他人员站立;3和4分别为主方和客方来宾,与签字人上下对应;5和6为助签人;其他布置同上图1)

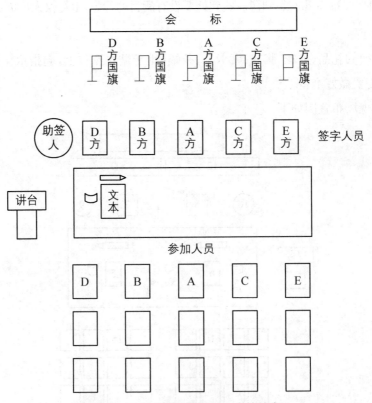

图9-3 涉外签字仪式图·多边签字

(如只签署一份正本,只需安排一位助签人。签字人员座次按国家英文名称开头字母顺序排列,排列最前的居中,其余按顺序先右后左向两边排开。其他参加人员对应各自签字人的位置按身份高低从前向后就座)

（七）签字仪式流程

签字仪式的流程因仪式的性质和形式而异，一般的签字仪式大致有以下几方面的流程。

1. 来宾签到

来宾抵达时由礼仪人员引导到签到处签到。主要嘉宾签到时，礼仪人员为其佩戴胸花，然后引导到休息室。如现场不设休息室，可由礼仪人员直接引导就座于台下前排座位。

2. 介绍来宾

仪式开始前，主持人介绍出席仪式的来宾。介绍顺序为嘉宾（各方政府官员、上级机关领导、签约单位领导）、见证人、群众代表、媒体。嘉宾要按身份高低、先主后宾、一主一宾的顺序逐一介绍职务和姓名，其他见证人、群众代表、媒体可作笼统介绍。

3. 嘉宾定位

介绍完毕后，主持人请出席各方嘉宾上台，由礼仪人员引导定位。

4. 宣布仪式开始

主持人宣布签字仪式正式开始。

5. 签字并交换文本

双边签字过程如下：

（1）主持人请各方签字人入签字席，助签人上前站在外侧为签字人翻揭文本，指明签字处；签字人在各自保存的文本上签字。如系多种文字印制的文本，签字人需在每种文字文本的签字处逐一签字，不能遗漏。每签一处后，助签人用吸墨器（纸）吸干。

（2）各方在各自保存的文本上签字后，由助签人合上文本，在签字人的身后互相交换文本。

（3）助签人打开对方保存的文本，指明签字处，请签字人逐一签字，再用吸墨器吸干。

（4）签字毕，助签人合上文本后退到两侧。双方签字人起立，相互交换文本并握手，合影留念。

（5）助签人上前接下签字人手中的文本。

多边签字过程分为两种情况：如只需签署在一份正本上，安排一位助签人即可。签字人按英文（或正本的主要文字）国名当头字母的顺序在文本上签字，也可由文本保存国或主办国先签字，其他各方再按一定的顺序依次签字；如每个签约方均需保存正本，则需安排与签字人相等数量的助签人协助签字。

6. 祝酒

礼仪人员敬上香槟，嘉宾相互碰杯、敬酒、庆贺。

7. 交换礼品

如事先商定交换礼品，由礼仪人员将礼品递给主持人（一般应当是签约双方领导人），先由主方向客方赠送礼品,然后由客方向主方赠送礼品。赠送前应当由主持人或送礼方有一定身份的人士介绍礼品,以示郑重和诚意。

8. 致辞

主持人请各方领导人先后致辞。致辞的顺序是:双边签字仪式为先主后客,多边签字仪式按签字顺序致辞。

9. 宣布仪式结束

各方致辞后,主持人作简短小结,然后宣布仪式结束。如事先协商一致并做好安排的话,可在现场联合举行记者招待会或新闻发布会。

二、开幕式与闭幕式

(一) 开、闭幕式的含义和作用

开幕式、闭幕式是标志某项社会活动开始和结束的仪式。开幕式、闭幕式运用广泛,比如各种"会""节""庆""年""周"和"月"的活动都可以举行开幕式和闭幕式。

开、闭幕式不仅具有宣布各种活动开始和结束的作用,还具有表示欢迎和欢送、进行动员和总结、展示实力和扩大社会影响的作用。

(二) 开、闭幕式的准备

开幕式、闭幕式的种类繁多,繁简不一。下面以中等规模的开、闭幕式为例,介绍主要的准备工作。

1. 确定参加对象和范围

开、闭幕式的参加对象应当包括下列几方面的人士。

(1) 主办单位的领导。如系重要活动,还可邀请上级机关的领导出席。

(2) 活动的承办单位、协办单位、赞助单位、东道主的领导或代表。

(3) 与主办单位关系密切的政府机关和兄弟单位的领导或代表。涉外活动的开幕式和闭幕式也可邀请有关国家、地区和国际组织的代表参加。

(4) 参加活动的成员。如会议的所有成员以及展览会的参展商代表和观众都可以参加开幕式和闭幕式。

(5) 群众代表。为使开幕式、闭幕式具备一定的规模和人气,可临时组织部分群众观摩。

(6) 有关新闻单位。如需要媒体报道,应邀请媒体代表参加。

2. 确定主持人、致辞人和剪彩人

(1) 主持人。开、闭幕式和典礼通常由主办方主持。主持人应当有一定的身份。联合主办的会展活动,可采取共同主持的形式,各方主持人身份应大体相当。文艺类活动的开、闭

幕式可邀请明星客串主持。

（2）致辞人。重要的开、闭幕式，主办方可派出身份较高的领导人参加并致开幕词或闭幕词。致开、闭幕词人的身份一般应当高于主持人。仪式较为简单的，可由主持人直接致开幕词。如果安排其他国家、组织的代表致辞，应事先发出邀请或商定。

（3）剪彩人。剪彩是开幕式上常见的一种仪式。剪彩人应当是主办单位出席开幕式身份最高的领导人，也可安排上级领导、协办单位领导与主办单位领导共同剪彩。由双方或多方联合举办的开幕式，各方均应派出代表参加剪彩，剪彩人的身份应大体相当。

3. 确定开、闭幕式的形式

开、闭幕式的形式主要有两类，一类是以致辞为主的形式，另一类是文艺晚会的形式。前一类开、闭幕式也可以安排文艺演出，但一般是放在仪式开始前或结束后。后一类则是致辞和文艺表演交织融合，载歌载舞，主要用于文艺类会展活动的开、闭幕式。

4. 发出邀请

对象、范围以及剪彩人一旦确定，应及时发出邀请。凡外单位的领导和代表应当书面邀请。书面邀请的文种选择请参见第八章的第四节"会议邀请与接待"。

5. 现场布置和物品准备

开、闭幕式一般在活动现场举行，室内、室外均可。现场可摆放花卉、悬挂彩旗和标语，也可根据内容需要播放音乐、表演舞蹈、敲锣打鼓，以体现热烈隆重的气氛。时间较长或规模较大的开幕式和典礼，可设主席台和贵宾区并摆设座位；时间较短和规模较小的，一般站立举行，但事先应划分好场地以便维持现场秩序。主持人、致辞人、剪彩人和主要贵宾应面向群众代表。如场面较大，应安置扩音设备。涉外的双边或多边会展活动的开幕式，还应悬挂有关国家的国旗。

会标是开、闭幕式现场最引人注目的装饰，其大小要与会场大小相协调，色彩要与主题相一致。

剪彩有两种方式，一种是剪彩球，一种是剪彩带。所剪彩球要用彩带联结，数量应是剪彩人数加上1，如4人同时剪彩，应准备5个彩球，以使每个剪彩人都处于两个彩球中间。剪彩用的剪刀也应事先准备好，每个剪彩人一把，在剪彩时由礼仪小姐用托盘递上。

如开幕式之后还安排参观展览、题词留言、植树纪念、观摩文艺体育表演等活动，与此相关的活动现场及物品也要准备妥当。

（三）开、闭幕式流程

1. 会议开幕式流程

具体流程如下：

（1）会议成员签到入场。

（2）主持人向会议报告应到代表数、因事和因病请假的人数、实到代表数，是否符合法定人数。非法定性会议无此项程序。

(3) 按身份高低或礼宾次序介绍出席会议的主要领导和嘉宾。

(4) 主持人宣布开幕式开始。

(5) 全体起立,升国旗、奏国歌;或升会旗、奏会歌。一般性会议开幕式无此项程序。

(6) 主办方身份最高的领导致开幕词。论坛类会议也可以不安排致开幕词,由主办方身份最高的领导发表主旨演讲,或者先由组委会领导致欢迎词,然后由主办方身份最高的领导发表主旨演讲。

(7) 来宾致辞。开幕式的来宾致辞顺序按身份先高后低排列,同等身份的可按关系的密切程度或其他方法排列。有时也可安排工作人员宣读有关方面的贺电、贺信。

(8) 主持人宣布开幕式结束,进入会议正式议程。

2. 展览会和节庆活动开幕式流程

具体流程如下:

(1) 开幕式开始前可播放音乐、表演歌舞,以增加喜庆的气氛。

(2) 礼仪人员做好签到工作,为嘉宾佩戴胸花或来宾证,然后引导到休息室或直接引入主席台和贵宾区。

(3) 由司仪介绍出席开幕式的领导和主要嘉宾,然后介绍主持人的身份和姓名。一般性活动的开幕式也可以由主持人介绍领导和嘉宾。有时也可在宣布开幕式开始后再由主持人介绍出席的领导和嘉宾。

(4) 主持人宣布开幕式开始。

(5) 重要活动的开幕式要举行升国旗(会旗)、奏国歌(会歌)仪式。

(6) 致辞。致辞的形式多样,下列几种可作参考:①先由主办单位领导致开幕词,向各位来宾表示欢迎,对有关各方表示感谢,然后由来宾代表按身份高低(同等身份的可按关系的密切程度或其他方法排列顺序)致辞。②先由主办单位领导致欢迎词,然后由来宾代表先后致辞,最后请在场身份最高的领导宣布××活动开幕。③论坛开幕式,先由主办单位的领导致欢迎词,然后由来宾代表先后致辞,最后请主办方身份最高的领导作主旨演讲。主旨演讲后可安排其他与会者发言。

(7) 剪彩。剪彩象征活动正式开幕或项目正式启动。主持人要介绍每位剪彩人员的身份和姓名,由礼仪人员引导进入事先确定好的位置。举行国内剪彩仪式,身份最高的人士居中,其他剪彩人员按身份高低先左后右顺序排列位置。举行涉外或商务领域的剪彩仪式,则按身份高低或礼宾次序以右上左下的惯例排列位置。双方共同剪彩,按主左客右、宾主相间的要求排列。剪彩时,播放音乐,燃放鞭炮或礼炮,全体参加人员鼓掌祝贺。

(8) 宣布仪式结束,参观展览、观看表演。

(9) 参观和观摩结束后,请领导和来宾留言或题词。

3. 闭幕式程序

闭幕式中的签到、介绍领导人和来宾、宣布仪式开始等程序与开幕式基本相同。不同之处主要有以下几点。

（1）举行专题工作性会议，由主办单位的领导人致闭幕词。闭幕词一般要对会议活动进行总结，对贯彻落实会议精神提出要求和希望，最后宣布会议圆满结束。

（2）人民代表大会闭幕式奏唱国歌，党的代表大会闭幕奏唱国际歌。

（3）竞赛和评选活动的闭幕式要宣布比赛成绩和名次以及评选的结果，并举行颁奖仪式。

（4）系列性会议或活动的闭幕式，常常举行交接仪式，由本届主办单位向下届活动的主办单位移交象征性物品或造型，如火炬、旗帜、钥匙等。

（5）如果开幕式上举行升会旗仪式，那么闭幕式应当相应地举行降会旗仪式。

（6）大型节事活动，闭幕式后还可举行文艺和体育表演，以示庆祝。

（7）文艺类活动的闭幕式可以采取晚会的形式和程序。

三、启动与揭幕仪式

（一）启动与揭幕仪式的含义和作用

社会各界为了庆祝各种基本建设项目奠基、开工、竣工、启用，各种现代化设备系统的建成、启动，各种经营单位的开张、合并，各种机构的成立挂牌或揭牌，各种塑像或纪念碑的落成揭幕，往往要举行一定的仪式或典礼，以起到对外扩大社会影响、树立良好的形象，对内振奋精神、鼓舞士气的作用。为叙述方便，将上述各种仪式和典礼统称为启动与揭幕仪式。

（二）启动与揭幕仪式的准备

启动与揭幕仪式的各项准备工作的要求与开幕式、闭幕式大体相同。不同之处有以下几点：

1. 确定主礼嘉宾

所谓主礼嘉宾就是在各种仪式和典礼中实施剪彩、奠基、揭牌、揭幕、启动、点火等关键性仪式的人员。主礼嘉宾一般由主办单位或上级机关参加仪式的领导中身份最高的担任，有时也可以邀请协办单位、赞助单位、东道主以及社会知名人士、国际政要共同担任。共同主办的仪式，各方应派身份相当的人士出席并共同担任主礼嘉宾。目前国内有些工程竣工、通车、交接等仪式，邀请对该项目有突出贡献的工程技术人员参与剪彩，其社会效果非常好，值得提倡。

2. 现场布置与物品准备

建设工程的奠基或开工仪式应当在施工现场举行，事先搭建好临时主席台，布置好会标、讲台、话筒、鲜花,一般不放桌椅,全体人员均站立参加。礼仪人员应着统一的礼仪服,主办方的全体员工也应着统一的工装。现场周围可布置各色彩旗、气球和标语,播放音乐,以营造喜庆气氛。工地上预埋好奠基碑石。正面上款应刻有建筑物的正式名称,中央刻"奠基"两个大字,下款刻有奠基单位的全称以及举行奠基仪式的具体年月日。背面可镌刻碑文。同时还要准备好铁锹。铁锹柄上应系有红色绸带。各种建筑施工机械就位待命。现场还可设立彩棚,布置展台或展板,展示该项目的模型或设计图、效果图,供来宾参观。

揭牌(碑、像)仪式多在安放现场举行,全体人员站立参加。如仪式较为简短,可不布置会标。所揭之碑、牌、像等事先用幕布覆盖。幕布的颜色应与仪式活动的主题和气氛相适应。揭牌(碑、像)仪式也可放在会场内举行,作为某项活动的一项程序。会场内设主席台,中间放置桌椅,供领导人和嘉宾就座,以主席台的朝向为准,右侧设讲台和话筒,左侧设揭幕架。

举行生产流水线的点火或启动仪式,要事先选择好举行仪式的合适地点,既要能观看到现场实况又要确保安全。点火或启动装置要经过严格检查,保证点火或启动一次成功。

通车仪式要准备好一定数量的彩车、彩旗,有的还在彩车上敲锣打鼓和奏乐。每辆车要经过严格检修,避免通车时出现故障。

开张仪式一般都在商铺门口举行剪彩仪式,两侧摆放花篮,领导和嘉宾佩戴胸花,员工代表着统一工装列队。现场配以彩色气球、彩旗、锣鼓表演和音乐等,以增加喜庆气氛。

(三) 启动与揭幕仪式的流程

各类挂牌、揭牌、揭幕、启动、开工、竣工、通车、通航、下水等仪式的流程大体相同,许多方面的要求与开幕式、闭幕式相似。

(1) 来宾签到,礼仪引导。如来宾送来贺礼、花篮,要做好登记。贺礼和花篮要摆放在醒目的位置。

(2) 主持人宣布仪式开始,介绍来宾。

(3) 主办单位领导致辞,对前来参加仪式的上级领导和嘉宾表示欢迎和感谢,同时介绍项目的情况及其意义。

(4) 嘉宾代表致辞。一般先由上级机关的领导致辞,然后由建设单位的代表、东道主代表以及其他兄弟单位的代表分别致辞。

(5) 员工代表致辞。开工仪式、开张仪式还可由一名员工代表全体员工宣誓,或者由一位领导率领全体员工集体宣誓。

(6) 主礼嘉宾主持大礼。奠基仪式由主礼嘉宾共同挥锹奠基,开工仪式由主礼嘉宾宣布正式开工,或启动按钮。启动、通车、开张等仪式也可采用剪彩的形式。此时燃放鞭炮,播放音乐,全场鼓掌,以示庆贺。

(7) 主持人宣布仪式结束。

四、颁授仪式

（一）颁授仪式的含义和作用

各种颁奖、颁证、授勋仪式统称为颁授仪式。颁授仪式运用十分广泛，几乎每个社会组织都会设立各种勋章、奖章、荣誉称号、奖励基金、证书，授予本组织内外的领导人、社会活动家、专家学者、劳动模范、先进工作者、各种竞赛或评选活动的优胜者等，以表彰他们在某个领域的卓越贡献，同时通过树立正面典型，弘扬时代精神，鼓舞人们积极向上、不断进取。有时，颁奖和授勋仪式也可以穿插在会议活动中。

（二）颁授仪式的准备

1. 确定参加对象

颁授仪式的出席对象包括领奖人（包括获奖者、立功者、晋升者）、主办方的领导、有关方面的嘉宾、社会公众代表和组织内部的群众代表，必要时可邀请媒体参加。参加对象的规格、范围和人数应当根据颁授仪式的性质和目的确定。举行奖章、证书和勋章规格较高的颁授仪式，参加者的身份要相适应。

2. 确定颁授人、致辞人和主持人

确定颁授人身份应当依据勋章、奖章、荣誉称号和奖励基金的等级和社会影响。如授勋和颁奖的对象和等级不同，颁授人的身份要与之对应。宣读表彰决定、颁奖词、授勋决定的人士以及主持人要有一定的身份。

3. 确定颁奖或授勋仪式的形式

颁奖或授勋仪式应当根据颁奖或授勋的性质来考虑。重要的学术性颁奖和授勋仪式一定要办得庄重、隆重，艺术类的颁奖活动却可以借助绚丽多彩的晚会形式。颁奖仪式和授勋仪式要提倡简朴。

4. 现场布置和物品准备

简单的颁授仪式主席台上可以不设桌椅，颁授时，颁授人和领奖人相对站立。举行大型颁授仪式，颁授人和领奖人可安排在主席台上就座，也可安排领奖人在主席台下的前排就座。领奖人的座位应根据颁授次序安排，并事先设计好上台领奖的路线，以保证上台领奖时秩序井然。

要根据授勋和颁奖的内容准备好勋章、奖章、奖杯、奖牌、奖状、奖金支票、奖品、鲜花、托盘（盛放奖章和奖品等）、音乐磁带等物品。奖状的书写一定要规范，具体写明领奖人的姓名、奖励的项目名称、等级、发证机关名称、发证日期，并加盖发证机关的印章。颁授对象较多时，勋章、奖杯等物品可以放在主席台的桌上，并与每个颁授人的座位相对应。颁授对象较少时，可以由礼仪人员在颁授仪式开始时，用托盘将勋章或奖杯等物品端上，由颁授人一一颁授。

(三) 颁授仪式的流程

颁授仪式中的来宾签到、礼仪引导、介绍来宾、宣布开始等流程与上述几种仪式基本相同,下面介绍一下流程中的几个重点。

(1) 重要的颁授仪式应奏国歌。

(2) 宣读表彰决定、颁奖词或授勋决定。

(3) 奖项类别和等级较多时,可以从低等级到高等级分批颁授。工作人员要细心引导,使每个领奖人上台后与颁授人的位置准确对应,避免错发。

(4) 可安排少年儿童或女青年向领奖人献花。有时也可由颁授人亲自向领奖人献花。

(5) 致辞的顺序一般为:先由领奖人(获奖人代表)致辞,然后是来宾代表致辞,最后是主办方领导致辞。

第五节 举办和参与展览

一、展览活动的含义、特点和种类

(一) 展览活动的含义和特点

展览活动是一种为达到一定的目的、以物品陈列和展示为主要方式、有组织的集中展示活动。举办或参与展览活动是党政机关、企事业单位和社会团体对外宣传品牌、树立形象,对内实施管理、教育培训员工、创建组织文化的重要手段,也是领导活动的重要组成部分。

展览活动具有以下特点。

1. 直观性

视觉直观性是展览会的显著特征。主办者和参展者根据展览的目的和主题,通过陈列和展示原物、样品、标本、模型、图片等具有直观视觉效果的物品与观众进行信息交流,观众则通过真实、具体的视觉感受获得直观的信息。

2. 艺术性

展览活动是一种视觉形象的传递过程,为了强化视觉形象的传递效果,就需要综合运用声、光、色、形以及文字、图像等艺术手段,对展品、展台和展厅进行适度的包装,使参观者置身于立体艺术、平面艺术、灯光艺术和音乐的氛围中进行观察、了解、欣赏,感受展览过程的无穷魅力,从而增强展览的效果,实现展览的目的。

3. 多样性

展览活动除了商品陈列展示外,还常常举行成果发布、记者招待、项目推介、学术研讨、论坛报告、文艺表演等配套活动,形式丰富多样。

4. 广泛性

展览活动的参加对象十分广泛,既有众多参展者,又有大量的专业观众和普通观众。

5. 集中性

展览活动形式多样、对象广泛,信息发布集中、面广、迅速,主办者、参展者和观众通过一次展览活动就能集中获得大量的信息。

(二) 展览活动的种类

1. 按展览的性质

(1) 宣传教育性展览。即对观众主要发挥宣传、教育、引导、鞭策作用的展览。这类展览又可以细分为科普展、教育展(如爱国主义教育展览、反腐败教育展览)、宣传展(如成果展览、回顾展览、主题活动宣传展览)等。

(2) 商业贸易性展览。即以交流商业信息、直接推销商品、洽谈贸易业务为主要目的的展览。

2. 按展览的内容范围

(1) 专题性展览。即以某项活动或者某个行业、某类展品为专题的展览。这类展览主题鲜明、针对性强。

(2) 综合性展览。即集纳多个行业、多类展品的展览,覆盖面广,综合性强,规模也较大。

3. 按展览的内容和形式侧重点

(1) 展销会。展销会是指由一个或者若干个单位举办的,有若干个经营者参展、客商和消费观众参加的,在固定场所和一定期限内,以现货或者订货的方式销售(零售和批发)商品的集中展示交易活动。

(2) 博览会。博览会是指由一个或者若干个单位举办,以促进商品贸易为主要目的,在固定场所和一定期限内,以产品和技术展示、交易为主要活动内容,集发布、洽谈、研讨、艺术鉴赏等功能为一体的,规模大、品种全的展览活动。

(3) 洽谈会。洽谈会是指由一个或者若干个单位举办,在固定场所和一定期限内,招商方、投资方、参展方、洽谈方等具有合作意向的政府机构、企业、民间组织以及个人参加的,在投资、贸易、产权、人才、劳务、技术、文化等方面商谈和签订交流、合作项目的活动。

(4) 交易会。交易会是指由一个或者若干个单位举办,在固定场所和一定期限内,有若干个参展商和客商参加,以产权、商品和技术交易为主,以加工贸易和合资、合作洽谈为辅的交易活动。交易会一般不允许直接销售产品。

(5) 看样订货会。形式比较单一,展出的展品可以是一种,也可以是数种,往往用于企业展示和销售自己的产品或经营的商品。

(6) 展示会。以新产品、新技术、新工艺的展出、演示为主的展览活动,有时也可以同时进行洽谈和订货。

(7) 演示会。以现场实际操作、动态表演为形式的展览活动。

二、办展工作要点

(一) 确定展览的目标和项目

确定展览目标和项目就是要明确为什么办展、办什么样的展览以及达到哪种效果的问题。展览的目标和项目决定展览的性质、主题、类型，同时也决定参加对象的类型和层次。

(二) 策划展览形式

1. 活动样式策划

展览会按照活动样式可以分为单纯性展览和复合性展览两大类。单纯性展览以展品的展示、演示和讲解为活动方式，简便易行；而复合性展览则在此基础上还举行一系列的活动，如成果发布、项目对接洽谈、学术论坛、文艺表演、晚会庆祝等。

2. 展品形式策划

展品是指展览的主办者所展示的物品及其所包含的内容，是主办者、参展者和观众行为的共同指向。展品可以分为原型、模型、标本、图片、复制品、文字、声像和多媒体等类型。展品类型不同，展示效果也各不相同。

(三) 确定参加对象

1. 确定参展者

参展者即向展览的主办者租借展位并提供展品的单位或个人。确定参展者要考虑参展者的合法性、行业属性、地区属性、社会声誉，提高参展者的层次。

2. 确定观众

要根据展览的目的、主题和性质确定观众的范围和数量。

(四) 确定展览时间和地点

1. 确定展览时间

确定展览时间包含以下三个方面。

(1) 确定展览具体时间。举办宣传教育性展览，要围绕主办者的中心工作和社会关注的热点，选择有利于提高宣传教育有效性的具体时间。举办商业性展览要根据市场对展品需求的时间特征、气候等因素选择最有利于扩大展览影响力的具体时间。

(2) 确定展期。确定展期要考虑展览的性质、预计的观众人数、场馆的接待能力、成本预算等因素。

(3) 确定展览周期。确定展览周期要考虑市场需求的大小、市场需求的周期性变化、展会的规模等因素。

2. 确定展览地点

一是确定展览举办地,二是确定举办的展馆,具体要考虑下列几方面因素。

(1) 举办地市场开放程度、产业结构、经济特色以及经济辐射能力、展览项目与举办地市场需求的相关程度。

(2) 举办地是否具备举办展览的硬件条件和接待能力。

(3) 展馆的面积、管理水平和服务质量是否能满足展览的需要。

(4) 场地租赁价格是否合理。

(五) 寻求支持单位和合作单位

1. 支持单位

支持单位包括:行业的政府主管部门;行业的权威协会;具有广泛影响力的行业媒体。

2. 合作单位

合作单位应当选择具有专业性、大众性和权威性的媒体单位,当地的行业单位和行业权威机构,以及知名度较高的会展公司或国际展览的代理机构。

(六) 开展广告宣传

通过媒体广告、户外广告、新闻发布会、行业研讨会等宣传手段进行立体式的广告攻势,营造展览的气氛和声势。

(七) 招展招商

招展招商即招徕参展商和参观商(客商),具体要做好以下几项工作。

(1) 通过支持和合作单位建立营销网络,如海外代理。

(2) 收集可能参加展会的参展商、参观商的名录,建立信息库。

(3) 印发邀请函、征询函、调查表、参展手册、会刊、会展简报和门票。

(4) 上门拜访主要的牵头参展商。

(5) 采取让利的办法合作招展。

(6) 签订参展协议。

(八) 做好接待工作

展览会的客人来自五湖四海,作为主办方和东道主要努力做好各项接待工作,使客人无后顾之忧,以饱满的热情参加展会的各项活动。

(九) 提供展览服务

主办方要制定切实措施,为参展商提供通关、物流、设计、布展、撤展、文印等方面的服务,保证展会的顺利进行。

(十) 搞好开幕式和闭幕式

大型展览活动,如博览会、洽谈会和交易会,要精心策划、隆重举行开幕式和闭幕式。

(十一) 加强现场管理

展览活动参加人员集中,人流量大,容易带来安全隐患。要加强现场的证件管理、展位管理、安全管理,及时疏导周围交通,同时要安排人员值班,及时应对突发性事件和突发性事故。

(十二) 进行展后跟踪

展览结束后,要及时做好展后跟踪工作,为下一届展会作铺垫。展后跟踪的具体内容包括感谢所有的参展单位、重要客商、支持单位、合作单位、媒体单位;通过媒体进行跟踪报道;发布下一届展会的信息;向参展商发放征询意见表和调查表并回收、统计、分析、评估。

三、参展工作要点

参展是指借助特定的展览活动平台展出本组织的展品。参展具有展示本组织的实力和形象、发布产品和技术信息、寻求合作伙伴、招揽人才等作用。

(一) 确定参展目标

制定正确的参展目标,是做好参展工作、保证参展成功的前提。参展目标应当根据组织的发展战略、实际需求和市场条件来确定。

(二) 选择合适展会

参展单位首先要通过资料对比分析和实地考察等方式了解展会的种类、特点、性质、规模、项目、方式、价格、名称、时间、地点、主办者、观众、知名度等基本情况,然后根据参展的目标和参展品的情况选择合适的展会,并与主办方联系确定展览面积、展位类型(标准展位或特殊展位)以及具体展位,签订有关合同。

(三) 做好参展准备

在作出参加某个展会的决策后,就要着手制订参展的详细工作计划并组织落实各项准备工作。参展的准备工作一般包括以下内容。

(1) 组建参展工作机构,合理调配人员,明确工作分工,进行展前培训。
(2) 制定参展组织工作的各项程序和规则,明确时间进度要求。
(3) 预算参展费用。
(4) 联系落实展台设计和布展事项。
(5) 安排展品运输、通关(参加国外的展会)等事项。

（6）预订举办地的宾馆房间，以便参展工作人员住宿。

（7）准备和印制参展文件和宣传品。

（四）搞好洽谈接待

参展期间要热情接待每位客商和参观者，认真做好每一场讲解，积极展开业务洽谈，详细记录每一位客户的情况及要求，及时把握市场的反应。

（五）处理善后事宜

展会结束后，要在规定时间内完成撤展工作，总结参展的经验和教训，落实签订的各项协议，与有意向的客户保持联系，为来年继续参展做好准备。

第十章
接待工作

第一节　接待工作概述

一、接待工作的含义和特征

(一) 接待工作的含义

对来访者的迎送、接洽和招待称为接待。本章所称的接待工作，是指特定的组织对公务来访者的迎送、接洽和招待活动，它同信访工作中的来访接待的区别在于：前者的主要对象是具有公务关系的特定组织的代表，来访接洽事项主要涉及业务合作和工作联系；后者的主要对象是人民群众和基层组织，来访接洽事项主要涉及申诉、投诉、举报、批评、建议等。

(二) 接待工作的特征

1. 广泛性

具体表现在两个方面。

(1) 接洽事项的广泛性。有交往就有接待，交往是接待的目的，接待是交往的手段。无论是国际交往还是国内交流，大到国与国之间的领导人互访、国际性的会议、展览和大型节事活动，小到两个单位之间的业务洽谈、工作联系、学习交流等，都离不开接待工作。接待工作渗透到政治、经济、军事、科技、教育、文化等社会活动领域。

(2) 接待对象的广泛性。从接待对象来看，不仅有上级机关、主管部门以及合作单位的来访者，也有下级机关的工作人员，还有客户、媒体、人大代表、政协委员等。涉外活动的接待对象更为广泛，常常要接待来自不同国家和地区、属于不同的民族和不同的宗教信仰、具有不同的文化和意识形态背景的来宾。

2. 礼仪性

礼仪是接待者的思想道德水平、文化修养、交际能力的外在表现，也是一个国家社会文明程度、道德风尚和生活习惯的反映。接待中的礼仪和礼节既反映了东道主对来访者的基本态度，同时也在一定程度上体现了东道主的文明水准。

3. 服务性

接待的过程也是向来访者提供服务的过程,服务内容包括信息、食宿、旅行等各个方面。接待人员要为来访者(有时还包括随行人员、记者等)提供满意的服务,努力为他们提供方便,解决实际困难,为他们的来访创造舒适称心的环境和良好的沟通氛围。

二、接待工作的基本要素

(一) 来访者

来访者即接待工作的对象。来访者总是直接地或间接地代表一定的组织或个人,他们可能是主动来访,也可能是应邀来访。来访者的身份、地位及其所代表的组织与本单位的相互关系,对接待工作具有直接的影响。

(二) 来访意图

来访意图是来访者企望通过来访而达到的目的。不同的来访者有不同的来访意图。来访意图是制定接待方针、确定接待规格、安排接待工作的重要依据,因此准确判断来访意图是做好接待工作的关键。

(三) 接待者

接待者是指接待工作的行为主体,即法定组织,接待人员则代表法定组织出面接待来访者。接待人员通常有以下几种。

1. 领导人

领导人是接待工作的最高责任者,对整个接待过程负有领导和指导的责任,负责确定接待的指导思想,制定和审批接待方案,必要时亲自出面接待。

2. 专职接待人员

在一些接待任务较多的机关或单位,往往设置专门接待机构或专职接待人员。在设有公关部门的机关或单位,接待机构或专职接待人员往往归属公关部门,而在不设公关部门的机关或单位中,接待机构和专职接待人员则由秘书部门管理。涉外接待则由外事工作部门统一负责。

3. 业务人员

涉及业务问题的来访,需要有关业务部门的人员出面或者参与接待。

4. 秘书人员

秘书人员往往是特定组织的第一接待人,尤其是在不设公关部门和外事部门的单位更是如此。组织内部即便设有公关和外事部门,秘书人员也常常要根据领导人的指示,协调接待工作,或受领导人的委托代其出面接待客人。因此可以说,秘书人员是接待工作的积极谋划者、组织协调者和具体执行者。

(四) 接待内容

接待内容包括上级领导机关制定的接待方针、本级领导的接待意图、接待的具体要求和责任。接待内容应当根据来访者的身份及其来访意图而确定。重要的接待工作应制订接待计划或方案,将接待任务加以明确并落实到人。

(五) 接待方式

接待方式包括接待规格、接待程序和接待工作的具体形式,是为接待内容服务的,接待内容不同,接待方式也不同。

三、接待的类型

(一) 按来访者所在的区域划分

(1) 涉外接待。即来访者是境外客人的接待工作。涉外接待既要符合涉外礼仪,又要遵守国家的有关涉外接待的规定和纪律。

(2) 国内接待。即指接待国内兄弟省市、兄弟单位公务来访客人或下属单位前来联系工作的人员。

(二) 按接待者与来访者的相互关系划分

(1) 对上接待。指上级机关领导和人员前来视察工作、调查研究、出席会议、现场办公时的接待工作。

(2) 对下接待。指下级机关领导和人员前来汇报工作、反映情况、请求指示、询问事项时的接待工作。

(3) 平行接待。指级别上相同、业务上相关,或者既无隶属关系又无职能上管理与被管理关系的机关的领导和人员来访接待,如对兄弟单位前来参观考察、学习交流、洽谈业务以及新闻单位前来采访的接待。

(三) 按接待的性质划分

(1) 工作接待。即围绕某一方面的工作而开展的接待,如上级领导的视察、有关方面的工作检查评比、合作单位的业务洽谈、各种会议和活动过程中的接待。

(2) 生活接待。即以安排食宿、旅行和娱乐为主要内容的接待。

(3) 事务接待。即以处理临时性的事务为主的接待。如接转关系、开介绍信、查找人员、询问情况,等等。

(四) 按计划与否划分

(1) 有约接待。即事先商定安排好的接待。

(2) 临时接待。秘书接待的对象大量的是事先没有约定、临时来访的客人。临时接待的内容大部分是日常事务,但有时也会涉及一些重要事项,秘书应当予以重视,做好临时接待工作。

(五) 按组团与否划分

(1) 代表团接待。即接待对象以正式代表团或工作组的形式来访。这类接待一般比较重要。

(2) 个人接待。即接待对象以个人的身份来访,有时也可携随行人员。

(六) 按公开程度划分

(1) 公开接待。接待过程全部公开,可接受采访并公开报道。

(2) 半公开接待。可公开来访和接待的部分情况,而对涉及敏感的问题则予以保密。

(3) 秘密接待。涉及双方的安全和利益的接待工作,从接待的内容到形式、过程到结果,均采取严格的保密措施。

四、秘书接待工作的意义和原则

(一) 秘书接待工作的意义

秘书接待工作是领导接待工作的重要组成部分,秘书做好接待工作具有以下意义。

1. 扩大交往

接待与交往密切联系,交往以接待为前提,接待为交往提供保障。现代社会中,国家与国家、组织与组织之间的交往日益频繁并且深入到各个领域,迎来送往、接洽招待已经成为国际、国内交往的主要内容和形式。一次成功的接待,能够广交朋友、增进信任、加深友谊,进一步促进交往与合作。

2. 沟通信息

交往是信息沟通一种方式,因此接待过程本身就是获取信息和传递信息的有效渠道。通过接待,秘书既可以获得上下左右以及社会各个方面大量的信息,建立广泛的信息网络,提炼适用对路的信息,及时向领导提供,为领导决策当好参谋,同时又能够向来访者转达领导的意见,宣传有关政策,澄清某些事实,消除彼此的误解,为推进工作营造良好的氛围。

3. 解决问题

大多数公务来访都具有具体明确的目的,要求解决现实工作中的实际问题。如上级的工作检查、下级的请示汇报、兄弟单位的业务联系,等等。通过具体的指导、接洽、协商,达成共识,明确方向,从而解决工作中的实际问题,推动各项事业的健康发展。

4. 展示形象

接待工作是一个国家、一个机关或单位对外宣传、展示形象的窗口。秘书人员热情友好的态度和礼貌优雅的接待风度,接待工作的合理安排和顺利进行,这一切都会给来访者留下美好而又难忘的印象,有助于树立接待者良好的社会形象,提高其在公众心目中的地位。出色的涉外接待,还有利于提高一个组织、一个城市乃至一个国家的国际声望。

5. 提供补偿

接待工作是领导管理活动的一个有机组成部分,但由于领导精力有限,接待工作的事务性工作就自然由秘书承担。秘书人员通过对接待工作的具体筹划、安排、组织、落实、协调,为领导者正式出面接待做好充分的准备,当好"先行官",必要时还要根据领导委托或代表领导迎送、陪同客人。秘书在职责范围内,或根据领导的意图和授权,直接处理来访者提出的问题,从而减轻领导的负担。对于临时来访者,秘书可通过先期接待,对来访者进行"排队",合理安排领导接待的时间,有时还要酌情对来访者进行"过滤"和"挡驾",以免对领导人的工作产生干扰。因此可以说,秘书接待是对领导精力和能力方面的一种补偿。此外,秘书通过前台接待,为来访者"指路""导访",既方便了客人,又减少了对各职能部门的干扰,体现对职能部门的补偿。

6. 保障活动

现代接待工作还是各种会议、展览、节事活动(统称会展活动)组织工作的有机组成部分,任何会展活动或多或少都需要依赖接待工作的支持与保障。通过妥善、周到、细心的接待服务,给每个与会者、客商、观众提供各种方便,解除后顾之忧,使他们事事称心、处处放心,全身心地投入会展活动,从而提高会展活动的效率,保障会展活动顺利进行并达到预期的目标。

(二) 秘书接待工作的原则

1. 热情友好,细致周到

在接待工作中,秘书人员既要有热情友好的态度,处处替客人着想,事事为他们提供方便,使他们有一种宾至如归的亲切感,又要有细致周到的工作作风。接待工作涉及到方方面面,环节多、操作性强,有时一个小小的差错就可能引起客人的误会或不愉快,甚至产生不好的政治影响,造成一定的经济损失。因此,秘书人员应当充分意识到接待工作的重要性,以饱满的热情认真做好每一件细小的接待工作,通过周到的服务,保证整个接待任务的圆满完成。

2. 一视同仁,平等对待

秘书接待对象的广泛性特征决定了秘书人员必然要接待来自不同的国家、地区或组织,不同的民族,不同的意识形态、宗教信仰、风俗习惯的来访者。在接待中,无论是举行迎送仪式、确定礼宾次序,还是安排吃住行游,都必须按照国际惯例或者约定的办法,坚持一视同仁、平等对待的原则。任何歧视或不尊重，都可能引起气氛和关系的紧张，不利于实现接待目的。

3. 俭省节约，倡导新风

接待本身是一项消费支出庞大的活动。因此，无论是对内还是对外、对上还是对下的接待，都要坚持勤俭节约的原则，反对讲排场、摆阔气、奢侈铺张、大吃大喝，树立文明接待的新风尚。

4. 加强防范，确保安全

接待工作，安全第一。没有切实的安全保障，就不会有成功的接待工作。接待安全包括人身安全、饮食安全、住地安全、交通安全等。必要时可同有关安全保卫部门联系，采取严格的防范措施，消除一切不安全的隐患，确保接待安全。

第二节 接待的准备

一、环境准备

接待环境分为硬环境和软环境。

（一）硬环境建设

硬环境是指利用客观条件构成的环境。任何接待都必须在一定的空间进行，形成接待区域。客人经过的正门、干道、走廊，所要视察参观的车间、工作室，宾主双方举行会见、会谈的会客室或会议室，客人的住地，凡客人所到之处都属于接待区域。接待的硬环境建设应当涵盖所有的接待区域，重点是会客室、会议室和办公室。

接待区域的硬环境建设要做到以下几点。

1. 空间宽敞

接待区域的空间环境一定要宽敞。接待的空间宽敞，使人感到振奋和舒畅，狭小的接待空间会使来访者产生压抑和拘束感。

2. 布局合理

接待区域的布局设计要从方便来访者出发，同时兼顾安全。比如，在公司或机关的入口处设服务台，由前台秘书或文员先行接待登记，导访分流，既方便客人，又有助于安全。又如，秘书办公室应当设在领导办公室的外侧，以便秘书对不速之客进行"挡驾"。秘书办公室同领导办公室、接待室、会议室的距离要尽量靠近，这样在领导接待客人时，秘书能及时提供服务。领导人的办公室内最好要设一接待区，放置沙发和茶几，这样，领导同个别来访者的谈话就可以在办公室内进行。

3. 整洁美观

办公室、接待室、工作室、走廊、过道以及周围的场地等接待区域应经常保持整洁美观，有重要接待任务时,还要突击整修、装饰、布置、美化,做到堆物整齐、道路通畅、窗明几净、色彩鲜明。接待区域内适当种植、摆放花卉或绿色植物,还能创造自然、和谐的气氛,使接待环境更富有生气并给人以美的享受。

4. 气候宜人

这里的气候是指接待区域内的微气候,一般要求做到通风良好、空气清新、温度和湿度适宜。

5. 明亮安静

室内接待区域的光线应当明亮,一般应以自然光源为主,人造光源为辅。光线太暗会使人心情压抑,当然,光线也不能太亮,否则会刺激眼睛,干扰视觉。玻璃幕墙的接待室,可安装纱窗帘,适当遮挡阳光。同时,接待区域还应当保持安静,确保接待工作不受干扰。

(二) 软环境建设

软环境是指接待过程中的人文环境。主要包含两个方面。

1. 组织文化环境

组织文化包含企业文化、校园文化、社区文化和机关文化等各种形态的文化。组织文化是组织存在和发展的灵魂,同时也是接待过程中最能感动客人、能够给客人留下最深刻印象的东西。比如,科学合理的规章制度、紧张有序的工作秩序、和谐融洽的人际关系等,汇聚成一种无形的力量,能深深感染客人,使他们产生信任感。组织文化是内容,也是形式,做好组织文化的形式彰显工作,如悬挂体现企业精神、理念的口号,张贴实施科学管理的规章,布置展示企业文化的橱窗,等等,对于实现接待的目的具有十分重要的意义。

2. 接待礼仪环境

包括接待人员的礼仪素养、接待过程的礼仪安排等。秘书接待的对象往往是多方面的,对象不同,接待的礼仪要求也不同,因此接待前,秘书人员要根据具体的接待对象学习和掌握有关的接待礼仪知识,大型活动的接待应对接待工作人员尤其是志愿前来参加接待工作的人员进行礼仪培训,使他们熟悉接待对象的基本情况、特点,以便有针对性地做好接待工作。

二、信息准备

信息准备包含两个方面。

(一) 收集和掌握来访者的情况

1. 收集的内容

(1) 来访者的基本情况。包括国别、地区、所代表的组织机构、人数、姓名、性别、年龄、身份、职务、民族、宗教信仰、生活习俗、身体状况等。

(2)来访的目的、性质和要求。来访的目的、性质和要求是制定接待方针的基本依据之一,秘书应当通过多种途径加以了解和掌握。

(3)过去来访的情况。包括来访次数、会见过哪些人、同哪些人关系密切、参观过哪些项目、达成过哪些协议等。

(4)抵离时间和交通工具。要准确掌握来访者抵达和返离的具体时间及交通工具,以便安排迎送。

2. 收集的途径与方法

(1)汇总回执、报名表和申请表。有约接待的对象或者大型活动的参加者,接待单位都会事先发出通知、邀请函或请柬,接待对象决定来访或参加活动,会寄回回执、报名表或申请表。接待人员汇总回执、报名表和申请表,可以了解接待对象的职业、身份、职务、性别、年龄、民族等基本信息,预计参加人数,分析接待对象的组成结构和分布情况等信息。这些信息对于做好接待工作具有十分重要的价值。

(2)查阅接待档案。接待档案中保存了以往的接待资料,有助于秘书对接待对象进行分析。

(3)向有关部门咨询。为了全面了解来访者的情况,不妨请有关部门协助提供相关信息。比如举办国际性会议,可通过外国驻华使领馆了解与会国国旗悬挂的规则、特殊的礼仪与礼节等。

(二)准备接待材料

接待材料是用于向来访者传递信息的各种文件资料的总称,主要包括以下内容。

1. 汇报介绍性材料

如工作报告、情况简报、经验总结、统计报表、参考文件,等等。这类材料的准备要做到情况真实、事实准确、数据严密。

2. 专业技术性材料

如产品说明书、工艺流程图等。这类材料的准备要求做到简洁明了、通俗易懂、内外有别。

3. 礼仪宣传性材料

如欢迎词、欢送词、祝酒词、答谢词以及赠送给客人的企业概览、纪念手册等。这类材料的准备要求做到语言热情得体,符合交际礼仪;宣传性材料还要注意语言生动活泼、图文并茂、印制精美。

4. 合作成果性材料

如会议或会谈纪要、合同或协议书、联合声明或公报,等等。这类材料往往是在双方领导正式会谈后确认的,但会谈各方可以事先提出草案。

三、物质准备

(一) 一般用品

(1) 家具。如会谈、会见时所用的桌子、椅子、沙发、茶几。

(2) 茶水及茶具。如饮水机、茶杯、开水、矿泉水、茶叶等。

(3) 文具用品。如纸、笔等。

(二) 特殊用品

特殊用品是指在一些大型接待中或者接待特殊客人时所需要使用的物品,主要有以下几类。

(1) 接待用车。如迎送客人用的大小轿车。

(2) 接待标志。如接待现场的欢迎标语和指示牌,接待人员的统一服装和证件等。

(3) 接待设备。如会见大型代表团时使用的扩音机,谈判时需用的计算机、复印机、传真机、摄影机、摄像机等。

(4) 接待礼品。涉外接待常常要赠送一些礼物给客人。准备礼物应注意:

① 符合规定。世界上很多国家对赠送或接受礼品有法律规定,因此,赠送给客人的礼物必须与之相符。

② 体现民族特色和地方特色,或者体现东道主的组织形象,具有纪念意义和象征意义。

③ 尊重受赠人的习俗和爱好。

四、方案准备

对于重要的接待,秘书应当事先制定接待方案,报领导审批。接待方案批准后,即成为秘书接待的依据。接待方案的内容包括以下几部分。

(一) 接待方针

即接待工作的总原则和指导思想。接待方针应当由领导来确定,秘书人员可根据来访者的身份、来访意图、双边关系和接待目的向领导提出具体建议。

(二) 接待规格

接待规格实际上是来访者所受到的礼遇,体现接待方对来访者的重视和欢迎的程度。接待规格要依据接待的目的、任务、性质、方针并综合考虑来访者的身份、地位、影响以及宾主双方的关系等实际因素来确定,既要适当,又要慎重。接待规格主要表现在以下几个方面。

(1) 迎接、宴请、看望、陪同、送别来访者时,接待方出面的人员的身份。具体可以分为三种情况:一是高规格接待,即接待方出面人员的身份高于来访者,用于重要对象的接待。二是对等规格接待,即接待方出面人员的身份与来访者大体相等。通常情况下,接待都采取对等规格。三是低规格接待,即接待方出面人员的身份比来访者低。低规格接待主要用于事务性的接待或者非常特殊情况的接待,应当特别慎重。

（2）接待过程中接待方安排宴请、参观、访问、演讲等活动的次数、规模、规格和隆重程度。活动次数越多、规模越大、出席人员规格越高、场面越隆重,说明接待规格越高。

（3）接待方安排的食宿标准。

(三) 接待日程

接待日程包括每项具体接待工作安排的时间、接待活动名称（如接站、陪车、宴请、拜访、演讲、观看电影和文艺演出、参观游览、返离送别等）、出面人、地点等项目。接待日程的安排要尊重客人的意愿,事先秘书要进行充分的沟通和磋商。大型活动接待日程的安排应当服从整个活动的大局,对整个活动的日程安排进行通盘考虑。

(四) 接待责任

接待责任是指各项接待工作的责任部门及人员的具体职责。接待责任必须分解并且落实到人,必要时建立专门的接待组织。如大型会展活动可在组委会下面设立报到组、观光组、票务组等接待机构,分别负责客人的接站、报到、签到、观光旅游、翻译、陪同、返程票务联系等工作。

(五) 接待经费

接待经费包括安排客人的食宿、交通、游览、娱乐、场地、文件、礼品等项费用,接待方案中应当对接待经费的来源和支出作出具体说明。

(六) 其他事项

即在方案中必须说明的其他具体事项。

五、人员准备

(一) 人员准备的范围

接待人员包括接待时的出面人员和从事接待事务的工作人员两大类。接待的出面人员可以是领导人,也可以是秘书或其他业务工作人员,依接待对象的身份和来访性质而定。接待事务工作人员包括记录人员、翻译人员、礼仪人员、导游陪同人员、设备管理和技术操作人员、驾驶人员、保卫人员、勤杂人员,等等。

(二) 人员准备的要求

1. 规格适当

出面接待人员的身份、名望要同接待规格相适应。

2. 专业对口

无论是出面接待人员还是翻译、导游陪同等接待事务工作人员,安排时都要做到与接待的业务相对应。

3. 素养较高

每一个接待人员都要具备较高的素养,包括政治素养、业务素养、礼仪素养,能胜任接待的任务。

六、食宿准备

对需要安排就餐和住宿的客人,秘书要根据已经获得的客人的信息、接待经费预算标准以及客人特殊要求,安排好就餐,预订好住房。如果举行宴会,要事先根据接待规格和人数,确定宴席的标准、地点和席数。

第三节 迎送、陪同与合影

一、迎送

(一)迎送工作的准备

1. 确定迎送规格

重要人物或外宾来访,要事先根据客人的身份、双方的关系和来访的性质确定迎送的规格,即接待方出面迎接或送别的人员的身份。接站和送行相比较,前者的规格应当高于后者。

2. 策划迎送形式

对外地来访的客人,要做好接站和送行工作。重要客人来访,可举行欢迎和欢送仪式,如列队欢迎(欢送)、欢迎(欢送)宴会等。

3. 安排迎送人员

要根据迎送的规格和形式确定具体迎送人员名单。迎送人员包括出面迎送的领导人、陪同迎送的人员以及翻译人员、记录人员、保安人员、驾驶员和其他工作人员。秘书应将每个人的角色和任务、迎送的时间和地点、迎送的方式及时告知每位迎送人员。

4. 准备迎送物品

迎送客人之前要准备好车辆、接待标志、欢迎或欢送标语、通信器材等物品。现场接待标志一定要醒目。欢迎重要客人还要事先准备好鲜花。

5. 掌握抵离信息

要准确掌握客人抵达和返离的具体时间、地点和方式并及时更新信息,以免延误或漏接。

(二) 迎送的主要环节

1. 介绍

客人抵达时,欢迎人员应迎上前去招呼、问候并自我介绍。如果领导人亲自迎接重要客人,且双方是初次见面,可由随员或双方都熟识的人员进行介绍。通常先向客人介绍主方出面欢迎的领导,再向主方领导介绍主宾,然后向主宾一一介绍其他陪同欢迎的人员。介绍时要注意以下几点。

(1) 按职务和身份的高低顺序进行介绍。举行重要的欢迎仪式,欢迎人员应当按身份高低排列成迎宾线;

(2) 被介绍人的姓名、职衔要准确、清楚。

2. 握手

握手是国际、国内迎来送往的基本礼节,同时也是表达信息的方式。主人主动、热情的握手会使对方感到亲切和主方的诚意。握手的礼节详见本章第六节"礼宾次序、国旗升挂与接待礼仪"。

3. 献花

欢迎重要的来宾可安排献花。献花必须注意以下几个方面。

(1) 选择合适的花系和花语。花系是指花的品种和系列。花语是用花来表达某种感情与愿望的信息交流形式,具有约定俗成的象征意义。花语的蕴意往往甚于言语表达。由于不同民族对花语有不同的理解,因此献花前一定要充分了解。一般来说,欢迎客人到访,以红色系与紫色系的花为佳,选择花语为"友谊、喜悦、欢迎"的花材为主。

(2) 花束要整齐、鲜艳。

(3) 安排好献花人选。一般安排少年儿童或女青年献花。如主宾夫妇同时到访,可由女少年向男宾献花,男少年向女宾献花。少先队员应当先敬礼,再献花。有时也可由主方出面欢迎的领导亲自向来宾献花,以表示最诚挚的欢迎。

4. 陪车

陪同客人乘车时要注意座位次序。小轿车座位的礼宾次序通常为"前下后上、主左客右",即小轿车的后排为上座,安排坐主人和客人;后排左位安排坐主方领导人,客人坐在领导人的右侧。接待人员坐在司机旁的座位。三排座位的轿车,最后一排为上座,中间一排坐翻译或秘书。

秘书如果陪车,应先打开右侧车门,请客人从右门上车,自己从左侧上车,避免从客人座前穿过。遇到客人上车后坐到了左侧,则不必请客人挪动座位。客人如有行李,秘书应主动接过,在后车厢中放妥。陪车中,秘书应主动与客人交谈,如介绍活动的安排情况、当地的资源环境和风土人情等。到达目的地后,秘书应当先下车,为客人打开车门,协助客人下车,并主动为其提行李。

5. 送行

当客人乘坐的飞机、列车、轮船、轿车开动后,欢送人员应挥手告别,至双方的视线看不见后方能离去。

二、陪同与合影

(一) 陪同

陪同是一种常见的交往礼仪。在接待过程中,客人外出演讲、观摩、游览、购物、就餐以及参加各种事先安排的活动,由一定身份的主方人员出面陪同,是体现主人对客人的礼貌尊重和热情友好。陪同也是一种接待服务。通过陪同,能使客人在外出访问活动期间处处有人照应,事事有人安排,让客人感到放心、称心和舒心,确保各项具体的接待任务和活动安排落到实处。

1. 确定陪同规格

陪同的规格是指主要陪同人员的身份高低。具体有以下几种安排方法。

(1) 客人身份高于本单位领导人身份的,一般应当由本单位领导人亲自陪同;领导人另有公务时,可由副职领导人出面代表正职陪同。

(2) 客人身份与本单位领导人身份相同的,本单位领导人可陪同客人出席一些重要的接待活动,其他一般活动则可由副职出面陪同。

(3) 下列情况可派与客人身份大体相当或稍低的人员(如秘书)陪同:一是客人身份较低的;二是工作事务性来访;三是客人外出进行私人活动。

2. 落实陪同人员

要根据陪同的规格以及客人的出行需要落实陪同人员名单。有时除了主陪人员外,还需要配备陪同工作人员,如翻译、导游、秘书等,必要时可成立陪同团,由主陪人员担任团长。陪同人员要精干、勤快、懂外语并熟悉陪同事务和礼仪。

3. 做好陪同准备

陪同准备包括以下几点。

(1) 了解客人出行的意图、方式、线路、目的地和日程时间安排。

(2) 通知有关方面做好各项接待准备,必要时进行事先检查和协调。

(3) 对陪同过程中可能会出现的问题进行分析预测,制定相应的预案。

4. 安排处理好陪同期间的具体事务

如陪同客人考察、参观、游览先要选定项目,每到一处,当地应当派有一定身份的领导人出面接待,表示欢迎并作概况介绍。如陪同观看文艺演出,可根据客人的要求确定节目。此外还要安排好客人的用餐和休息。

(二) 合影

接待中安排宾主双方的合影既可表示友好、增进友谊、珍藏纪念，又可借助媒体宣传接待的成果。安排合影位置要注意以下几点。

（1）主人居中，主宾居主人之右，第二主宾或主宾夫人居主人之左。如合影人数成双，则主人居左，主宾居右。

（2）宾主双方其他人员按身份高低从中间向两侧相间排列。

（3）两端由主方人员把边。如果主客双方交叉排列出现客方人员把边的情况，应当将两端主客双方人员的位置对换，以确保由主方人员把边，但人数较少时，则不必如此。

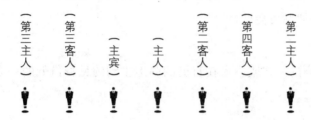

 摄影机

图 10-1 合影位置示意图：主人居中，主宾居右，第二主宾居左，宾主相间排列，两端由主方人员把边

 摄影机

图 10-2 合影位置示意图：合影人数成双，主左客右，宾主相间排列

第四节 安排会见与会谈

一、安排会见

(一) 会见的含义及相关术语

双方见面谈话称之为会见,亦称会晤。会见是组织之间通过对话、沟通、交流、协商,消除分歧、达成共识、相互合作的重要手段。与会见相关的术语有:

1. 接见

接见是指身份高的人士会见身份低的人士。在我国,接见一词只用于国内上级会见下级,在涉外活动中一律称为会见。

2. 召见

召见是指身份高的一方或主人在自己的驻地主动约见身份低的一方或客人,多用于外事方面。

3. 拜会

身份低的一方或客人会见主人叫拜会或拜见。

4. 回拜

一方受到接见或拜会后回访对方,称之为回拜。

5. 访谈

领导人或有关主管人员单独接受记者或其他新闻媒体人员的采访,发表谈话或者回答对方提出的问题,称之为访谈。

(二) 会见的类型

1. 政治性会见

政治性会见是指政治组织的领导人或特使之间就双边关系和共同关心的重大问题交换意见而举行的会见。

2. 工作性会见

工作性会见是指涉及比较具体的业务或技术性问题的会见。工作性会见不仅在政治组织之间举行,更多地出现在民间组织和企事业单位之间。

3. 礼节性会见

礼节性会见是指出于礼貌而与对方举行的会见,一般不涉及实质性问题。

4. 慰问性会见

慰问性会见是指为了慰问、鼓励、褒奖有关人员而举行的会见。

5. 公关性会见

即特定组织为加强与公众的联系、发布信息、澄清事实、树立良好的社会形象而与新闻媒体的人员或公众代表举行的会见。

以上对会见的分类并非相互排斥,有时一次特定的会见,可以同时兼有若干种会见的性质。

(三) 会见的组织与安排

1. 明确目的和议题

会见双方各自的目的总是非常具体的,而且总是要通过各自的议题和有效的沟通来实现。会见双方的议题可能不尽相同,一般也不要求事先达成一致,这就要求无论举行哪种会见,都要事先了解对方会见的目的和可能涉及的议题,明确己方的目的和议题,制定好谈话的策略,准备好哪些谈,哪些不谈,哪些先谈,哪些后谈。这对于掌握谈话的主动权、促成会见的成功有着关键的意义。

2. 确定会见的规格

出面会见客人的领导人身份决定会见的规格。确定会见的规格是一件十分慎重的事情,关系到双方的关系,有时会产生一定的政治影响,应当认真对待。在确定过程中应当考虑以下几方面的因素。

(1) 客人的身份。一般来讲,出面会见的领导人的身份应当同客人的身份相当,或高于客人。

(2) 双方的关系和利益。双方关系和访问事项所涉及的利益,是决定由谁出面会见的重要依据。双方关系密切的,可以派出身份较高的领导人出面会见,即高规格会见。当然,双方关系紧张时,也可以低规格会见对方。

(3) 客人的求见要求。有时客人会主动提出会见某领导人的要求,如无特别原因,应尽量满足对方要求。如果不能满足对方的求见要求,应当做好解释工作。有时,对方并未提出会见的要求,但为了体现一种姿态,或出于某种需要,表达对特定问题的重视,也可安排身份较高的领导人主动会见对方。

3. 确定会见时的陪同人员

除领导人需要单独会见客人外,一般总要安排陪同会见的人员。确定陪同人员要考虑以下几点因素。

(1) 会见的议题。要尽可能安排与会见议题有关的专家和主管部门的负责人陪同领导人会见客人。

(2) 同客人的关系。有时安排对方熟悉的或与之关系密切的人员陪同会见,会使会见的气氛显得更加轻松、和谐。反之,在一些较为敏感的会见中,要避免安排与对方关系紧张的人员。

4. 安排工作人员

重要会见应安排记录人员在现场做记录。涉外会见还要安排好翻译。翻译人员的安排要同客方磋商，一般由主方派出，特殊情况下也可以由客方派出。有时为了使翻译更加准确，双方可同时派出翻译人员。

5. 确定会见的时间

会见的时间要经双方协商确定，兼顾宾主双方的日程安排。涉及紧急事项，可以临时安排双方紧急会见磋商。确定会见的时间量要依据双方的议题多少，同时也要考虑政治和社会影响。如果主方由多位领导人分别会见客人，还要事先安排好会见的先后顺序。

6. 确定会见的地点

会见的地点要根据会见的性质来选择，先要考虑在什么地方举行会见最合适，然后再确定具体场所。政治性会见和工作性会见一般情况下安排在主人的办公地点举行。比较重要的会见也可以先同客方磋商具体的地点，必要时可以选择在第三地举行。召见必须安排在主人的办公室或会客室，以体现召见的性质。如果是礼节性会见或回拜，则宜安排在客人的住所进行。领导人接见下属，可根据实际情况而定，可以安排在会客厅，也可以安排在领导人视察的现场。

7. 发出邀请或通知

双边会见的安排商定好后，要向客方发出正式的书面邀请，告知时间、地点、主方出面和陪同的人员等信息。临时性的会见可通过电话邀请和通知。主方参加会见的所有人员（包括工作人员），秘书要及时通知落实和提醒，要求他们事先做好准备，准时参加。

8. 现场布置

内容包括座位、国旗、席卡等方面的布置，具体如下。

（1）座位。安排会见的座位，一是确定座位的格局，二是安排双方的座区，三是排列各方的座次。

双边会见的座位格局较多地采取并列式或全围式、半围式，其形状有弧形、圆形、椭圆形、马蹄形、直角形和长方形等，可视会见的性质、参加的人数和会客室或会客厅的设施条件而定。

举行涉外会见和商务会见，宾主双方各坐一边，并按主左客右的惯例安排双方的座区，即以双方的朝向为准，主方居左，客方居右。双方参加会见的人员按身份高低从中间向两边排列座次。

国内兄弟单位领导人之间举行会见，一般不分左右，也可按主左客右国际惯例安排座区。

主方的翻译人员一般情况下坐在主人的后面或主人和主宾后侧的中间，不能坐在主宾的后面。双方均安排翻译人员的，双方的翻译人员分别就座于己方领导人的后面。

主方的记录人员可以坐在主宾的后面，即主方翻译人员的右侧；如双方均安排翻译人员,则坐在双方翻译人员的中间。如现场安装扩音设备,记录人员也可以坐在会客厅的两侧。一般情况下,客方的记录人员不安排就座于双方领导人的后面。

各种会见的座位安排如下图所示。

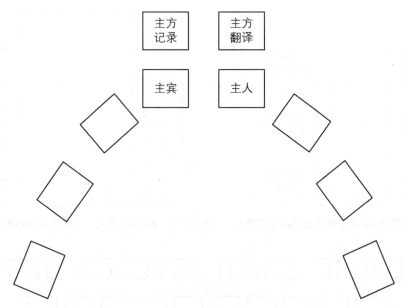

图 10-3 弧形(适用于涉外会见,主方派翻译,参加人员多时座位可向两边扩展)

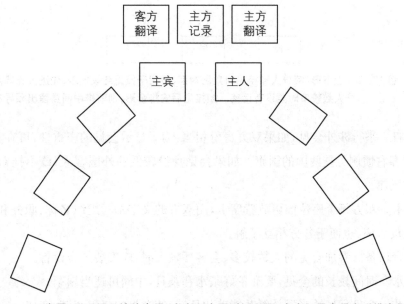

图 10-4 半圆形(适用于涉外会见,宾主双方同时派翻译,主方记录人员坐后排中间)

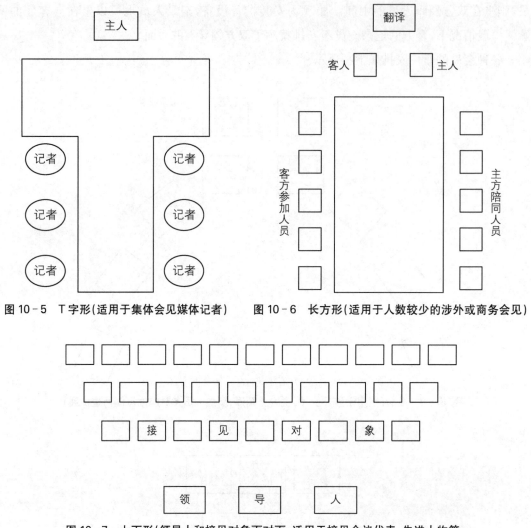

图 10-5　T 字形(适用于集体会见媒体记者)　　图 10-6　长方形(适用于人数较少的涉外或商务会见)

图 10-7　上下形(领导人和接见对象面对面,适用于接见会议代表、先进人物等。人数较多时要设有话筒。如接见后安排合影,则前排中间要留出领导的座位)

(2) 国旗。举行涉外会见,如果双方身份相当,为了显示会见的庄重性,可在宾主就座的两侧按主左客右惯例悬挂两国的国旗。如果会见身份较低的外国客人,或不挂双方的国旗,或只挂主方国旗。

(3) 席卡。双方每个座位前可放置席卡,用双方的文字书写组织名称、职务和姓名,便于引导会谈人员入座,也便于各方相互了解。

(4) 扩音设备。参加会见的人数较多、会客厅较大时,应安装扩音设备。

(5) 茶水。时间较长的会见,要准备好茶水和茶具,中间可适当斟茶。

(6) 鲜花。会见现场适当摆放鲜花能美化环境,使会见的气氛和谐、亲切。

9. 迎候

会见客人,主人应提前到达会见场所,并在门前迎候。一般的客人,主人可在会客厅门口迎候,重要的客人,主人可在大门口迎候。如主人不到大门口迎候,应由工作人员在大门口迎候客人,并将其引入会客厅、会客室。

客人到达时,迎接人员应迎上前去自我介绍,并主动同客人握手以示欢迎。会见的客人较多时,主方人员一般应在前厅或门口列队迎接,并按身份高低与客人一一握手。

10. 介绍

如果双方领导是初次见面,可由工作人员进行介绍。通常先向主宾介绍主人,再向主人介绍主宾,然后再按先主后宾的顺序介绍双方其他人员。有时也可以由主人和主宾亲自分别介绍双方的人员。

11. 合影

如安排合影,要事先设计好合影图,确定参加合影人员的位置,合影时要由工作人员引导宾主双方按合影图的位置排列。

12. 送行

会见结束后,主人应视情况将客人送至会客厅门口或车前,并握手道别,目送客人离去。

13. 整理会见文件

会见一般不产生正式文件,但会见记录必须归档。会见现场的照片和视频也应当一并归档。

二、安排会谈

(一) 会谈的含义及相关术语

会谈是指双方或多方以平等的身份为达成某项共识或具体的协议而进行的磋商。会谈的内容既可以是重大的政治、经济、外交、军事、文化问题,也可以是具体的业务性和技术性问题。

与会谈相关的术语有以下几种。

1. 谈判

谈判是旨在就某一特定问题达成协议的正式会谈。

2. 单独会谈

即双方领导人单独举行会谈,除翻译和记录员外,其他人员不参加,会谈结果高度机密。

3. 限制性会谈

即由双方领导人和少数高级助手之间举行的会谈,会谈结果不公开,又称小范围会谈。

(二) 会谈和会见的联系与区别

1. 会谈和会见的联系

会见与会谈往往相辅相成。双方领导人之间的会见,往往为双方的正式会谈定下基调或创造条件;在会见中,双方领导人之间达成的原则性共识,往往要通过具体而又细致的会谈加以系统化、条文化。会谈也可以为领导人之间的高峰会见做先期准备。

2. 会谈和会见的区别

(1) 对身份的要求不同。会见时,双方的身份高低可以不同,但会谈时双方代表的身份或规格除特殊情况外通常应当对等。

(2) 目的不同。会见的目的较为广泛,沟通交流、照会抗议、慰问勉励、联络感情均可,不要求达成书面协议。而会谈的目的则是通过交换意见达成共识或书面协议。

(3) 议题限制不同。会谈的议题是指在会谈期间要达成共识并签署协议的事项。会见双方可以各有议题,谈什么、不谈什么,由各方自行决定。但会谈的议题必须在正式会谈前经各方协商一致。如需临时提出议题,须经其他各方的同意。

(4) 约束力不同。会见一般是以口头的方式达成谅解或共识,虽有会见记录,但无严格的约束力,双方用信誉作担保;而会谈达成的书面协议只要合法(包括国际法),对缔约各方具有法定约束力。

(三) 会谈的类型

1. 按会谈的目的分类

(1) 解决争议的会谈。解决争议的会谈其目的是"化干戈为玉帛"或者化对抗为对话,通过谈判来解决政治、军事、经济贸易等方面的争端。

(2) 发展关系的会谈。其目的是谋求发展关系和促进友好合作。政府之间和民间都可以运用会谈的方式达成合作意向、建立友好关系。

以上两种会谈的目的可以兼而有之,既为解决争端,又为发展关系促进合作。

2. 按会谈内容的多少分类

(1) 综合性会谈。即把涉及双边关系中的一些相互关联的问题一起拿到谈判桌上来讨论,以期达到全面解决争端或全面发展关系的目的。

(2) 专题性会谈。即为解决某一专门性问题而举行的会谈,涉及的问题比较单一,与综合性会谈相比,较容易达成共识。

3. 按会谈的性质分类

(1) 预备性会谈。有些会谈涉及比较重要或敏感的问题,在正式会谈之前先就会谈的议题和程序进行磋商,称为预备性会谈或非正式会谈。

(2) 正式会谈。即双方具有全权资格的代表为正式交换意见而举行对等会谈。

4. 按会谈的机密程度分类

(1) 秘密会谈。秘密会谈的时间、地点、参加的人员以及会谈的内容高度机密。

(2) 半公开会谈。半公开会谈的过程不对外公开,会谈后以发表联合公报、声明等会谈文件等形式或联合举行记者招待会的形式公布部分或全部会谈结果,有的半公开会谈还允许记者在会谈前进行采访,然后举行闭门会谈。

（3）公开会谈。公开会谈即公开会谈全部过程和内容,记者可以采访、旁听和报道。

（四）会谈的组织与安排

1. 明确目标

举行任何会谈,首先要明确会谈的目标,解决为什么而谈的问题。会谈的目标决定会谈的议题,制约会谈的过程和结果。

会谈的目标有两个层次:一是共同目标。只有对会谈的共同目标达成一致,相关的各方才可能坐到会谈桌前。从这意义上说,确定会谈的共同目标是举行任何会谈的前提,也是会谈取得成功的第一步,这需要发起会谈的一方(也往往是会谈的组织者或主席方)与其他各方开展先期的沟通与磋商。二是各方的具体目标。尽管通过组织者与各方的共同努力,各方认同会谈的共同目标,但事实上每个参与方都会确定各自的具体目标以及策略,力求在谈判桌上获得主动权和最大的利益。会谈的具体目标包括最高目标和最低目标(即谈判的底线)。但是,会谈是一项互惠互利的活动,常常需要各方作出妥协和让步。因此,各自的会谈目标应当在对双方的实际情况作出正确判断的基础上,根据有利有弊、利大于弊原则作出适当的调整。

2. 商定议题和议程

确定会谈的议题要注意两点:一是必须符合会谈的目标,凡是与目标不相符的问题,不能作为议题列入议程;二是会谈的议题需要各方事先通过磋商来确定,议题如未达成一致,不宜仓促举行会谈。

会谈的议程是指会谈议题的先后次序。有的会谈涉及的具体议题较多,议题之间的关系也较为复杂,议题的先后顺序对会谈的进程和结果会产生一定的甚至关键性的影响,必须高度关注。会谈的议程应当同议题一起提交各方磋商确定。

3. 收集和分析信息

谈判人员应在会谈之前,通过各种渠道了解并分析对方(国家、国际组织、公司,等等)的性质、权限、状况(如公司的营运和资信状况),对方谈判的意图和背景,对方参加会谈的人员组成情况,对方的谈判底线和可能提出的条件,对方的谈判策略,等等,从而为制定己方的目标和策略提供可靠的依据。此外还要围绕会谈的目标和议题收集有关的法律、法规以及经济技术信息。如商务谈判,就必须收集有关货物的名称、规格、保险、检验、价格、付款方式以及市场、技术、金融等方面的信息。信息掌握得越充分、越准确,就越能在会谈中掌握主动权。

4. 确定会谈人员

会谈人员一般由主谈人(往往是谈判代表团负责人)、专业人员组成。

（1）主谈人。会谈都是法定组织之间正式交换意见,因此,无论是涉外谈判还是国内的谈判,必须明确授予主谈人全权代表的资格,依据会谈议题的重要程度以及双方对会谈的期望确定会谈的级别。主谈人对于谈判起主导作用,故应慎重选择,一般要求熟悉情况、擅长业务、老练稳重、机智敏捷、善于言辞和交际。

(2) 其他谈判人员。谈判人员的群体知识、能力、性格等方面的结构以及内部的分工应当合理,如商务谈判一般应当配备律师、会计师和工程师。参加会谈人数的多少可根据会谈的需要而定。

会谈人员确定后,明确分工和统一口径非常重要。内部分工不明确、口径不统一,既损害工作效率,也可能被对方钻空子,丧失会谈主动权。

5. 挑选会谈工作人员

会谈工作人员主要是指秘书人员和翻译人员,必须挑选熟悉会谈内容、具备扎实文字功底和熟练记录技能、外语过硬的人员担任。

6. 准备会谈文件

会谈文件主要是围绕会谈议题形成的共同文件(如合同、协议书、合作备忘录、联合声明等)的草案。

7. 商定会谈的时间

会谈的时间安排应先征求其他各方的意见。有时双方(多边会谈由主席方分别与其他各方)可先就会谈的时间安排进行磋商,取得一致。任何一方如要变动时间,必须征得其他各方的同意。

8. 商定会谈的地点

会谈地点包括主办地和具体会场。主办地要通过协商确定。双边会谈的具体地点,可安排在客人所住的宾馆会议室,以方便客人。也可以将会谈地点的安排与拜会和回拜综合起来考虑。

9. 发出邀请

会谈的议题、名单、时间、地点商定好后,主方要向客方发出正式的书面访问邀请。

10. 现场布置

(1) 座位。会谈座位的安排包括确定座位的格局、安排双方的座区和排列各方的座次三个方面。

双边会谈一般将谈判桌排成长方形或椭圆形,双方各坐一边,主方位于背门一侧,或进门后的左侧。涉外会谈的双方主谈人位于中央,其他人员按右高左低的惯例排列;翻译人员的位置要根据各方的习惯安排,我国通常的做法是安排在主谈人右侧位置;记录人员则安排在两端或者后排。

双边会谈现场如下图所示:

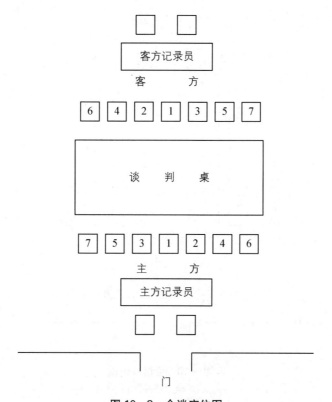

图 10-8　会谈座位图
（主方背门,1 为双方主谈人,2 为双方翻译,3—7 为双方参加会谈的人员）

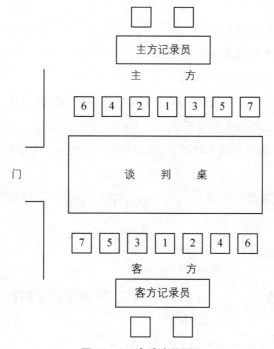

图 10-9　会谈座位图
（进门右边为客方,1 为双方主谈人,2 为双方翻译,3—7 为双方参加会谈的人员）

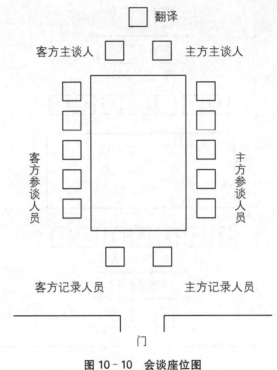

图 10-10 会谈座位图
（以主人和主宾的座位朝向为准，主左客右）

多边会谈的座位可摆成圆形、方形、T字形、多边形等，不同的座位形状往往蕴含不同的意义。

(2) 国旗。举行涉外会谈时，为了显示会谈的庄重性，可在会谈桌上交叉或并排放置两国的国旗，也可以用落地旗架插挂在两侧。

(3) 席卡。各方每个座位前可放置席卡，用双方的文字书写组织名称、职务和姓名，便于引导会谈人员入座，也便于各方相互了解。涉外双边会谈，面朝对方的一面用对方的文字书写，面朝己方的一面用己方的文字书写。

(4) 扩音设备。如参加会谈人数较多，或是举行公开会谈，允许记者采访或旁听，应安装扩音设备。

(5) 茶水。由于会谈往往需要较长的时间，因此应当准备足够的茶水，夏天还可加饮料，中途可适当斟茶。

(6) 鲜花。会谈现场也可适当摆放鲜花以美化环境。

11. 迎送和介绍

会谈前后的迎接、介绍和送别是非常重要的礼节，应当予以重视。具体要求与会见相同。

12. 合影

合影安排在会谈开始之前和结束后均可。可以由各代表团团长合影，也可安排参与会谈的全体人员合影。

13. 会谈公开与新闻发布

公开性会谈，全程向媒体公开，记者可旁听和摄像。不公开会谈，会谈开始之前，可安排几分钟的记者采访和摄影。会谈开始后，除特别安排的电视采访外，与会谈无关人员一律退场。会谈结束后，可根据情况双方同时会见记者或分别举行记者招待会，也可通过其他方式发布会谈消息。以何种方式接受采访或发布消息，应当在会谈的准备阶段订出方案，报领导审批，并与会谈的对方进行协商。

14. 整理会谈文件

会谈文件经过各方共同签署，便产生法定效力。签署后的文件和会谈的原始记录应当整理后归档保存。

第五节　安　排　宴　会

一、宴会的含义、作用和种类

（一）宴会的含义和作用

人们常常把宴请与宴会相提并论，这在平时的社交活动中并无大碍。但宴请和宴会这两个概念有明显的区别。宴请是指为了某种目的、以酒菜食品款待客人的活动，而宴会除了以聚会宴饮为活动载体之外，还必须事先安排发言或致辞并确定程序。因此，宴会的含义可以表述为：宴会是人们为了特定目的、以一定规格的酒菜食品款待客人并安排致辞、祝酒等程序的社交礼仪活动。

（二）宴会的作用

1. 礼仪作用

宴会常常是因社交礼仪需要举行的。在国内外双边或多边活动中，东道主往往要举行欢迎宴会，为客人接风、洗尘，或在客人离别前举行欢送宴会，为其饯行；而客人则以答谢宴会感谢主人的盛情款待。在宴会上，主人致欢迎辞、祝酒辞，客人则致答谢辞或告别辞，共叙友谊。可见，宴会本身就是一项礼仪活动。

2. 沟通作用

宴会的气氛比较轻松，宾主双方利用宴会的场合和机会，沟通信息、交换意见、商谈工作、发表演讲，可以对会见、会谈和会议的正式沟通起到一定的补偿作用。正因为如此，宴请活动被大量引入接待活动，出现了诸如早餐会、午餐会、晚餐会等宴会形式，使宾主以及参与活动的来宾之间的交流和沟通更随意、更轻松、更灵活。

3. 庆贺招待作用

无论是官方还是民间，遇有重要节日或盛大喜事，往往举行各种形式的宴会进行庆贺招待,相互勉励,振奋精神。

4. 融洽感情作用

举办一次成功的宴会活动,往往可以起到融合感情、建立互信、缓和矛盾、化解危机的作用,进而为达成共识、创造共赢奠定基础。

(三) 宴会的种类

1. 按宴会的规格

(1) 国宴。国宴是以国家元首或政府首脑名义,为国家的庆典,或为欢迎外国元首、政府首脑来访而举行的宴会。国宴规格最高。举行国宴时,宴会厅内悬挂有关各国国旗,菜单和席卡上均印有国徽,现场安排乐队演奏有关国家的国歌和席间乐,讲究桌次和席位安排,宾主按身份依次就座,对餐具、酒水、菜肴、陈设以及服务员的装束和仪表有严格要求,席间宾主致辞和祝酒。

(2) 正式宴会。正式宴会的规格仅低于国宴,除不挂国旗、不奏国歌外,其余安排大体与国宴相同。一般用于国际性会议和涉外交往的宴请,时间多安排在晚上。

(3) 便宴。便宴是一种非正式宴会。常见的如午宴、晚宴,也有早餐。便宴形式简便,除安排主人与主宾坐在一起外,其他人也可以不排座次,菜肴可酌情增减,气氛比较随和亲切,可发表非正式讲话或致辞,经常用于招待国际性和国内各种会议或者活动的来宾。

(4) 工作餐会。工作餐会又分为工作早餐会、工作午餐会、工作晚餐会,利用共同进餐的机会交换意见、讨论工作、发表演说。在一些紧张的访问或谈判活动中,往往因时间安排不开而采用这种就餐形式。有的还采取"AA"制,由参加者各自"埋单"。

2. 按宴会的就餐形式

(1) 合餐式宴会。主人和客人按事先排列的座位以宴会桌为中心围坐就餐,由服务员按菜谱上菜。

(2) 分餐式宴会。由厨师在厨房将制作的菜点成品按每客一份分配,由服务员送给每位就餐者进食,或者由餐厅服务人员在分餐台将菜点成品分配给每位就餐者进食。

(3) 自助式宴会。即冷餐会,通常在出席人数较多时举行。既可以在室内举行,也可以在室外举行。一般不排座位,客人站立而食,活动自由,取食随意,便于与会者之间的交流,也可设小桌、椅子,自由入座。食物以冷餐为主,也可冷、热兼备,食物与酒水连同餐具陈设在桌上让客人自取,也可由招待员端送。这种宴会形式因其灵活方便而常为政府部门、企业界、贸易界举办人数较多的欢迎会、庆祝会、开业或周年庆典、新闻发布会所采用。

(4) 半自助式宴会。半自助式宴会介于合餐式和自助式之间,一般设座位,由服务员按菜单上部分菜肴,而大部分食物则放在边上的餐桌上,让客人自由取食。

3. 按食物特点

(1) 中餐宴会。中餐宴会是我国传统的聚餐形式。宴会遵循中国的饮食习惯,以饮中国酒、吃中国菜肴、用中国餐具、行中国传统礼仪为主。

（2）西餐宴会。西餐宴会是按西方传统举办的一种宴会。西餐宴会根据西方的饮食习惯，吃西式菜点，喝外国酒水，根据菜点不同使用多套的餐具，讲究菜点与酒水的搭配。

（3）酒会。酒会又称鸡尾酒会，形式较活泼，以酒水为主，略备小吃，不设座椅，客人可随意走动，便于广泛接触、交谈。酒会的时间较灵活，可长可短。一般在请柬上注明整个活动延续的时间，客人可在其间任何时候到达或退席。近年来，国际上举办大型活动采用酒会的形式逐渐普遍。国内的各种交往活动以及各种开幕、开张、签字仪式和其他庆典活动，也较多地采用酒会。

（4）茶会。茶会是一种简便的招待形式。茶会对茶叶和茶具的选择很讲究，有时也可用咖啡代替。在我国，茶会往往配饮料、水果和风味小吃，叫做茶话会。茶话会气氛较轻松活跃，既是一种宴请形式，也是一种会议形式，其间也可安排一些短小的文艺节目助兴，场地大小不限，时间长短不拘，气氛轻松活泼。目前一些学术性、论坛性会议在会议休息时常常利用茶会的形式招待与会者，称之为"咖啡时间"，既简朴又典雅，很受欢迎。

4. 按宴会的内容

（1）单纯性宴会。宴会过程仅以酒菜食品款待和相互致辞为内容。

（2）联欢性宴会。在宴会中不仅有酒菜食品款待和致辞、发言，还安排文艺表演和即兴活动。这类宴会目前在我国基层单位非常普遍，如各种茶话会、联欢会、年会等。

二、宴会的准备

（一）确定宴会的目的和主题

宴会作为一种广义的会议活动，举行前应当明确举办的目的和主题，做到"师出有名"。宴会的目的或迎送客人，或欢庆节日，或祝贺喜事，或礼尚往来。"师出有名"，客人才会乘兴而来，尽兴而归。

（二）确定宴会的名义

宴会的名义是指由谁出面举办宴会并发出邀请。确定宴请的名义要考虑两方面的因素：一是出面宴请名义的规格，即由哪一级别的组织或领导人出面宴请，这要根据宴请的目的和对象以及对方接待我方时的规格来决定。宴会出面人的规格与宴请对象的身份要大体相当，非特殊情况不能低于宴请对象。宴会出面人身份低，使客人感到冷落，身份过高亦无必要。如宴请对象的身份高于接待单位的领导人身份时，应当安排该单位身份最高的领导人出面宴请。如接待单位身份最高的领导人因故不能出面宴请，应当由副职领导人代表最高领导人出面宴请。如果客人携配偶一起来访，出于礼节，可邀请客人夫妇共同出席宴会。

二是出面宴请的名义形式。一般有两种名义形式：一种是以组织的名义举行宴会并出面邀请。共同举办的宴会，由主办方联名邀请。另一种是以领导人的名义举行宴会并出面邀请。以领导人名义举行宴会较具有亲切感和感召力。比如我国许多基层单位在新年到来之际，都会以领导人的名义举行宴会（年会），招待、慰问、感谢全体员工，以增强组织内部的凝聚力。

（三）确定宴请对象

宴请对象有两个方面：一是宴请的主宾。主宾是宴会的主要客人，宴会实际上就是为他们而举行的。二是邀请的范围。邀请范围是指主宾之外宴请的人员，如主宾的随行人员或代表团成员以及与宴请目的有关的组织或个人都可以列入邀请范围。如果说宴请的主宾类似于会议正式代表的话，那么列入宴请范围的人士则相当于列席代表。确定邀请范围要注意以下几点。

1. 确有必要

邀请范围应当根据宴会的目的以及规模确定，可参加可不参加的就不安排参加。

2. 注意平衡

邀请范围一般都应当是同宾主双方关系比较密切的人士，这就要考虑关系的平衡。有时邀请对象比较敏感。邀请这位，没有邀请那位，会引起猜测和不必要的误会。多边活动的宴请，对政治上相互敌对的国家人员是否同时邀请，要仔细斟酌、权衡利弊。因此对列入邀请范围的名单要慎重考虑，认真审核，注意平衡。

（四）确定宴会主持人和致辞人

1. 确定宴会主持人

由于宴会与一般的宴请不同，都要安排致辞或讲话，故需要有主持人。宴会的主持人由主方安排有一定身份的人士担任。

2. 确定致辞人

宴会上的致辞或讲话有以下几种安排方式。

（1）仅安排主方的领导人致辞。致辞人可以是宴会的出面人（即主人），也可以安排主方其他领导人，但身份不能低于主持人。宴请多个国家或其他组织的客人时，大多采取这种安排方式。

（2）主人和主宾都安排致辞。双边的宴会都采取这种安排方式，如在欢迎会上，主人致欢迎辞，主宾致答谢辞。双方致辞人的身份要一致。如致辞的内容涉及重大原则或敏感问题，讲话稿要事先交换，一般由主方先主动提供给客方。

（3）与会各方代表均安排致辞。如为庆祝喜事盛事举行宴会，除主办方致辞外，还可安排其他方面的代表致辞。这些致辞代表可以是合作单位、兄弟单位的领导，也可以是具有突出贡献的人士或群众代表。

（五）确定主方陪同人士和工作人员

1. 确定主方陪同人士

除了出面宴请的领导人外，一般情况下主方还应当有若干人员陪同。确定宴会的陪同人员要注意以下几点。

（1）身份合适。如果是举行多桌宴会，主桌由出面宴请的领导人（主人）坐镇，其他各桌都要确定一名主方的陪同人员。陪同人员要与该桌客人的身份大体相当，一般称为第二主人、第三主人。如果是单桌宴请，一般也要尽可能保持主客双方人员身份的对应性，如客方正副董事长均出席宴会，主方由董事长出面宴请，主方副董事长也应出席陪同。

（2）有助沟通。举行宴会的目的常常是利用这种轻松形式进行沟通，因此确定陪同人员要从有助于双方的沟通角度考虑，尽量安排与沟通目的、议题有关的人员出席。

2. 确定主方工作人员

主方工作人员主要是秘书和翻译人员。

（六）确定宴会规格和形式

1. 确定宴会的规格

宴请对象的身份和来访性质是决定宴会规格的主要因素。对象身份高，宴会规格也要相应提高。如国事访问应举行国宴，一般的工作访问可举行便宴。

2. 确定宴会的形式

宴会的形式应根据宴会的规格、规模、经费、时间安排以及宴会的效果综合考虑。如举行一般的宴会，设便宴欢迎与会者，会议规模较大，客人较多时，可举行冷餐会或酒会；如果时间较紧，可举行茶会或工作性会餐。

（七）确定宴会的时间

确定宴会的时间应考虑以下几点。

1. 时间安排要适当

如欢迎宴会一般应当安排在客人到达的当天，最晚不超过第二天。

2. 照顾客人的习俗

如宴请基督教信徒的时间不要安排十三日，更不要选择既是十三日又是星期五这一天；伊斯兰教信徒在斋月期间白天禁食，不宜安排宴请活动。

（八）确定宴会的地点

确定宴会的地点要考虑以下几点。

1. 规格适当
设宴的饭店要具备同宴会的规格和要求相适应的品牌形象和服务水准。

2. 交通便利
宴会地点的安排要考虑交通便利,尽可能使宴请对象节省时间,方便抵达。

3. 符合形式要求
正式宴会一定要在正式的宴会厅举行,设讲台和乐队,以体现庄重和大气;公司年会性质的宴会,要布置舞台供文艺表演;冷餐会、酒会的人数较多,场地要宽敞,便于走动交流,有的还要求在室外举行。

4. 尊重文化差异
涉外宴会往往涉及不同国家、具有不同宗教信仰和文化背景的人员,可能会对宴会地点比较敏感,因此要事先了解情况,注意协调,避免误解,尽量使各方满意。

(九) 发出邀请

客人来访或会议活动安排的宴会,一般都在接待日程或会议日程中注明宴会的具体安排,只需提前以口头或电话方式提醒邀请对象。单独举行的宴会一般应在两三周前发出邀请,至少也应提前一周,太晚了不礼貌。已经口头约好的,最好也要补送请柬。发出邀请一定要用"请柬",不能用"邀请函"。请柬的内容包括宴请的目的、形式、时间、地点、主人的姓名或主办单位名称。为了确切掌握出席情况以便安排座位,可要求被邀者收到请柬后给予答复,可在请柬左下角注明"请答复"(R. S. V. P.)。如果仅要求对方在不出席时给予答复,可写明"不能出席者请答复"(Regrets only),并注明联系电话。也可在请柬发出后打电话询问对方是否出席。较为隆重、正式的宴会,应先排好座位,并在请柬左下角注明桌次号(Table No. ××)。大型宴会还要注明与会者的座区和桌次。请柬的格式和写作要求请参见第八章第四节"会议邀请与接待"。

(十) 拟定菜单

宴会的酒菜应根据宴会的主题、规格、预算、宴会形式以及礼宾改革的要求来安排,一般要注意以下几点。

1. 突出宴会的主题
宴会菜肴的种类、造型、名称以及服务方式等构成了宴会菜肴的形式。宴会的主题不同,其菜肴形式也不同。

2. 尊重客人的习惯
订菜前要了解客人(尤其是主宾)的饮食习惯。宴会上献上一款客人喜爱的菜肴,会使客人感到亲切、温暖。要尊重客人的饮食禁忌。举行大型宴会要注意不选多数人不喜欢的菜肴。

3. 体现地方特色

我国的饮食文化中,粤菜、苏菜、京菜、川菜这四大菜系闻名遐迩,享誉海外,各地也有自己的特色菜。在尊重客人喜好、照顾客人饮食习惯的前提下,尽可能安排具有地方风味的菜系,能使宴会活动办得更有特色。

4. 遵守有关规定

国内举行各种公务宴会,必须严格执行有关管理规定和开支标准。国内公务宴会不备酒水。举行涉外宴会,酒菜的道数与分量要适中,过多造成浪费,造成不良印象,过少则不够礼貌。

菜肴设计确定后应当打印成菜单放在每一桌席上,也可人手一份,以示郑重,以便于让客人了解上菜的顺序。

(十一)布置现场

1. 主席台

一般情况下宴会并不需要设置主席台,但如果举行大型宴会或者是具有文艺联欢性质的宴会,设置主席台就很有必要。主席台上设讲台和话筒,也可悬挂会标。会标要揭示主题,如"××市20××年春节团拜会"。主席台上下可摆放鲜花,烘托气氛。

2. 国旗

举行国宴,要悬挂东道国和有关国家的国旗。

3. 扩音设备

大型宴会现场应安装话筒扩音设备,以便宾主双方讲话、致辞。

4. 宴会桌型

中餐宴会的桌型主要为圆桌;西餐宴会的桌型有正方形、长方形、马蹄形、回字形或T字形等。

5. 摆台

餐具、酒具要美观大方、考究别致、配套齐全,这样能衬托宴会气氛。宴会前应根据宴会人数和酒菜的道数,准备好足够的餐具和酒具,并且洗净、消毒、擦亮,摆放要规范。涉外中餐宴会除筷子外,还应摆上刀叉,以方便外宾用餐。桌布要浆洗熨平,餐巾折花要挺括、形象逼真。台面布局要合理,花草要清洁卫生,无异味。转台要灵活。

6. 桌次

两桌和两桌以上的宴会,一般应当排桌次(桌席的位次)。主人和主宾就座的称为主桌,其他均称为次桌。安排桌次首先要确定主桌,然后确定次桌的顺序。

(1) 安排主桌要掌握以下原则:

① 远门。如果宴会桌总体格局面朝正门,主桌要安排在距离正门最远的一桌。

② 近台。如果宴会厅设有舞台(供致辞和表演),主桌应靠近舞台或讲台,即便舞台设在

正门的侧面也应如此。

③ 居中。以面朝宴会厅正门的方向或以主人的朝向为准,数桌(单数)横向并排时,或者数桌围成众星拱月形时,中间的一桌为主桌。

④ 靠右。以面朝宴会厅正门的方向或以主人的朝向为准,并排两桌时,主桌靠右,次桌靠左。

(2) 安排桌次的位置要掌握以下原则:

① 近上远下。根据与主桌的距离远近确定桌次,靠主桌越近,桌次越高,反之桌次越低。

② 右上左下。以面朝宴会厅正门的方向或以主人的朝向为准,若干次桌与主桌并排或者与主桌距离相同时,主桌右侧的桌次高,左侧的桌次低。

每个次桌都应当安排主方有一定身份的人士陪同,其座位一般应与主桌主人的位置同向,也可以面向主桌,特殊情况下也可侧向主桌。宴会的桌次安排如下图所示。

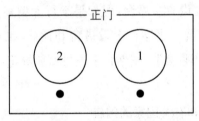

图 10-11 以朝正门为准,主桌居右,次桌居左,主人与各桌主方陪同人士同向就座
(●为主人和各桌主方陪同人士的位置,下同)

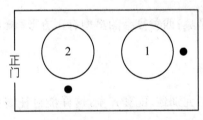

图 10-12 里侧为主桌,次桌主方陪同人士侧向主桌和主人

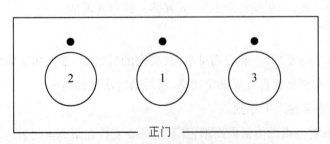

图 10-13 3桌并排,主桌居中,2号桌居右,3号桌居左,主人与各桌主方陪同人士同向就座

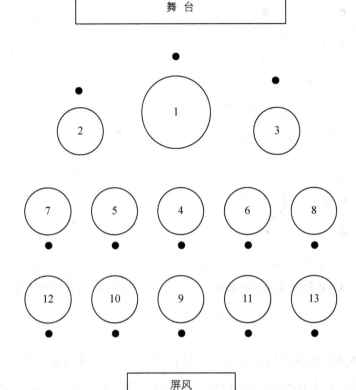

图 10-14 主桌靠近舞台,面向正门;次桌的桌次高低按与主桌的距离而定,距离相同时以右高左低排序,2—3 号桌的主方陪同人士与主人同向就座,4—13 号桌的主方陪同人士面向主人就座;设屏风以免 9 号桌的主方陪同人士背朝门

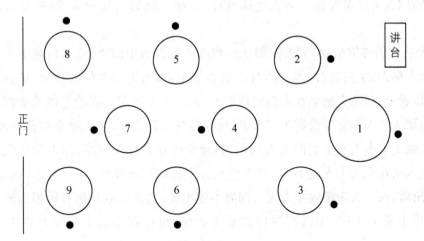

图 10-15 面门最里侧为主桌,靠主桌越近,桌次越高,反之桌次越低。次桌的主方陪同人士或面向或侧向主人就座

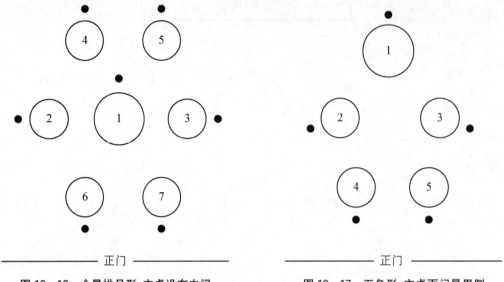

图 10-16　众星拱月形，主桌设在中间　　　图 10-17　五角形，主桌面门最里侧

7. 席位

宴会席位即同桌宴席的位次高低。一般情况下，主人面朝正门和所有来宾居中而坐。其他席位的高低以离主人的座位远近而定。距离相等时，涉外宴请右高左低，国内宴请左高右低。在排席位之前，要先落实主、客以及有关方面出席的名单，涉外宴会席位的高低按照国际礼宾次序确定顺序，国内宴会的席位高低主要按职务高低排列顺序，同时也要综合考虑客人的资历、年龄、相互关系、宴会形式等因素。

（1）举行多边宴请活动，需要注意客人之间的政治关系，政见分歧大、两国关系紧张的客人，尽量避免安排坐在一起；身份大体相同、使用同一语言或属同一专业者，可以排在一起。主方陪同人士尽可能插在客人之间就座，以便于同客人接触交谈，避免自己人坐在一起。

（2）举行双边宴请活动，主人面朝正门和所有来宾居中而坐，也可以是主人和主宾共同居中，主人居左，主宾居右；主宾的身份如高于主人，为表示对他的尊重，可以请主宾坐在主人的位置上，而主人则坐在主宾的位置上，第二主人坐在主宾的左侧或坐在主人的对面；主方出席人员中如有身份高于主人者，可安排其坐在主位，主人则坐在其左侧，主宾坐在其右侧；如主人夫人和主宾的夫人均出席，通常把女方排在一起，即主宾坐在主人的右方，主宾夫人坐在主人夫人的右方，或者将女方安排在对面就座，提供两个谈话中心。主宾携夫人出席，而主人未婚或主人夫人因故不能出席，通常可请其他身份相当的女士作第二主人陪伴主宾夫人；如无适当身份的女士出席，也可把主宾夫妇安排在主人的左右两侧。

（3）上菜、撤菜处应尽可能安排主方陪同人士就座，以示礼貌。宴会采用长方桌形时，两端四个角落应当由主方陪同人士把边,或者将主人和主人夫人(或第二主人)安排坐在长方桌的两端,主宾和主宾夫人(或第二客人)分别坐在主人和主人夫人的右侧,这样既提供两个谈话中心,又避免客人坐在角落。

(4)翻译人员一般安排在客人的右侧,以便于翻译。也可以不安排席位,坐在主人和客人之间的后面,宴会结束后另行安排用餐。

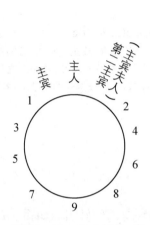

图 10-18 主人居中,主宾居右,第二主宾(或主宾夫人)居左。1—9按身份高低宾主双方交叉就座,但上菜处由主方陪同人士就座

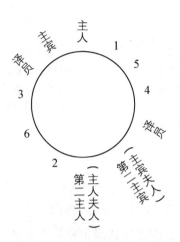

图 10-19 主人和第二主人(或主人夫人)面对面就座,主宾和第二主宾(或主宾夫人)分别就座于主人和主人夫人的右侧,形成两个谈话中心。译员坐在客人右侧,1—6按身份高低宾主双方交叉就座

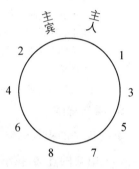

图 10-20 宾主共同居中,主人居左,主宾居右。1—6按身份高低宾主双方交叉就座,7—8为上菜处,由主方陪同人士就座

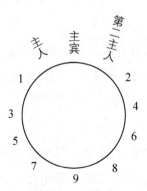

图 10-21 主宾的身份高于主人,居中,主人和第二主人分坐两侧。1—9为客人的身份高低次序

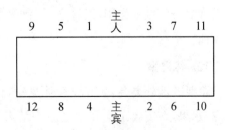

图 10-22 长方形宴会桌,主人和主宾面对面就座,四个角落应当由主方陪同人士把边

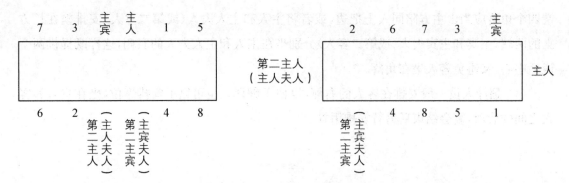

图10-23 长方形宴会桌,主人和主宾、第二主人(或主人夫人)和第二主宾(或主宾夫人)面对面居中,形成两个谈话中心。四个角落应当由主方陪同人士把边

图10-24 长方形宴会桌,主人和第二主人(或主人夫人)分别就座于两端,主宾和第二主宾(或主宾夫人)分别就座于主人和第二主人(或主人夫人)的右侧。这种排法可避免客人坐在末端,形成提供两个谈话中心

8. 指示标牌

宴会现场的指示标牌主要有以下几种设置方法。

(1) 单桌的宴会,按事先确定的席位在桌上放置席卡,两面书写每人的姓名。如相互熟识且不安排席位,也可不放席卡。

(2) 多桌的宴会,除放置席卡外,每桌还要放置标明桌次的桌签,又称桌号牌。桌签用阿拉伯数字标注桌次。参加对象按组别就座的,还需标注组别名称。

(3) 规模较大的宴会,主办单位可事先印制座席分布图或桌次排列示意图挂在宴会厅门口或休息室内,或入场时发给每位客人,并在宴会厅内设座区指示牌,以方便客人找到座区,对号入座。

(4) 涉外宴会,所有入席指示标牌均用中、外两种文字书写,中文写在上面,外文写在下面。

9. 乐队伴奏或背景音乐

规格较高的宴会可安排乐队演奏席间乐或播放背景音乐。音乐要突出宴会的主题,起助兴和渲染气氛的作用,以轻音乐、钢琴曲和具有民族特色的音乐为主,也可选奏主宾喜爱的乐曲。

10. 休息室

重要的涉外宴会,最好设有休息室,供主人和主宾休息、交谈。通常安置茶几、沙发,备茶点、水果,在宴会正式开始之前或结束后供客人休息。休息室应有相应身份的人员接待客人。

(十二) 布置安全保卫工作和联系新闻报道

重要的宴会应当事先布置好安全保卫工作,联系好新闻报道。

三、宴会的流程

宴会的程序因宴会的性质和形式而异,下面是一般宴会的流程。

(一) 迎宾、签名

宴会开始前,主人在宴会厅迎接客人。如设有休息室,则在门口迎接客人。客人抵达时主人应主动与其握手表示欢迎,如第一次见面,可由工作人员介绍。然后主人与客人一起步入休息室休息,宾主寒暄,冬天脱去大衣,稍作整饰。大型宴会,主人只需迎候主要客人,其他客人由第二主人或工作人员迎候并引导入座。

重要宴会,客人抵达时可安排签名。签名册的设计与制作要精美,便于收藏保存、陈列纪念。

(二) 入场

一般宴会,客人到齐后,由主人陪同从休息室进入宴会厅,按席卡就座。如举行重要宴会,普通客人应提前进入宴会厅。主宾及主要随行人员到达后,由主人陪同按礼宾次序排列先后进入宴会厅,主人和主宾应并排走在前面,主左客右,其他人按身份高低的次序随后进入。这时全场起立,鼓掌表示欢迎,乐队奏欢迎曲。主人与主宾入座后,其他人方能坐下。

(三) 介绍双方来宾

主持人先作简短开场白,说明举行宴会的目的,然后按身份高低介绍出席宴会的领导或者按先主后宾的顺序介绍双方的主要来宾。每介绍一位,全场应鼓掌表示礼貌和欢迎。小型宴会,相互熟识,可免去介绍程序。

(四) 宣布宴会开始

有些招待性或联欢性的宴会,主持人也可宣布"××××××宴会(或年会、酒会、冷餐会、联欢会)开始"。

(五) 致辞

我国举行的宴会,致辞一般都在放宴会一开始,先致辞、后用餐。外国人举行宴会,致辞一般是在热菜之后,甜食之前。冷餐会和酒会的讲话时间则比较灵活。致辞前,主持人应介绍致辞人的身份。欢迎或欢送宴会宾主双方都要致辞,顺序为先主后宾。这里所讲的主是举行宴会的主人,而不是东道主。如中方举行欢迎宴会,中方为主人,外方为客人;而外方在中国举行答谢宴会,则外方为主人,中方为客人。讲稿可事先交换,由主方先提供。

(六) 祝酒

涉外宴会中宾主双方相互祝酒(又称敬酒),表达美好的祝愿,可使宴会的气氛达到高潮。宴会祝酒有以下方式。

1. 致辞祝酒

致辞人致祝酒辞,最后提议共同干杯。

2. 即兴祝酒

在气氛轻松的宴会中,经主持人同意,参加对象可即兴致辞,然后提议共同干杯。

3. 相互祝酒

即主人与客人、客人与客人之间相互敬酒,相互祝愿。

(七)散宴和送别

小型宴会,吃完水果,宴会自然结束。主宾起身告辞,主人送至门口或车前,挥手告别。大型宴会,主持人在发表一番热情洋溢的祝辞之后,宣布宴会结束。先请主人和主宾离席,然后其他客人相互告别。

第六节 礼宾次序、国旗升挂与接待礼仪

一、礼宾次序

(一)礼宾次序的含义和意义

所谓礼宾次序,是指国际交往中对出席活动的国家、团体、人士的位次按一定的规则和惯例进行排列的先后次序。接待中的礼宾次序涉及许多方面,如来宾入场的先后次序、来宾的座次安排、发言的顺序、各国国旗悬挂的次序等。礼宾次序体现东道主给予来宾的礼遇,在国际性会议中则表示对各国主权地位的一视同仁。

(二)安排礼宾次序的几种做法

1. 按来宾的身份与职务的高低排列

这是安排礼宾次序的主要依据,其中又分成两种情况:一种是接待单个国家代表团时,以对方提供的正式名单为依据,这种名单都是按身份与职务的高低排列的;另一种是接待多个国家代表团时,按每个代表团的规格(即代表团团长的身份高低)来排列。比较代表团之间的规格,应当坚持各国平等的原则。由于各国的国家体制不同,部门之间的职务高低不尽一致,因此要根据各国的规定,按相当的级别和官衔进行安排。

2. 按字母顺序排列

国际多边活动可以按各国的英文国名的当头字母的顺序安排礼宾次序。当头字母相同时,再按第二个字母排列,以此类推。为了避免一些国家总是排列在前,可采取抽签的办法,以决定排列次序的打头字母。有时也可按活动的主办国或者特定国际组织官方语言的字母顺序排列礼宾次序。

3. 按通知代表团组团的日期先后排列

在国际多边活动中，对同等规格的代表团，有时也可按成员国来函通知正式组团的日期或按代表团抵达活动地点的时间排列礼宾次序。

由于实际情况较复杂，以上三种方法应综合运用。首先按正式代表团的规格（一般以代表团团长的身份与职务为准）排列，这是最基本的；当代表团的规格同等时，再按通知代表团组团的日期先后排列；当同时收到同等规格的代表团组团通知时，则按国名的英文字母顺序排列。有时具体安排礼宾次序时，还要综合考虑其他的国家关系、活动的性质和内容、语言交流、来宾对于活动的贡献大小，以及威望、资历等因素。采取何种具体方法，主办方都应在邀请书中加以说明。

二、国旗升挂

在涉外接待活动中，有时需要升挂有关国家的国旗，以表达友好和尊重。

（一）升挂国旗的场合

（1）外国政要单独或率领代表团来访时，在重大礼仪活动场所，如欢迎仪式、欢迎宴会、正式会谈、签字仪式，以及其住所和交通工具上可以升挂中国国旗和来访国国旗。

（2）国际性的会议、展览、仪式和文化体育活动，可以同时升挂中国国旗和有关国家的国旗。

（3）外国政府经援项目以及外商投资企业的奠基、开业、落成典礼和重大庆祝活动可以同时升挂中国国旗和有关国家的国旗。

（4）民间团体在双边和多边交往中举行重大庆祝活动时，可以同时升挂中国国旗和有关国家的国旗。

（二）升挂国旗的规则

1. 两国国旗并挂的规则

在中国境内举办双边活动需升挂中国和外国国旗（包括联合国旗帜）时应当做到以下几点。

（1）旗幅一致。即两国国旗应按照各国规定的比例制作，尽量做到旗的面积大体相等。

（2）主左客右。凡中方主办的活动，外国国旗置于上首（右侧）；外方举办的活动，则中国国旗置于上首。即以旗的正面为准，右方挂客方国旗，左方挂主方国旗。这里所谓的主方和客方，不是以活动在哪个国家举行为依据，而以由谁主办活动为依据。

2. 在中国境内需同时悬挂多国国旗的规则

（1）同时悬挂中国国旗。

（2）在室外或公共场所，只能升挂与中国建立外交关系的国家的国旗。如要升挂未建交国国旗,必须事先征得省、自治区、直辖市人民政府外事办公室批准。

(3) 旗杆高度应该划一,但中国国旗应置于荣誉地位,具体办法如下:①一列并挂时,以旗面面向观众为准,中国国旗在最右方;②单行排列时,中国国旗在最前面;③弧形或从中间往两边排列时,中国国旗在中心位置;④圆形排列时,中国国旗在主席台或主入口对面的中心位置。

(4) 升挂时,必须先升中国国旗;降落时,最后降中国国旗。

3. 在国际性组织驻地悬挂多国国旗的规则

在国际性组织的驻地(如总部、办事处)悬挂成员国的国旗,按成员国在该组织确定的文字名称的第一个字母作为排列顺序。

4. 悬挂国旗的注意事项

悬挂国旗一般应以旗的正面面向观众,不能随意交叉悬挂、反挂、竖挂,更不得倒挂。如有必要竖挂或使用国旗的反面,必须按照有关国家的规定办理。如有的国家规定,国旗如需竖挂,必须另外制旗,将图案或文字转正。

三、接待礼仪

(一) 约会和拜访

在主方的办公地点安排约会,主人应当提前在办公室或会见厅门口迎候。在第三地安排约会,主人应提前到达现场迎候。拜访和看望对方,应事先用电话约定,并按时抵达对方住所。过早抵达会使对方因准备未毕而难堪;迟迟不到则让对方等候过久而失礼。因故迟到应向对方表示歉意。因故不能应邀赴约或取消、推迟约会,应尽早有礼貌地通知对方,并以适当的方式表达歉意。抵达时如无人迎候,进门前应先按铃或敲门,按铃时间不宜过长,敲门不应过急过重。经主人允许后方可入内。无人或未经主人允许,不得擅自入内。一般情况下,尽量不要在休息时间打扰对方。如因事情紧急,不得不在休息时间约见对方,应在见面时先致歉意并说明理由。谈话应在室内进行。但主人未邀请进入室内,则可退到门外进行谈话。无论是礼节性看望还是工作性拜访,谈话的时间不宜过长。告别时应有礼貌并感谢对方的接待。

(二) 仪容

接待人员的仪容要求整洁、大方、得体。男士应当适时理发,修剪指甲,衣着整洁。涉外活动着西装并结领带。如出席隆重的活动,应着深色的西式衣裤,上、下身颜色要一致。室内活动不能戴帽子。无论天气如何炎热,不能当众解开纽扣、松开领带、脱下衣服。女士应当淡妆,不可袒胸露肩和穿超短裙。礼仪人员可着统一的服装。

(三) 称呼

国内客人,可称呼对方的职务、职称、学衔,也可称"同志""先生""女士""小姐"。对外国人的称呼应根据对方的习惯。一般对男子称"先生",对已婚女子称"夫人",对不了解婚姻状况的女子或未婚女子称"小姐"。在这些称呼前可冠以姓名、职称、职务。有时也可以对方的职务、职称和学衔来称呼,如"××大学校长斯特朗博士""杰克法官"。对外国部长以上(包括部长)的高级官员,大多数国家称为"阁下",亦可称为"先生"或称其职务。但美国、墨西哥和德国等国没有称"阁下"的习惯,可称"先生"。君主制国家的国王、王后、皇帝、皇后称为"陛下";王子、公主、亲王等称为"殿下";如有公、侯、伯、子、男等爵位者,可称"阁下",亦可称"先生"。

(四)介绍

与客人相见,应先自我介绍。陪同领导人看望、拜访客人时,秘书应先将领导人介绍给客人,再将客人介绍给领导人。如前去看望客人的领导人和陪同人员较多,可按身份高低的次序逐一介绍。在其他活动场合为他人介绍时,应先了解双方是否有结识的愿望,不要贸然行事,尤其是涉外活动,更应谨慎。介绍时,应先把身份低、年纪轻的介绍给身份高、年纪大的,把男士介绍给女士。介绍时互递名片,应用双手递接名片,名片不能倒递或反递。

(五)握手

握手除了对客人表示欢迎、欢送外,还具有祝贺、感谢或相互鼓励的意义。握手时应当注意以下几点。

(1)一般应由主人、年长者、身份高者和女士先伸手,客人、年轻者、身份低者、男子应先问候对方,待对方伸手后再与其握手。

(2)年轻者和年长者握手,或身份低的同身份高的握手,应稍稍欠身,或用双手握住对方的右手以示尊敬。

(3)男子与女士握手时,轻轻握其手指部分即可。

(4)当多人同时向你伸手时,应依次一一握手,不能同时用双手与人交叉握手。

(5)握手时双目应注视对方,微笑致意,或者致以欢迎和问候。

(六)致意

远距离遇到客人,一般举右手打招呼或点头微笑致意;距离较近时,应说声"您好"。如与相识的客人在一天中首次见面,或一次活动中初遇,应主动向对方问好;同一天或同一场合多次见面,或与不太熟识的客人见面,只需点头、举手、欠身或微笑致意即可。对方主动问好,一定要礼貌回应。

(七)谈话

与人谈话时,表情要自然,语言平易近人,表达得体,距离适中。说话时可适当做些手势,但不宜过多,动作幅度不要太大。

主客在个别谈话时,接待人员不要凑前旁听。如有要事需与某人说话,应待别人说完,不宜随便打断别人的说话。客人向接待人员询问问题或找不到地方，接待人员应主动招呼、乐于回答。与人交谈时，目光应注视对方，以示专心。谈话中遇有急事需要离开，应向对方打招呼，表示歉意。

对第三者参与谈话，应表示欢迎。多人谈话时，要照顾在场的所有人，不能只与一两个人谈话或只谈个别人知道或关心的事。如有人谈到一些不便谈论的问题，不应对此轻易表态，可转移话题或故意答非所问。谈话内容一般不要涉及疾病、死亡等不愉快的事情。与人谈话不要随便询问对方的履历、收入、家庭财产、衣饰价格等私人生活方面的问题，也不应随便询问妇女的年龄、婚姻状况。对方不愿回答的问题不要究根问底。对方对问题流露出反感时，应表示歉意或立即转移话题。不要随便同外国人谈论对方国内的政治、宗教、民族矛盾等问题。谈话时若要问候对方，应根据客人的习惯。对外国人一般不问"你吃饭了吗""你到哪里去"，而应用"早安""晚安"等问候语。告别时可根据不同的对象选择不同的告别用语，如"很高兴与你相识，希望再有见面的机会""望多多联系"，等等。

（八）举止

举止应当文雅、庄重、大方。站立时身体不要歪靠一旁；不能坐在桌子上与客人交谈，坐时不要跷腿摇脚，坐在沙发上不要半躺；走路时脚步要轻，遇急事可快步行走，但不可慌张奔跑。领导接待客人时，秘书如有急事通知领导或客人，应当轻轻走上前去耳语或递纸条告知。平时和客人同乘电梯、进门或入座时，应主动谦让。

（九）宴会礼仪

1. 邀请

邀请别人参加宴会，一定要用"请柬"（又称请帖）这一文种，不能用"邀请函"，更不能用"通知"。请柬要用信封装好但不一定要封口，把邀请对象的姓名写在信封上。购买现成的请柬，要用毛笔或钢笔填写，不要使用圆珠笔。书写时字迹要清秀，写错的只能作废，不能涂改后发出。如果自己拟稿打印请柬，应将邀请对象的姓名顶格写在开头，不要写在结尾处。有些人将对方姓名写在结尾处，如"此致×××先生"，这是不礼貌的。请柬的语言要儒雅、恭敬、恳切、简练，不能使用"务必""准时"等用于"通知"的语言。

请柬要至少提前一个星期发出，以便邀请对象安排时间和日程。发请柬时要仔细核对名单，避免漏发和重发。一旦发现漏发要及时补救，必要时还应作一定的解释，以免产生不愉快。请柬发出后，还可用电话落实，询问是否参加宴会。

2. 回复

接到主人的宴会邀请后，要尽快答复是否出席。如请柬上注有"R. S. V. P."（法文缩写：请答复），无论出席与否均应迅速答复。如注有"Regrets only"，则在不能出席时才答复。经口头约妥再另发的请柬，上面一般注有"To remind"（备忘）字样，可不必答复。答复的方式为电话和便函两种。接受邀请后不可随意变更，本人如因故不能出席，可派身份适当的代表出席，但事先要同主办方协商并征得同意。

3. 着装

出席宴会，着装应当非常讲究，这既是自身风度的体现，也是对他人尤其是对主人的尊重。国宴和正式宴会男子要求着西装，戴领带，女士着装要大方。便宴或冷餐会，可着便装，但一定要整洁。

4. 赴宴

出席宴会应当准时或提前几分钟到达。抵达后要主动先向主人问候致意，再向其他客人问好。入席前应先了解自己的桌次、席位，或听从主人的安排。入席后，等主人招呼或主持人宣布宴会开始，方能用餐。

进餐时举止要文雅，吃东西要闭嘴咀嚼，不要发出声音。嘴内有食物时，切勿说话。剔牙时，用手或餐巾遮口。主人夹菜时，不能拒绝，并应表示感谢。如吃西餐，一次取食不宜过多。如参加冷餐会或酒会，招待员上菜时，不要争先恐后；周围人未拿到第一份时，自己不要急于去取第二份。

宴会中一般都有相互祝酒。祝酒时，主人与主宾先碰杯，然后主人和主宾向大家祝酒，这时全体人员也应站立举杯回敬，并与同桌相互碰杯。离得较远时，可举杯用眼睛示意，不要交叉碰杯。

在主人与主宾致辞、祝酒时，应暂停进餐，停止交谈。主人或主宾以及其他人前来祝酒时，应起立举杯。相互祝酒时，不必将酒喝干，象征性地喝一小口即可。不喝酒的人可以用苏打水或矿泉水代替。碰杯时要目视对方，点头致意或道谢。

进餐时应与左右客人交谈，但应避免高声谈笑，也不要只同熟人交谈。别人讲话时不可随意插话。

宴会中发生不慎打翻酒水、碰落餐具等意外情况，应沉着不必着急。餐具掉落可请招待员另送一副。酒水溅到邻座身上，应表示歉意，协助擦干。如对方是女士，则应迅速递上干净的餐巾或手帕，由其自己擦干。

宴会中不要勉强劝人喝酒、吃菜。

5. 告退

告退不宜过早或过迟。确实有事需提前退席，应向主人说明并向同桌轻声道别后悄悄离去，也可以事前打招呼，届时离席。散宴后，应先让主宾向主人告辞。告退时应向主人致谢，对宴会的组织及菜肴的丰盛精美表示称赞。

第十一章
信访工作与危机管理

第一节 信访工作

一、信访工作概述

(一) 信访和信访工作的含义

信访是指公民、法人或者其他组织采用信息网络、书信、电话、传真、走访等形式,向各级机关、单位反映情况,提出建议、意见或者投诉请求(合称来信来访),依法由相应机关处理的活动。有关机关、单位依规依法对人民群众的来信来访的受理过程称之为信访工作。

(二) 信访工作的基本要素

1. 信访人

信访人既是信访活动的发起者,又是信访工作的对象。根据我国的法规,信访人包括我国的公民、法人和其他组织,也包括外国人、无国籍人和外国组织。公民进行信访活动的名义,可以是个人,也可以是临时性群体。信访人依法进行信访活动,其民主权利和合法权益受法律保护,任何组织和个人不得对信访人进行任何打击报复。信访人在信访活动中,必须遵守有关信访活动的法律、法规。

2. 受理者

受理者是指依法接受并处理人民群众来信来访的法定组织,包括各级党的机关、人大机关、行政机关、政协机关、监察机关、审判机关、检察机关以及群团组织、国有企事业单位,等等。受理者是信访工作的主体,也是决定信访工作成败的关键因素。受理者必须遵守国家和地方有关信访工作的法规,依法受理信访人提出的信访事项,保护信访人的合法权益。受理者不遵守有关法规,应当承担法律责任。为确保信访工作开展,信访受理者应当设立信访部门或信访工作人员具体处理信访事项。

3. 信访事项

信访事项是信访人通过信访渠道表达并要求信访受理者处理的具体意见和诉求,是信访人和受理者的共同指向,是信访工作的核心要素。信访事项涉及的内容广泛,政治、经济、科技、教育、文化、卫生乃至人民群众的日常生活,无所不包。从信访事项的性质来看,有建议、批评、要求、表扬、检举、揭发、申诉、投诉,等等。

4. 信访渠道

信访渠道是指由信访受理者为信访人提供的反映意见和要求的形式以及确保信访信息畅通的工作方式、工作制度和工作机制。信访形式除了写信和走访两种基本形式外,还包括打电话、发传真、发电子邮件等形式。信访受理者还必须向社会公布网络信访渠道、通信地址、咨询投诉电话、信访接待的时间和地点、查询信访事项处理进展以及结果的方式等相关事项,在其信访接待场所或者网站公布与信访工作有关的党内法规和法律、法规、规章,信访事项的处理程序,以及其他为信访人提供便利的相关事项。

5. 信访结果

信访结果是指受理者对信访事项的最后处理情况。信访事项的处理受信访人的维权意识和法律意识、信访诉求的合理程度、受理者的政策水平和处理能力等因素的制约,往往呈现不同情况,有的得到圆满解决,有的则不予受理,有的则可能变成老大难问题。信访结果体现了信访工作的目的和意义,同时也是检验信访工作质量、衡量信访工作成效的最终标准。

(三)信访工作的作用

1. 有利于人民群众行使民主权利

我国是人民群众当家作主的社会主义国家,人民群众有权依法通过信访活动参与管理国家事务、管理经济和文化事务、管理社会事务,这是社会主义全过程人民民主的重要体现。

2. 有利于广开言路,调动人民群众的积极性,提高领导决策的科学性

信访工作是党和政府了解民情、集中民智、维护民利、凝聚民心的一项重要工作。信访活动中所反映的意见、建议、批评,在很大程度上代表了人民群众的心声和愿望,其中不乏真知灼见,对拓宽领导决策的思路,提高决策的质量,规避决策的风险,具有重要的作用。这些意见、建议和批评一旦被重视和采纳,不仅会极大地激发人民群众的社会主义积极性和创造性,而且还会产生良好的政治、经济和社会效果。

3. 有利于各级领导机关密切联系群众

人民群众来信来访是检查各级机关、单位及其领导干部、工作人员工作的"测量表",也是群众情绪、要求、愿望的"风向标",可以从一个侧面反映群众对领导机关工作满意与否的态度。信访工作在领导机关和人民群众之间架起了一座"连心桥"。通过信访工作人员的细心工作,及时将人民群众的要求、愿望上报给领导机关或转达到有关部门,依法予以办理,把党和政府的关怀和温暖及时送到群众的心上,从而加强党和政府与群众的血肉联系。

4. 有利于加强群众监督，反对腐败，纠正不正之风

信访工作是各级机关、单位及其领导干部、工作人员加强党风和政风建设、接受群众监督、改进工作作风的重要途径。群众举报投诉渠道的畅通，能对腐败分子产生强大的威慑力，清除以权谋私、贪赃枉法的败类，纯洁干部队伍，同时通过有效的群众监督，改进工作作风，克服官僚主义，端正党风和政风，维护党和政府的威信。

5. 有利于维护人民群众的合法权益，化解信访突出问题，促进社会和谐稳定

随着改革的日益深化，各种社会矛盾也会不断地出现，有的甚至会激化。这些矛盾一旦处理不当或者处理不及时，就会造成社会的不稳定，影响改革开放的顺利进行和社会的和谐发展。通过认真处理来信、接待来访，倾听人民群众的意见、建议和要求，深入细致做好疏导工作，有效平息部分群众的情绪，及时化解社会矛盾，就能从源头上预防社会矛盾和纠纷，从而促进社会和谐稳定。

6. 有利于树立领导机关良好的社会形象

信访工作的成败好坏，还直接或间接地影响领导机关在人民群众中的形象。认真负责地受理群众提出的每一件信访事项，及时给予解决和答复，让信访人满意，能使领导机关在群众中获得良好的声誉，进而树立良好的社会形象，对于企业来说，还能提升品牌的知名度，提高综合竞争力。

（四）信访工作的原则

1. 坚持党的全面领导

要把党的领导贯彻到信访工作各方面和全过程，确保正确政治方向。

2. 坚持以人民为中心

要践行党的群众路线，倾听群众呼声，关心群众疾苦，千方百计为群众排忧解难。对信访人的信访权利要依法保护，任何组织和个人不得打击报复信访人。

3. 坚持依法按政策解决问题

群众的来信来访具有广泛性和复杂性。所反映的情况，有的证据确切属实或基本属实，有的则是道听途说、捕风捉影，材料基本失实或完全失实，还有的甚至是恶意的陷害和诬告；所提出的意见，有的是出于爱护之心，积极中肯，有的则观点偏颇、言论偏激；所提出的要求，有的合情合理，确实应当解决，有的则要求过高，甚至是无理取闹。因此，信访工作必须依照法律政策，实事求是，做到重事实、重证据、重调查研究，将信访工作纳入法治化轨道，依法维护群众权益。

4. 坚持落实信访工作责任

信访工作党政同责、一岗双责、属地管理、分级负责、谁主管、谁负责。属地管理要求信访事项由其所在地的责任机关负责受理、办理和协调解决，要引导信访人就地反映问题，把

问题事项解决在当地。分级负责要求信访事项的处理属于哪一级职责范围的,就应当由哪一级机关处理,不准上推下卸。在明确信访事项的处理责任后,要做到谁主管、谁负责,努力做到小事不出村、大事不出镇、矛盾不上交。

5. 坚持源头治理化解矛盾

多措并举、综合施策,着力点放在源头预防和前端化解,把可能引发信访问题的矛盾纠纷化解在基层、化解在萌芽状态。由于信访内容的复杂性,往往造成实际问题和认识问题的相互交织。有些来信来访反映的问题并不大,主要是信访人的思想和情绪一下子转不过弯。因此,在信访工作中,一手着力解决实际问题,一手进行耐心的疏导教育工作,往往能取得较好的效果。要加强对群众反映的突出矛盾纠纷的研究,分析造成矛盾纠纷的原因,采取有效措施从源头上化解造成矛盾纠纷的潜在因素。

(五) 信访工作部门及其工作人员的职责

我国实行党委统一领导、政府组织落实、信访工作联席会议协调、信访部门推动、各方齐抓共管的信访工作格局。乡镇街道以上各级党委、政府设立专门的信访部门。各级党委和政府信访部门以外的其他机关、单位应当根据信访工作形势任务,明确负责信访工作的部门或者人员。信访工作部门和信访工作人员代表本机关、本单位受理人民群众来信来访来电,其职责如下。

(1) 受理、转送、交办信访事项。

(2) 协调解决重要信访问题。

(3) 督促检查重要信访事项的处理和落实。

(4) 综合反映信访信息,分析研判信访形势,为党委和政府提供决策参考。

(5) 指导本级其他机关、单位和下级的信访工作。

(6) 提出改进工作、完善政策和追究责任的建议。

(7) 承担本级党委和政府交办的其他事项。

二、信访工作的程序

(一) 信访受理

1. 来信受理

来信包括邮寄、传真、电子邮件、领导电子信箱、一网通办和其他方式收到的书信,受理程序如下。

(1) 收信。邮寄的来信要做到当日来信当日拆封。拆封时应用剪刀沿封口剪开,不要剪去邮票、邮戳、邮编、地址等标记。拆封后,应取尽信封内的信纸和其他物品,妥为保管。对要信、急信要及时处理。信封应与信纸一并装订。信封内如附有其他单位的转办单、转办函或另套有信封的,也应一起装订,以备查证。接收信访事项的传真机应当专用,并全天候自动接收。信访电子邮箱要定时查阅并注意保存收到的邮件。领导电子信箱和一网通办平台应当设置自动收信回复功能并自动告知处理流程。

(2) 阅信。每份来信应逐一仔细认真阅读,弄清来信意图和反映的每一个问题,分清办理责任。

(3) 登记。每封来信都要进行登记。信件和传真件先在首页上盖"收信章",填上收信日期和来信编号,传真件还要注明发件人的传真号码和传真时间。信访来信登记要用专门的登记簿(表),与其他公文分开登记。来信登记后还应填写"来信处理单"。"来信处理单"设拟办、批示等项目。其中来信内容、办理情况等几项要具体填写。"来信处理单"应与来信一起装订、运转、归档。

(4) 立案。立案是指将信访事项上报机关负责人审批、确定并正式受理。报批立案时,信访人员应将填写好的群众来信处理单附上原信(或传真件、电子邮件打印件)一并上报。来信较长且表述不清的,信访人员要写成摘要,以方便领导人阅批。报批时,信访人员应做好拟办工作,提出办理来信的建议,同时说明过去对这一问题的处理情况和有关政策规定,以便领导在全面了解情况的基础上作出正确的批示。

2. 来访受理

来访受理不同于来信受理,它直接面对信访人。由于来访者的情况以及来访意图错综复杂,要求信访人员既要态度热情,又要头脑敏捷,善于处理各种复杂的情况。

(1) 接待。对每一位来访者,不论是初访还是重访,信访人员都要态度谦和,礼貌招呼,给人以亲切感。

(2) 登记。接谈前应先请来访者将自己的基本情况填写在"来访登记单"或"来访处理单"上,或由信访人员询问来访者后代填。

(3) 接谈。接谈是来访接待的关键。接谈时,信访人员要耐心倾听,认真记录,对关键性问题或者重要情节应询问清楚,对来访人提交的材料和证据要仔细阅读、查看,同时告知来访者应对所反映问题的真实性负法律责任。接谈结束后应将来访记录给来访者过目确认,或要求其签字,并告知其处理的程序。

(4) 现场处置。接谈过程中,信访人员可根据不同情况作相应的现场处置:①来访者提出的询问或其他比较简单的问题,能立即答复解决的应予以当面答复解决;②来访者对政策不理解,一时想不通的,应做好耐心的解释和说服疏导工作;③政策无明确规定,一时难以回答或虽有规定但需要进一步核实情况的事项,要向来访者说明处理的方法和程序;④对超过规定人数集体来访的,要向来访人说明有关规定,请他们派出不超过5名代表接谈;⑤对少数无理取闹、扰乱信访秩序的来访人,应当对其进行劝阻、批评或者教育。经劝阻、批评和教育无效的,由公安机关予以警告、训诫或者制止。

(5) 立案。报批立案时要把群众来访处理单以及来访记录一并上报给主管领导,同时提出拟办意见,由领导人决定立案与否。

3. 来电受理

信访电话包括信访工作部门向社会公开的电话(如 12345 热线),专门设置的首长电话,各行业各单位设置的监督电话、举报电话、投诉电话,等等。这类电话的用户线路和终端不能挪作他用,以确保信息的畅通。受理信访来电的主要程序如下。

(1) 弄清身份。接听信访来电要先弄清来电人的姓名、单位、身份、联系方式,并逐项登记在"群众来电处理单"上。如果来电人不愿留下姓名,可在姓名一栏注明"未留姓名"。

(2) 听记陈述。接听电话时要认真作好记录,弄清对方意图和重要细节,必要时可以录音。

(3) 整理记录。无论是手工记录还是电话录音,都要及时整理成文,并摘出重点和要点,逐项填入"信访来电登记簿"和"信访来电处理单"。规模较小、群众来电数量不多的单位,可以将信访来电与来信来访处理单合并制作,统一登记。

(4) 立案。要求同前。

4. 受理阶段的注意事项

(1) 党委和政府信访部门以外的其他机关、单位收到信访人直接提出的信访事项,应当予以登记;对属于本机关、单位职权范围的,应当告知信访人接收情况以及处理途径和程序;对不属于本机关、单位或者本系统职权范围的,应当告知信访人向有权处理的机关、单位提出。

属于本机关法定职权范围的信访事项,应当受理,不得推诿、敷衍、拖延;对不属于本机关职权范围的信访事项,应当自收到信访事项之日起 15 日内告知信访人向有权处理的机关提出。

领导干部应当阅办群众来信和网上信访、定期接待群众来访、定期下访,包案化解群众反映强烈的突出问题。

(2) 对信访人直接提出的信访事项,有关机关、单位能够当场告知的,应当当场书面告知;不能当场告知的,应当自收到信访事项之日起 15 日内书面告知信访人,但信访人的姓名(名称)、住址不清的除外。

(3) 对已经或者依法应当通过诉讼、仲裁、行政复议等法定途径解决的,不予受理,但应当在 15 日内告知信访人依照有关法律、行政法规规定程序向有关机关提出。

(4) 涉及两个或者两个以上机关、单位的信访事项,由所涉及的机关、单位协商受理;受理有争议的,由其共同的上一级机关、单位决定受理机关;受理有争议且没有共同的上一级机关、单位的,由共同的信访工作联席会议协调处理。

(5) 应当对信访事项作出处理的机关、单位分立、合并、撤销的,由继续行使其职权的机关、单位受理;职责不清的,由本级党委和政府或者其指定的机关、单位受理。

(6) 各级机关、单位对可能造成社会影响的重大、紧急信访事项和信访信息,应当及时报告本级党委和政府,通报相关主管部门和本级信访工作联席会议办公室,在职责范围内依法及时采取措施,防止不良影响的产生、扩大。

(二) 信访办理和督查

1. 转送、交办

转送是指受理信访的机关按照"属地管理、分级负责"的原则,把信访事项转交给责任归属单位处理。交办是指向下级机关或责任部门交代办理信访事项。转送、交办时应填写转送(交办)单或附函说明转办的要求。转送(交办)单一式两份,一份发给转送承办单位,一份留用备查。如果问题涉及几个部门,应将有关内容分别摘抄或复印给各个有关部门处理。转送交办必须注意以下几个问题。

(1) 对党委和政府信访部门或者本系统上级机关、单位转送、交办的信访事项,属于本机关、单位职权范围的,有关机关、单位应当自收到之日起15日内书面告知信访人接收情况以及处理途径和程序;不属于本机关、单位或者本系统职权范围的,有关机关、单位应当自收到之日起5个工作日内提出异议,并详细说明理由,经转送、交办的信访部门或者上级机关、单位核实同意后,交还相关材料。对属于本系统下级机关、单位职权范围的,应当转送、交办有权处理的机关、单位,并告知信访人转送、交办去向。

(2) 对依照职责属于本级机关、单位或者其工作部门处理决定的,应当转送有权处理的机关、单位;情况重大、紧急的,应当及时提出建议,报请本级党委和政府决定。

(3) 信访事项涉及下级机关、单位或者其工作人员的,转送有权处理的机关、单位。

(4) 有关机关应当自收到转送、交办的信访事项之日起15日内决定是否受理并书面告知信访人,并按要求通报信访工作机构。

(5) 任何机关及其工作人员不得将信访人的检举、揭发材料及有关情况透露或者转给被检举、揭发的人员或者单位。

(6) 对转送信访事项中的重要情况需要反馈办理结果的,可以直接交有权处理的机关办理,要求其在指定办理期限内反馈结果,提交办结报告。

2. 承办

承办即责任归属单位对上级机关或其他机关转送本单位办理的信访事项,进行具体的调查、核实、办理。承办的程序如下。

(1) 落实责任。承办信访事项必须落实责任,具体有三种办法:①领导人亲自包案。即由领导人亲自包干部分重要的信访案件,这是加快办案进度,提高办案质量的重要方法。②成立专案组或调查组。如果信访事项涉及两个以上的部门或单位,可采取联合办案的方法。联合办案应当确定主办单位与协办单位。③指定专人具体承办。一般的信访案件,通常采用指定专人承办的方法。

(2) 调查核实。即承办人在仔细研究信访材料的基础上,根据有关线索调查取证,认真听取各方面的意见,然后将来信来访来电所反映的情况与调查得到的情况进行比较、判断、分析、鉴定,依法提出处理这一问题的具体意见和建议。调查时,应当听取信访人陈述事实和理由;必要时可以要求信访人、有关组织和人员说明情况;需要进一步核实有关情况的,可以向其他组织和人员调查。

(3) 听证合议。对重大、复杂、疑难的信访事项,可以举行听证。听证应当公开举行,通过质询、辩论、评议、合议等方式,查明事实,分清责任。

(4) 上报审批。调查和听证之后,信访部门或承办人员应出具信访处理意见书,报请领导人审批,重要的信访事项还需召开专门会议讨论研究,形成决定或决议。信访处理意见书应当载明信访人投诉请求、事实和理由、处理意见及其法律法规依据。

(5) 落实处理。信访处理意见或建议,经领导人批准或会议研究通过后,须具体落实处理。落实处理信访事项有以下三种情况:①请求事实清楚,符合法律、法规、规章或者其他有关规定的,予以支持;②请求事由合理但缺乏法律依据的,应当对信访人做好解释工作;③请求缺乏事实根据或者不符合法律、法规、规章或者其他有关规定的,不予支持。

各级机关、单位在处理申诉求决类事项过程中,可以在不违反政策法规强制性规定的情况下,在裁量权范围内,经争议双方当事人同意进行调解;可以引导争议双方当事人自愿和解。经调解、和解达成一致意见的,应当制作调解协议书或者和解协议书。

(6) 各级机关、单位工作人员与信访事项或者信访人有直接利害关系的,应当回避。

3. 督查

督查是指立案机关或单位对交办给下级责任归属单位处理的信访事项进行督促检查,以保证交办的信访事项件件有落实。有下列情形之一的,应当及时督查,并提出改进建议。

(1) 无正当理由未按规定的办理期限办结信访事项的。

(2) 未按规定反馈信访事项办理结果的。

(3) 未按规定程序办理信访事项的。

(4) 办理信访事项推诿、敷衍、拖延的。

(5) 不执行信访处理意见的。

(6) 其他疑难复杂信访问题和需要督办的情形。

收到改进建议的机关应当在30日内书面反馈情况;未采纳改进建议的,应当说明理由。

(三) 信访办结

1. 结案

结案是指立案的信访事项全部处理完毕。

(1) 结案的标准:事实清楚、结论正确、处理符合法律和政策、手续完备。如果有书面的调查结论和处理意见,应当同当事人见面并由当事人签署自己的意见和姓名。

(2) 结案的时限。信访事项应当自受理之日起60日内办结;情况复杂的,经本行政机关负责人批准,可以适当延长办理期限,但延长期限不得超过 30 日,并告知信访人延期理由。

2. 报告

对上级转送交办并已办理完毕的信访事项,应以书面形式向上级交办机关提交办结报告。

3. 答复

答复是指受理机关或单位将信访处理的结果告诉信访人。答复是对信访人合法权利的尊重。受理机关或单位对每一项合法的来信来访来电,都应当予以答复。答复的方式有书面(即发函)答复、电话答复和当面答复(即回访)。答复要根据不同的对象、不同的信访要求和处理结果各有侧重。对属于认识上的问题,要进行宣传、解释;对已经采纳的批评、建议,应将落实情况告诉信访人并予以鼓励表扬;因条件不成熟暂时无法满足的要求、不能解决的问题、难以采纳的意见或建议,应当说明有关政策或者具体情况,以取得信访人的理解和支持;对要求过分或者无理取闹的信访人,除做好政策解释工作外,该批评的应批评。复信答复要写明时间、加盖公章、留存底稿。电话或当面答复应作好记录,以备查考。

4. 复查

信访人对信访处理意见不服的,可以自收到书面答复之日起 30 日内请求原办理机关、单位的上一级机关、单位复查。收到复查请求的机关、单位应当自收到复查请求之日起 30 日内提出复查意见,并予以书面答复。

5. 复核

信访人对复查意见不服的,可以自收到书面答复之日起 30 日内向复查机关、单位的上一级机关、单位请求复核。收到复核请求的机关、单位应当自收到复核请求之日起 30 日内提出复核意见。信访人对复核意见不服,仍然以同一事实和理由提出投诉请求的,各级党委和政府信访部门和其他机关、单位不再受理。

6. 立卷归档

信访工作中产生的文书材料包括群众来信、接谈和电话记录、传真件、录音和录像资料、登记簿册、转办和交办函、答复函、上复报告,等等。这些材料在平时就要注意收集齐全,在结案后加以整理,对其中具有保存价值的材料应立卷归档。任何人不得丢失、隐匿和擅自销毁信访材料。

各级机关、单位应当及时将信访事项录入信访信息系统,使网上信访、来信、来访、来电在网上流转,方便信访人查询、评价信访事项办理情况。

三、信访信息的分析和反馈

(一) 信访信息分析和反馈的作用

信访信息是指信访工作机构或秘书人员从信访事项中直接获取或者经过综合研究提出

的、对领导工作有参考价值的情况、问题或建议。信访信息分析和反馈的作用有以下几方面：

1. 掌握社情民意

信访工作机构和秘书人员通过对来信来访的分析、综合、预测，可以了解人民群众在一段时期内关注的热点以及对党政机关工作的意见、建议和要求，并将这些信息及时反馈给领导机关和领导人，从而为领导机关和有关部门全面及时掌握社情民意提供依据。

2. 提供政策建议

信访工作机构和秘书工作人员通过对信访信息进行深入发掘，展开专题调查和综合研究，积极向领导机关和有关部门提出完善政策、解决问题的建议，使信访工作成为领导机关决策的参谋和助手。

3. 改进信访工作

通过分析特定时期、特定区域、特定群体信访活动的特点和发展趋势，可以总结和把握信访工作的规律，从而指导信访工作的实践，提高信访工作的针对性和有效性。

（二）信访信息分析和反馈的要求

1. 实事求是

实事求是是信访工作的基本原则，也是信访信息分析和反馈的基本要求。信访工作机构和秘书人员向领导机关和领导人反馈信访信息，一定要敢于说真话、报实情，一切从实际出发，一是一、二是二，不弄虚作假，让领导机关和领导人真正了解群众的心声。

2. 围绕中心

信访工作机构和秘书工作人员要认真学习党的方针政策和国家的法律、法规，了解领导机关在不同时期和不同阶段的中心目标和工作重点，有目的、有针对性地为领导人提供信访信息。

3. 及时迅速

信访部门和信访工作人员，应当及时地把信访活动的动态信息以及分析研究的成果反馈给领导机关和领导人，尤其是涉及敏感政治问题以及事关人民群众生命财产安全的信息，更应当争分夺秒，快速反映，为领导机关和领导人采取应对措施赢得宝贵的时间。

（三）信访信息分析的方法

信访工作部门和秘书工作人员平时要注意定期收集整理信访信息资料，在调查核实、确保信息资料真实可靠的基础上进行科学的分析。信访信息分析的常用方法有以下几种。

1. 区域分析法

即以信访人居住的区域或者信访事项涉及的地区为分析对象，以了解这一区域信访活动的整体情况，比较这一区域和其他区域之间的差别，从中发现问题，分析原因，找出解决办法。

2. 群体分析法

即以信访事项集中指向的群体(包括特定的行业、阶层、职业、年龄段等)为分析对象,找出这一群体存在的问题,提出解决办法。

3. 时间分析法

即以信访活动进行的时间或某类信访事项集中发生的时间特征为分析对象,找出信访活动的时间性特点和规律,掌握信访活动的发展趋势,以便制定应对措施,争取工作主动。

4. 问题分析法

即以某一阶段内信访活动所涉及的具体问题作为分析对象,进行统计分析,比如将信访问题分成情况类、建议类、举报类、求决类、申诉类等,每一类下面还可分成若干小类。通过分类统计比较分析,找出不同行业、职业、区域、阶层、年龄段的群众在特定时间段中关注的热点及其变化的规律,为有针对性地做好工作提供依据。

5. 因素分析法

即统计分析围绕某一区域、某一行业、某一群体、某一时期、某一问题的信访活动发生、数量变化的各项因素,并提出具体的对策。

(四) 信访信息的反馈形式

1. 整改建议书

整改建议书有以下几种情况。

(1) 信访部门发现有关机关、单位存在违反信访工作规定受理、办理信访事项,办理信访事项推诿、敷衍、拖延、弄虚作假或者拒不执行信访处理意见等情形的,应当及时督办,并提出改进工作的建议。

(2) 信访部门对工作中发现的有关政策性问题,应当及时向本级领导机关报告,并提出完善政策的建议。

(3) 对在信访工作中推诿、敷衍、拖延、弄虚作假造成严重后果的机关、单位及其工作人员,应当向有管理权限的机关、单位提出追究责任的建议。

2. 信访情况年度报告

信访部门应当编制信访情况年度报告,每年向本级领导机关和上一级领导机关信访部门报告。年度报告应当包括下列内容。

(1) 信访事项的数据统计、信访事项涉及领域以及被投诉较多的机关、单位。

(2) 信访部门转送、交办、督办情况。

(3) 信访部门提出改进工作、完善政策、追究责任建议以及被采纳情况。

(4) 其他应当报告的事项。

3. 信访简报或动态

信访简报或信访动态是一种及时、简要反映信访信息的内部报道,一般采取一事一报的方法,可以定期出刊,也可以临时出刊,要求反应灵敏、迅速。

4. 信访工作专题调研报告

即针对信访工作各方面存在的问题以及信访工作中的经验、教训展开专题调查研究,深入分析原因,提出改进信访工作、完善信访制度的具体建议而形成的书面报告,具有较高的理论和实践价值。

第二节 危机管理

一、危机管理概述

(一)危机的含义

危机是指由自然或人为因素造成的、突如其来的、对组织造成较大损失和压力的事件或事故。由于导致危机的自然或人为的因素事先难以完全预见和克服,任何组织在任何时候都可能面临危机。危机并不可怕,可怕的是事前无防范、临危又失措。所谓危机管理就是指社会组织对可能发生的危机事件进行预测、防范以及对已经发生的危机事件进行有效控制和妥善处理的过程。危机管理是现代领导科学必须正视的重要课题,也是领导人实施管理控制无法回避的重要一环。作为参谋与助手,秘书协助领导人处理危机责无旁贷。

(二)危机的特点

1. 意外性

危机的发生常常出人意料,突如其来,令人猝不及防。有些危机即使对其有所准备,但往往无法准确预料发生的具体时间、地点、范围和程度。因此,危机一旦发生,事发单位以及当事人往往仓促上阵,被动应付。

2. 危害性

危机一般都具有很大的危害性,无论是由自然原因引发的水灾、旱灾、虫灾、雹灾、雪灾、地震等,还是由人为原因造成的集体上访、聚众闹事、食物中毒、疾病流行、安全生产和质量事故等,或导致人身伤亡和经济损失,或损害组织的形象,严重的还会破坏社会稳定,产生不良的政治影响,甚至危及组织的生存和国家的安全。

3. 紧急性

危机都具有起事急、波及快的特征,如果不及时妥善处理应对,事态会迅速扩大、蔓延。特别是在发生的当初,如不采取有效措施,不仅事态会迅速蔓延,而且由于正面的信息沟通渠道尚未建立,很容易让小道消息和谣言有可乘之机,扰乱人们的视听,给解决危机造成困难。

4. 可控性

危机虽然具有突发性、危害性和蔓延性，但只要处置迅速、得当，就能将其危害控制在有限的范围内。有时通过努力，还可以将危机化为转机，把坏事变成好事。也就是说，可控性是有条件的。如果对危机的性质和危害判断失误，或者处置不当、延误时机，也往往会使危机滑向不可收拾的地步，甚至可能导致组织瓦解崩溃的极端后果。

（三）危机的类型

1. 按危机的来源分类

（1）内源性危机。即由于内部管理不善、利益冲突，或者因内部人员的过失或故意破坏导致的危机，如群体性事件、安全生产事故、产品质量事故、设备损坏事故、食物中毒事故、消费纠纷投诉等。

（2）外源性危机。即由外界自然灾害、疫病、战争、恐怖袭击、社会动乱、公共政策变化、合作伙伴违约、不法分子侵权等各种因素造成的危机，如人员伤亡、财产损失、合同违约、名誉受损、营销受阻等。

实际上许多危机的产生往往是内因和外源的相互作用的结果，因此在判断时，既要分析又要综合。

2. 按危机的性质分类

（1）政治性危机，是指由于人为因素而发生的破坏社会稳定、危害国家利益的事件。如恐怖主义袭击、冲击政府机关、蓄意聚众闹事等。

（2）群体性危机，又称群体性事件，是指部分群众的游行、示威、静坐、罢工、罢课等事件。这类危机应同政治性危机区别开来，但如处理不当，有可能转化为政治性危机。

（3）治安性危机，即由于发生杀人、抢劫、纵火、投毒、偷盗、寻衅滋事等治安案件而导致的危机。

（4）自然性危机，是指由自然界不可抗力引起的灾难，如地震、水灾、台风、泥石流、疾病流行等。

（5）事故性危机，是指因管理缺陷和技术原因而引起事故、造成危机，如生产事故、交通事故、质量事故、食物中毒事故、泄密事故等。

（6）公共性危机，是指组织外部突然发生的、对同一地区或系统的组织都会造成不同程度的利益损失的公共事件，如金融危机、社会动乱、停水、停电、停气以及其他与本组织相关联的公共危机事件。

（7）侵权性危机，是指社会组织被他人假冒名义、盗用商标、伪造文件、窃取专利而造成经济和名誉上损失的侵权事件。

（8）误解性危机，这类危机有两种情况：一种是因组织内部工作失误或发生事故未及时准确发布信息而导致外界猜测或者传言；另一种是由于外界的因素引起的，如某些竞争对手故意制造事端或谣言、引导对本组织不利的社会舆论，也有的是专家误导或媒体误报导致公众对本组织产生误解、怀疑，从而使组织形象受到严重破坏。后一种情况也会构成名誉侵权。

（四）危机管理原则

1. 高度重视，加强领导

危机事件往往涉及面广、影响和危害性大，一旦处理不慎，就会造成重大损失，甚至导致组织崩溃。因此各级各类的机关、单位的领导一定要树立危机意识，对危机保持高度的警惕性和敏感性，采取切实措施加强对危机管理的领导，危机发生后要迅速建立临时性危机处理领导机构，实行统一部署、统一指挥、统一口径，防止政出多门、各行其是，确保信息和政令的畅通。对在危机处理过程中违反法律、法规、组织纪律，另搞一套，有令不行、有禁不止的单位和个人，一定要严肃查处，追究法律和行政责任。

2. 分级负责，归口处理

分级负责原则要求危机发生在哪一级，哪一级领导就应当负起责任；归口处理原则要求危机事件属于哪个部门责任范围的，哪个部门就应当立即处理。总之，每一级领导、每一个部门都要做到责任明确。如果出现临阵脱逃、擅离职守或者相互推诿的情况，必须绳之以党纪国法。

3. 科学预测，积极防范

危机管理的重点在于预防危机，而不在于处理危机。"居安思危，未雨绸缪"是危机管理的核心。一般情况下，我们虽然无法准确预料危机发生的具体时间、地点、范围和程度，有些外源性的突发性危机也常常无法预防，但总是有相当一部分危机的发生有一定的规律可循，可以预测和防范。实践证明，确实有许多危机可以通过事前制定详尽的预案，做好预防工作，降低发生的概率。即使发生，也可在平时充分准备、训练有素的基础上，迅速采取有效措施，将损失和危害降到最低点。做好科学预测、积极防范的具体要求如下。

（1）对可以预见的危机做好科学的预测分析，及时预报。

（2）对可能发生的危机，要多渠道了解信息，掌握动向，及时发现苗头，将其消灭在萌芽状态。

（3）对过去曾经发生过的危机进行科学分析，找出"哪些时间容易发生""哪些地区或部位容易发生""哪些人群容易发生""哪些条件下容易发生"等规律，并以此作为制订预案和实施防范的依据。

（4）针对不同的危机制订相应的预案。预案的主要内容包括：①可能发生的危机的性质；②应对和处理危机的领导机构和工作人员，主要责任人以及内部分工；③处理该项危机事件的流程、规则、资金和物资；④纪律和禁止事项。

（5）加强对参与危机处理的人员的培训和演练，使其掌握危机处理的必要知识，提高处理危机事件的技能和能力。

（6）在容易发生事故的地方和部位张贴警示性标志，或将应急程序和办法公示于醒目处。

（7）平时做好处理危机事件所需的物品和器材的采购、保管、维护工作，保证性能良好，关键时刻用得上。

4. 快速反应，准确判断

危机管理的关键是捕捉先机，在危机危害组织之前对其实施控制。危机发生后，有关责任人员必须在第一时间到位，领导要靠前指挥，迅速弄清情况，准确判断性质，采取果断措施，防止事态扩大。

5. 坦诚公开，及时沟通

危机事件一旦发生，必然成为社会关注的焦点和街谈巷议的热点，隐瞒、遮盖不仅助长流言和谣传，造成公众的紧张恐慌心理，于事无补，甚至还会失信于民，严重损害组织的公信力。因此，除了涉及国家机密或商业秘密的信息必须保密之外，应当及时通过适当的传播渠道和手段（如对外举行新闻发布会或情况说明会、接受记者采访、发表声明或公告；对内召开干部会议或群众大会等）将危机发展的态势以及已经采取和将要采取的措施予以公开或传达，与公众进行有效的沟通，该道歉的要诚恳道歉，该承担责任的要主动承担责任，同时澄清事实、制止谣传，以缓和公众的情绪，消除公众的疑虑，争取公众的谅解和支持。

发生重大危机或有造成人员伤亡的事件，要按照有关规定及时向主管部门报告，不得缓报、瞒报和漏报。对可能会造成政治利益以及人员和财产更大损失的危机，应当直接报告更高的上级机关直至最高领导机关。报告有电话和书面两种形式，紧急情况先用电话报告，然后再书面报告。报告时要说明危机事件发生的时间、地点、肇事者、简要经过、伤亡人数和直接经济损失的初步估计、对危机发生原因的初步判断、采取的措施及危机控制的情况。

6. 稳妥善后，认真反思

危机事件的善后工作包含两个方面：一是财产赔偿和经济恢复，如伤亡人员的赔偿、受灾群众的救济、经济损失的补偿、受灾地区的重建、生活秩序的恢复等，这方面的善后工作要积极、慎重、稳妥，做到依法、依规、合情、合理，尽可能避免留下后遗症；二是通过认真反思，总结经验教训，恢复信心，重建形象。从某种意义上说，这方面的善后工作更重要。首先，要通过周密的调查和认真的分析，找出引起危机的各种原因，是人为疏失，还是外在无法控制的因素。其次，要对危机管理工作进行全面的评价，详尽地列出预警系统的组织和工作程序、危机处理计划、危机决策等危机管理各方面工作存在的问题，举一反三，亡羊补牢，建立或调整危机预警机制，尽可能防止类似的危机再次发生，或者在危机发生前有充分的准备，将危机造成的损失降到最低程度。此外，还应当参考和吸纳媒体对危机处理方式的合理意见和建议，毕竟媒体对公众的影响极大，这对重树组织形象、恢复组织信誉大有裨益。

二、危机管理中的秘书职责

(一) 保证信息畅通

信息在危机管理中具有举足轻重的作用。信息及时、准确,才能正确判断危机的性质,迅速采取有效的措施;反之,信息滞后、失实,就会延误时机或者误导决策,以致造成不可收拾的局面。为此,秘书部门必须做到以下几点。

(1) 平时要建立健全迅速灵敏的危机信息感知系统和危机信息急报制度,掌握所有领导以及部门负责人的通信联络方式,保证领导人或有关部门在危机的苗头刚刚出现或危机爆发的第一时间,立即掌握信息,了解情况,作出判断,为控制危机和扭转局面赢得时间。

(2) 危机应对期间,秘书部门作为信息枢纽,信息流动量会成倍增加。为保证信息上通下达,及时传递,自危机发生之时起,秘书部门就要实行全天候值班,直到危机处理结束。

(二) 搞好跟踪调查

危机发生后,秘书部门要加强与事发单位或地区的联系,了解危机的发展动态,同时组织力量,深入现场,实地调查研究,掌握第一手资料,及时向领导作出反馈。对重大危机事件,要组成由业务部门以及有关专家参加的调查组,查明危机发生的原因、评估人员伤亡及财产损失的情况,确定危机的性质及责任,提出处理此次危机以及预防此类危机再次发生的具体措施。

(三) 注意协调各方

危机事件的处理需要实行统一领导,各方配合协调。秘书接到危机报告后,除了立即向领导汇报和请示外,还要随时与公安、消防、卫生、交通、物资、新闻等有关方面保持密切沟通,互通信息,加强协调,使危机处理工作有条不紊地顺利进行。

(四) 提供随行服务

危机发生后,领导人必须紧急响应,亲临前线,现场指挥。作为秘书,要快速准备好必需的通信、记录、扩音、交通等工具和器材,陪同领导赶赴现场。抵达现场后,秘书要随时听候领导调遣,按时完成领导交办的各项任务;打给领导的一般电话一律挡驾;对领导的视察、谈话、开会、接见、慰问等活动要迅速作出安排,领导的讲话和指示要做好详细记录,及时传达和反馈。

(五) 写好书面材料

危机处理中,秘书要为领导写好情况报告、紧急通知、调查报告、新闻发布稿等书面材料,危机处理后,要为领导写好情况通报、总结报告、处理决定、整改意见等文书。所有的书面材料要妥善保存并按规定立卷归档。

三、秘书处置危机的程序和方法

(一) 政治性、群体性危机的处置

(1) 接到报告后要了解事件发生的地点、人数、形式(静坐、游行、罢工、冲击、袭击)等详细情况,必要时亲自到现场调查,务必弄清情况,准确判断事件的性质。

(2) 立即向领导报告情况并请示处置办法。

(3) 事先已制定预案的,经领导人同意后通知有关部门紧急启动预案。如无预案,属于群体性事件的,通知群众所在单位的领导到现场进行疏导、劝散;个别人有过激行为的,要进行劝阻,必要时请公安部门依法采取恰当措施予以制止。如果属于恐怖袭击、坏人破坏这类政治事件,要通知公安、武警等部门采取坚决措施。

(4) 加强值班,确保信息的畅通,及时办理领导交办的临时事项。

(5) 事后协助公安等有关部门对事件进行深入调查,分析原因,准确定性,对群众的合理要求要及时予以满足,对有过激行为者,应当进行教育,对违法者依法处理。

(6) 根据需要以及有关规定和领导人的指示,组织安排好新闻发布会。

(二) 自然性、事故性危机的处置

(1) 接到报告时要详细了解灾害或事故的类型和性质、发生的地点和单位、波及的范围、目前的灾情和大致伤亡损失情况,如果是通过媒体获得信息,要与媒体沟通加以确认,然后立即向领导汇报,听候领导人的指示。

(2) 根据领导人的指示通知有关部门启动相关的应急预案。如通知公安部门出动警力维持秩序,通知消防、卫生部门组织抢险、抢救,通知有关单位组织群众疏散避险,等等。

(3) 亲自或安排人员赶赴现场了解第一手灾情及救灾情况,向领导人及时汇报。遇到重大灾害,应陪同领导人赶赴现场,为领导人现场视察、指挥、协调、慰问提供服务。

(4) 做好值班工作,保持信息畅通并及时办理领导交办的临时事项。

(5) 协助领导人和有关部门调查灾害或事故的原因。

(6) 组织安排新闻发布会,落实会场,向有关媒体发出邀请,为领导人写好新闻发布稿,或安排领导人接受记者个别采访。

(7) 及时处理公众的来信、来访、来电,并根据领导人确定的统一口径一一答复。对来信、来访、来电中反映的重要情况和意见要及时向领导汇报。

(8) 协助领导人安排好后期的理赔、抚恤、治丧、慰问等相关工作。

(三) 侵权性、误解性危机处置办法

(1) 了解情况、收集证据。秘书要迅速详细了解侵权性、误解性危机发生在什么地点,以什么形式出现,已经造成哪些损失。对于侵权性危机要了解侵权方的法定名称和住址,采用

了哪些侵权的手段,有哪些直接或间接的证据;对于误解性危机要了解产生误解的具体事项和原因、误解导致的后果。了解情况、收集证据后及时向领导汇报。

(2)根据领导指示,召集相关部门并邀请有关专家和律师参加情况分析会,共同商讨应对措施。会议中秘书要做好记录,并根据会议决定迅速起草新闻发布稿、声明等文件材料。如决定采取法律行动维护权益的,还要协助律师做好必要的证据收集、补充和法律文书的起草工作。

(3)安排新闻发布会或情况说明会,向有关媒体发出邀请,为领导撰写新闻发布稿,或安排领导接受记者个别采访。

第十二章
秘书日常事务

第一节 秘书日常事务概述

一、秘书日常事务的含义和内容

(一) 秘书日常事务的含义

秘书事务大致可以分为两类：一类是为领导的决策及其实施而提供直接服务和保障的事务，如撰写文书、办理公文、组织会议、安排活动、处理信访、化解危机等，这类工作紧紧围绕领导机关的职能展开，工作内容随领导工作重心的转移而变化，因此称为"决策服务"；另一类工作则与领导的决策及其实施联系较为间接，如日常的书信收发、临时来访接待、电话接打、值班安排、印章与介绍信管理、办公室环境及用品管理，等等。与前一类事务相比较，这类事务更具有经常性和程序性，因而称为"秘书日常事务"，又因为大多是在办公室内完成的，又称为"办公室日常事务"。在秘书工作中，决策服务和秘书日常事务组成秘书系统事务服务职能的两翼，各司其职但又彼此联系、相互交融。

(二) 秘书日常事务的主要内容

秘书日常事务的内容广泛，其中出现频率较高的有以下几种：
(1) 保密工作；
(2) 值班事务；
(3) 日常接待事务；
(4) 领导临时交办事务；
(5) 办公用品、用房和用车管理事务；
(6) 通讯事务；
(7) 印章与介绍信管理事务。

二、秘书日常事务的作用和特点

(一) 秘书日常事务的作用

1. 信息枢纽作用

值班工作、来信处理、来访接待和电话接打等日常事务,是领导人和领导机关了解群众的要求和愿望、掌握社会动向、联系上下机关以及接洽业务的重要信息渠道。保证这些渠道的畅通,有利于及时获得领导决策所需要的信息,并为处理各种矛盾和接洽各项业务赢得有利时机。

2. 精力补偿作用

秘书日常事务归根到底是为领导工作服务的,是领导事务的延伸,是领导事务的有机组成部分。做好秘书日常事务工作,实际上就是使领导从繁琐的日常事务中解脱出来,集中精力进行宏观决策,抓好大事。

3. 后勤保障作用

领导人以及整个领导机关职能的发挥,离不开后勤物质上的保障和支持。秘书部门作为领导人和领导机关的综合办事部门,应当通过提供及时有效的后勤服务以及物质支持,确保领导工作和整个机关日常工作的顺利开展。

4. 树立形象作用

秘书日常事务工作的内容和性质决定了一个单位的办公室实际上就是一个单位的窗口。单位的领导人通过这一窗口与群众、与社会进行沟通联系,而群众和社会也正是通过这一窗口了解党政机关和企事业单位的责任意识、服务态度、工作效率与诚信度。因此,秘书日常事务工作的好坏,关乎领导的形象,关乎党政机关或企事业单位的形象。

(二) 秘书日常事务的特点

秘书日常事务属于秘书事务的一部分,因此具有秘书事务的一般特征,此外还具备自身的一些特点。

1. 出现频率高

秘书日常事务之所以冠以"日常"二字,是因为与一般的秘书实务相比,出现的频率更高,秘书几乎每天要同它打交道。在许多单位,为了能够及时处理这些日常事务,还设置了专门的岗位,如前台文员,负责接转电话、收发传真、接待来访、打印文档、通知传达、完成临时交办事务等工作。较大的机关则设置专门的值班室,处理部分日常工作。

2. 事务头绪多

秘书日常事务头绪多、内容杂,大事小事、难事易事、内事外事、公事私事(指领导人因工作原因耽误的私事),涉及方方面面。辅助决策、处理信息、督促检查、协调关系、撰写文书、办理公文、组织会议、处理信访、接待宾客等秘书工作中也存在大量的秘书日常事务。因此秘书日常事务的范围不是绝对的,它与其他秘书事务具有一定的交叉性。

3. 工作规范严

秘书事务讲究规范,但秘书日常事务工作的规范性更为严格,如保密工作、值班工作、印章管理,等等,都需要严格按照法律、法规和规章办事。

4. 技能要求广

秘书日常事务工作需要多项技能的支持,如计算机文字速录、计算机软件运用、办公设备的使用和维护等,因此要求秘书人员做到一专多能,甚至"多专多能"。在规模较大的机关、单位中,还要在物业管理、设备维护、汽车驾驶等后勤保障方面配备相应的专业技术人员。

第二节 保 密 工 作

一、保密的含义和保密工作的范围

(一)保密的含义

秘密是指在一定的时间内只限一定范围的人员知悉的事项。将秘密控制在一定时间和范围内称为保密。保密工作是指特定组织及其成员为达到保守组织秘密的目的所采取的一切手段和措施。

(二)保密工作的范围

保密工作是一项系统工程。从宏观角度来看,其内容包括制定保密法律、法规以及组织内部相应的保密规章,建立保密机构,开展保密宣传教育,研制开发和应用保密技术,进行保密检查督促,查处泄密事件,开展保密理论研究,等等。

二、秘密的种类

(一)按秘密的性质分

1. 国家秘密

国家秘密是关系国家安全和利益,依照法定程序确定,在一定时间内只限一定范围的人员知悉的事项。

2. 商业秘密

商业秘密是指不为公众所知悉、能为权利人带来经济利益、具有实用性并经权利人采取保密措施的技术信息、经营信息以及其他符合商业秘密构成要件的商业信息。有些商业秘密同时也是国家秘密。

3. 组织内部秘密

组织内部秘密是指除国家秘密和商业秘密外的、组织内部在一定时间内只限一定范围的人知悉的、不对外公开的事项。如正在酝酿而尚未确定的干部任免事项、招聘信息、调薪方案、领导人之间的不同意见，等等。这类秘密一旦泄露，轻则使领导工作被动，重则损害领导班子内部团结，破坏干部和群众关系，影响组织的内部氛围，干扰领导的工作部署，甚至败坏组织在社会上的形象，导致不可挽回的政治经济损失。

（二）按秘密等级分

1. 国家秘密等级

（1）绝密级。绝密级国家秘密是最重要的国家秘密，一定泄露会使国家安全和利益遭受特别严重的损害。

（2）机密级。机密级国家秘密是重要的国家秘密，一旦泄露会使国家安全和利益遭受严重的损害。

（3）秘密级。秘密级国家秘密是一般的国家秘密，一旦泄露会使国家安全和利益遭受损害。

2. 商业秘密等级

企业应对商业秘密进行分级管理，根据商业秘密的秘密性、价值性以及泄露会对企业经济利益造成的损害程度，可将密级分为核心商业秘密、重要商业秘密、一般商业秘密三级。

3. 组织内部秘密等级

这类秘密的等级由组织自行确定。

（三）按秘密存在的方式分

1. 有形秘密

所谓有形秘密，是指那些看得见、摸得着、具有秘密信息的实物载体。有形秘密信息的载体多种多样，主要有以下几种。

（1）以文字、图形、符号记录秘密信息的纸介质载体。如秘密文件、文稿、文书、档案、电报、信函、数据统计、图表、地图、照片、书刊及其他图文资料等。

（2）以磁性物质记录秘密信息的载体。如记录秘密信息的计算机软盘和硬盘、磁带、录音带、录像带等。

（3）以电、光信号记录传输秘密信息的载体。如电波、光纤等。秘密信息加密后通过电波、光纤传输，再通过一定的解密技术还原。

（4）含有秘密信息的设备、仪器、产品等载体。这类载体有的可以从外观上直接反映出秘密的属性，有的则要使用关键性测试、分析手段才能够获得其中的秘密信息，如涉密的计算机系统。

2. 无形秘密

所谓无形秘密,是指不具有一定的实体形态的、存在于人脑的、具有秘密特征的意识、思维、技能等,主要有以下几种。

(1) 口头类秘密。口头类秘密看不见、摸不着,但却普遍存在,如会议上口头传达的、需要保密的内容,领导人口头交代给秘书的工作意图,双方口头达成的秘密承诺,等等。

(2) 技能操作类秘密。即以技术运用、技能操作方式存在的秘密,如产品设计和制造过程中的技术诀窍、传统工艺、设计创意等。

有形秘密和无形秘密在一定条件下是可以相互转化的,如秘书将领导的内部指示和讲话记录下来,形成文件、资料,无形秘密就转化为有形秘密。秘书在接触秘密文件时,有形的秘密就会被大脑摄取记忆,转化为无形秘密。

三、保密工作的要求

(一) 强化责任,健全机构

保密工作关系到国家的安全和利益,关系到经济建设和社会稳定的大局,关系到企业的兴衰,意义重大。因此各级领导要在思想上高度重视,把保密工作列入经常性议事日程,作为一项长期任务认真抓好。具体要求如下。

(1) 实行保密工作领导责任制。机关、单位负责人对本机关、本单位的保密工作负责。

(2) 健全保密工作机构。机关、单位应当根据保密工作需要设立保密工作机构(保密工作委员会或保密工作领导小组)或者指定人员专门负责保密工作,一般性单位的日常保密工作由秘书部门负责。

(3) 机关、单位负责人为本机关、本单位的定密责任人,根据工作需要,可以指定其他人员为定密责任人。定密责任人负责本机关、本单位的国家秘密确定、变更和解除工作。

(4) 涉密岗位的工作人员对本岗位的保密工作负责。

(5) 履行保密工作责任制情况应当纳入责任机构和责任人年度考评和考核内容。

(二) 依法管理,完善制度

做好保密工作需要法律和制度保证。我国的宪法和保密法对保守国家秘密有明确的法律规定,此外还制定了一系列相关法规和规章,为做好各行各业保密工作创造了良好的法律环境,提供了有力的制度保障。各机关、单位必须将保密工作纳入法制化轨道,做到有法必依、执法必严,同时要以法律为依据,从本单位的实际出发,建立并且不断完善、细化本单位保密工作的规章制度,如涉密载体、会议、新闻报道、通信、办公设备使用等专项保密制度,员工保密培训制度,保密工作定期检查制度,泄密责任追究制度,保密工作总结表彰制度。

(三) 积极防范,突出重点

首先要从思想上高度重视保密工作,以防为主,未雨绸缪,以积极的姿态把工作做在前头。为此要对有关涉密人员尤其是接触秘密较多的领导人员、秘密所在的要害部门（部位）的工作人员进行保密教育和培训，使他们牢固树立保密意识，掌握保密技术和技巧，养成保密的习惯。对各项保密工作要进行定期检查，以便及时发现漏洞和隐患，及时采取有效措施，将问题解决在萌芽状态，避免造成损失。

其次要区别情况，突出重点。应当将涉及绝密级或者较多机密级、秘密级国家秘密的机构确定为保密要害部门，将集中制作、存放、保管国家秘密载体的专门场所确定为保密要害部位，按照国家保密规定和标准配备、使用必要的技术防护设施、设备。

（四）既确保秘密的安全，又便利信息资源合理利用

保密工作既要确保秘密的安全，又要便利信息资源合理利用，有利于各项业务工作的正常进行，两者要相互兼顾，辩证统一。为此要做到以下几点。

1. 定密、解密要及时

凡需列入秘密范围的载体，应在其产生的同时，由制文机关或单位根据定密的权限确定密级、保密期限和知悉范围。机关、单位应当定期审核所确定的各项秘密。对在保密期限内因保密事项范围调整不再作为秘密事项，或者公开后不会损害国家及组织的安全和利益，不需要继续保密的，应当及时解密；对需要延长保密期限的，应当在原保密期限届满前重新确定保密期限。

2. 确定秘密范围要准确

定密过窄，该确定为秘密的事项而未定密，会造成泄密事件的发生。定密过宽，不该确定为秘密的事项而确定为秘密，就会给业务工作带来许多不便。

3. 确定秘密等级要合适

秘密等级合适，不仅能够确保各项秘密，而且也有利于秘密信息的合理利用。确定秘密的等级，要综合考察该项秘密一旦泄露，对国家及组织的安全和利益所造成损害的时间长短、损害面的大小、经济损失量的多少等因素。

4. 确定保密期限要合理

任何一种秘密都是在一定时间内只限一定范围的人员知悉的事项，这里的"一定时间"就是保密期限。国家秘密的保密期限，除另有规定外，绝密级不得超过30年，机密级不超过20年，秘密级不超过10年。保密期限在1年及1年以上的，以年计；保密期限在1年以内的，以月计；保密期在1个月以内的，以日计。保密期限已满的，自行解密。不能确定期限的，应当确定解密的条件。商业秘密的保密期限由权利人自行确定。

5. 确定知悉范围要严格

应当根据工作需要将秘密事项限定在最小的知悉范围。知悉范围能够限定到具体人员的，限定到具体人员；不能限定到具体人员的，限定到机关、单位，由机关、单位限定到具体人员。

(五) 应用技术,严防窃密

当前,利用高新技术窃取秘密已经很常见。技术越是落后,秘密就越容易被窃取。因此,要确保国家秘密、商业秘密和组织内部秘密的安全,就应当加强保密基础设施建设和关键保密科技产品的配备,提高反窃密的技术能力。属于国家秘密的设备、产品的研制、生产、运输、使用、保存、维修和销毁,应当符合国家保密规定。涉密信息系统应当按照国家保密标准配备保密设施、设备。机关、单位对承载国家秘密的纸介质、光介质、电磁介质等载体以及属于国家秘密的设备、产品,应当作出国家秘密标志。国家秘密标志形式为"密级★保密期限""密级★解密时间"或者"密级★解密条件"。

四、秘书部门的保密事务

(一) 载体保密

秘密的载体包括纸介质、光介质、电磁介质。载体保密除遵守保密工作的一般要求外,还要严格把好以下环节。

(1) 定密责任人审核密件时,如发现不符合保密范围,或者密级、保密期限和知悉范围规定不当的,应当予以纠正。

(2) 校对与缮印要做到:

① 纸质密件的校对与缮印应指定专人,批量印制应指定专门的印刷厂,并由专人监印。

② 仔细检查秘密标志正确与否。公文的国家秘密标志方法详见第六章第三节"公务文书的结构元素、体例和标印格式"。文件、资料汇编中包含密件,应当对每份密件的密级和保密期限单独作出标志,并在封面或者首页以其中的最高密级和最长保密期限作出标志。摘录、引用密件中属于秘密的内容,应当以其中最高密级和最长保密期限作出标志。文件中只有少量内容属于秘密的,除在文件首页标注相应的密级外,还可以直接在应保密的段落之前标明密级,或者以文字指明哪些内容属于秘密事项。地图、图纸、图表的密级和保密期限标志在其标题之后或者下方。商业秘密文件由权利人确定标志方式,但不得出现"★"标志。

③ 校对与缮印密件时产生的废纸、校样等应彻底销毁。

④ 对外委托国家秘密载体的印制业务,应当选择具有涉密印制资质的单位承接涉密印制业务。

(3) 密件载体应当通过机要交通、机要通信或者其他符合保密要求的方式传递。传递纸质密件时,信封上必须标明密级并加盖密封章。

(4) 收发国家秘密载体,应当履行清点、编号、登记、签收手续。

(5) 必须严格按规定或领导人批准同意的知悉范围组织传阅密件,知悉范围不得随意扩大。

(6) 如工作需要复制国家秘密载体或者摘录、引用、汇编属于国家秘密的内容,应当按照规定报批,不得擅自改变原件的密级、保密期限和知悉范围。复制件应当加盖复制机关、单位戳记,并视同原件进行管理。

(7) 阅办涉密文件,处理和保存国家秘密载体的场所、设施、设备,应当符合国家保密要求。

(8) 秘密载体应当定期清退。销毁国家秘密载体应当履行清点、登记、审批手续,并送交保密行政管理部门设立的销毁工作机构或者保密行政管理部门指定的单位销毁。自行销毁少量国家秘密载体的,应当使用符合国家保密标准的销毁设备和方法,确保销毁的国家秘密信息无法还原。

(二) 会议和活动保密

1. 参加人员保密

(1) 根据工作需要和保密要求限定出席人员的范围。确需列席会议的人员,应将名单呈报主管会议的领导审定。与会者的随行人员因特殊情况需要进入会场的,应报请批准。对所有参加人员提出具体保密要求。

(2) 严格执行入场检查和报到签到手续。与会者一律凭有效证件,如会议通知、单位介绍信、代表证、门禁卡等入场。会议期间临时外出应当经过批准并记录在案。

2. 场所保密

场所是会议和活动人员集中的地方,为防止泄密和窃密,必须加强场所保密,具体要求做到以下几点。

(1) 使用符合国家保密规定和标准的场所。不得在接待外国人的宾馆、饭店、招待所举行涉密会议。

(2) 会议和活动结束后,工作人员应立即进行清场。清场的重点有两处,一是会场,二是与会者住宿的房间。清场的任务主要是检查有无遗留的文件、笔记本以及可能造成泄密的物品或痕迹。

3. 会议和活动设施、设备保密

要事先告知参加人员不得携带入场的设备清单,入场时要严格检查。使用录音机、照相机和录像机等设备记录涉密会议,要事先征得领导审核同意。涉密会议和活动使用的设施、设备,要有专人管理和使用,会前进行防窃密、防泄密检测。

4. 会议和活动载体保密

涉密会议和活动中使用的所有载体都要列入保密范围,实行严格的签收制度和清退制度。

5. 时间保密

即除了与会者和必要的工作人员外,不向外公开会议和活动的具体时间。

6. 传达和宣传保密

涉密会议或内部会议如果需要传达和宣传报道,应当做到以下两点。

(1) 事先确定传达和宣传的口径、程度、方式和范围。

(2) 各单位要按规定的范围、规定的内容和规定方式进行传达。如需扩大传达的范围和内容，应报请上级机关批准。未经批准，不得擅自向外透露会议的任何信息。

(三) 新闻宣传保密

(1) 报刊、图书、音像制品、电子出版物的编辑、出版、印制、发行，广播节目、电视节目、电影的制作和播放，互联网、移动通信网等公共信息网络及其他传媒的信息编辑、发布，应当遵守有关保密规定。如可能涉及国家秘密、商业秘密或组织秘密，或者对其中某一内容是否需要保密没有把握时，应交保密机构进行保密审查，并由保密责任人审核签发。

(2) 新闻宣传内容涉及秘密事项的，应当作适当的技术处理，如采取删节、改编、隐去等保密措施，既不泄露秘密，又保持信息的完整性。

(四) 通信保密

1. 语音通信保密

(1) 用电话传送涉密信息，必须使用保密电话。不得使用普通的固定电话、移动电话、对讲机、社交软件的语音功能传递涉密信息。

(2) 平时用普通电话商量内部工作时，要留意周围环境是否安全。

(3) 正式通话前必须先确认对方的身份并了解其是否有资格获得本单位的内部情况。在没有确认通话对象身份之前，或者对方的身份虽然明确，但无法确定其是否有权获得信息时，不能透露本单位的内部信息。

(4) 通话后要检查是否挂机，防止未挂机泄密。

2. 传真通信保密

(1) 传送或接收秘密级和机密级文件应当使用具有保密功能的传真机。不得使用传真机传递绝密级文件。

(2) 传真发送后，应取回原件保存，不要遗忘在传真机上。

(3) 带有图像记忆功能的传真机，在传递或接收秘密文件后，要删除图像，以免他人复制。

3. 电报通信保密

(1) 涉密信息必须使用密码传送。

(2) 密码电报不得翻印、复制。

(3) 不得密电明复，不得明电、密电混用。

(五) 使用办公设备保密

1. 使用复印机保密

(1) 复印密件的复印机应当符合保密要求，放置在机要室，由机要人员专用。

(2) 用公用复印机复制内部文件时,要避免无关人员在场。

(3) 复印后将原件及时取回保存,并立即删除自动保存的图像。

(4) 复印时产生的废纸要立即投入碎纸机粉碎,不得再次利用。

2. 使用计算机保密

(1) 用计算机系统存储、处理、传送国家秘密,必须使用按照国家保密标准配备的保密设施、设备,并按照涉密程度实行分级保护。

(2) 秘书人员平时使用的计算机显示屏的朝向要隐蔽,不要直接对着门窗或通道。客人来访时应关闭显示屏。离开时要关闭计算机系统或用密码锁屏。

(3) 用计算机打印内部文档时,应确保周围环境的安全。

(4) 涉密计算机应当专人专用,秘密数据要用密码保护。他人必须使用时,应采取指定盘区、限制存取范围等技术措施。

(5) 存有涉密信息的磁盘、光盘等计算机存储介质应当标有秘密标志,按规定存放,不得随便携带外出。

第三节　值班工作和日常接待事务

一、值班工作

(一) 值班的含义

秘书工作中所称的值班,是指为保证机关单位工作的连续性,在正常工作时间之外,或者为保证机关单位信息畅通和正常运作,专门安排的、在规定的时间和地点处理临时事项的工作。

(二) 值班的类型

1. 按值班的时间分类

(1) 常设性值班。一些重要的党政机关或较大的企事业单位,建立常设性值班室,有固定的值班人员,实行全天候值班制度。

(2) 休假日值班。一般机关或企事业单位在休息时间(如晚间和节假日)安排值班。

(3) 临时性值班。主要是指遇到或为防范一些突发性事故或突发性事件而采取的临时值班措施。如防汛、防台值班。

2. 按值班的内容分类

(1) 综合性值班。这类值班负责处理本单位的各类临时性事务,如大中型机关或企事业单位的总值班室。

(2) 专项性值班。即针对某项专门工作的值班,值班人员只负责处理特定的事务,如安全值班。

(三) 值班工作的主要任务

1. 承办临时事项

无论是常设性值班还是临时性值班,都要承办领导指示和其他部门委托的临时事项,包括临时性会议通知、向有关单位转达领导的指示、催查领导指示落实情况、根据领导意图安排和落实接待任务、了解上级部门领导在本地区进行考察活动的情况等事项。

2. 接待临时来访人员

在正常工作时间内,一般的机关和单位由各职能部门或秘书部门接待临时到访的客人,而在休息时间和节假日则由值班人员接待。较大的机关和单位通常由常设性值班室接待临时到访的客人。

3. 处理来电来函

正常工作时间内的来电来函可由职能部门或秘书部门受理,而休息时间或节假日则往往由值班室代为收受。内容重要或情况紧急的,应立即报告有关领导或转告有关部门,而对于一般来电和来信,值班人员只负责记录和登记,不直接答复或表态,也不能随便拆信。

4. 安排休假日和临时性值班人员名单

常设性值班室平时有固定人员值班,但节假日则安排各部门的工作人员轮流值班。一般单位的休假日值班基本上采取各部门工作人员轮流值班的办法。轮流值班人员的名单可由各部门提出,经秘书部门初步安排并与各有关部门协商后报领导审定。经领导审定的名单及时间安排应绘制成表格印发各有关部门,通知到有关人员,并放置在值班室内醒目处。

5. 掌握领导人的日程安排及外出情况

值班人员应对领导班子成员的日程安排及外出情况了如指掌,尤其当领导人外出时,要掌握与其联系的方式,如地址、电话号码等,一旦出现紧急情况可以及时联络。

6. 协调安全保卫工作

较小单位的休息时间和节假日值班,往往要同时兼顾安全保卫工作。有的大单位在休息和节假日安排专门人员进行安全保卫值班,这种情况下,总值班人员应当做好协调工作。

(四) 值班工作的要求

1. 认真负责

值班工作具有联络上下左右、应对紧急情况和窗口形象等重要作用,值班人员思想上应当高度重视,认真负责地做好每一项工作。

2. 礼貌待人

在值班中,值班人员经常要接待来访、接听电话,待人礼貌、说话和气、举止文明,能给来访者和来电者留下良好印象,从而塑造领导机关和企事业单位良好的社会形象。

3. 遵守制度

值班工作应当制度化、规范化,值班人员应当遵守制度,按章办事。这些制度包括以下内容。

(1) 岗位责任制。无论是固定值班人员还是轮流值班人员,都要明确岗位职责,坚守岗位,不得擅离职守,这是值班工作最基本的制度。

(2) 请示报告制度。值班期间,遇到重要事项或者没有把握答复处理的事项,必须请示领导;重要信息应当及时向领导报告;紧急情况可以边处理边报告。

(3) 交接班制度。值班人员交接时一定要办理交接手续,做到文电交接清楚、值班记录交接清楚、未办事项交接清楚。实行全天值班的,应实行当面交接班。实行白天值班或夜间值班的,可采取电话交接或书面交接。

(4) 保密制度。凡涉及国家或单位秘密的事项,必须按保密规定办理。

(5) 安全防范制度。值班中要特别注意防盗、防火、防诈骗。对要害部位要定时检查巡视;对陌生的来访者既要热情礼貌,又要保持警惕。

4. 做好记录

值班记录是保存值班信息的重要载体,其作用:一是用于交接班,保证值班工作的连续性,二是以备将来查考。具体包括电话记录、接待记录和值班日志。值班日志是对当天值班过程中接收的信息和办理事项的全面记录,包括收到或接到的电话、电报、传真、信函,接待的来访,领导要求办理的临时事项,等等。

二、日常接待事务

(一) 日常接待的含义和特点

日常接待是指大型活动、正式访问、值班和信访接待以外,秘书人员平时在前台或办公室的接待活动。秘书日常接待具有以下特点。

1. 接待对象的不确定性

日常接待的对象广泛而且复杂,既有事先约好的客人,也有不速之客;既有上、下级单位的来人,也有媒体记者或客户来访,有时还会有对领导人的私人访问。因此接待时首先要辨明对方的身份,弄清接待对象的来访目的。

2. 接待时间的随机性

日常接待除少数是事先安排的外,大量的是临时发生的,秘书手头的工作常常因客人的临时到访而中断。

3. 接待事项的多样性

日常接待的事项巨细不一,有的事关重大,有的纯属业务联系。

（二）日常接待的形式

1. 前台接待

前台是目前许多单位普遍设置的工作岗位，专门负责来访客人的登记和引导、来电接听与转接、邮件的接收与转发、报刊的订阅及管理、文件的打印和复制以及员工考勤管理等事务，其岗位名称有"前台""文员"等。从接待角度看，前台接待是日常接待的一种形式，凡到访的客人都由前台秘书或文员先行接待、登记，然后引路、导访。

2. 办公室接待

即在办公室接待客人。不设前台接待的单位，办公室秘书往往是第一接待人。

（三）日常来访接待的程序、方法和要求

1. 接待领导人预约的客人

（1）礼貌招呼，辨明身份。见到客人到来应起身礼貌招呼表示欢迎，如初次见面，应自我介绍。如客人较为熟悉，可适当寒暄。对不认识的客人应确认其身份。

（2）通报领导。确认客人身份后，请客人稍等，立即通报领导人。

（3）安排休息。如客人早到，或领导人因故暂时不能接待，可先将客人引至休息室或接待区稍候，并斟上茶水。

（4）引导、开门。通报领导后，秘书应将客人引至领导人办公室或会客室。进门前，要主动为客人打开房门。

（5）介绍。如领导与客人不熟，秘书要作介绍，一般应当先向客人介绍领导，再向领导介绍客人。

（6）引座、倒茶。进入领导人办公室后，秘书应将客人安排坐在领导人的右侧或对面，或由领导人亲自招呼就座。客人入座后，秘书倒茶招待。

（7）退出。退出前应询问领导人是否还有其他需要办的事，退出时要轻轻带上房门。如果领导让秘书留下作记录，则在领导人一侧就座，做好记录准备。

（8）送客。客人离开时秘书应与其礼貌告别，或代领导送其至电梯。

2. 接待临时到访的客人

（1）礼貌招呼。无论来访者是相识的还是陌生的，秘书招呼时要热情、礼貌。

（2）辨明身份，了解来意，区别处理。具体方法和要求是：①上级部门的领导或工作人员来访，应立即通报领导。领导人如表示立即会见，秘书便将其引至会客室或领导人办公室。如领导人暂时无法接待，可请示领导人如何处理，再按其指示办。②下属干部或员工求见领导人，要问清事由。事项重大、情况紧急的，立即通报领导人；一般汇报请示或反映问题，视领导人的忙闲安排。如领导人正好有空，可请示其是否立即安排；如领导人正忙，则另行安排通知。③外单位不熟悉的客人来访，应要求其出示介绍或证明信函，以便确认其身份。如来访者身份重要或

事关重大的,应立即通报领导人,再根据其意见处理;属于职能部门办理的事项,可告知来访者应当联系的部门和具体联系人;秘书能够独立解决的事项,应自己接待办理,并做好记录,事后报告领导人;来访者要求会见领导人,但实际上不必由领导人亲自接待的,或者是无理纠缠的,秘书要耐心解释,做好挡驾工作。④领导人暂时无法接待的客人,可请其留下姓名、地址、电话,另行安排通知。⑤领导人明确指示不予会见的客人,应委婉而又巧妙地予以拒绝。

如领导人同意立即会见客人,其余的接待程序、方法和要求与接待预约客人相同。

(3) 另行安排领导的临时性会见。对领导暂时无法会见的客人需要另行安排时间,具体方法和要求如下:①了解事项的缓急程度和客人对安排会见的时间要求。②根据领导的既定日程,见缝插针,向领导提出会见时间的建议。如情况重要而且紧急,可以适当调整原来的日程安排。③领导同意后,及时告知客人。如客人认为时间不合适,可作进一步协调。④客人接受时间安排后,立即向领导汇报。⑤秘书按预定时间做好领导会见的各项准备,并提醒领导准时赴约。

第四节　领导人交办事务和后勤事务

一、领导人交办事务

(一) 领导人交办事务的特点

领导人交办事务除了具有日常事务的一般特点外,还具有自身的特点。

1. 临时性

领导人交办事务大多是临时发生的,秘书一般很难预见,事先也无法订出计划。因此秘书要善于灵活应变,处理好做好平时工作和完成交办事务的关系。

2. 紧迫性

领导人交办事务往往具有紧迫性,一旦下达,必须立即办理落实,限时完成,不能拖延。

3. 多样性

领导人交办事务内容多样,涉及面广,内事外事、大事小事、难事易事、公事私事、公开事保密事,无所不包。只要是领导工作中临时需要办理的具体事项,都可以交给秘书去完成。

4. 不确定性

领导人交办事务的范围、类型和多寡同领导人的领导风格、工作习惯和使用秘书的方式有极大的关系。领导人工作放手,信任秘书,则往往托付秘书办理大事、要事;领导人工作不肯放手,或对秘书信任不够,则交办的事项偏重于具体事务。

(二) 完成领导人交办事务的要求

1. 保密

领导人交办事务,往往带有一定的机密性或隐私性。在办理这类交办事务时,秘书一定要注意保密。即使看上去是一些小事,秘书也应当做到只做不说,养成保密的习惯。

2. 准确

领导人交办事务是领导工作的有机组成部分,必须准确按照领导意图完成。因此,接到交办事务后,秘书首先应当准确领会领导意图,准确把握具体要求,及时了解实际情况,按质按量完成任务。

3. 及时

许多交办事务都是在领导工作的过程中发生的,秘书能否迅速及时地完成,直接关系到领导工作的效率。因此秘书一旦接到任务,应当闻风而动,雷厉风行,及时办理、及时汇报。

4. 协调

在秘书工作中,完成领导人交办事务具有优先的地位,这是由交办事务起事急、时间紧的特点决定的。但是,秘书工作又是一个整体,在完成领导交办事务的同时,还应当处理好与完成其他日常事务工作的关系,既要满足领导临时的、紧急的工作需要,又要有条不紊地做好其他各项工作。

二、办公用品管理事务

(一)办公用品的含义和种类

办公用品泛指办公场所内除建筑装饰物品之外的工作设备、器具和易耗品。常用的办公用品包括办公家具、办公设备和文具三大类。

(二)办公用品管理的要求

1. 合理计划

办公用品种类多,流量大,对领导工作和整个机关工作的影响不可忽视。事先制订计划,可以有效地防止因办公用品的断档脱节而影响机关工作的正常开展。

2. 厉行节约

办公用品使用很易出现浪费的现象,秘书人员应当严格把好计划、采购、保管、发放、使用检查等环节,并配合领导进行厉行节约的宣传教育,反对并切实制止大手大脚和铺张浪费。

3. 确保重点

在办公用品有限的情况下,要确保使用的重点。首先要确保领导人办公用品的使用需要;其次要保证工作性质较为重要的部门和客观上办公用品消耗较大的部门的需要。

4. 健全制度

办公用品的管理要靠健全的规章制度保障,这些制度包括以下内容。

(1)采购招标制度。大批量的物品或重要设备的采购要实行公开招标制度,杜绝暗箱操作,防止产生腐败,降低采购成本,提高采购质量。

（2）进货登记制度。所有办公用品都必须进库统一保管并进行严格的登记，不允许账外"小仓库"或未经登记就以个人名义使用和保管。

（3）专人保管制度。平时的办公用品保管要专人专职，有明确的岗位职责和奖惩制度。

（4）领导审批制度。对办公用品的计划制订、供应商确定、价格谈判方案、经费使用、重要办公用品的领用，要实行领导审批制度。

（5）领用签字制度。领用办公用品，要填写"办公用品领用登记簿"，由领用人详细填写领用物品的名称、数量、用途、领用时间等项目，并在领用人一栏中签字，做到"谁领用、谁签字、谁负责"。

（6）维护保养制度。办公用的设备和器材在使用时要倍加爱护，平时要定期保养，以延长使用寿命。

三、办公用房、用车管理事务

（一）办公用房管理事务

秘书管理的办公用房主要是领导人和秘书的办公室、储物室、接待室、会议室、机要室、档案室、打字复印室、值班室等。办公用房管理的要求如下。

1. 安全、保密

包括人身安全和财产安全两方面。办公用房中的电气设备的安装和使用要符合安全标准和规定，要配备足够的消防设施和器材。大型办公用房要有安全通道和逃生口，并保证在紧急情况下能够正常启用。办公用房内的重要物资应采取必要的防盗措施。

办公用房也常常是领导人商量重要事项和秘书处理机要信息的地方，在选址、设计和装修时要符合保密要求，能够有效地防止泄密和窃密。

2. 适用、整洁

办公用房中的办公设备和器材要配备齐全，以满足领导人和秘书开展工作的需要。室内要做到光线明亮、通风良好、窗明几净、堆物整齐，周边环境应当保持安静、整洁。

3. 周到、合理

管理办公用房的根本目的是用好办公用房。办公用房主要是为领导人服务的，有时也常常要为其他部门服务。如会议室就经常要向单位内各部门开放使用，为此要建立使用登记制度。当借用会议室的部门较多时，还应加以协调，合理调度，尽可能满足各部门的需要。

（二）办公用车管理事务

领导人办公用车一般是由秘书部门直接管理。用车管理的目标是为领导人及时提供安全、高效的用车。用车管理的内容和要求主要有以下几方面。

1. 服务及时

领导人用车及时与否直接影响领导的工作效率,秘书要随时了解领导人用车的需求,提前与驾驶员取得联系,做好出车的一切准备。领导加班加点,秘书要安排驾驶员值班,随叫随到。

2. 统一调度

领导人用车应当由专人统一调度,其他人员因公需要临时借用,须经秘书同意,并确保不影响领导用车。

3. 安全第一

对驾驶员要经常进行安全教育,促其不断提高驾驶技术,掌握应对紧急情况的技能,平时加强维护和保养,出车前进行严格的安全检查,确保领导用车安全。

第五节 通信事务

一、电话事务

(一)秘书电话通信的类型

从秘书事务的角度来看,电话通信主要有以下几种类型。

1. 按通话的要求分类

(1)保密电话。保密电话采用信号加密技术,具有良好的保密性能。涉密事项的电话通信必须使用保密电话。

(2)普通电话。普通电话不具有保密性,只适用于非秘密事项的电话通信。

2. 按通话内容分类

(1)专线电话。专线电话具有特定的社会作用,一条用户线路只能派一种特定用途。秘书部门的专线电话主要有首长电话(首长为加强同群众的联系而公开设立,由秘书代为接听并具体处理)、举报电话、监督电话、投诉电话。近年来各地政府推出的市民热线电话12345,将各种专线电话的功能集于一身,在加强政府机关同群众的联系、有效服务群众方面发挥了极大的作用。

(2)通用电话。通用电话是指专线电话以外用于一般性工作联系的电话。

(二)秘书通话的程序

1. 主叫通话程序

(1)做好准备。一是内容准备,打电话前先要打好腹稿,想好打给谁、何时打、说什么、怎么说,重要事项通话要列出书面提纲,理出要点,避免遗漏,做好答复对方提问的准备;二是记录准备,通话前准备好记录用的本子和笔,需要录音的要事先打开录音设备;三是先查记对方号码再拨号,切不可摘机之后再查号码,因为这样等于使你的电话占线,使别的电话无法呼入。

(2) 正确拨号。摘机后应立即拨号。拨号时注意力要集中,避免拨错。

(3) 自我介绍。自我介绍是通话的基本礼节。自我介绍前要先确认对方是自己要联系的单位或人员。如果对方未自报家门,秘书可以这样说:"是××公司吗?"在得到肯定回答后再自我介绍。如果打错了电话,要表示歉意并立即挂断电话。

(4) 陈述内容。在确认对方是自己所要找的对象后,秘书应按事先准备的内容准确、清楚、完整地向对方陈述。有些重要的内容或容易使人按习惯理解而事实上却作了调整或改变的事项,如一些会议通知的时间、地点、出席对象的变化,一定要重点陈述并予以强调。对方如有疑问要耐心解答。

(5) 主动复述。通话时,设备、环境以及人为因素的干扰,会影响信息传递和接收、理解的准确性。在通话内容陈述完毕后,秘书应询问对方是否听清、是否完整接受,重要信息还要主动复述,也可以请对方复述,以便及时纠错和补漏。

(6) 礼貌告别。内容重要的通话,告别前应先由主叫方提出结束通话的请求,可以这样说:"您看还有什么问题?"对方表示没问题了,主叫方才可结束通话。告别时要用礼貌用语。

(7) 检查挂机。座机挂机后,要检查电话是否挂断。如双方均未挂断,电话就会连续计费,来电也无法呼入,而且还可能造成泄密。

(8) 整理记录。

2. 被叫通话程序

(1) 准备记录。秘书应当养成随时准备记录电话的职业习惯,平时要将记录用的纸(或记录本)和笔放在桌上固定的地方,听到电话铃响,左手摘机,右手立即拿起纸和笔准备记录,不要等到通话开始后再去临时寻找纸和笔,这不仅会造成无效占用双方的电话,还会浪费宝贵的时间,甚至给对方造成办事缺乏条理的不良印象。

(2) 摘机应答。秘书最好是在第二声铃响之后、第三声铃响之前迅速摘机应答,理由有三:一是具有"来电显示"功能的电话机,电话交换机是在第一声和第二声铃响之间传送来电信息,如在第二声铃响之前摘机,会影响来电的显示。二是有的主叫方在拨出号码后发现错误,即使马上挂机,被叫电话也已开始振铃。如果被叫方在第一声铃响后马上摘机,容易造成无效应答。三是铃响时间过长接电话,延误对方的时间,显得不够礼貌。第二声铃响之后立即摘机应答,既体现对客户的尊重,又能展示讲求工作效率的良好形象。如果因故不能及时摘机应答,应在摘机后主动向对方说一声"对不起,让您久等了",以示歉意。应答对方应当用"您好",而不要用"喂"。

(3) 自报家门。摘机后应当主动自报家门,以便对方判断电话拨打是否准确。

(4) 辨明身份。如果主叫方已作自我介绍,则可进行正式通话。但如果主叫方未作自我介绍，秘书就应当用礼貌的方式了解对方的身份和来电意图，尤其是找领导的电话，更应如此。如果领导暂时不能接电话，秘书要做好解释。切记，在未弄清对方身份和意图之前，不要盲目把电话转给领导，也不要轻易和对方讨论有关本单位的情况。

(5) 听记陈述。对方陈述通话内容时，秘书应注意倾听，弄清意图，抓住要害，记住细节。凡有不清楚、不明白的地方，一定要请对方重复或者解释。给领导的留言以及重要事项，要做好详细记录，事后及时向领导汇报。

(6) 复述内容。被叫方主动复述来电内容，既可以与主叫方核对信息，同时也有助于自己加强记忆。一般的通话内容可作简要复述，重要的通话内容应作详细复述。

(7) 告别挂机。一般情况下，应当由主叫方先告别，被叫回敬对方"再见"，也可以向对方表示感谢。在确认对方已经挂机后，再轻轻放下听筒，并检查是否挂好。

(8) 整理记录。

(三) 秘书通话的要求

1. 陈述清楚

由于电话沟通无法借助手势、表情等辅助手段，完全依靠口头表达来进行，因此通话时双方陈述是否清楚准确就显得尤为重要。陈述清楚包括意图明确、内容清晰、表达准确、口齿清楚、声音适中。

2. 简明扼要

秘书通话要在确保准确清楚的前提下做到言简意赅、简短高效。这样做，一方面避免了无效占用电话资源，降低通话的成本；另一方面提高了其他电话呼入的效率，加快了信息的传递速度。

3. 语言礼貌

语言礼貌包括：

(1) 用语礼貌。如通话前用"您好"致意并主动自我介绍；迟接电话应表示抱歉"对不起，让您久等了"；询问对方身份应说"您贵姓"或"我怎么称呼您"；要求重复内容应说"对不起，我没听清楚，请您重复一遍"；挂机前可根据不同对象分别采用"再见""谢谢""请多联系"等告别用语。

(2) 态度温和。秘书通话的语气、态度要温和，努力创造一种相互尊重的气氛，即使对方语言粗俗或双方话不投机，秘书也应当以礼相待，切不可在通话时耍态度、发脾气。

(3) 语速适中。通话时要掌握好语速。语速过快，对方来不及听清；语速过缓，使人感到很别扭，不舒服。

4. 行为文明

通话时的行为文明包括：

(1) 回电或铃响后接电话要迅速，以免让对方久等。如正在接待客人，可向客人说："对不起,您稍等,我接一下电话。"

(2) 长时间的通话,在接通电话后要先询问对方是否有足够的时间,如对方觉得不方便可另约时间。

(3) 尽可能在对方的工作时间内与其电话联系,非紧急的情况,不要在对方休息时打电话,或将电话打到对方的家中。

(4) 通话时不随便打断对方。必须打断时,应先征得对方同意。双方发生争执时,要注意倾听对方的意见,等对方说完后再发表自己的看法。

(5) 通话时不应随便中断对话,与他人说话,以免引起对方的不快。必须临时与其他人说话时,应请对方稍候并表示抱歉。

(6) 通话时其他电话机铃响或听到第三方呼叫等待的通知音,可向对方说明情况,请求暂时中止通话,但必须尽快处理完后一个的来电。继续原来的通话时,应当向对方表示歉意。如果后一个电话更为紧急,且通话时间可能较长,应当马上向原通话的一方说明情况,取得谅解,并承诺再与其主动联系。

(7) 挂机前应征求对方意见。对方言犹未尽,非特殊情况,不要轻率挂机。挂机时动作要轻柔。

5. 注意保密

详见本章第二节"保密工作"一节。

6. 警惕谨慎

秘书接到的电话,情况相当复杂,其中难免会有恶意骚扰、欺诈行骗的电话,对此秘书要保持警觉。

(1) 正式通话前,秘书应先辨明对方的身份。身份难以在电话中证实的,先将对方反映的情况记录在案,不作表态,事后通过其他途径调查核实。

(2) 安装"来电显示"功能,一旦发现对方利用电话行骗、骚扰或恶作剧,可查出对方的电话号码,掌握证据。

(3) 对反映重要问题的来电,可同时录音,以便查证。

7. 记录规范

电话记录既起备忘作用,又是重要的凭证和依据。重要的通话应在通话后及时整理原始记录,并填写"电话记录"或"电话处理单"。"电话记录"或"电话处理单"的格式要统一、规范,项目设计要齐全、合理,便于归档和日后查考。

8. 办理及时

需要办理的电话,秘书应当及时分办,或将电话处理单呈领导阅批,或直接转交业务部门处理。属于秘书职责范围的,秘书应立即着手办理。来电内容如属客户投诉或属群众反映问题、提出要求的,应另填写"群众来电处理单",纳入投诉处理或群众来信来访处理范围。

二、传真事务

用传真机收发文书和图像方便、快捷，是秘书人员处理信息的常用设备。传真机品牌、型号不同，其功能和操作方法也有所不同。秘书人员使用传真机除按照说明书要求操作外还要注意以下几方面问题。

1. 书写、打印

用传真机发送的文书有两种：一种是原件发送，如公文、申请表、登记表、发票、证书、照片等；另一种是机关或单位之间通过传真相互告知、备忘、确认的来往文书，具有法律效力。后一种文书的制作，可以先用计算机打印或亲笔书写，签字盖章后再用传真机发送。书写打印这类文书除符合文书写作的基本要求外，还要做到字迹清晰端正，字号不小于四号，使用深色墨水或油墨，以确保传送的清晰度。对外发送重要的传真件，书写格式应当统一规范，项目设置要便于双方对传真件进行管理和将来的查考利用。

传真件参考格式

××××（单位名称）传真文件 ××传字〔20××〕××号					
收件单位			地址		
收件人		联系电话		传真号	
发送单位			地址		
经办人		联系电话		传真号	
发送日期	年 月 日 时 分	总页数		签发人	
事由（标题）					
（以下书写或打印传真件的正文） 					

2. 登记

重要的传真件，无论是发送还是接收，都应当进行登记。登记有两种情况：用传真机发送的正式公文，在发文登记簿的"传送方式"一栏中注明"传真"（详见第七章第三节"文书办理"）；其他文书可建立专门的"传真发送登记簿"，逐项进行登记，以便日后查考。如果原稿未采用上述传真件格式，发送后注明传真编号、发送日期、收件人单位名称和姓名等信息（应当与传真发送登记簿相一致）。

3. 保存原稿

发送完毕后,务必从设备上取回原稿,防止信息泄露。有保存价值的原稿,应当妥善保存,按规定保管和归档。

4. 运转、办理

传真件收到后,按文书处理程序及其要求运转、办理。

第六节 印信管理事务

一、印章管理

(一)印章的种类

1. 正式印章

又称公章,代表一个单位的正式署名,具有法定的权威性和现实的证明效力。

2. 套印章

套印章用于铅印大批量文件时的盖章,其式样和法定效力与正式印章相同。

3. 钢印

一般加盖在证明性公文或证件的相片上,起证明持证人身份的作用。

4. 电子印章

电子印章不同于实物印章,它是一种模拟实物印章的数字技术,通过加密的计算机软件生成、显示,其视觉外观与对应的实物印章完全相同,仅用于电子公文的盖章,与对应的实物印章的效力相同。

5. 领导人签名章

领导人签名章是为机关单位领导人行使职权而刻制的个人姓名章,其作用是代替领导人的亲笔签字,与领导人的亲笔签字具有同样效力。领导人签名章有以下三种:第一种是按领导人亲笔书写的姓名字样刻制的,无外框,用于命令、任免通知等下行公文和法定的证书(如毕业证书);第二种是用楷书、隶书等字体刻制的私人印章,一般为方形或长方形,有外框,用于代替一般的签字;第三种是电子签名章,电子签名章并非书面签名的数字图像化,而是指数据电文中以电子形式所含、所附,用于识别签名人身份并表明签名人认可其中内容的数据。通俗点说,电子签名就是通过密码技术对电子文书的电子形式的签名,它的效力与手写签名或私人印章相同。

6. 办事章

办事章是为办理日常事务而刻制的一种公务印章,其作用是减少正式印章使用频率,但不得用于正式文件。其式样应不同于正式印章,除刊单位名称外,并刊"办事章"字样。

7. 专用章

专用章是机关或单位为开展某一类特定工作而专门刻制的印章,款式应与正式印章有区别。专用章除刊单位名称外,还应刊明用途,如"合同专用章""出入证专用章""财务专用章"、收文章(收文章有两种:一种是在所收文件的回执上盖用的,表明文件已经收到;另一种是加盖在收到的文件上的)、校对章(盖在改正处,证明改正有效性)、保密章(分绝密、机密、秘密、内部文件)、急件章(分急件和特急件)、注销章等。

(二)印章的构成要素

印章的构成要素是由印章的质料、式样、印文、图案和尺寸规格等因素构成的。

1. 印章的质料

常用的印章的质料有角质、木质、橡胶、塑料、钢材等。电子印章采用数字化技术制作。

2. 印章的式样

党政机关和企业、事业单位、社会团体的正式印章,一律为正圆形。其他公务印章可视情况而定,一般有正方形、长方形、椭圆形、三角形等形状。

3. 印文

正式印章的印文必须是机关和单位的法定名称。如名称字数过多不易刻制,可以采用规范化简称。地区(盟)行政公署的印章,冠省(自治区)的名称。自治州、市、县级人民政府的印章,不冠省(自治区、直辖市)的名称。市辖区人民政府的印章冠市的名称,乡(镇)人民政府的印章,冠县级行政区域的名称。

印文的文字应使用简化字,字形为宋体字,自左而右环行。实行民族区域自治的地方人民政府的印章,可以并刊汉字和相应的民族文字。

4. 图案

国务院、国务院各部委及直属机构、办事机构、经国家机构编制管理部门认定具有行政职能的国务院直属事业单位、国务院部委管理的国家局、国务院部委的外事司(局)、国务院部门的内设机构和所属事业单位法定名称中冠"中华人民共和国"或"国家"的单位、县及县以上各级人民代表大会常务委员会、人民政府、人民法院、人民检察院、专门人民法院、专门人民检察院以及我国驻外使领馆等的正式印章中央应刻有国徽。

上述机关或单位以外的国务院各部门、国家行政机关内设机构或直属单位、地区(盟)行政公署、乡镇人民政府以及企事业单位、社会团体的正式印章中央刊五角星图案。

党的各级机关的正式印章中央刊党徽。

国务院的钢印、国务院有关部委外事用的火漆印中央刊国徽。其他确需使用钢印的单位,钢印中央刊五角星。

(三)印章的尺寸规格

正式印章的尺寸大小应符合下列规定。

(1) 国务院的正式印章,直径为 6 厘米。

(2) 省部级机关或单位的正式印章直径为 5 厘米。

(3) 下列机关或单位的正式印章直径为 4.5 厘米:①副部级的国务院直属机构、办事机构;②副部级的国务院直属事业单位;③国务院部委管理的国家局;④自治州、市、县级(县、自治县、县级市、旗、自治旗、特区、林区)和市辖区人民政府以及地区(盟)行政公署。

(4) 国务院有关部委外事用的火漆印,乡(镇)人民政府的印章,以及驻外使领馆的印章,直径为 4.2 厘米。

(5) 国家行政机关内设机构或直属单位、企事业单位、社会团体的印章,直径不得大于 4.5 厘米。

(6) 党的机关的正式印章尺寸规格一般与同级行政机关的印章相同。

(7) 套印章的尺寸大小与正式印章相同。

(8) 国务院的钢印,直径 4.2 厘米。其他确需使用钢印的单位,其钢印的直径不得超过 4.2 厘米,不得小于 3.5 厘米。

(9) 其他印章或戳记的尺寸大小由使用单位自行确定。

(四) 印章的刻制管理

凡机关或单位的正式印章(包括钢印、套印章、电子印章),一律不得私自刻制。

刻制正式印章一般有两种情况:一种是由上级主管领导机关刻制颁发;另一种是由本单位按照印章刻制的规定落实办理。

下级机关领取上级颁发的正式印章时,必须由专人持本单位领导人签名的介绍信领取,并严格履行接印手续。本单位如需要自己刻制正式印章,必须事先以"请示"文种报经上级主管领导机关审核批准。报批时,应同时将上级主管领导机关批准本单位成立的正式公文和按照有关规定拟定的包括印章式样、尺寸、印文、图案、字体等内容的章程一并上报。批准后,由印章的制发单位开具公函,附上章样到所在地的公安部门办理登记手续,由公安部门指定专门的刻章单位刻制。印章刻制完毕,原刻字单位一律不得留存章样。

单位内部使用的领导人签名章、办事章、校对章、合同章以及其他戳记,无需报请上级机关批准,但应凭本单位的介绍信到指定的刻制单位进行刻制。

(五) 印章的启用管理

机关或单位的正式印章经上级主管领导机关颁发或按规定刻制后,必须作好启用前的各种必要的准备,如:选定印章的启用时间、提前向有关单位发出正式启用的通知并附上印模、填写"印模卡"一式两份(一份留存,一份交上级机关备案)。在正式印章启用通知所规定的生效日之前,该印章不得使用。

(六) 印章的保管

印章平时保管的要求如下。

1. 专人负责

秘书部门对于保管和使用印章的人员必须严格审查和挑选,并应加强平时的教育和考查。

2. 确保安全

印章应选择安全保险的地方存放和保管,如机要室或办公室的保险箱内。如存放在办公桌的抽屉里,则应当装配牢固的锁。印章不得委托他人代管。

3. 防止污损

平时使用印章要注意轻取轻放,避免破损。同时要注意经常洗刷,防止印泥和其他污物将刻痕填塞,以保持图案和印文的清晰。

(七) 印章的使用管理

盖用单位公章,用印人必须填写"用印申请单",经本单位的主要负责人或经主要负责人授权的专人审核签名批准。盖用职能部门的印章,也必须由本部门的主要负责人审核签名批准。不得在空白的公文纸上或空白的介绍信上盖印。用印后,应当进行用印登记。

(八) 印章的停用和销毁

机关或单位如发生合并、撤销、名称更改的情况,原印章应立即停用。停用印章要发文通知有关单位,附上印模,说明停用的原因和停用时间,并宣布原印章失效。废印章必须及时送交原制发机关封存或销毁,或者按公安部会同有关部门另行制定的规定处理,不得在原使用单位长期留存。

原制发印章的单位,对废印章应当登记注销。除某些重要单位具有保存价值的印章须存档保管外,一般单位的废印章应集中起来,定期销毁。销毁印章应当报经单位负责人审核批准。主管印章的人员应在销毁现场实地监销。所有销毁的印章都要留下印模存档,以备日后查考。

(九) 电子印章管理

(1) 电子印章的式样、印文、图案、尺寸规格等外观形式以及法定效力与正式印章相同。

(2) 电子印章必须由上级机关统一制作颁发,任何单位不得自行制作使用,也不得私自复制电子印章软盘(光盘)。

(3) 电子印章及密码必须由指定的秘书人员保管和使用。保管人员不得向任何人提供操作程序、电子印章软盘及密码。

(4) 保管电子印章的人员如有变动,应立即通知颁发机关,以便及时更改密码。

(5) 电子印章应在专用计算机上使用。

(6) 电子印章只用于电子文书,其盖章位置与纸质正式公文相同。

(7) 电子印章的停用和销毁管理要求与正式印章相同。

二、介绍信和证明信管理

(一)介绍信的管理

1. 介绍信的作用

介绍信是向接洽单位介绍本单位派遣人员的姓名、身份和接洽事宜的专用书信,通常由被派遣人员携带前往接洽单位联系工作,当面出具给对方,既证明被派遣人员的身份,同时又代表一个机关和单位的法定授权。

2. 介绍信的格式

(1) 固定式。固定式介绍信采用批量定制,由持出和存根两部分组成,使用时只要按项目填写即可,较为方便。持出和存根印有编号,便于核查。

(2) 便函式。用于手工书写或计算机打印。无论书写还是打印,都要使用印有单位名称的信笺。

3. 介绍信的保管

具体要求与印章保管相同。

4. 介绍信的领用

(1) 领用介绍信要先由领用人填写申请书,说明申请人姓名、联系单位、联系时间和联系事项,经主管领导批准方可开具。

(2) 下级单位要求转开上级单位的介绍信,应由主管领导在下级单位的介绍信上签字同意,秘书方可转开介绍信。

(3) 领用申请书和下级单位的介绍信要附在存根后面一起保存,以备日后查考。

(4) 领用人要履行签字手续,以示对领用的介绍信负完全的责任。固定式介绍信在存根上签字,临时书写的介绍信在专用登记簿上签字。

5. 介绍信的填写

(1) 介绍信无论是固定格式还是便函式,都应载明联系单位、被介绍人姓名、身份、政治面貌(党派之间联系工作、进行政治审查时须填写)、人数、联系的事项、有效期限、填写日期。

(2) 持出联和存根的内容必须一致。不得出现存根空白或漏填的现象。

(3) 便函式的介绍信因无存根,因此要建立专用登记簿进行逐项登记,以备查考。登记的项目和内容应当与介绍信完全一致。

(4) 一般情况下不得开具空白介绍信。特殊情况下需开空白介绍信,领用人必须说明理由和用途,并经领导人批准。开出后未使用的空白介绍信要及时退回作废。

(5) 介绍信如有个别填写错误,可作修改并加盖校对章,或在修改处加盖公章。重大错误必须作废后另外填写。

介绍信格式

```
NO.000501                上海××××公司介绍信(存根)
                              ××介字第 28 号
北京××××公司：
   兹介绍我公司×××、×××等贰位同志前往你处联系×××××××××事宜。
(有效期五天)
```

20××年3月16日

```
NO.000501
                        上海××××公司
                         介   绍   信
北京××××公司：
兹介绍我公司×××、×××等贰位同志前往你处联系××××××××××××事宜，请予接洽。
此致
敬礼！
```

20××年3月16日

(有效期五天)

6. 介绍信的盖章

固定式介绍信除盖落款章外，还要盖骑缝章。便函式的介绍信只需盖落款章。

7. 介绍信存根的保存

介绍信存根要与领用申请书、下级单位接转介绍信、作废的介绍信和退回的空白介绍信粘在一起，妥善保存一定时期，以备查证，任何人不得擅自销毁。

(二) 证明信的管理

1. 证明信的作用

证明信是用来证明某人的身份、经历或者证明某项事实的专用书信。出具证明信要负法律责任。

2. 证明信的拟写

证明信的内容涉及面广泛，但基本格式有两种：

（1）固定式。即根据某项特殊需要而统一印制证明信。如"工资证明""工龄证明""学历证明"等。这种格式一般都有存根和编号。填写时,正本(即持出联)与存根的内容要一致。

(2) 便函式。单位出具的证明信可由秘书拟写,也可由其他部门拟写,有时也可由当事人拟写。证明信的内容应当实事求是,客观真实,清楚准确,简明扼要。

3. 证明信的审核与盖章

以单位名义出具的证明信必须经主管领导审核、同意并签字,或授权指定的部门和人员承办。未经领导人同意,秘书不得私自出具证明或盖章。

有存根的固定式证明信要盖两个章:落款章和骑缝章。临时书写的证明信只需盖落款章。

4. 证明信的登记与存档

(1) 开具证明信(包括由个人书写、单位盖章的证明信)都必须严格登记注册,以备查询。

(2) 固定式证明信的存根以及由领导人签字同意的对重要问题的证明应保存领导签字的原稿和存本,并立卷归档。

主要参考文献

1. 董继超.普通秘书学[M].北京:中央广播电视大学出版社,1997.
2. 杨剑宇.涉外秘书学概论[M].武汉:湖北科学技术出版社,2000.
3. 常崇宜.秘书学概论[M].北京:线装书局出版社,2000.
4. 陆瑜芳.秘书学概论[M].上海:复旦大学出版社,2001.
5. 魏宏森,曾国屏.系统论:系统科学哲学[M].北京:清华大学出版社,1995.
6. 向国敏.会展文案写作与评改(第二版)[M].上海:华东师范大学出版社,2015.
7. 向国敏.公共关系写作[M].北京:首都经济贸易大学出版社,2009.
8. 向国敏.会议学与会议管理(第三版)[M].北京:首都经济贸易大学出版社,2019.
9. 中共中央办公厅、国务院办公厅.党政机关公文处理工作条例[EB/OL].(2012-04-16)[2023-06-06].http://www.gov.cn/zhengce/2013-02/22/content_2640088.html.
10. 国家质量监督检验检疫总局,国家标准化管理委员会.党政机关公文格式:GB/T 9704—2012[S].北京:中国质检出版社,中国标准出版社,2012.
11. 国家质量监督检验检疫总局,国家标准化管理委员会.文书档案案卷格式:GB/T 9705—2008[S].北京:中国标准出版社,2008.
12. 国家档案局.电子公文归档管理暂行办法(2018年修订)[EB/OL].(2018-12-14)[2023-06-07].https://www.saac.gov.cn/daj/xzfgk/202112/6e9c1fce8e914a65bc510b01a207d3cd.shtml.
13. 国务院办公厅.电子公文传输管理办法(国办函〔2003〕65号)[Z].2003.
14. 中共中央办公厅、国务院办公厅.电子文件管理暂行办法(中办国办厅字〔2009〕39号)[Z].2009.
15. 中共中央、国务院.信访工作条例[EB/OL].(2022-02-25)[2023-06-07].https://www.gjxfj.gov.cn/2022-04/08/c_1310549186.htm.
16. 国务院办公厅.中华人民共和国保守国家秘密法[EB/OL].(2010-04-29)[2023-06-07].http://www.npc.gov.cn/zgrdw/huiyi/lfzt/bsgjmmf/2010-04/29/content_1870385.htm.
17. 国务院办公厅.中华人民共和国保守国家秘密法实施条例[EB/OL].(2014-01-17)[2023-06-07].https://www.gov.cn/zhengce/2014-02/03/content_2602629.htm.
18. 国家保密局.国家秘密定密管理暂行规定[EB/OL].(2014-03-09)[2023-06-07].https://www.gov.cn/gongbao/content/2014/content_2671533.htm.
19. 国务院.国务院关于国家行政机关和企业事业单位社会团体印章管理的规定[EB/OL].

(1999-10-31)[2023-06-07]. https://flk.npc.gov.cn/detail2.html?ZmY4MDgwODE2ZjNjYmIzYzAxNmY0MTA3YjMzNTEyNTY.
20. 中共中央保密委员会办公室、国家保密局. 关于国家秘密载体保密管理的规定[Z]. 2000.
21. 国家新闻出版署(国家版权局). 校对符号及其用法:GB/T 14706—1993[S]. 北京:国家技术监督局. 1993.